教师教育系列教材

教育心理学(微课版)

李京蕾　国云玲　主　编
王　芳　孙菊霞　副主编

清华大学出版社
北　京

内容简介

本书是一本以介绍学校教育教学过程中的心理现象和心理活动规律为主要内容的心理学专业书籍。本书既注重理论体系的完整，又强调理论与实际的结合。在确保科学性的前提下，突出教材内容的针对性、可读性、趣味性和实践性。全书共十一章，系统介绍了教育心理学的研究对象、研究方法、基本理论、学习心理、品德心理、差异心理、教学心理和学校心理健康教育等方面的基础知识，同时针对教育教学实践中的具体问题进行了阐述，如怎样激发和培养学生的学习动机，如何促进学生知识技能的学习，如何在教学中促进学生学习迁移，怎样帮助学生掌握良好的学习策略，怎样识别和矫正学生的不良品德，如何根据个体差异因材施教，如何进行教学设计，如何进行心理健康教育等，体现了注重师范生实用技能培养的理念。

本书可作为高等院校师范类本科生的基础理论教材，也可作为教师资格证培训的参考教材，还可供中小学教师及其他教育工作者阅读。

本书封面贴有清华大学出版社防伪标签，无标签者不得销售。
版权所有，侵权必究。举报：010-62782989，beiqinquan@tup.tsinghua.edu.cn。

图书在版编目(CIP)数据

教育心理学：微课版/李京蕾，国云玲主编．—北京：清华大学出版社，2021.5(2022.12重印)
教师教育系列教材
ISBN 978-7-302-58077-5

Ⅰ.①教… Ⅱ.①李 ②国 Ⅲ.①教育心理学—师资培训—教材 Ⅳ.①G44

中国版本图书馆 CIP 数据核字(2021)第 075708 号

责任编辑：陈冬梅
装帧设计：刘孝琼
责任校对：周剑云
责任印制：刘海龙

出版发行：清华大学出版社
网　　址：http://www.tup.com.cn, http://www.wqbook.com
地　　址：北京清华大学学研大厦 A 座　　邮　编：100084
社 总 机：010-83470000　　邮　购：010-62786544
投稿与读者服务：010-62776969, c-service@tup.tsinghua.edu.cn
质量反馈：010-62772015, zhiliang@tup.tsinghua.edu.cn
课件下载：http://www.tup.com.cn, 010-62791865

印 装 者：三河市铭诚印务有限公司
经　　销：全国新华书店
开　　本：185mm×260mm　　印　张：16.75　　字　数：404 千字
版　　次：2021 年 6 月第 1 版　　印　次：2022 年 12 月第 2 次印刷
定　　价：49.80 元

产品编号：084605-01

前　　言

"教育心理学"是心理学与教育相结合的产物，它是一门应用科学。教育心理学课程是高等师范院校和其他高等院校师范类专业学生必修的一门教师教育类专业基础课。为了贯彻落实我国《普通高等学校师范类专业认证实施办法(暂行)》和《中共中央国务院关于全面深化新时代教师队伍建设的意见》等文件精神，着力推进教师教育人才培养模式改革，引导未来教师树立正确的心理观、学生观、教育教学观、健康观，全面掌握教育心理学的基本原理和实践操作，在编写本书的过程中，编者结合多年的心理学教学经验及理论积累，立足于高等院校师范类专业学生的培养目标来组织教材内容。在理论层面上，本书力图反映教育心理学最新研究成果；在实践层面上，本书收集了大量案例，并把这些案例结合到对教育心理学原理的分析之中，让学生能够结合生动的教育教学案例来学习教育心理学。

本书遵循"以学生发展为本"和"以学生为教学中心"的原则，理论联系实际，重点突出教育心理学学科的素养、知识、应用和能力。在体例上，以"学习目标"和"核心概念""引导案例""拓展阅读""微课视频""本章小结""思考与练习"和"推荐阅读"等多版块来丰富教材内容，以增强教材的针对性、科学性、趣味性和实践性，力求做到科学性、示范性、综合性和实用性相统一，为未来教师在大学阶段的健康成长提供指导与帮助，为他们以后的专业发展和终身学习奠定专业理论基础和方法论基础。

本书在呈现方式上，实现纸质教材和数字化课程资源的相互关联与融合，这种方式为学生多元化学习提供了可能，既突破了课堂教学时间、空间上的特殊性和局限性，也符合当代大学生的学习特点和"互联网+"的时代背景。纸质教材内容偏重于让学生掌握教育心理学的基本知识结构、核心概念和基本原理等，数字资源内容侧重于相关联的具有一定拓展性的信息和一些重点内容的微课教学视频，其目的是让学生更加全面地了解与所讨论的问题密切相关的背景资料、案例等内容。学习者可以通过书中的二维码来学习对应知识点的数字课程。

本书由沈阳大学师范学院李京蕾、国云玲担任主编，王芳、孙菊霞担任副主编。具体编写分工如下：李京蕾负责编写第一章、第三章、第六章，国云玲负责编写第二章、第四章、第五章，王芳负责编写第七章、第九章、第十章，孙菊霞负责编写第八章、第十一章，最后由李京蕾负责全书统稿。

由于编者的水平所限，书中难免存在缺点和不足之处，诚挚地希望专家、同行和读者朋友批评指正，不吝赐教，以便今后进一步修订完善。

编　者

目 录

第一章 绪论 1

第一节 教育心理学的对象、性质和作用 2
    一、教育心理学的研究对象 2
    二、教学系统 3
    三、教育心理学与相关学科的关系 5
    四、教育心理学的作用 7

第二节 教育心理学的发展历史 10
    一、中国教育心理学的发展 10
    二、西方教育心理学的发展 13
    三、教育心理学的发展趋势 16

第三节 教育心理学研究的原则与方法 16
    一、教育心理学研究的原则 17
    二、教育心理学的研究方法 18

本章小结 21
思考与练习 22
推荐阅读 22

第二章 学习心理 23

第一节 学习的本质与类型 24
    一、学习的本质 24
    二、学习的分类 26

第二节 行为—联结主义学习理论 28
    一、桑代克试误学习理论 28
    二、经典条件反射理论 30
    三、斯金纳操作性条件反射理论 32
    四、班杜拉的社会学习理论 35

第三节 认知主义学习理论 37
    一、格式塔学派的学习理论 37
    二、布鲁纳认知结构学习理论 39
    三、奥苏伯尔的认知结构同化学习理论 42
    四、学习的信息加工论 45

第四节 建构主义学习理论 46
    一、建构主义的不同倾向 46
    二、不同建构主义观的主要分歧 47
    三、建构主义学习观的共同点 48
    四、建构主义学习观的教学含义 49
    五、对建构主义的评价 50

第五节 人本主义学习理论 50
    一、马斯洛的学习理论 50
    二、罗杰斯的学习理论 51

本章小结 53
思考与练习 53
推荐阅读 54

第三章 学习动机 55

第一节 学习动机概述 56
    一、学习动机的含义 56
    二、学习动机的分类 59
    三、学习动机的作用 60
    四、学习动机与学习效果的关系 60

第二节 学习动机理论 62
    一、强化理论 62
    二、需要层次理论 62
    三、成就动机理论 64
    四、成败归因理论 65
    五、成就目标理论 66
    六、自我效能感理论 67

第三节 学习动机的培养与激发 69
    一、外部动机的培养和激发 69
    二、内部动机的培养和激发 73

本章小结 75
思考与练习 76
推荐阅读 76

第四章 知识技能的学习 77

第一节 知识的理解 78
    一、理解及其在知识学习中的作用 78
    二、知识理解的过程 79

第二节　知识的巩固与转化 80
　　一、知识的表征 80
　　二、知识的遗忘 80
　　三、促进知识巩固的策略 82
　　四、促进陈述性知识向程序性知识
　　　　转化 84
第三节　知识应用 86
　　一、知识应用概述 86
　　二、知识应用的形式 87
　　三、知识应用的过程 87
　　四、正确引导学生应用知识 88
第四节　技能的掌握 89
　　一、技能概述 89
　　二、认知技能的学习 91
　　三、动作技能的学习 94
本章小结 98
思考与练习 99
推荐阅读 99

第五章　学习迁移 100

第一节　学习迁移概述 101
　　一、学习迁移的概念 101
　　二、学习迁移的类型 101
　　三、学习迁移的意义 103
第二节　学习迁移理论 104
　　一、形式训练说 104
　　二、相同要素说 104
　　三、概括说 105
　　四、关系转换说 106
　　五、学习定势说 107
　　六、认知结构迁移说 107
第三节　学习迁移与教学 108
　　一、影响学习迁移的因素 108
　　二、促进学习迁移的方法 112
本章小结 114
思考与练习 115
推荐阅读 115

第六章　学习策略 116

第一节　学习策略概述 117
　　一、学习策略的概念 117

　　二、学习策略的分类 118
第二节　常用的学习策略 119
　　一、认知策略 119
　　二、元认知策略 126
　　三、资源管理策略 129
第三节　学习策略的教学与训练 131
　　一、训练的原则 131
　　二、学习策略训练的方法 132
　　三、学习策略的教学 133
本章小结 135
思考与练习 135
推荐阅读 136

第七章　品德心理 137

第一节　品德心理概述 138
　　一、品德的定义 138
　　二、品德的结构 139
第二节　品德发展阶段理论 141
　　一、皮亚杰的道德发展阶段论 141
　　二、柯尔伯格的道德发展阶段
　　　　理论 142
　　三、班杜拉的榜样学习理论 144
　　四、艾森伯格的亲社会道德理论 145
第三节　品德的形成与发展 146
　　一、品德各组成要素的形成与
　　　　发展 146
　　二、学生不良品德的矫正 151
本章小结 155
思考与练习 156
推荐阅读 156

第八章　个别差异与因材施教 157

第一节　智力差异与教育 158
　　一、智力差异概述 158
　　二、智力水平差异 159
　　三、智力结构差异 161
　　四、智力差异与因材施教 166
第二节　人格差异与教育 169
　　一、人格概述 169

二、人格类型差异 171
　　三、人格特质差异 174
　　四、人格差异与因材施教 178
第三节　性别差异与教育 181
　　一、智力的性别差异 181
　　二、个性的性别差异 181
　　三、性别差异与因材施教 182
本章小结 182
思考与练习 183
推荐阅读 183

第九章　教学设计 184

第一节　教学设计概述 186
　　一、教学设计概念 186
　　二、教学设计的功能 186
　　三、教学设计的原则 187
　　四、教学设计的程序 188
第二节　教学设计的主要内容 188
　　一、教学目标的设计 188
　　二、教学对象的分析 192
　　三、教学内容的设计 194
　　四、教学方法的设计 195
　　五、教学媒体的选择与运用 198
第三节　教学评价 200
　　一、教学评价概述 200
　　二、教学评价的方法与技术 203
本章小结 206
思考与练习 206
推荐阅读 206

第十章　教师心理 207

第一节　教师的职业心理 208
　　一、教师的角色心理 208
　　二、教师期望 210
　　三、师生互动 211

第二节　教师的心理品质 213
　　一、教师心理特征的含义 213
　　二、教师应具备的心理特征 214
第三节　教师的成长规律 219
　　一、教师的成长阶段 219
　　二、专家型教师的培养途径 220
　　三、教师心理健康 222
本章小结 226
思考与练习 226
推荐阅读 227

第十一章　学校心理健康教育 228

第一节　学校心理健康教育概述 229
　　一、心理健康的概念及标准 229
　　二、学校心理健康教育的概念与
　　　　模式 231
　　三、学校心理健康教育的目标与
　　　　任务 232
　　四、学校心理健康教育的原则 233
第二节　学校心理健康教育的主要内容 ... 235
　　一、自我意识的教育与辅导 235
　　二、人际关系的教育与辅导 237
　　三、情绪调适 238
　　四、升学与择业 243
　　五、生活适应 244
第三节　中小学生团体心理辅导 249
　　一、中小学团体辅导的设计 249
　　二、中小学不同阶段团体辅导的
　　　　主要任务 252
　　三、中小学生团体辅导的实施 254
本章小结 257
思考与练习 257
推荐阅读 258

第一章 绪 论

本章学习目标

- 理解教育心理学研究的对象、作用。
- 从教学过程中的基本要素和过程看教育心理学的研究内容。
- 理解教育心理学与相关学科的关系。
- 总结教育心理学的重要性。
- 能运用本章的教育心理学研究原则和方法,对提供的典型研究案例进行适当分析。

核心概念

教育心理学(educational psychology) 学习理论(leaning theories) 教学(instruction 或 learning and teaching)

皮亚杰认知发展理论

一个三岁小孩跟五岁小孩一起看电视,在电视中有一个小孩 A。小孩 A 将自己的糖果放在地上的纸盒子里,然后关门出去了。这时走进来一个大人,他将纸盒子里的糖果转移到了一个衣柜里。问三岁和五岁的小孩:小孩 A 进来后会在什么地方找糖果?三岁小孩和五岁小孩分别会怎么回答呢?

三岁的小孩会说 A 会在衣柜里找,五岁小孩会说 A 会在纸盒子里找。

分析:三岁的小孩不知道要从别人的角度去思考问题,他认为既然自己看到了糖果是被放在了衣柜里,他就不能理解为什么 A 会不知道。而五岁小孩已经学会了从别人的角度来思考问题,他把自己放在 A 的位置来思考,所以他知道 A 并没有看到糖果被转移了位置。人的思维总是在变化着的,善解人意这样的品性并不是人类天生的,而是需要在社会生活中不断去学习,人的社会化过程就是学习心理学常识的过程。有些父母总会责怪子女太自私,不会替别人着想。看了上面的实验结果,我觉得父母应该看到希望,或许您的孩子现在总是不懂父母的心,但随着年龄的增长,他们会慢慢学会角色互换,会站在父母的角度去思考、去理解。

本章的重点是掌握教育心理学的研究对象、内容,以及其在教育理论和实践中的意义和作用。掌握中西方教育心理学发展历史,了解教育心理学研究原则及方法。

教育心理学作为一门重要的心理学分支，是心理科学的发展与教育实践的需要密切结合的产物。教育需要智慧，而教育智慧常常取决于人类对心灵探索的水平，取决于教育者对教育过程中各种心理问题的深刻认识和对受教育者心理世界的洞悉和关注。所以，教师(包括未来的教师)需要灵活地、富有创造性地应用教育心理学的理论和方法，去检查自己的教育教学全过程，不断提高自己的教育智慧和教育艺术。

第一节 教育心理学的对象、性质和作用

教育心理学的研究对象.mp4

在本节中，我们首先来了解教育心理学的研究对象和内容，而后讨论分析教育心理学在教育理论和实践中的意义和作用。

一、教育心理学的研究对象

教育心理学(educational psychology)是研究学与教的基本心理规律的科学。它是应用心理学的一种，是心理学与教育学的交叉学科。但是，这并不意味着教育心理学是一般心理学原理在教育中的应用；相反，它有自己的独特研究课题，那就是学的过程、教的过程以及学与教之间的相互作用。具体而言，教育心理学的研究内容主要包括以下方面。

(1) 学习的基本理论。学习是生活中非常普遍的现象，从咿呀学语到掌握各门深奥的科学知识，从蹒跚学步到掌握各种复杂的运动技能，遍及生活的各个领域。概括地说，学习(learning)是个体由于与外界环境的互动经验而产生的行为表现或心理的持久变化。近一百年来，心理学家对于学习进行了深入研究，发展起了系统的学习理论。学习理论(leaning theories)是教育心理学最核心的研究内容，它主要回答以下三方面的问题：①学习的实质是什么？即学习的结果到底使学习者形成了什么，或者说发生了怎样的变化，是外部的行为操作还是内部的心理结构？是简单的一条一条经验的积累，还是整体的经验结构？②学习是一个什么样的过程？即学习是怎样实现的，或者说怎样才能达到预期的学习结果。③学习有哪些规律和条件？即学习过程受到哪些条件和因素的影响，有效的学习需要遵循怎样的原则。

(2) 具体学习心理。在基本学习理论的基础上，教育心理学家研究具体侧面或领域的学习心理。这既包括学习的动机及其激发，也包括学习的策略及其培养；既包括各类知识和认知策略的学习，也包括动作技能以及态度、品德和价值观的学习；既包括学校中学生的学习，也包括各种非正规教育环境(如博物馆、工作环境等)中的学习。

(3) 教学心理。以基本学习理论和具体学习心理的研究为基础，教育心理学进一步研究如何设计和实施有效的教学，以促进学习者的学习。具体问题包括教学目标的分析和表述、教学过程设计和教学策略的选择、学习环境设计、技术工具的应用、课堂行为的管理以及教学测评等。近20多年来，教育心理学家与各学科领域(如语言、数学、科学等)相结合，具体研究了各类具体知识和技能的学习过程、教学策略和测评方法。

(4) 学生心理和教师心理。学生和教师是教育活动中的两类主体。教育心理学对这两类人群的心理进行了研究，包括学生的心理发展(包括认知发展和社会性发展)与教育的关系，学生的个别差异与因材施教问题，以及教师的专业品质和专业发展。

二、教学系统

如上所述,教育心理学重点研究如何学、如何教以及教和学之间的相互作用。教育心理学的具体研究范畴正是围绕学与教及其相互作用的过程而展开的。狭义地说,教学(instruction 或 learning and teaching)是指在学校情境中师生以特定的文化为对象进行的互动过程,教师利用一定的方法和资源促进学生的有效学习和发展。教学是一个复杂的系统性过程(见图 1-1),该系统包含学生、教师、教学内容、教学媒体和教学环境等五种要素,包括学习过程、教学过程和评价/反思过程等三种密切交织在一起的活动过程。

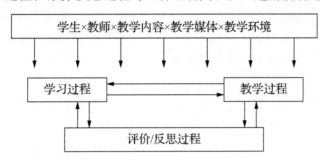

图 1-1 学与教相互作用过程模式

(一)教学过程的基本要素

教学作为一个复杂的系统性过程包含一系列要素的相互作用。教育心理学的研究需要考察这些要素对教学过程及其效果的影响,以便指导具体条件下的教学设计和实施。

1. 学生

学生是学习的主体,任何教学方法都必须通过学生而起作用。学生对教学过程的影响体现在两个方面。第一是群体差异,包括年龄、性别和社会文化差异等。以年龄差异为例,年龄差异主要体现为思维水平的差异。中学生和小学生,小学五年级学生和一年级学生,具有不同的思维水平,其教学过程也表现出相应的不同。同样一种教学方法,在五年级也许效果很好,但在一年级可能行不通。第二是个体差异,包括先前知识基础、学习方式、智力水平、兴趣和需要等差异。它们是任何学习和教学的重要内在条件。因为学习就是在原有的知识经验的基础上生长出新的知识经验的过程。在日常生活中,在以往的学习中,学生已经获得了大量的经验,在开始某一主题的教学之前,他们常常就已经对这一主题有了自己的某些了解和看法,教学不是忽略这些经验去另起炉灶,而是要把它们作为新知识的生长点,从这里出发去引导学生获得更恰当、更丰富或更有效的知识经验。如果无视学生的这些个体差异,将会使教学过难或过易,从而影响教学的效果和效率。例如,如果一个学生的阅读能力差,教师却过度依赖于文字材料来让学生获取某些信息,这样的教学就不太恰当;如果学生早就获得了有关知识,教师还不厌其烦地把教材咀嚼得细而又细,肯定会遭到学生不同形式的抵制。学生的群体差异和个体差异都是教育心理学研究的主要范畴。

2. 教师

在教育过程中，教师对学生无论从哪个意义上讲都起着极其重要的作用。教师应该是协调学与教的过程中各个因素的协调员，类似交响乐团的指挥，在学与教的过程中起着关键的作用。但我们不主张提教师的"主导作用"的概念，因为这个概念是20世纪50年代凯洛夫教育学提出的，其实际含义是教师是教学过程中的知识源，有绝对权威。这一思想的影响是很深的。在新的教学模式中，强调学生是学习过程的主体，必然要对过去传统的教师"主导作用"的思想有所否定。在新时期，教师的作用并不因为不提主导作用而降低，相反，作为学校的教育过程，由于教育改革对教师提出了更高的要求，它要求教师按照特定的教学目标最有效地组织教学，教师除了本身在德才方面要成为学生的榜样之外，还必须熟练地掌握教材，了解教材的结构和学生的知识结构，懂得如何根据学生和教学内容的特点进行教学，帮助不同特点的学生进行最有效的学习。不仅如此，教师也要学会学习，其本身就应该是一个好的学习者，同时还要善于反思，善于总结教学中的经验教训，从而不断改进自己的教学实践。在国外教育心理学研究中，教师的教学行为以及教学决策等也是重要的研究内容之一。

3. 教学内容

教学内容是教学过程中有意传递的知识、策略、技能、态度和价值观等。从宏观上看，教学内容是由社会发展所提出的要求决定的。农业社会注重知识经验的传授；工业社会强调知识和技能的训练；到了信息社会，由于信息量剧增，处理信息的能力、解决问题的能力、学习能力以及知识创新能力的培养显得日益重要，为了达到这些目标，教学内容也要做相应的变化。教学内容一般表现为教学大纲、教材和课程。教材的编制和课程的设置必须以学习和教学的理论和研究为基础。例如，教材的内容选择、难度确定、结构组织等既要适合学生的现有发展水平，又要能最有效地促进学生现有水平的发展；既要适于学生学习的过程和特点，又要考虑到教学的目的性。教育心理学关于心理发展与教育、学习心理和教学心理的研究考察了与这些问题有关的内容。

4. 教学媒体

教学媒体是教学内容的载体，是教学内容的表现形式，是师生之间传递信息的工具，如实物、文字、口头语言、图表、图像及动画等。教学媒体往往要借助一定的物质手段来实现，如书本、板书、投影仪、录像及计算机等。过去，教学媒体被视为教学环境中的一个组成部分。随着科学技术的发展，教学媒体在不断更新，从简单的实物、口头语言、书本、录音、录像直到多媒体计算机和网络，教学媒体已成为教学中一个具有独特意义的因素。教学媒体不仅影响着教学内容的呈现方式和容量的大小，而且对教师和学生在教学过程中的角色作用、教学组织形式以及学生的学习方法等都将产生深远的影响。因此，教学媒体设计及其对学习和教学的影响成了教育心理学研究所关注的一项独特的课题。

5. 教学环境

教学环境包括物质环境和社会环境两个方面，前者涉及课堂中的自然条件(如温度和照明)、教学设施(如桌椅、黑板和投影机等)及空间布置(如座位的排列等)等，后者涉及课堂纪律、课堂气氛、师生关系、同学关系、校风以及社会文化背景等。教学环境影响学生的学习过程和方法、教学方法以及教学组织形式。教育心理学家们越来越认识到，教学环境尤其是社会环境不仅关系到学生情感和社会性的发展，而且对学生的认知发展过程也有直接的作用。因此，在教育心理学中，教学环境不仅是课堂管理研究的主要范畴，也是学习过程研究和教学设计研究所不能忽视的重要内容。

(二)教学过程的三个侧面

1. 学习过程

学习过程指学生在教学情境中通过与教师、同学以及教学信息的相互作用获得知识、技能和态度的过程。学习过程是教育心理学研究的核心内容，如学习的实质、条件、动机、迁移以及不同种类学习的特点和有效策略等。

2. 教学过程

在教学过程中，教师设计教学情境(如教学目标的选择、题材的安排及环境的设置等)，组织教学活动(如讲演、讨论、练习及实验等)，与学生进行信息交流(如信息的呈现、课堂提问与答疑、主题研讨等)，从而引导学生的理解、思考、探索和发现过程，使其获得知识、技能和态度。此外，教师还要进行教学管理，调节教学的进程，以确保教学的有效性。教育心理学对教学过程的研究起步较晚，目前已逐渐形成了一套完整的有效教学理论。

3. 评价/反思过程

评价/反思过程虽是一个独立的成分，但它始终贯穿整个教学过程，包括在教学之前对教学设计效果的预测和评判，在教学过程中对教学的监视和分析，以及在教学之后的检验、反思。在教学结束后，教师要特别注意评价学习的结果。如果没有达到预期的效果，就需要对学生和教师自己的行为作出反思：哪儿错了？这些目标适合这些学生吗？教学方法适合这些目标吗？是否有必要进行补救性的教学活动？这些班级是否可以迈向下一个目标？等等。基于这些反思，教师要形成改进的方案，修改教学过程中不同的成分，以提高教学的效果和效率。

在教学过程的模式中，五种因素共同影响了三种过程，而且三种过程交织在一起，相互影响。学生的学习过程是以自身先前知识和学习发展水平为基础的，是在教学过程的背景下进行的，学习的进展因教学的质量而变化；反过来，教学过程要以学习过程为基础而进行，以促进学生的学习为着眼点。例如，学习目标的确定必须考虑学生的原有知识基础和学习能力，考虑所教内容的学习过程特点等，而且必须通过学习过程而起作用，依学生的学习进展情况而不断地作出改变。教学过程还要根据教师自身特点、教学内容的难易以及教学媒体和环境情况而加以调节。评价/反思过程随学习过程和教学过程的进行而侧重于不同方面，反过来又促进学习和教学过程，从而确保教学过程达到最好的效果。

三、教育心理学与相关学科的关系

教育心理学是教育学和心理学的交叉学科，因此，教育心理学既是心理科学的一个分支学科，同时也是教育科学大家庭中的一员。我国高校的教育心理学专业多设在心理系(学院),欧美的教育心理学专业多设在教育学院。教育心理学与教育科学和心理科学中其他的一些相关学科有着密切的联系,甚至有交叉和重叠。

(一)教育心理学与普通心理学、发展心理学的关系

如前文所述,普通心理学研究一般的心理活动规律,它涉及社会实践的各个领域,是各个心理学分支学科的基础。教育心理学也以普通心理学的研究成果为基础。但是,教育心理学并不是普通心理学的一般原理在教育中的应用;相反,教育心理学有自己的独特研究课题,形成了自己特有的研究体系和方法,而且教育心理学关于各种情境中的学习机制的研究也可以丰富和推动普通心理学研究的发展。比如,关于建构主义学习理论、情境认知的研究就对关于人类认知的整体研究产生了较为深远的影响。

发展心理学研究人在各个年龄阶段(从初生到晚年)的各个侧面(认知的和社会性的)的心理特点及其发展规律。各年龄阶段学生的心理发展是发展心理学研究的重要内容,这些研究与教育心理学有着非常密切的关系。发展心理学要考虑教育因素对学生心理发展的影响;同样,教育心理学关于认知、动作和品德学习的研究都要考虑特定年龄阶段学生(研究对象)的心理发展水平。但是,发展心理学是从发展的角度来研究心理规律,它所揭示的心理发展规律不限于学校生活的范围,它与社会实践的其他领域也是密切相关的,如胎儿的发展与产科学有关,婴幼儿的生理、心理发展与儿科学、儿童保健等有关。在研究儿童各年龄阶段的特点时,发展心理学要揭示各阶段发展的特点以及低级阶段如何为发展到高级阶段做准备,如何从一个阶段向高一级阶段的发展过渡。教育心理学则一方面要参照这些发展规律,另一方面又要着重研究学生在已有心理发展水平的基础上所进行的各种学习活动的具体心理规律。总之,这两门学科之间无论在理论上还是在实证研究上都可以相互补充。发展心理学为教育心理学提供了重要基础,而教育心理学的研究也有助于进一步揭示各年龄阶段的发展机制。

(二)教育心理学和课程与教学论的关系

教育心理学是教育科学中的基础性学科,很多教育分支学科都与教育心理学有着非常密切的联系。比如,课程和教学论作为教育科学中的核心性研究内容就与教育心理学密切相关。课程与教学论主要研究以下问题。

(1) **课程目标**:包括总体目标与分科目标,具体表现为学生在知识、技能、能力、观念、态度和价值观等方面的发展进步情况。

(2) **课程内容及其组织**:如何对课程内容进行选择和组织,如何根据内容的逻辑结构和学生的发展水平排成一定的学习序列,分布在不同的年龄阶段中。

(3) **课程的实施**:即教学过程,研究各种课程内容的有效教学方法。

(4) **课程评价**:判断各种课程目标的实现情况,判断学生是否达到了预期的发展目标。

教育心理学对于以上各个侧面的问题几乎都有所涉及。

课程与教学论的研究重在提出教学实践的基本原则和方法,说明应该如何实现有效的课程和教学。而教育心理学的研究则重在揭示教育教学条件下的学生心理活动的规律及其应用,为课程和教学设计提供心理学依据。课程和教学论的上述研究侧面几乎都需要以教育心理学的研究作为重要的基础,比如教育心理学关于知识、技能、能力和品德的心理结

构及其形成与发展的研究，关于学习者的个别差异的研究，关于学习过程、学习策略和教学设计原理的研究，以及关于学习和教学测评的研究等。而为了更好地指导课程和教学实践，教育心理学也必须密切结合各类课程及其教学的整体研究和实践，研究各学科的学习和教学心理，考察具体教学情境中的学习规律。近20多年来，教育心理学和课程与教学论的交叉性研究越来越深入，这两个领域的研究者对数学、语言、科学和技术等课程领域的认知学习问题进行了非常深入的研究，并在此基础上开展了大量的课程和教学改革尝试，对于当今的教育教学改革产生了非常重要的影响。

(三)教育心理学与教育技术学的关系

教育技术学是教育科学中的一门新兴的交叉学科，它综合地应用教育学、心理学和信息科学等相关学科的知识，研究实现教育目标的最优手段和方法。2004年，美国教育传播和技术协会(AECT)为教育技术学下的定义是：教育技术(educational technology)是通过创造、使用、管理适当的技术过程和资源，促进学习和改善绩效的研究与符合道德规范的实践。可见，教育心理学和教育技术学都研究学习过程及其促进问题，但教育心理学更关注学习的基本规律及其教学应用，而教育技术学则侧重于处方性的研究，即具体说明学习和教学的操作性模式、方法以及资源工具。教育心理学(尤其是学习理论)是教育技术学的重要理论基础。例如，在行为主义学习理论的基础上出现了关于程序教学、教学机器以及计算机辅助教学的研究，在认知学习理论的基础上进行的关于智能辅导系统(ITS)的研究，在建构主义学习理论的基础上进行的关于计算机支持的协作学习(CSCL)的研究等，这些都体现了学习理论对于教育技术研究的重要影响；反过来，现代化教学手段的采用又为教育心理学的研究提供了新的研究课题。教育心理学家需要面对新的信息技术环境重新审视人类的认知学习过程，回答在传统学习环境中所不存在或不甚突出的问题。比如基于网络的人际沟通与协同知识建构，超媒体网络环境中的信息搜索、获取与整合，网络环境中的分布式认知(distributed cognition)，基于信息技术的知识建模与可视化表征等(张建伟，2002)。近年来，教育心理学与教育技术学交叉融合的趋势越来越明显，我国的研究者应该对这一个趋势给予足够的重视。

综上所述，教育心理学与心理科学中的普通心理学、发展心理学以及教育科学中的课程与教学论、教育技术学等都有密切的关系。随着这种学科交叉的加深，国际学术界出现了一个新的综合性研究领域——学习科学(learning science)，它主要研究如何支持和促进人在整个生命历程中的学习活动，通过教学的、技术的和社会政策方面的创新来促进教育的改善。学习科学作为一个新兴的交叉性研究领域，可以整合心理学(含认知神经科学)关于认知和学习的心理过程研究，课程和教学论关于教材组织及教学过程的研究，以及教育技术学关于如何建立动态系统以支持学习的研究，同时综合其他相关学科(如社会学、文化人类学、知识论等)的视角，全面研究学习活动的认知过程、社会情境和设计方式(张建伟、孙燕青，2005)。

四、教育心理学的作用

教育心理学在教育理论和实践中扮演着非常重要的角色。下面从三个侧面来分析它的重要作用和价值。

(一)教育心理学是教育职业的重要科学基础

各种社会职业在漫长的历史发展中经历了一个演化过程，逐渐从传统行业发展为现代职业(modern profession)，如从传统的工匠到现代的工程师和技师，从传统医术到现代医学，等等。现代职业的一个关键特征是以知识为基础的持续改进。比如，传统的工匠尽管可能有精湛的技艺，但他们的技艺是以个人的智慧和经验为基础的，其发展比较缓慢，而且不容易推广。自工业革命以来所出现的工程师和技师则把自己的职业活动建立在专业知识的基础上，如在机械学和力学的基础上进行的机器发明与制造。同样，在生理学和医学的基础上发展起了现代的医疗行业，在很大程度上取代了传统的医术。将职业活动建立在专业知识的基础上产生了两方面的深远影响：其一是促进了持续而快速的专业进步，便于不断发现专业知识和实践方式的欠缺(即明确什么事情还做不来或做不好)，通过科学研究来实现突破和创新；其二是便于对新的实践模式进行推广和规模化。学校教育也在历史发展过程中发生了深刻的变化，但与上面所列举的现代职业相比，学校教育还没有很好地建立在专业知识的基础上。其具体表现是：教师的教学水平在很大程度上取决于个人经验和技艺，教育改革常常着眼于挑选和推广"名师"的教学经验；另外，学校教育作为一个职业很少有意识地反思和发现自己的专业知识的局限所在，似乎不管有什么需要教的新内容(如能力、合作精神、信息素养等)，都可以做得来。以上这些问题大大限制了教育作为一个职业的前进步伐，而且使得很多教育改革沦为时尚潮流的更替，而没有多少实质性的进步。

为了推动教育的创新和发展，急需将学校教育建立在专业知识的基础上，而教育心理学则为教育提供了关键的专业知识基础。教育心理学重视通过科学的研究方法来研究人的学习及其促进问题，不断深入地揭示学习的规律，并在学习规律的基础上建立有效教学的原则和方法策略。这些研究将为学校教育发展成为一个成熟的现代职业奠定重要的基础。

(二)教育心理学对于教师发展的意义

教师是一种专门的职业，不是任何具有相应学科知识的人就能胜任的。在国外，一个大学生要想当教师，还必须到教育学院完成学位后资格教育(Postgraduate Certificate in Education，PGCE)课程，接受专门的教育培训，获得教学专业知识和专门技能。教师所应具备的多方面教学专业知识和专业技能，其中多数与教育心理学知识有关。而且，新教师的成长将经历诸多阶段，每一阶段关注的焦点问题有异，如课堂管理、教学设计和因材施教等，教育心理学在这些焦点问题上都积累了丰富的理论和研究经验，教师可以从中获得一定的知识、技能和启示，使自己尽快完成这一成长过程，早日成为一名专家教师。

(三)教育心理学对课堂实践的指导意义

教育心理学对教学实践具有描述、解释、预测和控制的作用。在实际应用中，这些作用往往相互交织在一起。下面从两个方面来说明教育心理学的这些作用。

1. 科学理论上的指导作用

(1) 为教育现象提供不同于传统常识的新观点。在实际教育中，许多教学方法和行为都是传统的沿袭，或者出自想当然。教育心理学常常对这些方法和行为进行分析和研究，提出不同的观点。例如，在小学语文课上，教师应该采用什么方式指定学生起来朗诵课文？

传统常识认为，教师应该随机点学生起来朗诵课文，这样做迫使每个学生小心地跟着课文。如果教师每次都以同样的顺序点名，学生就会预先知道什么时间该轮到自己，因此，只注意自己要朗诵的那一部分，而不关心课文的其他部分。但是，教育心理学研究表明，对这一问题的答案并非如此简单，在一定情境下，按顺序轮流朗诵确实存在弊病，但是不能以偏概全，也要看到其优越性的一面。在一年级，循环轮流朗诵能给每个学生一个朗诵机会，可造就良好的整体成就感。并且每个学生都有机会练习某些段落，每一次实践都能得到教师的反馈，这比集中注意别人的朗诵对朗诵学习更重要。此外，轮回循环意味着教师并不偏心。

(2) 为课堂教学提供理论性指导。教育心理学为实际教学提供了一般性的原则或技术。教师可结合自己的教学材料，将这些原则转变为一定的教学程序或活动。例如，根据直接指导教学原理，教学主要包括如下步骤：复习和检查过去的学习、呈现新材料、提供有指导的练习、提供反馈和纠正、提供独立的练习以及进行单元复习等，教师可以根据这些步骤来安排教学活动，并设计适当的材料来实现每一步骤。

(3) 帮助教师分析、预测并干预学生的行为。利用教育心理学原理，教师可以正确分析学生行为的原因，并能采取一定的干预措施，达到预期的效果。例如，当学生反复擅自离开座位时教师应该怎么办？如果凭直觉行事，每当学生站起时，都要提醒他留在自己的座位上，似乎如此才能帮助学生记住这条纪律。如果听之任之，他和班上的其他学生就会以为教师对这条纪律并不是十分严肃的。但是，科学研究表明，在低年级，当学生擅自离开座位时，教师越要学生坐下，学生越要离开座位，当教师置这些学生于不顾，转而表扬那些仍然不动的学生，离座率反而会下降。当教师反过来要离座的学生坐下时，离座率又一次上升。如果教师对学生行为的原因进行一番分析，就知道该怎么应对了。如果学生是为了引起教师或同学的注意，那么，教师的批评或提示正中其下怀，强化他的不良行为，如果教师表扬其他守纪同学，则可强化好的课堂行为，抑制课堂不良行为。

2. 研究方法上的指导作用

(1) 帮助教师运用研究的方法来了解问题。学生的情况是千差万别的，一旦出现了学习困难，教育心理学虽不能告诉教师如何进行有针对性的处理方法，但可帮助他采用多种方法来了解困难的原因。例如，一名小学四年级学生在语文阅读方面存在困难，我们就可以从各种测验的结果中找出困难的症结。如果智力测验成绩较低，而且其他各科成绩都很差，那么就可表明他在阅读和其他科目方面的困难与智力有关。如果发现他的智力水平较高，而除阅读外，其他各科成绩并不差，那么就可知道他在阅读方面的困难与其智力及学习能力无关，因此，需要对他过去的经验以及对正字、发音以及语义方面的情况作进一步的考查。此外，进行健康检查也是必要的，因为生理因素有时也与学业成绩有关，例如，听觉有缺陷的儿童常听不清教师的讲解，其他如视觉缺陷、内分泌失调以及营养不良都会影响儿童的学习效率。有时，阅读方面的困难也可能与个人的生活经验有关，如父母离异、父母对儿童漠不关心或期望过高致使儿童学习动机受挫，或者与教师关系不和、教师教学方法不当等致使儿童失去学习兴趣等。教师如果掌握了教育心理学的理论和研究方法，就能对儿童的学习困难追根溯源，如此，他不仅可获得正确的看法，而且会采取宽容的态度以及有针对性的方法，使儿童的学业获得进步。

(2) 帮助教师结合实际教学进行创造性的持续的研究。教育心理学为教育提供一般性的理论指导，而不是固定的公式，用以解决一切特定的问题。因此，教师在应用一般的原理和方法的同时还需进行创造性的持续的研究，去验证这些原理并解决自己的特定问题。教师进行创造性的研究，这意味着教师要因人因事因时因地而行事，因为每个学生、每个班级、每所学校以及每一种社会环境各有其不同的情况，教师需要察其异同，随机应变；教师进行持续的研究，这意味着教师必须对自己的教学计划或方法的成效进行动态的研究，不断反思，随时做出相应的变动。例如，教师在小学数学分数除法教学中，通过提问和作业成绩，发现学生在乘除转换方面存在系统的错误，于是，他设法通过某些典型错误与标准转换过程的对比，引导学生认识这些系统错误，试图加深他们对分数除法的意义及技术的理解。这种方法是否有效？教师还需要进一步在新的情境中考查学生的反应。这种方法在另一个差班是否有效呢？或者在另一个好班是否需要呢？教师都不能想当然，而需作持续的研究。教师之所以需要进行创造性的持续的研究，还因为教育心理学家在某一时期进行某一研究，往往以当时的实验情境为准，然而，这种实验情境未必能与实际的教育情境相吻合，故而教师不能将这一研究的结果或理论直接应用到自己的实际教育情境中来，需要作适当调整，并通过研究验证其效力。

综合本节内容，教育心理学是研究学与教的基本心理规律的科学，它的具体研究内容包括学习的基本理论、具体领域和侧面的学习心理规律、教学心理以及学生心理和教师心理等。学习、教学以及学与教之间的动态相互作用是教育心理学研究的基本着眼点。教育心理学的研究将为教育职业奠定重要的科学基础，对于教师的专业发展以及课堂实践具有重要的作用和指导意义。

第二节 教育心理学的发展历史

"教育心理学"一词是1531年最早出现在西方学者琼·魏维斯的著作中；1839年，"教育心理学"一词就出现在大学课堂上；1877年俄国教育家卡普捷列夫出版世界第一本以"教育心理学"命名的教科书，此后美国的霍普金斯也于1886年出版《教育心理学》教科书。也有人认为，19世纪末美国著名心理学家威廉·詹姆士(James, W.)的《对教师的谈话》(1887)是教育心理学的雏形。1895年左右，美国纽约州立大学、依阿华大学师范部和印第安纳大学教育系设置了教育心理学课程。一般认为，教育心理学成为独立学科是从1903年美国教育心理学家桑代克(Thorndike, L.)的著作《教育心理学》开始。1913年，桑代克又把《教育心理学》扩展为《教育心理学大纲》，共分"人的本性""学习心理""个别差异及原因"三大卷，使其更加完善。开篇进行一下简短的溯源，对我们认识教育心理学的来龙去脉会有所帮助。

一、中国教育心理学的发展

中国古代的教育心理思想可以追溯到先秦时代的孔子、孟子、荀子等一大批教育家及其著作中。此后历代都有为数众多的思想家、教育家为教育心理学思想的形成和发展作出了贡献。用今天的眼光来看，科学教育心理学体系所涉及的一些理论问题，在我国古代教育家及其著作中均有不同的体现，回顾中国古代的哲学教育心理学思想，以儒家的思想最为完整。儒家的哲学教育心理学思想可以简述为以下两方面。

(一)以人性可变作为教育的基础

儒家中的孔子、孟子与荀子，在人性解释上虽不相同，但将人性可变视为教育基础的看法却是一致的。孔孟主张"性本善"，但也相信"习相远"。荀子主张"恶"，因而强调"化性起伪"。中国古代一切教育心理的基本理论问题，大都是由此生发出来的。该命题准确地表征了人的自然资质与社会习染、遗传、环境与教育的关系；正确解读了人的差异及其来源；孕育了中国古代的教育发展观。从现代教育心理学的观点看，儒家的人性观有两点重要意义：其一是人性不等于天性，人性是天性与习性的融合；其二是教育对人的成长是必要的，因为教育具有改变人性的功能。

(二)以知情意行为教育目的

在品德心理方面，我国古代思想家初步地探索了知、情、意、行品德结构和品德形成过程，并总结了一套较为有效的德育原则和方法。儒家教育思想中，特别重视智育与德育，而在实施智、德二育时，又特别将知情意行视为教育目的。孔子的"知之者不如好之者，好之者不如乐之者"的说法，加上荀子的"不闻不若闻之，闻之不若见之，见之不若知之，知之不若行之"的说法，正是现代科学教育心理学所强调的知情意行四者并重的全人教育理念。我国古代思想家还探讨了桑代克教育心理学体系中还没有涉及的教育心理问题，如教师心理问题及教学心理问题、品德心理问题等。在教师心理的探讨中，我国古代思想家非常重视教师心理素质的养成、师生良好关系的建立以及教师威信和榜样等问题。

另外，学习心理问题也是我国古代思想家给予充分探索的一个领域。他们一方面在自己的学习实践中不断获得亲身体验；另一方面对自己教书育人的实践加以总结和提炼，从而获得丰富的学习心理思想，初步揭示了学习过程的实质和规律，把学习过程看作积累与贯通相结合的过程，还将学习过程划分为立志、博学、审问、慎思、明辨、时习、笃行七个阶段，初步总结了一套学习的原则与方法。

中国古代教育心理学思想虽然与现代科学教育心理思想没有直接的渊源关系，但是它确实揭示了许多教育心理方面的规律，直到今天仍有其借鉴意义。

中国近现代学者最早接触科学教育心理学主要是借鉴美国和日本的相关教育心理学著作，据有关资料分析表明，我国最早翻译的有关教育心理学方面的论著主要是：《基于心理学的教学原理》，原译名为《教育学：根据于最新心理学》，著者为桑代克，译者为美国的何乐益(Hodous, L.)，由上海广学会1918年春出版，全书分为"本能及能量，统觉，兴味，差异，注意，意念联合，分析，推理，德育，情感之反应，司动神经教育，普通神经之训练等16章"。1926年商务印书馆出版了桑代克的代表作《教育心理学概论》，译者为我国著名教育心理学家陆志韦。此书共分三卷，分别论述了人类的本性、学习心理、个体差异及其起因。这标志着西方教育心理学在中国广泛传播的开始。据我国心理学家张耀翔的统计，1920—1940年国内出版的心理学著作约371种，其中教育心理学所占比例最大，约18%。如果把测验也包括在内，则约占31%。在教育心理学的著作中，近50%是译著。在20世纪初到1949年新中国成立之前的40余年里，教育心理学主要以传播西方教育心理为主，仅对学科心理、教育与心理测验等方面有少量研究，但其观点和方法大都模仿西方，很少有创见。

新中国成立后，我国的教育心理学发生了明显的转折，即由原来的几乎完全向西方教育心理学学习转变为几乎完全照搬苏联的教育心理学，并根据马列主义的原理和方法对以前的教育心理学进行了清理和改造，进而建立起我国的教育心理学体系；同时我国的教育心理学工作者努力以辩证唯物主义为指导，结合我国的教育教学实际，开展了许多研究。由于从事教育心理学研究的人员不断增加以及对教育心理学研究的不断深入和成果的不断涌现，1962年中国心理学会成立了教育心理学专业委员会，1963年潘菽主编了新中国成立后的第一本《教育心理学》(讨论稿)，我国的师范院校运用此教材相继开设了教育心理学课程。"文化大革命"期间我国教育心理学的教学和研究工作被迫中断，基本上处于停滞阶段。

20世纪80年代初，我国高等师范院校相继恢复了"教育心理学"课程。1980年出版了潘菽主编的《教育心理学》，成为我国高等院校心理系、教育系以及相关专业的第一本全国性统编教育心理学教材。此后，我国教育心理学者在学习借鉴国外研究成果的同时，开展了科学构建中国教育心理学学科体系的探索，编写出版了一批具有较高学术水平、可满足不同教育对象，并产生了较大影响的具有中国特色的教育心理学教材。例如，邵瑞珍主编的《教育心理学：学与教的原理》(1983)、《教育心理学》(1988)；皮连生主编的《学与教的心理学》(1990)；韩进之主编的《教育心理学纲要》(1989)；陈琦等主编的《当代教育心理学》(1997)；张大均主编的《教育心理学》(全国教育硕士教材，1999)；吴庆麟的《教育心理学》(1999)；冯忠良等编写的《教育心理学》(2000)；莫雷主编的《教育心理学》(2002)；张大均主编的《教育心理学》(普通高等学校"十五"规划国家级教材，2005)等。上述教材可能对教育心理学的内容取舍详略不尽一致，但比较趋同的是都注重教育心理学的基本理论和国内外研究前沿的总结概括；都力求从我国现实教育改革和发展要求来建构中国教育心理学的理论体系；都倾向于从基本理论、学习心理、教学心理和教与学的条件等基本方面来建构教育心理学的内容体系。

近年来，我国教育心理学者在借鉴国外研究成果的基础上，结合我国教育实际展开了一系列既有中国特色又有现实指导意义的研究。基础研究主要涉及构建中国教育心理学体系、智力与非智力因素及其对学习的影响、儿童青少年人格发展与健全人格的培育、创造力及其培养、素质教育的心理学基础、学与教的理论等研究领域。应用研究主要涉及儿童青少年品德形成和培养、提高学与教效率、教与学的策略、学科教学、课程教学改革中的心理问题、学校心理健康教育等研究领域。此外，还在美育心理、汉语认知、学校心理素质教育等领域进行了开创性研究。这些研究不仅丰富和完善了我国教育心理学的体系、拓展了研究领域，而且直接推动了我国教育的改革和发展。

总之，我国科学教育心理学研究主要经历了新中国成立前向西方学习，大量引进国外的研究成果时期；1949年新中国成立至1966年学习苏联教育心理学，坚持以马列主义为指导，结合实际建立我国的教育心理学理论体系，并步入初步的繁荣时期；20世纪80年代至今由同时学习苏联和西方过渡到主要学习西方，并在借鉴西方主要研究成果的基础上，独立开展各项具有中国特色的理论与应用研究时期。经过这几个历史时期的演变，如今我国的教育心理学已呈现出良好的发展势头和前景。目前，我国教育心理学研究队伍不断扩大，研究课题逐渐开展，如学习心理问题、教育心理学基本理论问题、品德心理问题、学科教育心理问题、教师心理问题以及课堂教学心理等方面都取得了若干成果。但在诸多方面需要进一步深化、精化、特色化和系统化。

二、西方教育心理学的发展

(一)萌芽时期(古希腊时期到19世纪末)

教育心理学是一门现代科学，但教育心理学思想在西方则可追溯到古希腊苏格拉底、柏拉图和亚里士多德。亚里士多德在他的《灵魂论》中提出了三种灵魂，即营养的灵魂、容易感觉的灵魂和理性的灵魂，相应地提出了三方面的教育，即体育锻炼的教育、智育和德育。通过体育锻炼，使人体不断完善起来；通过智育，使人的感觉、愿望和知识得到发展；通过德育，使人的德行达到完善的境界。

文艺复兴之后，自然主义的教育运动对哲学心理学与教育实践的结合起到推动作用，许多教育理论家和实践家开始自觉地将教育与心理学相结合，主要代表人物有夸美纽斯、裴斯泰洛齐和赫尔巴特。夸美纽斯强调教育要顺应人的自然本性。自然本性是指儿童的身心发展规律。他强调"人具有接受教育的巨大潜力""人心具有极大的可塑性"等思想。瑞士教育家裴斯泰洛齐在《论教学方法》一书中首次提出了使"教育心理学化"的设想，后来又在《葛笃德怎样教育她的孩子》一书中提出了一整套心理学化的教学思想体系。

在教育史上，第一个明确提出将心理学作为教育学理论基础的人是德国教育家、哲学家兼心理学家赫尔巴特。他著有《普通教育学》(1806)、《心理学教科书》(1816)。他接受莱布尼兹关于灵魂具有活动性的观点，同时吸收了英国联想主义和当时力学中关于引力和斥力的概念来说明观念相互吸引和排斥的关系，将裴斯泰洛齐的"教育心理学化"主张付诸实施。他提出了"意识阈"和"统觉团"的概念。他认为，意识阈下的观念只有那些与意识相统一、相调和的观念才可能不遇阻力而升入阈限之上。进入意识的观念，便可引起统觉。一个观念的统觉不仅使这个观念成为意识的，且使之被意识观念的整体所同化。该整体被称为"统觉团"。赫尔巴特认为，人类的心理具有知、情、意三种功能，教育应以道德为先，重视儿童的兴趣，并将儿童的兴趣划分为对事的兴趣与对人的兴趣。在统觉论指导下他提出了教育过程四阶段论，包括明了(确切讲授新知识)、联想(新知识要与旧知识建立联系)、系统(作出概括和结论)、方法(把所学的知识应用于实际，如习题解答、书面作业)。同这四个阶段相应的心理状态是注意、期待、探究和行动。以后他的学生将之发展为五阶段教学法，即预备(唤起学生的原有观念和吸引学生的注意)、呈现(教师清晰地讲授新教材)、联系(使新旧知识形成联系)、统合(帮助学生进行抽象和概括，形成新的统觉团)、应用(以适当方法应用新知识)。五阶段教学法在全世界都产生了重要影响。正是在这些教育心理思想的肥田沃土上，科学的教育心理学才破土而出。

(二)初创时期(1903年至20世纪20年代)

这一时期主要是美国教育心理学家桑代克的理论占统治地位。1903年桑代克《教育心理学》的出版被认为是教育心理学独立的标志，教育心理学开始强调教育测量和统计分析以及学科心理的研究。在桑代克看来，人类的本性是先天形成的情境与反应之间的结合。这些先天的结合即是一切教育和人类其他控制作用的起点。教育的目的在于将其中的某些结合加以保持，将某些结合加以清除，并将某些结合加以改变或引导。

桑代克根据动物学习实验的结果提出许多学习定律，包括效果律、练习律和准备律等，并强调人类的学习尽管较动物的学习复杂，但由动物的学习所揭示的简单规律也是人类学习的基本原则，可以用来指导和改进教学。桑代克在测量的标准化和制定常模等方面做过大量工作，曾编制阅读、作文、写字等多种量表，以测定儿童的学习成绩。他借助测量工具，促进了对个别差异的研究，包括对双生子、同胞子女及无家族历史关系的个体的比较研究，从而论证了影响个别差异的因素有家族、成熟和环境等。他认为遗传是智力差异的重要因素，也提出个人品质、勤奋、责任心等非遗传因素与智力有正相关。他主张，学校工作应尊重儿童的人格，教学中要了解个别差异，消除差别上的问题，并作出有效指导。他反对自然主义教育，反对形式训练说。桑代克的这些观点支配西方教育心理学理论和实验研究长达50年之久。

这个时期教育心理学研究的基本特点是：已认识到运用科学的心理学观点和方法能够解决教育中的问题，理论与研究的积累不够充分，其内容多是以普通心理学的原理去解释教育问题，研究方法也有机械主义和简单化倾向。心理学家看到了科学心理学原理对教学的作用，对心理学原理应用于教育持非常乐观的看法。他们深信，科学心理学原理，即使是从实验室的动物研究中得到的，也是可以运用于教育实践的。在这种乐观精神鼓舞下，美国教育界为了推动教育改革，于20世纪20年代先后开展了四项大型教育心理学研究。这些以教育心理学为主导的教育科学运动推动了这一时期教育心理学的发展。

(三)过渡时期(20世纪30—50年代)

这一时期教育心理学的体系越来越庞杂，广泛吸收其他学科的研究成果，但并未出现真正的突破，也没有取得特别重要的进展。20世纪30年代后期，美国教育界人士对上述教育心理学家推行的教育改革运动进行了回顾和总结，发现其结果并不理想。这一时期的研究不论是理论还是方法上，都没有独立的体系，没有能超出桑代克的研究，只是内容方面有所扩大，丰富和积累了一些材料。心理学原理在教育上的应用，几乎成了人们的共识，为下一阶段的发展作了一些准备工作。由于心理学家对心理学原理应用于教育实践的困难估计不足，在挫折面前许多人对心理学原理的教育实际运用的研究丧失了兴趣，回到了他们擅长的心理实验室，完全脱离教育实际的学习论研究受到鼓励。例如，赫尔(Hull，C.L.，1884—1952)根据动物学习资料，用逻辑和数学方法于20世纪40年代创建了系统而庞大的学习论体系。该体系被当时的心理学界誉为最优秀的学习论体系。但后来的许多批评家认为："赫尔的理论复杂到几乎使人无法理解，因而只能在他自己的实验室里用，出了他的实验室几乎没有什么价值。"

这个时期教育心理学研究的基本特点是：广泛汲取心理学分支学科中与教育有关的内容，研究范围不断扩大，内容庞杂，不系统，未形成独立的理论体系，偏重于研究动物和儿童的简单心理活动，对教育实践的指导作用不大。

(四)成熟时期(20世纪50—80年代)

这一时期教育心理学的发展最为显著，心理学与教育这两个领域相互促进，内容更加趋于集中、各派分歧日益缩小、注重与学校教育实践相结合，出现了几位著名的教育心理学家。他们提出了各自有代表性的学习理论，开始形成完整的现代教育心理学体系。这一时期的主要发展大多出现在美国，苏联也有一些。在美国出现了几位各具特色的、对教育心理学基本理论和体系贡献较大的学者。

1. 布鲁姆(Bloom，B.S.，1913—1999)

《教育目标分类》(1956)、《人类的特征与学习》(1976)是他的代表作；提出了"掌握学习"的理论。早年的教育目标分类和后来的"掌握学习"理论是他主要的两大贡献。

2. 布鲁纳(Bruner，J.S.，1915—2016)

《教育过程》(1960)是其代表作，他的认知发现学习理论对美国乃至世界学校教育的影响巨大。

3. 加涅(Gagne，R.M.，1916—2002)

研究学习分类的权威，信奉在教师指导下的学习为最有效的学习。《学习的条件》(1965)是他的代表作。

4. 奥苏伯尔(Ausubel，D.P.，1918—2008)

1968年和1973年出版的《教育心理学》影响较大，提出有意义言语学习理论，对改进传统模式的学校教学过程有很大意义。

5. 安德森(Anderson，R.C.)

现代行为主义的教育心理学家。他与富斯特(Faust，G.W.)合著的《教育心理学：教和学的科学》(1974)坚持行为主义观点。

(五)完善时期(20世纪80年代以后)

到20世纪80年代以后，教育心理学体系越来越完善，内容越来越丰富，与教育实践的结合更加紧密，研究领域已开始突破学校教育的局限，走向更为广阔的人类生活和其他教育情境。教育心理学研究人员队伍壮大，科研水平逐步提高，教育心理学以全方位服务教育为宗旨，正在实现其作为教育主导学科的愿望。但教育情境变化也给心理学提出了挑战性问题，要求心理学家去阐明，从而有助于心理学理论接近其真实世界，为学校教育服务。一方面，心理学家不像20世纪前半期那样集中于建立一般的学习理论，转而关注学科心理学的学习和认知研究。学科心理学的出现表明心理学在适应教育实践的需要方面取得了进步；另一方面，教育不再只是心理学知识的接受者，它已经成为推动心理学发展的动力，促使心理学从实验室人为控制情境中的一般学习研究转变为现实情境中的认知研究。这一时期的典型例子是维特罗克(Wittrock，M.C.)提出的生成学习理论及其技术。生成学习理论主要来源于他的阅读心理学和自然科学教学研究。

在这一时期，心理学与教育之间形成的密切关系使心理学家对心理学的教育应用又恢复了乐观的看法。例如，维特罗克在其主编的《教育心理学的未来》一书中说："我相信，新近在认知领域研究的这些进展代表着将导致充分理解知识习得和导致有用的处理方式的教学论研究的开端。"布鲁纳在1994年美国教育研究会的特邀专题报告中，精辟地总结了教育心理学十几年中的成果，主要表现在主动性研究、反思性研究、合作性研究、社会文化研究四个方面。

三、教育心理学的发展趋势

在建构主义、后现代主义、认知主义和人本主义等多元研究取向影响下的当代教育心理学的发展，正呈现出理论观点的多元融合、研究对象的"全人化"、研究设计的质量结合、研究方法的综合化、研究情境的生态化等基本趋势。了解和把握当代教育心理学的研究取向及其发展的基本趋势，无论对教育心理学学科建设还是教育心理学更好地服务于教育实践都有积极意义。

(1) 教育心理学的研究将更加关注教育教学实际中所存在的问题，逐步扩大研究的领域。我们认为，未来的教育心理学除了继续关注教和学两方面的主要问题外，教育教学实际中的其他问题也必将引起教育心理学的关注。例如，我国学者正在进行的而且还将继续进行的有关校本问题的研究，就有可能给教育心理学带来新的研究课题，扩大教育心理学的研究范围和领域，推动教育心理学的发展。

(2) 教育心理学研究方法的综合化。由于教育心理学兼具自然学科和社会学科、理论学科和应用学科的特点，加之它只有不到百年的历史，因而教育心理学没有自身独特的研究方法。教育心理学研究中经常采用的观察法、实验法、调查法、教育经验总结法、个案法等，都是借用其他学科的方法结合本学科的特点稍加改动而形成的。尽管在很大程度上推动了教育心理学的发展，使之在不到百年的时间内取得了丰硕的成果，但也制约了教育心理学的发展。今后的教育心理学研究应该把各有关学科的研究方法和教育心理学正在使用的方法融合起来，结合本学科的特点，吸收科技进步所带来的最新成果，形成一套真正适合教育心理学研究的综合化方法，以促进教育心理学的发展。

(3) 学习策略、教学策略、解决问题的策略、学习动机、学生与学习情境间的相互作用的认知研究等必将进一步深入或得到进一步的加强。

(4) 个体差异和个别化的教学研究将继续受到重视。面对现代教育教学改革带来的问题，虽然教育心理学的研究者可能还没有充分适应，但却能表现出极大的热情予以密切的关注。随着对人类研究的不断深入，个体的独特性越来越受到重视，加之现代教育技术的发展，学生可以不再受到严格的学校教育的时间限制和各学校教育教学水平的空间限制，自由地选择学习内容和学习方式。这些新情况给教育心理学提供了新的研究课题。学生学习过程的特点、如何培养学生的元认知能力和自我监控能力等都需要教育心理学进行科学研究。

(5) 教育心理学的理论将逐步完整化、系统化，进而形成比较统一的体系。由于在今后相当长的时间内，教育心理学还是要围绕着学习理论、教学理论、动机理论、教育社会心理理论和发展理论等主要内容进行研究，因而随着研究的不断深入和完善，教育心理学的理论将会越来越完整化和系统化，进而形成一个比较统一的体系。

第三节　教育心理学研究的原则与方法

人的心理现象是世界上最复杂和最难认识的现象之一。因此，如果没有正确的指导思想和科学的方法论，就很难使心理学的研究达到科学的地步并

教育心理学的研究方法.mp4

取得较大的成效。近年来，教育心理学研究目的与理论取向不断变化，研究指导思想和具体的研究技术手段也在不断发展，教育心理学发展的每一次进步都与研究方法的革新相联系，探讨教育心理学的原则和方法体系有利于促进教育心理学健康、快速地发展。

一、教育心理学研究的原则

任何研究方法都要受到哲学方法论的指导，可以说辩证唯物主义和历史唯物主义是从事教育心理学研究的总原则，必须坚持以辩证唯物主义和历史唯物主义的方法论作为指导。在此前提下，应遵循下面几条基本原则。

(一)客观性原则

客观性原则就是根据教育心理现象的本来面貌研究其本性、规律、机制和事实，这是教育心理学研究的根本指导原则。坚持这一原则，就是坚持实事求是的态度，从人的外部活动的客观事实出发，如实地反映心理现象的本来面目，并以实践作为检验的标准。在教育心理学的研究中，研究者对待各种现象要采取实事求是的态度，要遵循教育过程中的客观规律，即在研究中要按客观事物的本来面目反映事物，保持教育心理学研究的严肃性和严密性。客观性原则主要体现在两个方面：一是在对学生和教师心理的研究过程中，研究者要对影响学生与教师心理的外界环境、行为反应及其内心体验进行客观的分析；二是在对研究材料进行分析时，研究者要将客观数据与主观的分析相对照，通过客观事实来验证主观判断的正确性，而不能掺杂研究者的主观臆测，应具体地、实事求是地研究学生、教师以及教育教学环境的心理现象。

(二)发展性原则

人的心理是处于不断发展变化之中的，学生正处于从不成熟到成熟的过渡阶段，是人生变化最大和最重要的时期之一。教育心理学所研究的对象主要是学生，他们在学习的若干年内无论是生理还是心理都有相当大的发展变化，这就要求我们的研究者要善于发现处于萌芽的心理特点，必须用发展的眼光去看待他们，必须坚持发展的原则，切忌用固定的眼光看待学生，研究设计要考虑心理的发展、变化，从发展的角度来分析影响学生心理发展的诸要素，才能得出合乎实际的结论。

(三)系统性原则

系统性原则就是要求在研究心理现象时应把人作为一个开放的、动态的、整体的系统进行综合考察，以便把握心理现象各个要素之间的必然联系；要求研究者不仅将研究对象放在有组织的系统中进行考察，而且要运用系统方法，从系统的不同层次、不同侧面来分析研究对象与各系统、各要素之间的关系。坚持系统性原则要求教师对待学生的心理事件、教学事件必须放在教育的系统中进行考察。有些局部成功的教育事件，很可能是对整个教育系统的误导，从而对教育产生错误的认识。例如，片面追求升学率，对某个具体的学生可能是成功的，但对整个教育系统来说却是以牺牲学生的身心健康和整体素质为代价的。因此，系统性原则所追求的是系统各个层次、各个侧面、各个要素的协调与和谐的发展。

(四)理论联系实际的原则

教育心理学的研究课题存在于教学实践中,它的研究成果也将付诸于教学实践。教育心理学的研究工作必须和学校教育教学实践密切结合,以充分保证其实际效果。教育心理学虽然也有自己的理论探索,但其学科性质属于应用心理学科。这种应用学科的性质就决定了教育心理学研究必须为教育实践服务。教育心理学的研究要从教育实际出发,研究教育情境对学生心理活动的影响及学生心理活动对教育情境的依存性。教育心理学的研究只有面向教育实际,才能积累大量有价值的科学资料,也才能提高教育的教学质量和管理水平。

(五)教育性原则

教育性原则要求研究者进行研究要符合学生的身心发展规律,具有教育意义,有利于学生的正常发展,一切不利于学生身心健康的研究都是不允许的。研究教育心理学的基本目的就是要促进学生的健康发展,进而提高学生未来的生命质量。如果研究者违背教育性原则,这一目标非但不能很好地完成,还会适得其反,给学生的身心健康带来不良的影响。同时,研究成果应有助于加深对教育本质及其规律的认识,有助于教育教学改革的深化。一种研究在没有足够的把握可以促进学生身心的某方面发展时,绝不能贸然地大面积开展,以避免对教育产生消极影响。

> **拓展阅读**
>
> 当年华生(Watson,J.B.)为了研究儿童的恐惧心理,在儿童抚摸白兔时大声敲锣,结果使这个儿童不但对白兔,甚至对其他白色的东西都产生了畏惧心理。实验在某种程度上伤害了儿童的正常心理发展,这在心理学尤其是教育心理学研究中应该竭力避免。特别是在教育心理学研究中,主要涉及人类被试,又以儿童青少年被试为主,更应遵循教育原则,在研究过程中应特别避免不良外部刺激对被试心理的影响。
>
> (资料来源:张大均.教育心理学.第2版.北京:人民教育出版社,2004:18.)

二、教育心理学的研究方法

作为心理学的一个分支,普通心理学的方法一般都适用于教育心理学,但由于对象和任务的特殊性,教育心理学的方法应具有自身特点。它更多地注重研究情境和教学实际相符合的程度,从而分析学校教育和教学条件下心理现象的特点,并根据教学实践综合考虑其中各方面的心理现象,而不是孤立地探讨某一方面。因此,某些普通心理学方法,如自然实验,在教育心理学中运用较多;而另一些方法,如实验室实验,则应较多地注意同其他方法的结合,使其结果能相互补充、验证,以接近学校教育和教学的实际。

(一)描述性研究方法

1. 观察法

观察法是在自然条件下,有目的、有计划地对被试的言语和行为进行观察、记录来判断其心理特点的心理学研究方法。在教学情境下观察学生的行为，可以获得多方面的资料。例如，通过观察随时了解(或掌握)学生学习进步的情况或学习的困难所在，以作为调整教学策略的参考。观察法是教育心理学研究最基本、最普遍的方法。观察法的成功与否取决于观察的目的与任务是否明确，观察和记录手段是否适当，以及观察者的经验和态度。观察法的主要优点是：可以观察到被试在自然状态下的行为表现，所获结果比较真实；可以在实地观察到行为的发生、发展，能够把握当时的全面情况、特殊的气氛和情境。应用观察法时，研究者要有一定的工作经验，必须熟悉所研究的学与教的过程以及其中的心理现象，善于在繁杂的现象中选择所需观察的事实，善于及时抓住某些时候忽然变化的重要材料，并敏捷地发现各种现象间的联系。在观察时也可利用仪器，如利用录像记录被试整个的(如全身动作)或局部的(如面部表情、眼动、手部动作等)活动，利用秒表记录被试心理活动的时间指标等。观察法的主要缺点是：研究者处于被动地位，往往只能等待行为的发生，因而难以观察到所需要研究的行为，收集资料颇费时间；同时，研究者对观察的结果难以进行精确分析，观察可能受到主观因素影响，难以做到完全客观公正。因此，在教育研究中，观察法还要与其他方法进行配合方能取得较为理想的效果。

2. 调查法

调查法与观察法不同，它不是直接观察被试进行某些心理活动时的表现，而是通过收集被试的各种有关资料进行分析、比较以了解学生心理活动的方法。调查法的形式是多种多样的，如访谈、调查有关材料及问卷，间接了解被试者的心理活动等都属于调查法。调查法的途径和方式多种多样，如要求被试者本人作口头报告，追溯所需研究的心理活动发生的过程及条件，了解分析学生的作品等。例如，各科的作业和劳动的产品，往往可以反映学生心理活动的某些过程和特点，从而了解其心理现象的特点和本质。

应用调查法时研究者必须清楚了解所研究的课题，明确调查所需要的材料。对于调查进行时可能遇到的情况和可能参与的外来因素，也应有一定的预见和估计。

其中，问卷法广泛应用于青年研究、教育心理学研究和社会调查等领域。其优点是能在短时间同时调查很多对象，获取大量资料，并能对资料进行量化处理，经济省时。其主要缺点是被试者由于种种原因可能对问题作出虚假或错误的回答。

3. 个案研究

个案研究是一种收集特定个人的各种有关资料，并在此基础上对学与教的个案作详尽的观察、评价与操纵，然后得出结论的方法。它的目的有时偏重从个别到一般，发现学与教的规律，有时又是针对改变研究个体的行为。个案研究不仅对于理论的建立、发展和验证有用，而且是因材施教的必要前提和基本技巧。例如，一个教师针对某个学习有困难或行为上有问题的学生进行研究，需要深入了解，就必须全面地收集该学生的资料，既包括收集档案材料，也包括通过家长、邻居、同学、朋友了解情况，以及教师与该学生的谈话所获信息等。

4. 教育经验总结法

我国广大教育工作者在实践中创造了和正在创造着显著的成绩，积累了丰富的经验，这是教育心理学研究的一个主要材料源泉。这些经验有的还没有总结，有的虽已总结，但没有从心理学角度进行分析。这就需要专业研究者同教师一道，从心理学角度加以总结。这种经验总结也是教育心理学一个重要的研究方法，它不只是如调查中那样利用现存的经验总结材料，而是有目的地整理这些经验，从中提炼所包含的心理学规律。经验总结法对于研究者的要求与观察法和调查法相同。需要强调的是，研究者必须注意从心理学的观点和角度进行科学的分析。

(二)实验性研究方法

1. 自然实验法

自然实验法是在学校教育的实际情况下通过适当控制和改变某些条件研究心理活动，以观察被试心理活动的表现。自然实验法兼具观察法和实验法的优点，能将实验研究和日常活动紧密结合，既不改变被试正常的生活、学习、工作的环境，又能达到实验的目的，所得结果较符合实际。

进行自然实验，首先要有明确的研究课题和对课题的设想，对课题解决的可能途径作必要的估计，对研究的进程要有一定的预见。研究者需要分析各种有关的客观条件，对其中某些条件予以控制，使另一些条件按照研究目的变化。研究者能按照研究目的有意识控制或改变某些条件，以引起特定心理现象，便于进行观察和分析。记录指标必须事先确定，被试者的取样也应事先计划，并对他们作适当的安排。最后，要组织实验的不同组别，以便互相比较、验证和补充，从而得出比较完全、准确的结果。在进行研究时，研究者对于事先未曾估计到的客观情况的变化需要及时发现和处理，既保持必要的灵活性，又不影响所研究的主要课题的解决。

2. 实验室实验法

实验室实验是在特设的心理学实验室内进行的。由于在实验室内借助专门的实验设备，能够严格控制实验条件，并对实验条件和被试活动作出精确的记录，所得结果更为准确。但另一方面，实验室情境与学校教育和课堂情境差别较大，实验室的特殊环境和情境也会影响被试的心理表现，因而实验室所获结果往往难以在实际生活中推广，其实际效果不如自然实验。教育心理学实验室实验方法只是一种补充，它可以深入探讨学与教过程中某一需要严密分析的方面。这种方法一般需要同其他方法结合使用，以符合教育心理学必须结合学校实际的要求。

拓展阅读

教育心理实验的三种基本组织形式

1. 单组实验形式

同一个组(或班级)先后分期接受两种不同实验因素的影响，在实验过程中，其他一切条件保持不变，仅对实验因素所产生的结果进行观察和比较。其缺点是：①学生(或被试者)心理是发展变化的，由于经验积累，后期实验所得数据可能偏高；②先前的实验可能对后续实验起正负迁移作用。

2. 等组实验形式

研究者采用两个或两个以上条件相同的组(或班级)作为实验对象进行对比研究的实验形式。此种形式在教育心理实验中被广泛采用。采用实验组和对照组，或者采用两个实验组,对不同组施加不同的实验因素,而其他条件保持相同,然后将各实验因素影响所产生的结果加以观测比较,并进行差异显著性考验,便可得出结论。

3. 循环实验形式

循环实验是单组和等组结合的一种形式,各实验因素可在各组获得阶段性成果后,再将实验因素对调,其他条件(如时间控制等)相同,最后测验各实验因素所产生的结果,然后进行比较,得出结论。此种形式既兼具单组形式和等组形式的优点,又可避免二者的缺点,所得结果比较精确和可靠,但实施难度较大,也比较复杂。

(资料来源:燕良轼,毛晋平. 教育心理学. 长沙:中南工业大学出版社,1999: 5.)

(三)行动研究

教育理论研究者与实际教育工作者都关心教育问题,但他们之间却好像出现了不可逾越的鸿沟。教育理论研究者关心理论问题,关心研究资料、数据的客观性和准确性,而实际教育工作者则关心现行教学中的实际问题,这种现象给教育理论与实践的发展造成巨大障碍。如何才能使研究贴近教学,使教学本身包容研究,从而实现研究与实践之间的沟通,行动研究作为一种日益受到重视的研究模式可以为此提供有益的启示。

行动研究是教育工作者在教育教学实践中把行动与研究相结合,创造性地应用教育理论去研究与解决不断变化的教育实践中的具体问题,从而提高教育教学质量以及自身专业化水平的一种研究方法或研究活动。行动研究是在教育情境中进行的、与特定问题相联系的一种研究方法,它旨在对现实世界进行功能性的干预,并检验这种干预的效果,它是从行动出发,通过行动进行并着眼于改进行动的研究思路。由于研究者选择的课题不同,他们在研究中所采用的方式和方法也不尽相同,研究方法的选用很大程度上取决于研究的性质。以上方法彼此不是分割和孤立的,在一项具体研究中往往综合使用其中的两种或者几种方法。

本 章 小 结

教育心理学是研究学与教的基本心理规律的科学,是心理学与教育学的交叉学科。教育心理学是教育职业的重要科学基础;对于教师的成长与发展具有重要意义;对于课堂实践具有重要的指导意义。

西方心理学发展经历了萌芽期、初创期、过渡期、成熟期和完善期。1903年桑代克《教育心理学》的出版标志着教育心理学的独立,布鲁姆、布鲁纳、加涅、奥苏伯尔、安德森等人推动了心理学在教育情境中的应用。20世纪80年代以后,教育心理学走向更为广阔的人类生活和其他教育情境。当代教育心理学的发展,正呈现出理论观点的多元融合、研究对象的"全人化"、研究设计的质量结合、研究方法的综合化、研究情境的生态化等基本趋势。

教育心理学的研究应遵循客观性原则、发展性原则、系统性原则、理论联系实际的原则、教育性原则。教育心理学的描述性研究方法包括观察法、调查法、个案研究和教育经验总结法;实验性研究方法包括自然实验法和实验室实验法,但在教育心理学的研究中,实验室实验法一般需要同其他方法结合使用，以符合教育心理学必须结合学校实际的要求。行动研究是在教育情境中进行的、与特定问题相联系的一种研究方法，它是从行动出发，通过行动进行并着眼于改进行动的研究思路。

思考与练习

1. 什么是教育心理学？
2. 阐述教育心理学的起源与发展过程。
3. 教育心理学研究的对象及其学科体系是什么？
4. 教育心理学有哪些研究原则和方法？
5. 说明教育心理学研究的发展趋势。

推 荐 阅 读

[1] 黄正夫. 教育心理学[M]. 北京：北京师范大学出版社，2013.
[2] [美]罗伯特·斯莱文. 教育心理学：理论与实践[M]. 姚梅林，等译. 北京：人民邮电出版社，2004.
[3] 陈琦，刘儒德. 教育心理学[M]. 北京：高等教育出版社，2011.
[4] 吴庆麟. 学校心理学——献给教师的书[M]. 上海：华东师范大学出版社，2003.
[5] 张大均. 教育心理学[M]. 2版. 北京：人民教育出版社，2004.

第二章 学习心理

本章学习目标

- 能理解并能陈述学习的本质和分类。
- 能对各理论流派的学习观进行总结概括(学习的实质、学习的过程、学习的有效条件、教学原则等)。
- 能理论联系实际阐述各理论流派学习观的实际应用。
- 能应用各理论流派的学习观对现代学校教育中的实际案例进行分析。

核心概念

学习理论(leaning theories)　准备律(law of readiness)　练习律(law of exercise)　效果律(law of effect)　习得律(acquisition)　消退律(extinction)　泛化律(generalization)

引导案例

编码效应

有一个男孩追了一个女孩很久，女孩有一天睡觉之前突然喊道："完了，我不记得他长什么样子了！"室友们便坏坏地笑着说："完了，你爱上他了。"

分析：当女孩慢慢开始接纳男孩时便会将注意力集中到意码的编码上，将其编入长期记忆。此时女孩会更多地思考与意码相关的人品、气质、性格，而可能忽视了对其形码的检索，即会出现一时不记得他相貌的现象。平时你是否会经常在某一时刻不记得爸爸、妈妈或恋人的长相呢？因为在熟悉之后，你会更关心与个人魅力有关的意码，而非形码。

学习指导

本章的重点是对各理论流派的学习观进行总结概括(学习的实质、学习的过程、学习的有效条件、教学原则等)，掌握各流派主要观点，并加以区分、联系，合理应用。

学习心理学是教育心理学中最基本的研究内容之一，由于研究视角不同、方法不同，研究的问题也不同，形成了众多的学派。虽然理论流派纷繁复杂、充满纷争，但概括起来都涉及对学习的实质、学习的过程和学习的有效条件等方面的探讨。本章依次阐述行为-联结主义、认知主义、建构主义和人本主义流派的学习理论和观点，并联系学生学习和教师教学谈及这些理论和观点的应用。

第一节 学习的本质与类型

学习理论是探究人类学习的本质及其形成机制的心理学理论，理论界对学习实质和分类的界定存有争议，不同的学者从各自的观点出发对学习的本质和分类作了有价值的研究。

一、学习的本质

从学习心理学的研究历史来看，不同时期对学习的理解是不同的。我们认为，学习有广义和狭义之分。广义的学习是指人和动物在生活过程中通过实践或训练而获得，由经验引起的比较持久的心理和行为变化的过程。狭义的学习是指学生的学习，即学生在教师的指导和引导之下，有目的、有计划、有组织、系统地掌握知识和技能，促进身心素质发展的活动。它是学习的一种特殊形式。为了更好地理解学习的概念，要把握以下几点。

第一，学习是个体获得知识和经验的过程。

学习是一种活动过程，是由不知到知、由知之甚少到知之较多的过程，在这个过程中，个体的行为、能力发生着变化，这就是学习。学习是个体后天获得行为的过程，它与天生具有的本能行为是不一样的。行为既包括可观察的外显行为，如读书、写字，也包括像思想、观点的获得这样不能直接观察的内潜行为。必须强调的是，这里的行为变化既包括由坏向好的变化，也包括由好向坏的变化，养成好习惯与养成坏习惯同样都是学习。

第二，学习是个体适应环境的手段。

学习是一种适应性活动，个体要生存，为了生存必须适应环境的变化。人类要应付十分复杂的自然环境和社会环境，个体天生所具有的本能如吮吸、防御等无法保证个体的生存。为了保证个体与环境的动态平衡、生存和发展，个体必须通过学习获得、积累各种知识和技能。

第三，学习使个体行为或能力发生相对持久的变化。

学习是通过个体相应的行为变化而体现的。也就是说，学习必须使学习者在行为、知识、技能或能力等方面发生某种变化，而且发生的这种变化不是暂时的，而是相对持久的。适应、疲劳、药物等也能引起行为变化，如运动员服用兴奋剂可使成绩暂时提高，但这样的行为变化是比较短暂的，不能称之为学习。

(一)人类学习的特点

弄清人类学习的特点，实质上就是要区分人的学习和动物学习的本质区别。这些区别可概括如下。

1. 学习的内容有本质区别

从学习内容看，人的社会性决定了人类学习的内容是掌握人类社会的历史经验。

自有人类文化以来，人类社会除了创造大量物质财富外，还创造了大量的精神财富，积累了大量的知识经验。个体在生活中，通过与成人和教师的交往，与周围其他人的交往，并通过系统地接受教育，在教师的指导下不断地掌握前人已经积累起来的间接经验。这种学习是动物不可能有的。

2. 学习的机制或方式不同

动物学习依赖直接经验，一切均需尝试，而不可能通过间接经验方式进行学习。人的学习既可通过直接经验，又可通过间接经验进行。人在学习的机制或形式上要比动物高明得多。语言文字是各种事物及事物之间关系的抽象化和概括化的信号，也是记载人类积累的知识和经验的工具。因此，有了语言文字才扩大了个体掌握社会历史经验的可能。语言不仅可以使人掌握具体经验，而且使人有可能掌握概括和抽象的经验。

3. 学习的动能与动力有本质区别

动物学习的动能是为了适应环境，因而是一个消极被动、无目的、无计划的过程，只能在此基础上趋利避害。人的学习是一个有目的、有计划的过程。为了达到目的，人要探索各种有效的方法和途径。由此可见，自觉能动性、积极主动性是人类学习的本质特点。当然，这并不排除人类个体在学习中有时也是被动的、不自觉的，但这并不是人类学习的本质。

以上三点说明，人类学习与动物学习的本质差别是主要的，相同点是次要的；完全用动物学习规律来说明人类学习的观点是片面的、错误的。

(二)学生学习的特点

学生的学习是在教师的组织和引导下，有目的、有计划进行的学习；学习的任务是要在一定的时间内掌握前人所积累的社会历史经验(包括知识、技能和道德规范等)。学生的学习与人类的学习过程有共同点，但又有其本身的特点。它们可概括为以下几个方面。

1. 学生学习的间接性

在经验传递系统中，学生主要是接受前人的经验，而不是亲身去发现经验，因此，所获得的经验具有间接性，是一种间接经验。这种间接性贯穿于学习过程的始终，使学生的学习体现出一定的特殊性。

2. 学生学习的目的性

学生的学习是在经验传递条件下进行的，无论是传授经验还是接受经验，双方都有非常明确的目的性与方向性，是在学校和教师有目的、有组织、有计划的情境下进行的。教师依据学生学习的规律来传授经验，而学生又在教师正确的符合规律的指导下接受经验，这就可以避免走弯路，大大提高学习效率。

3. 学生学习的集体性

学生的学习是在学校班集体中进行的。班集体这一特殊团体中的人际交往、人际关系等对学生的学习有重要影响。

4. 学生学习的有效性

学生的学习是一个连续的过程，由于学生学习的根本任务是掌握前人的经验，这决定了学生学习的方式主要是一种接受学习，即通过教师对教材的系统讲授而引导学生学习。学习时间短暂和大量学习内容之间巨大的反差，要求学生的学习应该快速、高效，应在有限的时间内掌握前人经验并尽快发展自己。

5. 学生学习的言语性

在经验传递系统中，传递经验的主要媒体是言语信号，这使学习者不仅能够掌握具体的经验，而且也能超越狭隘的具体事物的限制，去掌握抽象、概括的经验。这有助于学生的心理由低级、具体的水平向高级、抽象的水平发展。当然，在具体的教学过程中，要注意采取有效措施使学生真正理解言语符号所表示的内容，并正确地利用言语来构建经验结构。

二、学习的分类

学习是一种相当复杂的现象，因而学习的类型也是多种多样的。根据不同的标准，从不同的角度，心理学家对学习进行了各种划分。

(一)根据学习内容分类

我国心理学家潘菽主编的《教育心理学》根据学习内容的不同，将学习分为四种：①知识的学习；②技能的学习；③以思维为主的能力的学习；④道德品质和行为习惯的学习。

这种分类的优点是比较符合学校教育的实际和需要，能帮助教育工作者按照同类型学习的特点和规律去指导学生的学习，在研究工作中也便于探讨不同类型学习的特点和规律。这种分类的缺点在于容易使知识的学习与道德品质的学习、知识的学习与能力的学习相互脱节。因此，采用这种分类时，应该注意到几种学习类型之间的内在联系，把它们有机地结合起来。

(二)根据学习目标分类

美国心理学家布鲁姆将教育目标分为认知领域的目标、情感领域的目标和动作技能领域的目标三大部分，每一领域的目标又从低到高分为若干等级。其中认知领域的目标可以分为知识、理解、运用、分析、综合、评价六类，依据人在这六个阶段不同的认知特点，确定不同的学习目标，从而形成了认知领域学习目标的分类。这种分类是一个层级系统，后一层学习任务的开展以前一层教学目标的实现为前提，符合由浅入深、逐步发展的认知规律，对教育教学具有重大的指导意义，因而产生了深远的影响。

美国教育学者克拉斯沃尔于1964年出版了情感教育目标分类专著。他认为，情感领域的教育目标主要包括态度、兴趣、理想、欣赏和适应方式等，其亚领域可分为接受、反应、价值判断、价值的组织和价值的个性化五项。

1972年，美国教育学者辛普逊和哈罗发表了动作目标分类的专著。其中，辛普逊的分类更能为广大教育工作者所接受。她将技能领域目标分为知觉、心向、引导的反应、机械练习、复杂的反应、适应和创作七类。

(三)根据学习结果分类

美国教育心理学家加涅长期致力于教与学的研究，在1970年出版的《学习的条件和教学论》一书中，他根据学习的繁简水平提出了著名的学习结果分类理论，提出了五种学习结果。

1. 言语信息

言语信息即学习关于"是什么"的知识。主要运用记忆学习包括物体的名称、名词、历史事实和各种叙述在内的知识，结果往往通过言语信息的形式表现出来。

2. 智慧技能

智慧技能即学习"做什么"。这类学习活动所获得的能力称为智慧技能。学习者掌握了以符号形式出现的智慧技能后，就能熟练地解决社会生活中碰到的各类问题。阅读、写作及运用数字是低年级儿童习得的基本智慧技能。加涅具体地把智慧技能分成了五个层级，即辨别、具体概念、定义性概念、规则、高级规则。

3. 认知策略

个体通过学习掌握支配自己学习、记忆和思维的技能。加涅认为，学习者在学习活动中习得的主要学习策略包括普通认知策略、特殊认知策略和反省认知策略，如运用逆推法证明几何问题、用不同的视角去研读同一篇文章等。只有当个体掌握了这种能力，对学习过程的执行控制才成为可能。

4. 动作技能

学习者学习促使身体灵活运动的能力，如穿针、溜冰、游泳、扔铅球、作图、绘画等。

5. 态度

学习者学习行为趋向的内部状态，它使学习者的行为具有某种特定的倾向性。

(四)根据学习方式分类

奥苏伯尔从学习的方式和学习材料与学习者原有知识之间的关系两个维度出发，区分了接受学习和发现学习、意义学习和机械学习。

1. 接受学习和发现学习

奥苏伯尔依据学习材料是由学习者自己发现的还是由他人告知的，将学习分为接受学习和发现学习。在接受学习中，学习者所学习的材料主要是以定性结论的形式由教师传授给学习者的，教师只要求学习者把所教的内容内化到自己的认知结构中去，以便随时提取。而发现学习强调学习的首要任务不是内化而是发现，在学习过程中必须要求学习者通过自己的探索去发现知识。

2. 意义学习和机械学习

奥苏伯尔根据学习者对学习材料的理解程度，将学习分为意义学习和机械学习。按照奥苏伯尔的理解，意义学习是指学习者通过学习所掌握的新知识能够与自己认知结构中已有的知识建立一种实质性联系，比如进入高中阶段的学生在初中物理的基础上再学习高中物理知识就是一种典型的意义学习；而机械学习则是指学习者不能理解所学知识之间的相互关系，只能逐字逐句地去背诵要求掌握的有关知识，如艾宾浩斯无意义音节的学习就是纯粹的机械学习。

第二节 行为—联结主义学习理论

行为—联结主义学习理论主要是以动物实验为基础,以可观察的行为作为研究对象,这也是它研究学习问题所选择的视角。它的研究思路是以行为主义心理学的基本假设为依据,即学习者的行为是其对环境刺激的反应,所有行为都是习得的。所以,行为—联结主义学派又被称为"刺激—反应"学派。下面仅就比较有影响的理论作一介绍和评价。

一、桑代克试误学习理论

爱德华·桑代克是心理学史上第一位用动物实验来研究学习的人,也是第一个系统地论述教育心理学的心理学家。桑代克对学习理论的最大贡献是:他从动物和人类学习的实验中总结出了一系列学习规律,提出了试误说。他认为,动物的基本学习方式是试误学习,在试误过程中形成刺激—反应之间的联结。所以,他的试误论又称为学习联结论。

(一)经典实验

桑代克的试误学习理论是根据其对动物的实验结果提出的,其中最著名的就是猫逃出迷笼的实验(见图 2-1)。桑代克将饥饿的猫禁闭于迷笼之内,饿猫可以用抓绳或按钮等三种不同的动作逃出笼外获得食物。饥饿的猫第一次被关进迷笼时,开始盲目地乱撞乱叫,东抓西咬,经过一段时间后,它可能做对了打开迷笼门的动作,逃出笼外。桑代克重新将猫再关入笼内,并记录每次从实验开始到猫做出打开笼门的正确动作所用的时间。经过上述多次重复实验,桑代克得出猫的学习曲线。桑代克认为猫是在进行"尝试错误"的学习,经过多次的尝试错误,饿猫学会了打开笼门的动作。因此,有人将桑代克的这种观点称为学习的"尝试错误说",或简称为"试误说"。

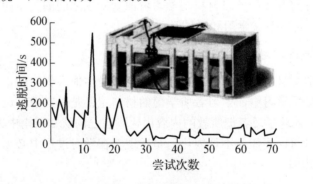

图 2-1 桑代克的迷笼实验及实验结果

桑代克根据实验结果,认为动物和人的学习实质是"刺激"和"反应"的联结;学习过程是一种循序渐进、尝试错误的学习,简称"试误"。

(二)学习规律

桑代克提出许多学习律,其中有三条学习律影响最大,并且一直是学习心理学研究的主要课题和争论的焦点。

1. 准备律(law of readiness)

这是说，学习者对某种刺激作出反应与其是否做好准备有关。学习者有准备而又给予活动就感到满意，有准备而不活动或无准备而强制活动就感到烦恼。

2. 练习律(law of exercise)

这是指重复一个学会了的反应将增加刺激—反应间的联结，刺激—反应联结练习和使用越多，就变得越来越强；反之越弱。练习律由作用律和失用律两部分组成。刺激和反应之间的联结因使用而强化。换句话说，不断运用刺激情境与反应之间的联结，会强化两者之间的联结，这称为作用律。刺激和反应之间的联结因练习次数中断或不使用神经的联结而减弱，称为失用律。

3. 效果律(law of effect)

这是桑代克对教育学心理学的主要贡献之一，它是指刺激与反应之间联结加强或减弱受到反应结果的影响。桑代克认为，喜悦的结果加强联结，而厌烦的结果则减弱联结。也就是说，如果一个动作跟随着情境中一个满意的变化，在类似的情境中这个动作重复的可能性将增加，但如果跟随的是一个不满意的变化，这个动作重复的可能性将减少。

除了这三条学习律外，桑代克还提出五条从属的附律，有人称其为学习的原则，这里不再一一赘述。

(三)评价和应用

桑代克是第一个用动物进行学习研究的人，揭示了动物的试误学习过程，在达尔文的进化论"人和动物在生理和心理上都存在连续性"基础上，认为动物与人类的基本学习方式是一样的。但是应该看到，桑代克的学习理论存在许多缺点和观点上的错误。

其一，由于哲学思想的局限，桑代克忽视了学习的认知特性。他一味强调情境与反应的联结，把复杂的学习过程简单化和机械化。人类的学习主要是一种复杂的认知过程，桑代克的学习联结说充其量只能解释简单的机械学习，而无法解释人类复杂的认知学习。这就使桑代克的学习理论显得苍白无力。

其二，桑代克接受了弗洛伦斯关于从动物实验中得出的结论同样可以应用于人类的观点，把人类的学习同动物的学习完全等同起来。我们不否认动物的学习与人类的学习存在着一定的内在联系，对动物学习的某些研究结果也可作为研究人类学习的参考资料。但是，人类学习与动物学习无论如何都存在着一些本质上的区别。人类的学习要比动物的学习复杂得多，用解释动物简单学习的观点来解释人类复杂的学习，必然是不充分的或片面的。

虽然，桑代克的学习理论存在着一些缺点和错误，但它至今仍然对学校教学实践有一定的影响。这主要表现在以下几点。

(1) 桑代克发现的尝试错误现象是一种普遍存在的事实，也是人类解决问题的一种方式或经验。但是人类的尝试错误绝非盲目的，而是有目的的，因此，在教学中应要求学生尽量运用学过的知识或经验去解决问题，而不要让学生盲目地对待疑难问题。

(2) 桑代克的练习律，即机械识记在学习中并不是毫无功效的，我们不能完全否定机械识记和过度学习在知识学习中的作用，尤其是一些外文单词的识记和历史年代及一些数理常数的记忆,仍然需要多次重复地运用和反复识记才能保持得更好。

(3) 教学中,要合理地、科学地运用奖励和惩罚。当然,正如桑代克所认识到的,奖励的作用要优于惩罚的作用。但是,在一定条件下适当地运用惩罚也会收到其他办法起不到的效果。

二、经典条件反射理论

经典条件反射学习理论是行为—联结主义学习理论的重要流派。经典性条件反射是由苏联著名的生理学家、诺贝尔奖获得者巴甫洛夫最早提出的,后来由行为主义心理学家华生将巴甫洛夫的经典性条件反射用来说明有机体的学习,形成了经典性条件反射的学习理论。

(一)经典实验

1. 巴甫洛夫的实验

巴甫洛夫用图 2-2 所示的实验装置进行研究。

他把狗用一副套具固定住,通过手术将导管从狗颊引出,以便收集和计量唾液。给饥饿的狗以铃声,会引起狗定向反射,不引起唾液分泌反射,铃声是中性刺激。但当它受到食物刺激时,会出现分泌唾液反应。这种反应是固有的本能反应,引起这种本能反应的刺激(食物),称为无条件刺激,简称"UCS",这种反射性唾液分泌称为无条件反射,简称"UCR"。然后把非食物性刺激(铃声)与无条件刺激(食物)多次结合配对,结果会建立非食物性刺激与分泌唾液之间的联系,即单出现铃声(非食物刺激),不出现食物刺激,狗也能产生分泌唾液反应。这样,铃声获得了信号意义,就成了条件刺激,简称"CS"。铃声引起的唾液分泌就是条件反射,简称"CR"。条件反射形成的过程就是学习的过程(见图 2-3)。条件反射的形成说明动物习得了对信号刺激作出条件反应。

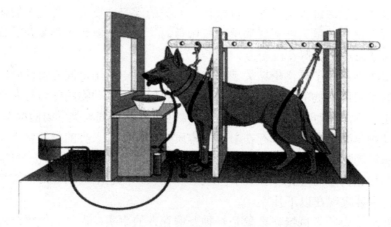

图 2-2　巴甫洛夫的狗流唾液的实验装置

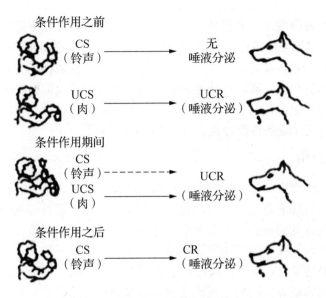

图 2-3 经典条件反射形成过程示意图

2. 华生的实验

华生根据经典性条件反射的原理做了一个著名的恐惧形成的实验。实验被试是一名叫艾波特的出生只有几个月的婴儿。华生首先让艾波特接触一个中性刺激小白兔,艾波特毫无害怕的表现,似乎想用手去触摸它。然后兔子出现后,紧接着就出现用铁锤敲击一段钢轨发出的使婴儿害怕的响声(无条件刺激);经过三次结合,单独出现小白兔也会引起艾波特的害怕与防御的行为反应;六次结合后,艾波特的反应更加强烈,随后泛化到相似的刺激。艾波特对任何有毛的东西都感到害怕,如老鼠、制成标本的动物,甚至有胡子的人。在华生看来,人类初生时只有几个反射(如打喷嚏、膝跳反射)和情绪反应(如惧、爱、怒等),所有其他行为都是通过这样的条件反射建立新的刺激—反应(S-R)连接而形成的。

(二)学习规律

巴甫洛夫和华生的实验所提出的经典条件反射原理实际上包含了许多重要的学习规律。

1. 习得律(acquisition)

条件反射是条件刺激与无条件刺激的配对引起的,是后天习得的。

2. 消退律(extinction)

如果条件刺激出现多次而没有无条件刺激的强化,则已经建立的条件反射逐渐减弱甚至消失。有趣的是,条件反射的消退带有暂时的性质,在某一种情况下,条件反射消失后不多久就自行恢复了;而在另一种情况下,为了要达到恢复的目的,就必须再次使用条件反射与无条件反射反复结合或别的办法,不同的条件反射又会有不同的消退速度。巴甫洛夫认为,条件反射的消退是一种由抑制过程所引起的较完全、较长期的机能性遮断。

3. 泛化律(generalization)或分化律

条件反射一旦确立,其他类似最初条件刺激的刺激也可以引起条件反射,称为泛化。

巴甫洛夫在实验过程中发现，有机体一般都以同样的方式对与原来条件刺激相似的刺激做出反应。例如，如果原来的条件刺激是500Hz的音调，现在用400Hz或600Hz的音调也能引起条件反射。泛化条件反射的强度与两个条件刺激间的相似程度有关，相似程度越高，反应强度越强；相似程度下降，反应也减弱。在条件反射建立的初期，相似刺激能引起条件反射，出现泛化现象，但随着用无条件刺激对不同刺激进行强化或消退，就能建立分化条件反射。分化与泛化是条件反射建立过程中的两个阶段。

(三)评价和应用

总体来看，巴甫洛夫与华生提出的经典性条件反射学习理论是有重要意义的。巴甫洛夫把比较精确而又客观的方法引入对动物学习的研究，把生理与心理统一起来，对高级心理活动进行了卓有成效的研究，对心理学界产生了巨大的影响。他提出的经典性条件反射学说，揭示了心理活动或学习活动最基本的生理机制，对科学地、唯物地说明心理活动和学习活动是有历史功绩的。华生作为行为主义心理学的创立者，强调心理学研究的客观性、科学性，强调使用客观方法研究心理，使美国心理学从注重于意识和主观主义转变到唯物主义和客观主义，这也是有积极意义的。他将巴甫洛夫的经典性条件反射的研究引进学习领域，对有机体后天获得经验的过程作出了系统的解释，形成了经典性条件反射的学习理论，对于促进有机体学习过程的了解与研究，促进学习理论的发展具有重要意义。

经典条件作用中所建立的刺激—反应联结，可用以解释教育上很多基本学习现象。诸如教幼儿初学单字所用的图形与字形联想法，正是采取了经典条件作用原理。又如在某些并不具有伤害性的情境中，儿童却表现了恐惧或焦虑反应，这些反应都是经由经典条件作用所形成的条件反应。所谓学校恐惧症与教师恐惧症的形成都是因为学生在校学习失败或惩罚不当引起恐惧后，进而对整个学校情境产生了恐惧。曾有学者研究发现，出身贫困家庭的学童很多不吃早餐上学，在饥饿感引起焦虑不安的情形下学习难度较高的数学，几次经验之后，就连偶然见到一则数学题目时，也会无形中产生焦虑反应。

经由经典条件作用学习的情绪反应，除负面的情绪(如恐惧、焦虑等)外，也可能学到喜悦与爱好等正面情绪。例如，因某科目学业成就优良受到奖赏而感到快乐，将会对该科课程也发生爱好之情。

此外，经典条件作用中的消退法则，也可用来矫正学生的偏差行为。例如，学业成就低的学生常因不受教师的重视而刻意扰乱教室秩序(如表现怪异动作或怪异声音)，借以引起教师的注意。如果教师当众予以指责，很可能对其偏差行为产生强化作用。如果教师不予理会，或是借机夸奖其邻座的学生，则对其偏差行为就会产生削弱作用。久之，该生的偏差行为将因得不到强化而终于自动消失。

经典性条件反射学习在动物和婴儿的学习中表现更为突出，因此，人们至今也一致认为，有相当一部分行为用巴甫洛夫条件反射的观点解释是很恰当的。例如，训练动物对信号反应，训练幼儿对信号和语言反应等，但解释人的复杂学习行为就显得无能为力。这是它的局限性。

三、斯金纳操作性条件反射理论

斯金纳是美国心理学家，操作性条件反射理论的创立人，新行为主义的主要代表之一，激进的行为主义者，操作条件作用论者。

(一)经典实验

他发明了"斯金纳箱"用于动物操作性条件反射实验研究，至今仍被用于动物行为研究之中(见图2-4)。早期斯金纳箱很简单，箱内有一个开关(按键或杠杆)，与传递食物的机械装置相连。稍有压力触动开关，就会有食物掉进食槽，作为触动开关这种操作反应的报酬，也就是强化。动物进入箱内，不受拘束，自由活动。当触动开关时便可得到食物，再触动开关又可得到食物。继续下去，条件反射就形成。由于在斯金纳箱中，开关本身没有强化作用，只是操作的工具，受到强化的是动物的操作反应。由于受到强化，使动物进行操作反应的概率增加，因此，斯金纳称这样形成的条件反射为操作性条件反射。这种条件反射与巴甫洛夫经典条件反射不同，经典条件反射是由条件刺激引起反应的过程，可以用"S-R"(即刺激—反应)表示，重点在刺激。操作条件反射是首先出现操作反应，然后得到强化的过程，可以用"(S)-R-S"(即操作—反应—刺激)表示，重点在操作—反应。

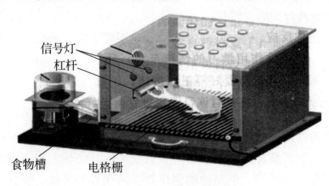

图2-4 斯金纳箱

(二)学习过程

斯金纳提出，人和动物有两种习得性行为，一种是应答性行为，通过建立经典条件反射习得；另一种是操作性行为，通过操作性条件反射习得。斯金纳进一步提出，有两种学习，一种是经典条件反射式学习，另一种是操作性条件反射式学习。操作性条件反射学习更能代表现实生活中人的学习情况。因为人主要的学习是主动的操作，并不过多关注行为反应之前是否有某种刺激，而更关注反应之后是否会有某种强化物使得反应的概率提高或降低。

(三)强化原理

斯金纳认为行为变化在于强化作用，强化就是能增强反应率的效果。凡是能增强反应概率的刺激和事件都叫强化物；反之，在反应之后紧跟一个讨厌的刺激，从而导致反应率下降，则是惩罚。强化又分为正强化和负强化，正强化通过呈现刺激增强反应概率，负强化通过中止不愉快条件来增强反应概率。

强化还可划分为一级强化和二级强化两类。一级强化满足人和动物的基本生理需要，如食物、水、安全、温暖、性等。二级强化是指任何一个中性刺激如果与一级强化反复联合，它就能获得自身的强化性质。例如，金钱对婴儿不是强化物，但当小孩知道钱能换糖时，它就能对儿童的行为产生强化效果。再如分数，也是在受到教师的注意后才具有强化性质的。二级强化可分为社会强化(社会接纳、微笑)、信物(钱、级别、奖品等)和活动(自由地玩、听音乐、旅游等)。

强化的程式是指反应在什么时候或多频繁地受到强化。连续程式的强化在教学反应时最为有效。间隔式强化又称部分强化，它比起连续程式强化具有较高的反应率和较低的消退率。定时距式强化由于有一个时间差，强化后随之以较低的反应率，但在时间间隔的末了反应率上升，出现一种扇贝效应。学生在期末考试前临时抱佛脚就证明了这一点。定比率式强化对稳定的反应率比较有益，而变比率式强化则对维持稳定和高反应率最为有效。根据强化原理应注意以下问题。

(1) 教新任务时，进行即时强化，不要进行延缓强化。在行为主义学习理论中有一条重要的原理就是，后果紧跟行为比后果延缓要有效得多。即时反馈有两个作用：首先是使行为和后果之间的联系更为明确；其次它增加了反馈的信息价值。

(2) 在任务的早期阶段，强化每一个正确的反应，随着学习的发生，对比较正确的反应优先强化，逐渐地转到间隔式强化。

(3) 强化要保证做到朝正确方向促进或引导。不要坚持一开始就做到完美。不要强化不希望的行为。

斯金纳在此基础上还提出了程序教学和教学机器。

(四)评价和应用

斯金纳操作性条件反射的局限性与桑代克、华生一样，都是犯了机械主义的错误，用简单的操作性条件反射来解释人类的学习，带有很大的片面性。斯金纳的学习理论，虽然在思想观点上存在着一些错误，但是他的强化教学的观点和方法、操作技能培养和训练的方法以及程序教学的设计等，对教学实践还是有一定的参考和借鉴价值的。这就要求我们在教学中合理地应用这些方法和措施。

1. 在教学中要重视学生实际操作能力的培养和训练，不仅要让学生学习理论和知识，还要培养学生的动手操作能力

以往的经验和教训告诉我们，许多学校和教师往往强调理论知识的学习多，对操作能力的培养和向学生提供动手操作的机会少。这是在以后的教学中应注意克服和解决的问题之一。

2. 强化是促进和调节教学的有力手段

教学实践表明，在小学和初中低年级学生中，及时对他们的学习进行强化，会促进他们的学习，而且强化越及时效果越好；直接强化比间接强化好。在初中高年级学生甚至大学生的学习中，强化也是必不可少的。教师应该采用和创设各种强化形式，采用多种强化程序来强化并促进学生的学习。

3. 合理地、适当地运用程序教学

尽管程序教学有一些弱点，如忽视学生的智力活动、妨碍学生的独立思考等，但程序教学可以照顾学生的个别差异，不受学习时间和学习次数的限制，运用起来比较灵活。程

序教学后来虽然没有被广泛推广，但它对促进计算机辅助教学发挥了巨大的作用，对丰富教学手段也是一个很大的贡献。

四、班杜拉的社会学习理论

行为—联结派学习理论从桑代克的试误学说，到巴甫洛夫、华生的经典条件反射学说，再到斯金纳的操作性条件反射学说，体现了联结派学习理论的不断发展与完善。然而，这些理论都是通过有机体直接经历而形成"刺激—反应"的联结来说明他们的学习过程，随着行为-联结主义对学习问题研究的深入，这种观点受到来自内部的质疑。

心理学家班杜拉是社会学习(观察学习)理论的集大成者，他主要关注人的学习，尤其是社会行为的学习。所谓社会学习，班杜拉认为是探讨个人的认知、行为与环境因素三者及其交互作用对人类行为的影响。他根据自己所进行的一系列经典实验研究，提出了以观察学习为基础的社会学习理论，也将行为—联结派学习理论进一步向前推进。

(一)经典实验

班杜拉以儿童作为实验研究对象，进行了观察学习的实验。他将被试儿童分为甲、乙两组，在实验的第一阶段让两组儿童分别看一段录像片。甲组儿童看的录像片是一个大孩子在打一个玩具娃娃，过一会儿来了一个成人，给大孩子一些糖果作为奖励。乙组儿童看的录像片开始也是一个大孩子在打一个玩具娃娃，过一会儿来了一个成人，为了惩罚这个大孩子的不良行为，打了他一顿。看完录像片后，班杜拉把两组儿童一个个送进一间放着一些玩具娃娃的小屋里，结果发现，甲组儿童都会学着录像片里大孩子的样子打玩具娃娃，而乙组儿童却很少有人敢去打一下玩具娃娃。这一阶段的实验说明对榜样的奖励能使儿童表现出榜样的行为，对榜样的惩罚则使儿童避免榜样行为。在实验的第二阶段，班杜拉鼓励两组儿童学录像片里大孩子的样子打玩具娃娃，谁学得像就给谁糖吃。结果两组儿童都争先恐后地使劲打玩具娃娃。这说明通过看录像，两组儿童都已经学会了攻击行为。第一阶段乙组儿童之所以没有人敢打玩具娃娃，只不过是因为他们害怕打了以后会受到惩罚，从而暂时抑制了攻击行为，而当条件许可时，他们也像甲组儿童一样把学习到的攻击行为表现出来。由此，班杜拉认为人的行为的获得尤其是社会行为的学习，是一种观察学习的方式。

(二)观察学习的过程

观察学习就是人们通过观察他人(或称"榜样")的行为(这种行为对于观察学习者来说是新的行为)，获得示范行为的象征性表象，并引导学习者做出与之相对应的行为的过程。观察学习取决于四种相互联系的子过程。

1. 注意过程(attention processes)

班杜拉认为，如果人们对示范行动的重要特征不注意，就无法通过观察进行学习，所以，形成观察学习的首要条件是观察者的注意过程。影响注意过程的因素主要有两种：一是示范行动本身的特点，包括行为的显著特征、情境的诱因性、行动的复杂性与普遍性及机能的价值；二是观察者本身的特点，即感知的能力、唤醒水平、知觉定势和强化的经验。

而注意和知觉榜样情景的各个方面，榜样(相似性、优秀、热门和有力等)和观察者(依赖性、自我概念、焦虑等)决定了观察学习的程度。

2. 保持过程(retention processes)

记住他们从榜样情境了解的行为，以表象和言语进行表征。

3. 复制过程(reproduction processes)或动作再现过程

复制从榜样情景中所观察到的行为，将符号表征转换适当行为，包括选择和组织反应要素、自我观察和矫正反馈。其中自我效能感即一个人相信自己能成功地执行产生一个特定的结果所要求的行为，是影响复制的重要因素之一。

4. 动机过程(motivation processes)

因表现所观察的行为而受激励，包括替代性强化(vicarious reinforcement，即观察者因看到榜样受强化而受到的强化)、自我强化(self-reinforcement)和外部强化(external reinforcement)。强化能提供信息和诱因，激励观察者编码和记住可以模仿的、有价值的行为。

(三)观察学习的特点

(1) 强调人的行为是内部因素和外部影响相互作用的产物。传统的行为主义学习理论忽视学习的内部过程的研究和行为的认知因素，把人的行为看成是完全受外界环境的控制和制约的，是由刺激和强化所决定的。班杜拉批判了这种机械论和环境决定论的观点，认为学习受认知过程的影响，行为受认知的调节和自我调节。班杜拉的学习理论打破了单一因素决定论的错误思想，这在学习理论的研究中是一个很大的进步。

(2) 承认直接经验的学习和强调观察学习的重要性。班杜拉的学习理论是在研究传统行为主义学习理论的基础上进一步发展而形成的。班杜拉认为，观察学习是一种间接经验的学习，这种学习使学习的过程缩短，对于人类的发展和生存来说是很重要的。班杜拉对学习理论的贡献不仅在于系统地提出了观察学习理论，而且还在于他澄清直接经验学习和间接经验学习的区别。这在行为主义学习理论的研究中是一个很大的进步。班杜拉揭示的观察学习是一个普遍存在的学习现象。它不仅更多地表现在人类的学习中，而且也表现在动物的学习中。黑猩猩的许多模仿人类的行为充分地证实了这一点。

(3) 在学习动机方面，班杜拉注意到三种强化因素对学习的影响，即外部强化、替代强化和自我强化。在人类的观察学习中，班杜拉尤其强调替代强化和自我强化的重要作用。替代强化是指观察者或模仿者在学习中不必直接受到外部强化，只要以其观察或模仿的榜样为媒介，受到间接强化体验就会做出相应的反应。也就是说，观察者在模仿榜样的行为时，是以榜样做出反应时所受到的强化为动力的。自我强化指的是人能够自发地预测自己行为的结果，并依靠信息反馈进行自我评价和调节。这无疑是强调了学习的认知性和学习者在学习中的主观能动作用。

(四)评价和应用

班杜拉的观察学习理论通常又称为社会学习理论，它揭示了人类和动物的一种极为普遍的学习形式。尤其在解释学生在学校学习间接经验方面有极为重要的参考价值。观察学习的理论和观点，不论在行为习惯和运动技能的教学方面，还是在语言知识及人际交往的教学方面，都有很重要的指导作用和参考价值。

班杜拉观察学习理论的优点是应该给予肯定的，但必须指出，观察学习只是学习获得的一种方式。学习过程是极为复杂的，在重视观察学习的同时不能忽视其他的学习方式或模式，不然又会出现片面的观点，这对学习理论的研究是不利的。

班杜拉的社会学习理论在教育中的应用表现在以下几个方面。

(1) 班杜拉的观察学习的过程，与我们所说的"身教胜于言教"的原则具有异曲同工之妙，因而为教育上解释学习行为的自律问题提供了依据。教师应把学习刻苦、自觉守纪、品德优良的学生典范确立为其他学生学习的榜样，使学生沉浸在一种良好的氛围中，充分发挥榜样的作用，从而使学生自觉向好的方向发展。同时，可以用优秀科学家、有成就者的事迹来教育学生，这会产生鞭策激励的巨大力量。此外，教师要为人师表，注意自己在学生面前的行为表现，为学生起到好的示范作用。

(2) 班杜拉在论述创造性示范的影响时指出，接触多种榜样的人更具有创新性，观察学习是创造性行为的主要来源，榜样越是多样化，观察者就越有可能做出创造性的反应。这告诉我们要培养学生的创新性，就要为学生提供多样化的示范者。

(3) 班杜拉提出的观察学习为教育中的示范教学、观摩教学以及教学演示等行为提供了理论依据。观察学习是人们行为习得的一个重要方面。在观察学习中，示范者对学习者来说具有举足轻重的作用。示范不仅影响人们的行为反应，在不同类型的示范影响下，人们通过观察学习，还可以学到许多东西。

此外，还应该看到，观察学习对于人的个性形成、生活和工作方式的养成、道德品质和社会行为的塑造都发挥着十分重要的作用。

第三节 认知主义学习理论

20世纪30年代，正当学习的行为主义联结理论风行美国心理学界之时，在欧洲兴起了各种认知理论的学习观。认知心理学家探讨学习的角度与行为主义者相反，他们研究学习的出发点是：学习是个体与环境相互作用过程中对客观事物及其关系的认知，这种认知的目的是赋予经验以意义。环境只是提供潜在刺激，这些刺激是否被注意或被加工，取决于学习者的内部心理结构是否选择它们。因此认知学习理论要阐述的是个体处理环境刺激时的内部过程，包括内部心理结构的性质及其变化规律，而不是外显的刺激与反应，当新的经验改变了学习者现有心理结构时，学习就发生了，下面分别加以介绍。

一、格式塔学派的学习理论

格式塔心理学产生和发展于德国，其代表人物有韦特海墨(Wertheimer，M.)、苛勒(Kohler，W.)、考夫卡(Koffka，K.)及勒温(Lewin，K.)。格式塔心理学家把主要研究兴趣放在知觉和解决问题的过程上，后来把在知觉领域中取得的成果带到学习问题中，转向学习研究，形成了学习理论体系。

(一)学习的完形说

他们主张"心物同型说",认为人的内心存在着许多与外界事物相应的同型物。这就是格式塔,即完形。这个完形可以理解为一种知觉心理模式。它具有自我组织和自我完善的功能,有一种使自身趋于完形的活动倾向。他们认为,所谓学习过程就是面对当前的问题情境,进行知觉认知重组,从而形成完形的过程。另外,韦特海默认为,创造性思维就在于打破和改造旧的"完形"。

(二)学习的顿悟说

从某种意义上说,对顿悟的研究是格式塔心理学对学习研究的最大贡献。1913—1917年,苛勒在西班牙加那利群岛的特内里费岛上对黑猩猩进行了大量的学习实验,对黑猩猩解决问题的情景作了深入的研究(见图 2-5),他给黑猩猩设置了许多问题情景。例如,把香蕉挂在猩猩跳起来也够不着的笼子顶上,笼子里有两只木箱,站在任何一只木箱上都够不着,只有把木箱移过来叠在一起,站在上面才能够着香蕉。再如,把香蕉放在笼子外面,只有把笼子边上的两根竹竿接起来才能够着香蕉。苛勒发现,黑猩猩并不是像桑代克描述的用试误的方法逐步学会如何拿到香蕉,而往往是突然学会了解决问题的办法。有时候它蹲在那里,观察情境,然后表现出对问题情境的突然领悟,把两个木箱叠在一起,站在上面拿到香蕉,或者把两根竹竿接在一起得到香蕉。苛勒把黑猩猩的这种表现称为"顿悟"。苛勒用格式塔心理学的观点对顿悟进行了解释,认为顿悟就是对问题情境的突然理解而觉察到问题的解决办法。黑猩猩蹲在那里观察的时候,是经历一个知觉重组的过程,完成了知觉重组,就使它突然理解了目的物和取到目的物途径(工具)或条件之间的关系,导致了迅速的学习。它们是先能领悟问题情境,然后才有解决行为,所以,可以称之为原始的智慧成就。因此,格式塔心理学家们认为学习是一种积极主动"顿悟"的过程,而不是盲目的、被动尝试错误的过程。

图 2-5 黑猩猩的顿悟学习

(三)评价和应用

顿悟学习理论受到了美国教育家们的欢迎。杜威领导下的进步团体承认个人有更多的提出问题和解决问题的能力。儿童应当通过理解问题的结构，而不是对不理解的公式的机械重复进行学习。

格式塔学习理论强调整体观和知觉经验组织的作用，关注知觉和认知(解决问题)的过程，他们探讨记忆是如何反映知觉组织的，以及在理解学习任务中、或在重建模糊的记忆中、或在把学习原理迁移到新情境中，解决问题的能力是如何产生的。这对美国流行的S-R联结主义来说是一种挑战，具有积极的意义，启迪了后来的认知派学习理论家们。但是，他们把知觉经验组织的作用归因于先验本能，带有严重的唯心主义和神秘主义色彩，后来皮亚杰对此做了深刻的批判。

格式塔学习理论强调学生学习过程中的直觉思维的重要作用，教师应鼓励学生大胆提出假设和猜想；强调学生在面对问题时的整体理解，教学中应给学生提供结构性的问题；强调创造性思维和学习。

二、布鲁纳认知结构学习理论

20世纪60年代以后，随着现代科学技术的发展，特别是现代科学方法论，如系统论、控制论和信息论等被引入心理学研究，在心理学中出现了"认知革命"，现代认知学习理论也发展起来，出现了各种学说。其中布鲁纳认知结构学习理论是最有影响的理论之一。

布鲁纳认知结构学习理论.mp4

(一)学习理论的主要观点

1. 认知结构

布鲁纳认为，认知结构就是由个体过去对外界事物进行感知概括(即归类)的一般方式或经验所组成的观念结构，它可以给经验中的规律以意义和组织，并形成一个模式，它的主要成分是"一套感知的类别"。可见，构成认知结构的核心乃是一套类别以及类别编码系统，布鲁纳认为，一切知识都是按编码系统排列和组织起来的。具体的知识描绘客观事物的具体特征，揭示较低级的规则。它常常受制于具体的对象和特殊的情境。比如，儿童掌握"食物"的概念，"食物"的下一级包括"水果""蔬菜""肉类"等，再下一级就包括如"苹果""萝卜""牛肉"等。布鲁纳看来，学习的实质就是类别及其编码系统的形成和改变，或者认知结构的形成和改变。

2. 学习过程

布鲁纳认为，学生不是被动的知识接受者，而是积极的信息加工者。学生的学习包括三个几乎同时发生的过程：①获得新知识；②新知识的转化，使其适合于新的任务；③评价、检查、处理信息的方式是否适合于该任务。

所谓新知识是指与以往所知道的知识不同的知识，或者是以往知识的另一种表现方式。新知识的获得过程是它与已有的知识发生联系的相互作用的过程，是主动地接受和理解的过程。新知识的转化是对它的进一步加工，使之成为认知结构的有机构成部分并适应新任务的过程。评价是指对新知识的一种检验与核对，包括自己的理解与概括是否正确，能不能正确地应用。简而言之,学生的学习过程就是对新知识的获得、转化和评价三个几乎同时发生的过程。学生掌握信息不是最终的目的,学习应该超越所给的信息。

3. 发现学习

布鲁纳强调发现学习,发现学习是指设置一定的学习情境,让学生主动地探究和发现事物的特性、原理和原则的学习。发现学习有以下几个特征。

(1) 强调学生不是被动的、消极的知识接受者,而是主动的、积极的知识探究者。

在教学过程中,教师的作用是要形成一种学生能够独立探究的领域,让学生试着做,边做边想,而不是提供现成的知识。

(2) 强调直觉思维在学生学习中的重要性。

他认为,直觉思维是采用跃进、超级和走捷径的方式进行的,其本质是映象或图像性的,一般不靠言语信息。小学生的学习需要也有可能使用直觉思维,所不同的只是问题的难易程度不同,但问题的性质与科学家面临的问题性质是一样的。教师要帮助学生在探究活动中形成丰富的表象,防止过早语言化。

(3) 重视形成学生的内部学习动机,或把外部动机转化成内部学习动机。他认为好奇心是"学生内部动机的原型"。

(4) 强调信息提取。他认为,人类记忆的首要问题不是储存,而是提取。提取信息的关键在于如何组织信息,知道信息储存在哪里和怎样才能提取信息。所以,学生如何组织信息,对提取信息有很大的影响。而学生亲自参与发现事物的活动,必然会用某种方式对它们加以组织,从而具有最好的记忆效果。

(二)教学原则

1. 知识结构的重要性

布鲁纳认为,掌握事物的结构就是使许多别的东西以与它有意义地联系起来的方式去理解它。简单地说,学习知识结构就是学习事物是怎样相互关联的。他说,"不论我们选教什么学科,务必使学生理解各门学科的基本结构。这是在运用知识方面的最低要求,它有助于解决学生在课外所遇到的问题和事件,或者在以后训练中所遇到的问题。""经典的迁移问题的中心,与其说是单纯地掌握事实和技巧,不如说是教授和学习结构"。他指出,要帮助学生了解那些看来似乎是无关的新的事实是相互有关的,而且与他已有的知识也是有关的,他的知识结构也就是某一学科领域的基本观念。它不仅包括掌握一般原理,而且还包括学习的态度和方法。

2. 学习的准备性

布鲁纳认为,我们的学校过去以过分困难为理由,把许多重要学科的教学推迟。这里他提出了这样一个命题:"任何学科的基础都可以用某种形式教给任何年龄的任何人,任何学科的最基本的观念是既简单又强有力的。"他认为各门学科的基本概念可以用儿童能接受的方式,通过儿童自己能触摸的材料来进行学习。

3. 在教育过程中直觉思维的价值

在日常教学中一般都注重培养学生的分析思维能力,即一次前进一步,以仔细的规定好的演绎推理或归纳推理为其特征，步骤明显，常常能由思维者向别人作适当的报告。而直觉思维与分析思维不同，它是以熟悉所牵涉的知识领域及其结构为根据，使思维者可能实现跃进、越级和走捷径，需要以后用比较分析的方法，如演绎法或归纳法，重新检验所下的结论。

布鲁纳认为，直觉思维、预感的训练是学术学科和日常生活中创造性思维的最容易受忽视而又重要的特征。他说："灵活的推测、丰富的假设和能够大胆迅速地作出试验性结论，这些都是从事任何一项工作的思想家极其宝贵的财富，应该引导学校儿童掌握这种天赋。"他也指出了鼓励"猜想"在培养直觉思维中的重要性。而在我们日常学校中这些都是被忽视的，而且经常不鼓励"猜"，教师评定也无创造性的回答。当然要承认这些"猜测""直觉思维"也有错的时候，如何做到有效还有待去研究。

(三)评价

布鲁纳是当代著名认知心理学家和教育心理学家，他反对以 S-R 联结和对动物的行为习得的研究来解释人类的学习活动，克服了以往的学习理论根据动物试验的结果而推演到人的学习的种种缺陷。针对学生在课堂教学情境下学习各种知识的活动提出自己的学习与教学理论，把研究的重点放在学生获得知识的内部认知过程和教师如何组织课堂以促进学生"发现"知识的问题上。他强调学生学习的主动性，强调学习的认知过程，重视认知结构的形成，注重学习者的知识结构、内在动机、独立性与积极性在学习中的作用，对学习理论的发展作出了突出的贡献。他的认知-发现学习是当代认知学习理论的重要流派之一。

当然，布鲁纳的学习理论也有其自身的缺陷。不少人对其"发现学习"提出批评，主要有下列几方面。

(1) 他的学习与教学理论完全放弃知识的系统讲授，而以发现法教学来替代，夸大了学生的学习能力，忽视了知识学习活动的特殊性，忽视了知识的学习即知识的再生产过程与知识的生产过程的差异。

(2) 布鲁纳认为，"任何科目都可以按某种正确的方式教给任何年龄的儿童"，这其实是不可能的。

(3) 发现法运用范围有限，从学习主体来看，能够真正用发现法学习知识的学生是极少数的；从学科领域来看，发现法只适合自然科学的某些知识的教学，对于文学、艺术等以情感为基础的学科是不适用的；从执教人员来看，发现法教学没有现成方案，过于灵活，对教师知识素养和教学方式、技巧、耐心等要求很高，一般教师很难掌握，反而容易弄巧成拙。

(4) 发现法耗时过多、不经济，不适用于需要在短时间内向学生传授一定数量的知识和技能的集体教学活动。

(5) 发现法教学适用于小学和中学低年级学生，因为他们主要以概念形成方式获得概念。对于中学高年级的学生而言，他们获得概念的主要方式是概念的同化，因此他们学习知识的主要方式也不是发现学习，而是接受学习。

然而，这些问题并不妨碍布鲁纳所提出的重视学科基本知识结构和发现法教学模式的理论对于指导教材的编写、课堂教学实践和学生学习知识的活动具有的参考价值。

三、奥苏伯尔的认知结构同化学习理论

奥苏伯尔主要关注学校学习理论的研究，其学习理论的核心内容是对意义学习的描述。他认为学习的实质是认知结构的重组，是新旧知识意义同化的过程，所以，他称自己的理论为"同化论"。他的学习理论已得到越来越多学者的关注，也是最有影响的现代认知学习理论之一。

(一)意义学习

奥苏伯尔根据学习内容性质及其与认知结构中原有观念的联系，把学习分为意义学习和机械学习。意义学习过程的实质，就是使符号所代表的新知识与学习者认知结构中已有的适当概念建立非人为的和实质性的联系。奥苏伯尔指出，意义学习有两个先决条件：一是学生有学习的心向，即想把新学的内容与原有知识联系起来的倾向；二是学习内容具有逻辑意义，能够与学生已有的知识结构联系起来，使新知识有潜在意义。

他根据学生获得知识的方式，把学习分为接受学习和发现学习(包括有指导的和自主的两种)。所谓接受学习，即是把学习内容以定论的形式传授给学生。奥苏伯尔认为，在学校环境下主要采用意义接受学习，尤其是意义言语接受学习。发现学习往往太费时，一般不宜用作大批获取知识的主要手段。

奥苏伯尔根据学习内容的复杂程度将意义学习分为三种，即表征学习、概念学习和命题学习。

1. 表征学习

表征学习是指学习单个符号或一组符号的意义，所以，又可以称为"名称学习"。表征学习的主要内容是词汇。奥苏伯尔举了一个例子说明儿童符号学习的过程。当儿童看见一条狗时，家长告诉他"这是一条狗"。"狗"这个词本来对儿童没什么意义，但听到家长的话时，在儿童认知结构中两种内容被激活了：一是狗的视觉映象；二是"狗"这个词的声音符号听觉映象。通过家长讲和打手势，向儿童表明"狗"这个词代表实物的狗，儿童也就给"狗"这个词赋予了意义，即实际狗引起的认知内容，即狗的视觉映象。在声音符号"狗"这个词与实际狗多次配对后，只要出现符号"狗"，就会引起对狗的视觉映象，这时"狗"这个词和实物狗引发的认知内容是等值的，儿童就获得了实物狗的名称。在由意义学习和机械学习构成的连续体上，表征学习所处的位置是靠近机械学习这一端的。但这种学习也不是任意的，因而是有意义学习的性质。

2. 概念学习

概念具有逻辑和心理的意义。奥苏伯尔把儿童通过归纳发现某一类物体关键属性的过程，称为概念形成。这时尽管儿童还不知道这一概念的名称，但已有了概念的意义，然后再学习概念的名称。奥苏伯尔指出，概念学习一般来说要经过概念形成和概念名称学习，但也可以用定义的方式，让学习者利用认知结构中原有的有关概念理解新概念，这种获得概念的方式叫作概念同化。奥苏伯尔认为，概念形成是学龄前儿童获得概念的主要方式，概念同化是学生学习概念的主要方式。

3. 命题学习

命题是以句子的形式来表述的。当儿童有意义地学习句子时，所学的句子与认知结构中的已有概念建立起联系。奥苏伯尔认为，儿童新学习的命题与他们已有的命题之间有三种关系，即下位关系、上位关系和组合关系。与这三种关系相对应，有三种学习，即下位学习、上位学习和并列组合学习。

(二)认知结构同化论

奥苏伯尔认为，同化理论的核心是：学生能否习得新信息，主要取决于他们认知结构中已有的有关观念。有意义学习是通过新信息与学生认知结构中已有的有关观念的相互作用才得以发生的。这种相互作用的结果导致新旧知识意义的同化。

例如，在下位学习中，新知识(用 a 来表示)与学生认知结构中已有的概念(用 A 表示)相互作用的结果，不仅使新知识获得了新的意义(用 a* 表示)，而且已有概念在重新组织的过程中也获得了新的意义(用 A* 表示)。也就是说，a 被 A 同化了，a 与 A 相互作用使得 a 与 A 都发生了变化，即获取了新的意义。例如，鲸鱼被同化到哺乳动物之中，同时使鲸鱼和哺乳动物的概念发生了变化。

(三)教学原则

奥苏伯尔认为，为了使学生有效地进行有意义的学习，教学过程中应该遵循"逐渐分化"和"整合协调"的教学原则。

1. 逐渐分化原则

这是指学生应该学习包摄性最广，概括水平最高、最一般的概念，然后逐渐学习概括水平较低、较具体的知识，对它加以分化。这种顺序是与人类认知结构中知识的组织和储存方式相吻合的。奥苏伯尔认为，学生对各学科知识的组织是按包摄性由高到低的层次进行的，而且从包摄性广的知识中掌握分化的知识即下位学习，要比从包摄性窄的知识掌握概括水平更高的知识即上位学习要容易得多。

2. 整合协调原则

这是指学生对认知结构的已有知识重新加以组合，通过类推、分析、比较、综合，明确新旧知识间的区别和联系，消除可能产生的混淆，从不同角度以不同的关键特征为根据在各项新旧知识点之间建立精细的联系，使所学知识能综合贯通，构成清晰、稳定、整合的知识体系。例如，学生不仅能从营养学的角度将豌豆和洋葱归入蔬菜，使之成为蔬菜这一知识系统的具体内容，也要能从植物学的角度懂得豌豆是植物的种子，而洋葱是植物的茎。

奥苏伯尔根据"逐渐分化"和"整合协调"两个教学原则，提出了"先行组织者"的教学策略。"先行组织者"策略是奥苏伯尔对知识教学的独特贡献。教师在讲授新知识之前，先给学生提供一些包摄性较广的、概括水平较高的学习材料，并用学习者能理解的语言和方式来表述，以便给学习者在学习新知识时提供一个较好的固定点，将它与原有知识结构联系起来，这种预先提供的起组织作用的学习材料就叫作"先行组织者"。

先行组织者比将要学习的新内容更具有抽象性、概括性和包摄性，以便为学生即将学习的更分化、更详细、更具体的材料提供固定点，还有助于学生觉察自己已有的认知结构中与新知识有关的其他知识，提醒学生主动将新知识与这些知识建立各方面的意义联系，从而可以从不同角度对理解新知识提供帮助。奥苏伯尔认为，先行组织者在三个方面有助于促进学习和保持信息：①如果设计得恰当，它们可以使学生注意到自己认知结构中已有的那些可起固定作用的概念，并把新知识建立在其之上；②它们通过把有关方面的知识包括进来，并说明统括各种知识的基本原理，从而为新知识提供一种框架；③这种稳定的和清晰的组织，使学生不必采用机械学习的方式。

(四)评价

奥苏伯尔的认知结构同化学习理论注重有意义的接受学习，突出了学生的认知结构和有意义学习在知识获得中的重要作用，对有意义接受学习的实质、条件、机制、类型等作了详细的分析，讲清了长期以来对传统讲授教学和接受学习的偏见，以及对发现学习和接受学习与意义学习和机械学习之间关系的混淆。他提出的先行组织者策略对改进课堂教学设计、提高教学效果有重要的实用价值。

然而，奥苏伯尔的理论也有值得质疑的地方。首先，从学生学习或学校教学的目标来看，他偏重学生对知识的掌握，对学生能力的培养尤其是创造能力的培养不够重视，至少在他极力倡导的学习与教学过程中看不到对这方面的分析。实际上，学生的学习是人类知识的再生产过程，它要将人类千百万年以来形成的技能(包括所生产的知识与生产知识过程所形成的能力)转化为个体的技能，而不是仅仅理解这些知识结论。其次，从知识的类型来看，就知识的学习而论，奥苏伯尔的教学思路也只是比较符合陈述性知识的掌握，而不适合程序性知识的掌握。最后，奥苏伯尔过于强调接受学习与讲授方法，没有给予发现学习应有的重视，实际上，许多人都认为，在学生学习知识的活动中，有意义的接受学习和有意义的发现学习各具特色、各有所长，都是重要的学习方式，它们常常是相辅相成、互相补充的。

一般而言，年龄小的学生由于生活经验有限，其本身认知结构的局限性较大，常常是利用有意义的发现学习获得新知识，而到了中高年级，随着对更多知识的掌握，获得了一些较具概括性的基本观念和基本学习方法，有意义的接受学习才成为可能。考虑到学校教育的主要目的是在有限时间内向学生传授大量的科学文化知识，而发现学习法无论从进展速度来讲，还是从课程设计和教具、学具的准备工作而言，都无法满足上述要求。因此，对于学生的知识学习而言，有意义的接受学习是他们学习的主要方式。而发现法教学有利于引导学生大致重复前人知识生产的智力活动过程，促进学生智力尤其是创造力的提高，根据实际适当地运用发现法进行教学，无论对于激励学生的学习兴趣，还是对于培养学生学会思考问题的方法，都是十分有益的。

因此，在实际的教学过程中，对于发现学习法也应给予足够的重视和灵活的运用，指导学生将有意义的发现学习和有意义的接受学习合理有机地结合起来，以便更好地理解所学知识的意义，获得最佳的学习效果。

四、学习的信息加工论

随着信息论被引进心理学研究领域,学习的信息加工论也应运而生。信息加工论认为学习实质上是由习得和使用信息构成的,主要关注人类记忆系统及知识以表征储存的方式。学习主要包括注意刺激、刺激编码和储存与提取信息三个阶段。信息流是行为的基础,人类加工信息的能力是有限的。记忆取决于信息编码,回忆部分取决于提供线索。1974年,加涅根据现代信息加工理论提出了学习过程的基本模式,如图2-6所示。

从图2-6可以看出,学生从环境中接受刺激,刺激推动感受器,并转变为神经信息。这个信息进入感觉登记,被感觉登记了的信息进入短时记忆,在短时记忆中经过编码进入长时记忆,并以编码的形式储存在长时记忆中。当需要信息时,需经过检索提取信息。被提出的信息可以直接通向反应发生器,从而产生反应;也可以再回到短时记忆,对该信息的合适性做进一步的考虑,结果可能是进一步寻找信息,也可能通过反应发生器做出反应。在这个模式中,执行控制是指认知策略,期望是指学生期望达到的目标,这两者对整个学习过程都有影响。加涅认为,学习过程是由一系列事件构成的,每个学习行动都可以分解为以下八个阶段。

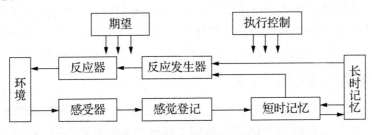

图 2-6　学习的信息加工模式

(1) 动机(期望)。加涅把动机分成三类,即诱因动机、操作动机和成就动机。它们引导学生向着教师、学校和社会所期望的方向发展。

(2) 领会(注意:选择性知觉)。这个阶段主要包括学习者对刺激的注意和观察。

(3) 习得(编码:储存记忆)。习得阶段包括学习者把他感知的东西编码储存在中枢神经系统里面。

(4) 保持(记忆储存)。它是指短时记忆中编码了的知识再进入长时记忆储存起来的过程。

(5) 回忆(提取)。这个阶段是指搜索记忆库,并使学习过的材料得到重现的过程。

(6) 概括(迁移)。它是指把学习到的知识推广到更广泛的范围,使其具有更广泛的意义。

(7) 作业或操作(反应)。按照学习的信息加工过程来说,就是反应发生器组织学习者的反应,并让他对已习得的知识进行操作。

(8) 反馈(强化)。它是学习过程的最后阶段,是通过表现出学习获得的新操作而实现的。

加涅的学习模式是吸收了各家各派之长而建立起来的,他注意到了人类的学习特点,是当前比较有代表性的学习模式。

第四节 建构主义学习理论

20世纪90年代以来，随着心理学家对人类学习过程认知规律研究的不断深入，认知学习理论的一个重要分支——建构主义学习理论在西方逐渐流行。建构主义是学习理论中行为主义发展到认知主义以后的进一步发展，被誉为当代教育心理学中的一场革命。

一、建构主义的不同倾向

并不存在单一的建构主义学习理论。其观点五花八门，中国学者陈琦和张建伟(1998)引述美国佐治亚大学教育学院1990年组织的"教育中的新认识论"研讨会上学者们的发言，归纳出六种不同倾向的建构主义学习观，即激进建构主义、社会建构主义、社会文化认知、信息加工的建构主义、社会学建构主义、控制论系统。

伍尔福克(Woolfolk, A. E, 2001)把建构主义观点分为以下三个阵营。

(一)个体建构主义

个体建构主义者关心个人如何建构自己的认知或情绪成分。他们对个人的知识、信念、自我概念感兴趣，所以他们也被称为心理建构主义者。他们共同强调人的内部心理世界。据此标准，信息加工心理学和皮亚杰的心理建构主义都属于这一阵营。

(二)维果茨基的社会建构主义

维果茨基认为，社会相互作用，文化工具和活动影响个体的发展和学习。通过参与广泛的社会活动，学生体会到(内化)与别人共同工作所产生的成果。有些心理学家把维果茨基归入心理建构主义者阵营，因为他主要关心个体内的发展，但是他的理论主要依据社会相互作用和文化环境来解释学习，所以大多数心理学家把他归入社会建构主义者阵营。从某种意义上说，他既是个体建构主义者，又是社会建构主义者。他的理论优点之一是在社会建构和个人建构之间架起了一座桥梁。例如，他的"最近发展区"概念既鼓励儿童解决问题，又强调成人和其他更有能力的同伴的帮助。当成人使用来自文化的工具和习俗语言、地图、计算机或音乐等去指引儿童朝着该文化重视的价值目标前进时，文化造就了认知。当成人和儿童共同生成新的习俗和问题答案并使之进入该文化团体的库存中去时，认知创造了文化。

(三)社会学建构主义

社会学建构主义者不关心个体的学习，他们关心的是学科(如自然学科、经济学或历史学)中的公共知识是怎样建构的。除了这些学术性知识外，他们也关心常识性观念、日常信念和对世界的共同理解是怎样向社会文化群体中的新成员传递的。在他们看来，所有的知识都是通过社会交互作用建构的，所不同的是，在决定什么构成这样的知识上，有些人比另一些人具有更大权力，教师、学生、家长和社团之间的关系是讨论的中心问题。合作理解不同观点得到鼓励，传统的知识常常受到挑战。

二、不同建构主义观的主要分歧

上述不同建构主义观关于学习与知识的分歧主要表现在以下三个方面。

(一)知识的建构方式

1. 外部世界的现实和真相将指引知识的建构

信息加工理论家持这样的观点，他们认为，个体通过建立明确的心理表征，如命题网络、概念、因果关系模式和条件—行动的产生式规则，重新建构外部现实。知识作为一种存在，在一种情形中被建构出来，可以运用于其他情境中。

2. 皮亚杰的组织、同化和顺应等内化过程指引知识的建构

依据这种观点，新知识是从旧知识中抽象出来的。知识不是现实的反映，而是随着认知活动生长和发展的一种抽象。知识不是真的或伪的，它只不过是随着发展变得更为内部一致和更有组织。

3. 内部和外部因素共同指引知识的建构

依据这种观点，知识是通过内部(认知)因素和外部(环境)因素相互作用而产生和发展的，维果茨基和班杜拉持这种观点。维果茨基的学习观前面已述。班杜拉强调个人、行为与环境三者互忍性的相互作用。他认为，人的思想来源于社会(环境)，但是要通过认知才能影响行为。

(二)世界是否可知

大多数建构主义者认为，人们不能直接知觉世界，必须经过人的理解加以过滤才能知觉世界。包括皮亚杰和维果茨基在内的建构主义者并不谈论明确的概念，只谈符合逻辑的或良好的理解。他们相信，人们之所以了解世界，是由于知识的建构是一个理性过程，有些建构优于其他建构。

但是信息加工理论认为，世界是可知的。个体之外存在着客观现实，而且个人能把握它，尽管知识的建构是个人的事，而且可能包含有关世界如何运行的错误概念。

另外，许多更为极端的建构主义者不承认世界是可知的，他们认为知识是在一定文化和社会情境中的个人建构。他们不关心世界的精确和"真实"的表征。如果把这种主张推向极端相对主义，那么一切知识和信念都是同样有效的，因为它们都是被建构的。这样一来，学校就不需要强调某些信念或价值标准，教师也没有必要纠结学生的错误概念和不健康信念。

(三)知识是否依赖于情境

强调知识是社会建构的心理学家倾向于认为，学习原本就是社会性的，并体现在一定的文化情境中，在此时此地是正确的东西，在彼时彼地可能成为谬误。例如，在哥伦布时代之前认为地球是平的，这个"事实"在哥伦布之后便成为错误的。因此，知识是否有用，在很大程度上取决于社会实践的需要。在哥伦布之前，航海的范围狭小，认为地球是平的，

这种认识能满足当时社会实践的需要，所以是有用的。

情境性学习(situated learning)观不认为知识是个人的认知结构，而是随着时间而发展的社会团体的创造。社会团体的习俗(practices of community，即相互作用和办事的方式以及该团体创造的工具)构成了该团体的知识。学习意味着变得更有能力参与那些实践和应用那些工具。由于知识离不开学习得以发生的具体环境，在学校课堂上学习的东西难以迁移和应用于课堂之外的环境。学校教育要避免这种情况出现，就有必要创造与现实生活相似的真实情境。情境性学习更像一种师徒关系，新手由于专家的指点和示范，逐渐承担更多的责任，直至能独立工作。

另外一些心理学家(如皮亚杰、布鲁纳等)强调，在一定情境下习得的知识并不局限于在该情境中应用，在一定的练习条件下，它们可以实现普遍迁移，在学校课堂内学习的东西可以运用于学校之外的现实生活。

三、建构主义学习观的共同点

(一)强调复杂学习环境和真实的任务

建构主义者认为，不应只教给学生基本技能和提供过分简单化的问题；相反，应鼓励学生面对复杂的学习环境，其中包含"含糊的"和结构不良的问题，如能源危机、环境保护等。因为学校之外的世界很少只需要基本技能和按部就班就能解决的问题，所以学校应确保每位学生经历解决复杂问题的过程。复杂问题并不只是难题，复杂问题有许多部分，问题中包含多重的相互作用成分和多种可能的解答，没有得出结论的唯一正确途径，而且每一解答又带出一组新问题。这些复杂问题应包含在学生将所学运用到现实世界的真实任务以及多种情境之中。学生在面对这些复杂任务时，可能需要支持，帮助找到资源，保持前进的方向，将大的问题分解成小的问题等。建构主义者的这些方面与情境性学习观相同，都强调学用一致的学习情境。

(二)强调社会协商和相互作用

许多建构主义者赞同维果茨基的观点，高级心理过程的发展需要经过社会协商和相互作用，所以学习中的合作备受重视。教学的主要目的是发展学生形成并捍卫自己观点的能力，同时又能尊重其他人的观点并与他人共同协商与合作，共同建构意义从而实现这种转变。学生必须彼此交谈和倾听。有些国家的文化强调个人奋斗和相互竞争，对这些国家的儿童来说，通过合作和协商建构意义是一种挑战，在合作和协商中需要找到共同的基础并改变个人的理解。

(三)用多种方式表征教学内容

如果学生对复杂的教学内容只能获得一种模型、一种类比或一种理解方式，那么当他们把这种单一的表征方式运用于不同的情境时，他们常常是简单化的。为此，需要运用不同的例子、比喻、类比来解释教学内容，使学生获得多种表征形式。

(四)理解知识建构过程

这与现代认知心理学的反省认知观相一致，强调学习者对自己的认知过程的意识和调控。按建构主义学习观，教师不仅要帮助学生理解自己的反省认知过程，而且要使他们意识到自己在建构知识中的作用。我们提出的假设、我们自己的信念和经验打造我们每个人关于世界的知识。不同的假设和不同的经验导致不同的知识。建构主义者之所以如此强调理解知识建构过程的重要性，是因为他们相信，这样学生将能意识到其自身对自己思维的影响。因此，学生将做到在尊重他人主张的同时，以自我批判的方式选择、发展和维护自己的主张。

(五) 以学生为中心的教学

以学生为中心的教学，指教学时应仔细考虑学生带到教学情境中的已有知识、技能、态度和信念。尽管建构主义理论对学习有多种不同理解，但大多数人都同意。把学生自己努力求得理解置于教学事业的中心地位。但是，以学生为中心的教学并不意味着教师放弃教学责任。

四、建构主义学习观的教学含义

建构主义学习观对教学的影响是全面的，包括对教学设计、课堂教学模式的创建与使用、课程设计、学生心理辅导和教师的教育等都已经或将要产生重要影响。就教学设计而言，乔纳森(1992)认为，如果教学设计人员吸收一些建构主义建议，教学设计可能产生以下转变：①教学的目标和目的应该是协商的而不是强加的；②任务和内容分析不应过多集中于预先规定一条单一的最好的学习路线；③教学设计的目标应该更少关心预先设定的教学策略；④学习的评估应更少参照标准。

从课堂教学模式来看，强调学生发现的探究式模式受到重视。问题解决作为教学的一种重要方法，20世纪初杜威作了经典阐述，20世纪中叶又受到布鲁纳的大力提倡，但由于它费时多且教师不易控制，在传统课堂教学中不易广泛采用。随着建构主义学习观的兴起，这种教学模式有助于建构灵活的知识基础，发展高层次思维能力，使学生成为自主学习者和有效合作者，因而又备受推崇。在建构主义思潮的影响下，心理学家和教育学家创建了许多体现学生中心和合作学习的教学新模式，如支架式教学、师徒式教学和互惠式教学。其中由布朗(Brown，A.)创建的互惠式教学获得了很大的成功。

建构主义学习观必然对课程设计产生重大影响。为了反映建构主义思想，课程目标、教材内容和教学途径都要发生质的变化，如课程更注重学生的参与、学生的体验，课程中要反映复杂问题和真实情境，学生要多接触社会，通过社会实践学习。

建构主义课堂实践必然给学生的学习和教师的教学带来许多新困难，这就要求学校心理学辅导人员熟悉不同建构主义学习观的主要观点及其教育运用的含义，用建构主义思想指导学校心理学研究，如开发与建构主义思想相关的干预和咨询方法、研究困难学生的需要以及建构主义框架中的评估等。

凡是适合学生的学习理论同样适合教师的培训。传统的教师培训重在知识传授，却对教师的教学能力影响不大。根据建构主义学习观，新老教师结对子，互帮互学；教师之间就某些教学案例开展研讨；教师注意在一定的教育理论指导下，经常对自己的教学经验进行反思；通过反思和总结，每一名教师逐渐形成自己独特的教学风格等，这样一些做法是值得提倡的。

五、对建构主义的评价

建构主义学习理论对当今教育理论与实践产生了广泛的影响。该理论主张学习是通过信息加工活动建构对客体的解释，个体是根据自己的经验建构知识的，强调学习过程中学习者的主动性、建构性。强调学习与教学的中心是学习者而非指导者，学生是信息加工的主体以及知识意义的主动建构者，并提出了知识结构的网络模式。这些见解丰富和深化了学习理论的研究。建构主义学习理论对初级学习和高级学习进行了区分，批评了传统教学中把初级学习的教学策略不合理地推及高级学习的失误，提出了随机通达教学、自上而下教学、抛锚式教学、支架式教学等富有创见的教学设计模式。按照建构主义理论，教师传授的知识对学习者来讲不是主要的，它们仅仅是学习者学习环境中的一个因素(环境变量)而已，教师的知识是否为学习者所掌握，完全看学习者是否对其加工及其加工的深度如何，学生处于教学的中心位置，教师是学生学习的指导者、帮助者和促进者。在学生的学习过程中，教师所做的是如何为学生提供良好的学习环境，为学习者提供知识建构的丰富资源环境，以有利于学习者对信息进行加工处理。这些观点对于教育实践有重要的启示。

总体来看，建构主义理论对于进一步推动学习与教学理论的发展有重要的意义，对于指导教育实践也具有积极的作用。

然而，建构主义学习与教学理论过于强调知识的相对性，否认知识的客观性；过于强调学生学习过程即个体在知识生产过程中信息加工活动的个别性，而否认其本质上的共同性；过于强调学生学习知识的情境性与非结构性，否认知识的逻辑性与系统性。这显然又走上了另一个极端。当然，任何理论都不是十全十美的，作为一种行之有效的学习理论，建构主义学习理论在教育实践中正发挥着积极的指导作用。我们必须清楚建构主义学习理论中存在的不足之处，并注意在教育实践中采取相应的策略予以消除。

第五节 人本主义学习理论

人本主义心理学是20世纪50年代末至60年代初兴起于美国的一种心理学理论。20世纪60年代和70年代得到迅速的发展，被称为心理学的第三势力。人本主义心理学是由许多持有相近似观点的心理学家和学派联合发起的一种学术思想运动，其代表人物是马斯洛(Maslow，A.H.，1908—1970)和罗杰斯〔Rogers，C.R.，1902—1987)。

人本主义心理学研究的主题是人的本性及其与社会生活的关系，他们强调人的价值和尊严，既反对精神分析学派的性本能倾向，又反对行为主义的机械化倾向。他们主张心理学要研究对个人和社会富有进步意义的问题。

一、马斯洛的学习理论

(一)自我实现的人格观

马斯洛认为个体的成长源于自我实现的需要，自我实现的需要是人格形成和完善的动力。自我实现的需要是人固有的一种潜能，教育的作用只是在于提供一个安全、自由、充满关爱、尊重和支持的心理环境，使人类固有的潜能得以实现。所以，他说："文化、环境和教育只是阳光、食物和水，但不是种子"，自我潜能才是人性的种子。

(二)内在学习观

马斯洛认为，外在学习过分依赖强化和条件作用进行学习，是一种被动的、机械的、传统教育的学习模式。"学生学到的，顶多不过像是在他的口袋里装了几把钥匙或几个铜钱而已。学生所学的一切，对他个人的心智成长毫无意义。"马斯洛倡导内在学习，即依靠学生的内在驱动，充分开发潜能，达到自我实现的学习，是一种自觉的、主动的、创造性的学习模式。

二、罗杰斯的学习理论

(一)学习是有意义的心理过程

在对学习过程本质的看法上，罗杰斯的观点是与行为主义的学习理论根本对立的。罗杰斯认为，学习不是机械的刺激和反应联结的总和，个人学习的主要因素是心理过程，是个人对知觉的解释。罗杰斯曾举例说明，具有不同经验的两个人在知觉同一事物时，其反应是不一致的，两个人因对知觉的解释不同，所以他们所认识的世界以及对这个世界的反应也不同。因此，要了解一个人，要考察一种学习过程，只了解外界情境或外界刺激是不够的，更重要的是要了解学习者对外界情境或刺激的解释或做法。罗杰斯的学习理论属于现象学派的思想范畴，虽然他注意到认识的主观能动性，但他对知觉的解释完全不同于辩证唯物论的能动反映论对知觉的解释。辩证唯物论的反映论认为，人对客观世界的认识是以客观世界在人头脑中内在主观映象为基础的认识，而并非由自己的主观世界来决定客观世界。罗杰斯对知觉的解释具有主观唯心主义的认识倾向，这是需要澄清的。

(二)学习是学习者内在潜能的发挥

在对学习的起因和学习动机的看法上，罗杰斯认为人类具有学习的自然倾向或学习的内在潜能。人类的学习是一种自发的、有目的、有选择的学习过程。教学的任务就是创设一种有利于学生学习潜能发挥的情境，使学生的学习潜能得以充分的发挥。人本主义的学习观把学生当作一个有目的、能够选择和塑造自己行为并从中得到满足的人。因此，在教学中，罗杰斯强调以学生为中心。教师的任务主要是帮助学生增强对变化的环境和对自我的理解，而不应该像行为主义学习理论所主张的那样，用安排好的各种强化去控制或塑造学生的行为。罗杰斯还认为学习过程对于学习者来说应该是一个愉快的过程，在教学中不应把惩罚、强迫和种种要求或约束作为促进学生学习的方法。

罗杰斯认为，人的学习具有主动性和自觉性，这种观点是可以接受的。但罗杰斯认为这种主动性和自觉性来源于人的本能或所谓内在的潜能，这种本能主义的观点我们不能苟同。我们认为，人类学习的主动性和能动性主要在于外界社会环境和教育的影响，离开了人类社会和人类的实践活动就谈不上主动性和自觉性。另外，在罗杰斯的观点中特别强调人的自然发展，而否定环境和教育的重要决定作用，这种否定环境作用的本能决定论的观点是错误的。在教学中，我们固然要看重和发挥学生学习的主动性和自觉性，并合理地运用奖励和惩罚，但完全放弃对学生学习的约束和要求而任其自然发展，是不符合社会对教育的要求的。

(三)学习应该是对学习者有用的、有价值的经验的学习

在学习的内容上，罗杰斯强调学生学习的内容应该是学习者认为是有价值、有意义的知识或经验。罗杰斯认为，只有当学生正确地了解到所学内容的用处时，学习才成为最好的、最有效的学习。一般来说，学生感兴趣并认为是有用的、有价值的经验或技能比较容易学习和保持。而那些学习者认为价值很小或效用不大的经验或技能往往学习起来很困难，也容易遗忘。如果某些学习内容需要学习者改变自己的兴趣或自我结构，那么这些学习就可能受到学习者的抵制。罗杰斯这一学习观点提示教师要尊重学生的学习兴趣和爱好，尊重学生自我实现的需要，在课程内容的安排和设计上要给学生以充分的自由，允许学生根据自己的兴趣和爱好以及自我理想来选择有关学习内容，而不应该把一些学生不喜欢的东西强行地灌输给学生。

罗杰斯的这种尊重学生学习自由的观点是可取的，但是，这种自由应该是相对的，而不应该像罗杰斯所认为的那样，给学生学习的绝对自由。学生学习的自由应该建立在完成必要的和必修的学习任务基础上，有些将来有用的知识内容，尽管当前看来没有实用价值或不感兴趣，仍然应该认真地学习。学习是一项艰苦的劳动，不付出一定的劳动代价是不会有良好收获的，学习的绝对自由必然使学生产生避重就轻、抛繁就简的不认真的学习态度，更谈不上系统地掌握知识和培养良好的个性品质。

(四)最有用的学习是学会如何进行学习

罗杰斯特别强调学习方法的学习和掌握，强调在学习过程中获得知识和经验。

罗杰斯在《学习的自由》一书中明确指出："只有学会如何学习和学会如何适应变化的人，只有意识到没有任何可靠的知识，唯有寻求知识的过程才是可靠的人，才是有教养的人。现代世界中，变化是唯一可以作为确立教育目标的依据，这种变化取决于过程而不取决于静止的知识。"罗杰斯认为，很多有意义的知识或经验不是从现成的知识中学到的，而是在做的过程中获得的。学生通过实际参加学习活动，进行自我发现、自我评价和自我创造，从而获得有价值的、有意义的经验。这是最宝贵的知识。罗杰斯还强调在学习过程中获得的不仅仅是知识，更重要的是获得如何进行学习的方法或经验。这些方法和经验可以运用到以后的学习中去。所以，最有用的学习是学会学习，它导致对各种经验的不断感受以及对变化的感受性。罗杰斯的上述思想被称为"学习是形成"的观点。所谓学习是"形成"，就是在"做"中学，在学习过程中学会如何进行学习。

罗杰斯的这种在"做"中学和在学习过程中学习如何学习的观点是可取的。我们提倡在实践活动中学习，但并不否定书本知识的作用和价值，我们提倡总结学习经验和学习方法，理论联系实际。对学生来说，还是以掌握文化知识的学习为主要目标。

人本主义心理学从哲学思想上来看，主要思想倾向是唯心主义的观点。它脱离了社会和社会关系来强调所谓人的本性，背离了辩证唯物主义对人本性的看法。人本主义的学习观过分强调人的学习本能，忽视环境和教育的作用，强调学习的绝对自由，这些观点都是错误的。对待人本主义学习理论，应该批判地吸收，既要看到和强调它积极和合理的一面，又要看到它消极和片面的一面。

本 章 小 结

学习有广义和狭义之分。广义的学习是指人和动物在生活过程中通过实践或训练而获得，由经验而引起的比较持久的心理和行为变化的过程。狭义的学习是指学生在学校里的学习，是指学生的学习，即学生在教师的指导和引导之下，有目的、有计划、有组织、系统地掌握知识和技能，促进身心素质发展的活动。学生学习具有间接性、目的性、集体性、有效性和言语性。

根据学习内容的不同，将学习分为四种：①知识的学习；②技能的学习；③以思维为主的能力的学习；④道德品质和行为习惯的学习。奥苏伯尔从学习的方式和学习材料与学习者原有知识之间的关系两个维度出发，区分了接受学习和发现学习、机械学习和意义学习。

行为—联结主义学习理论主要是以动物试验为基础，以可观察的行为作为研究对象，这也是该理论研究学习问题所选择的视角。它的研究思路是以行为主义心理学的基本假设为依据，即学习者的行为是其对环境刺激的反应，所有行为都是习得的。所以，行为—联结主义学派又称为"刺激—反应"学派。比较有影响的理论包括桑代克试误学习理论、经典条件反射理论、斯金纳操作性条件反射理论以及班杜拉的社会学习理论。

认知心理学家探讨学习的角度与行为主义者相反，他们研究学习的出发点是：学习是个体与环境相互作用过程中对客观事物及其关系的认知，这种认知的目的是赋予经验以意义。环境只是提供潜在刺激，这些刺激是否被注意或被加工，取决于学习者的内部心理结构是否选择它们。因此，认知学习理论要阐述的是个体处理环境刺激时的内部过程，包括内部心理结构的性质及其变化规律，而不是外显的刺激与反应，当新的经验改变了学习者现有心理结构时，学习就发生了。具有代表性的有格式塔学派的学习理论、布鲁纳认知结构学习理论、奥苏伯尔的认知结构同化学习理论、学习的信息加工论。

中国学者陈琦和张建伟(1998)引述美国佐治亚大学教育学院 1990 年组织的"教育中的新认识论"研讨会上学者们的发言，归纳出六种不同倾向的建构主义学习观，即激进建构主义、社会建构主义、社会文化认知、信息加工的建构主义、社会学建构主义、控制论系统。

建构主义学习观对教学的影响是全面的，包括对教学设计、课堂教学模式的创建与使用、课程设计、学生心理辅导和教师的教育等都已经或将要产生重要影响。

人本主义心理学研究的主题是人的本性及其与社会生活的关系，他们强调人的价值和尊严，既反对精神分析学派的性本能倾向，又反对行为主义的机械化倾向。他们主张心理学要研究对个人和社会富有进步意义的问题。代表性理论有马斯洛和罗杰斯的学习理论。

思考与练习

1. 如何利用强化原理习得并维持一个良好的学习行为？
2. 在课堂中如何应用观察学习？
3. 简述奥苏伯尔提出的意义学习及其条件。

4. 建构主义学习理论对我们的启示是什么？
5. 怎样理解人本主义心理学的内在学习观？

推 荐 阅 读

[1] 黄正夫. 教育心理学[M]. 北京：北京师范大学出版社，2013.
[2] 冯忠良，伍新春，姚梅林，等. 教育心理学[M]. 北京：人民教育出版社，2015.
[3] 皮连生. 学与教的心理学[M]. 上海：华东师范大学出版社，2009.
[4] 邵瑞珍. 教育心理学[M]. 上海：上海教育出版社，1998.

人类的创作犹如自然的创作一样,真正说起来,值得注意的主要是动机。

——歌德

第三章 学习动机

本章学习目标

➢ 掌握学习动机的概念及其分类。
➢ 理解学习动机与学习效果的关系。
➢ 理解有关学习动机的心理学理论。
➢ 灵活掌握激发和培养学生学习动机的方法和策略。

核心概念

学习动机(learning motivation)　强化理论(reinforcement theory)　成就动机理论(achievement motivation theory)　需要层次理论(hierarchy of needs theory)　成败归因理论(attribution theory of success or failure)　成就目标理论(achievement goal theory)　自我效能感(self-efficacy)

我要上学

1991年,一张"我要上学"的照片,让中国人记住了那双大眼睛。图片上的女孩叫苏明娟,女,汉族,1983年出生在安徽金寨县桃岭乡张湾村。当年这张照片感动了无数人,苏明娟也因为这张照片实现了"我要上学"的梦想,由此改变了自己的人生轨迹。2003年苏明娟考入安徽大学金融管理系,2007年成为北京奥运会安徽赛会志愿者招募形象大使,2010年大学毕业成为一名银行白领,2017年当选为共青团安徽省委副书记,2018年当选全国向上向善好青年。

这个例子充分说明了强烈的学习动机,可以让学生具有学习的主动性和积极性,把"要我学习"的被动局面转变成"我要学习"的主动局面,从而聚焦目标,奋发努力,克服重重困难,最终实现梦想。

 **学习指导**

本章的重点是学习动机的概念和不同取向的动机理论观点。在学习的过程中要仔细阅读教材，掌握相关的理论和知识，深入理解学习动机的构成要素、学习动机与学习效率之间的关系，能够理解和描述各种动机理论的基本观点，同时能够结合教学实践活动，掌握激发和培养学生学习动机的方法和策略。

人的任何活动都是由一定的动机激发并指向一定的目标。学习动机在学习过程中的作用至关重要，古今中外的许多心理学家和教育家都非常重视对学习动机的研究。下面先从学习动机的概念入手，揭示其与学习效果之间的关系，继而多角度探索学习动机的心理机制，并探讨教师培养和激发学生学习动机的方法和策略。

第一节 学习动机概述

一、学习动机的含义

(一) 动机的概念

动机是指激发、引起、维持个体行为，并使行为指向特定目标的一种力量或内在驱动力。它可用来解释个体行为的原因。动机如同汽车的发动机和方向盘，既为个体的行为提供动力，又能调节个体行动的方向。动机的产生依赖于需要和诱因两大因素。需要是有机体感到某种匮乏而失去平衡，从而力求获得满足的心理倾向，它是有机体自身和外部生活条件的要求在头脑中的反映。诱因是能够激发有机体的定向行为，并能够满足有机体某种需要的外部条件或刺激物。诱因可以是物质的(如食物的芳香是觅食的诱因)，也可以是精神的(如教师精彩的讲解是学习的诱因)。需要和诱因是紧密联系的，需要是内在的、隐蔽的，是支配有机体行动的内部原因；诱因是与内在需要联系的外界刺激物，吸引有机体的活动，并可能使需要得到满足。一般来说，个体的行为取决于需要和诱因的相互作用，即当个体处于某种需要匮乏的不平衡状态时，恰巧某种外界条件可以满足个体的需要，个体就会产生相应的动机。例如，当一个人饿了，恰巧空气中飘来烤肉的香味，他就会产生去烤肉店吃饭的动机。但有些时候，即使有机体内部并没有失去平衡，仅仅在外界诱因的作用下，也可能会引起活动的动机。例如，一个人并不缺乏某些生活用品，但当看到打折信息的时候，仍会产生购物的动机。

动机具有以下三种主要功能。

(1) 激活功能。动机能激发个体产生相应的行为，推动个体由静止状态转入活动状态，是行为的启动因素。一般来说，动机水平高的个体相对动机水平低的个体，其情绪和意识处于较高的激活水平，这种激活状态会促使个体发起相应的行为，完成任务，达成目标。比如学校组织某项竞赛时，动机水平高的学生就会积极报名参赛，动机水平低的学生可能表现得不积极或干脆不参与。

(2) 指向功能。个体的行为总是指向一定的目标，动机使行为具有明确的指向性和目的性。人的动机不同，指向的目标自然不同。比如休息日，喜欢读书的人会去图书馆、书店，喜欢运动的人会去打球、跑步，喜欢音乐的人会去K歌、听音乐会，喜欢烹饪的人会去买菜，做一顿美味佳肴……也有人无所事事，往往是因为他们没有目标，没有行为的动机。

(3) 维持与调节功能。个体的行为在达到目标前，动机起维持作用。如果行为受阻，但只要动机仍然在，行为就不会完全停止，它会以别的形式继续存在，比如由外显行为改为比较隐蔽的行为，这是动机的调节作用。比如学生中考、高考前，经常牺牲睡眠，挑灯夜战，投入最多的时间和精力备考，直到考试结束才会放松，睡个踏实觉。

拓展阅读

动机对行为的影响

心理学家费约曾在一次实验中，要求三组大学生用右手食指拉起测力计上悬挂的重达3.4kg的砝码。对第一组被试不告诉任何理由；对第二组被试告知他们要表现自己的最大能力；对第三组被试则告诉他们，这是为了把电输送到工厂、住宅，完成这项任务有重要的意义。

无特定动机	为了表现自己的最高能力	为了达成社会的重大任务
100	150	200

研究表明，具有较强的社会性动机的被试操作的次数最多，活动效率最好。

(资料来源：樊豫陇，张艺. 心理学. 郑州：河南科学技术出版社，2007.)

(二)学习动机的概念

学习动机是引发和维持个体学习活动，并使学习活动朝向一定目标的内在动力或内部心理状态。学习动机和学习活动可以相互激发、相互加强。有时学生在接触一门新的学科时并没有较高的学习动机，随着学习活动的持续，慢慢对学科知识有了一定的了解，就会逐渐引发和形成其学习动机。学习动机一旦形成，就会自始至终地贯穿于某一学习活动的全过程。因此，学习动机可以引发、推动或加强学生的学习活动，而学习活动又可以激发、增加或巩固学习动机。

学习动机由学习需要和学习期待两个因素构成，两者相互作用，形成学习动机系统。

1. 学习需要和内驱力

学习需要是指个体在学习活动中感到有某种欠缺而力求获得满足的心理状态。它的主观体验形式是学习者的学习愿望或学习意向。它包括学习的兴趣、爱好和学习的信念等。

内驱力是指在有机体需要的基础上产生的一种内部推动力。内驱力也是一种需要，但学习需要是静态的，而内驱力是动态的。从需要的作用来看，学习需要即为学习的内驱力。所以，学习需要就成为学习内驱力。

奥苏伯尔曾从影响学生取得学业成就的角度认为学生的学习动机主要由三方面内驱力驱使，即认知内驱力、自我提高内驱力和附属内驱力。

(1) 认知内驱力是指个体了解、理解和掌握知识以及解决问题的需要。一般来说，认知内驱力大多是从好奇的倾向中派生出来的，如探索、兴趣等。但这些好奇倾向最初只是潜在的，而非真实的动机，还没有特定的内容和方向，需要个体在实践中不断发现并表现出来。如能取得成功并坚持下去，这些好奇将会成为动机，推动个体朝着特定的内容和方向坚持下去。在有意义学习中，认知内驱力是一种最重要、最稳定的动机。这种动机指向学习任务本身(为了获得知识)，个体从求知活动本身得到满足，所以是一种内在的学习动机。

(2) 自我提高内驱力是指个体因自己的学业成就或工作能力而获得相应的地位和威望的需要。自我提高的内驱力与认知内驱力不同，不是直接指向学习任务和学习目标，而是指向在集体和他人心目中赢得怎样的地位和威望。奥苏伯尔认为，自我提高内驱力在个体的成就动机构成中常常占有很大的比重。学生不可能始终保持认知内驱力，专注于知识的掌握，在有些情况下自我提高的内驱力可以促使学生努力学习，以求得相应的地位和自尊，并以此为未来的职业和生活做好准备。自我提高内驱力强的学习者，所追求的不是知识本身，而是知识之外的地位满足，所以这是一种外在的学习动机。

(3) 附属内驱力是指个体通过学习获得教师、家长和同伴的赞许或认可的需要。这种动机既不指向于知识或学习活动本身，也不指向于自我地位的提高，而是对教师、家长和同伴在感情上的依附。这种动机之所以能促使学生努力获得学业成就，是因为成就被看作从教师、家长和同伴们那儿赢得赞许或认可的手段。教师、家长是学生追随和仿效的人物，得到他们的赞许或认可就能够获得一种派生的地位，显示出自己在所属集体中处于优越的地位，还意味着与这些人之间保持着亲密的情感关系。附属内驱力是为了获得知识之外的归属与爱的需要(家长、教师和同学的接纳、赞许与认可)，所以也是一种外在的学习动机。

上述三种不同成分的动机对每个人来说都可能具有，但三种成分所占的不同比例，则依年龄、性别、文化、社会地位和人格特征等因素而定。在童年期，附属内驱力是获得良好学业成绩的主要动机；童年晚期和少年期，附属内驱力降低，而且从追求家长认可转向同龄伙伴的认可；到了青年期和成人，自我提高内驱力则逐渐成为动机的主要成分。

2. 学习期待与诱因

学习期待是个体对学习活动所要达到目标的主观估计。它是在个体完成学习活动之前，学习目标在个体头脑中的反映。

学习动机的产生，除了内驱力外，诱因也是一个重要的条件，诱因是指能够激起有机体的定向行为，并能满足某种需要的外部条件或刺激物。诱因可以是简单的物体，如食物、玩具等，也可以是复杂的事物，如荣誉、地位等，可以是物质的，如食物、奖品、成绩等，也可以是精神的，如教师的鼓励、微笑、赞许等。凡使个体产生积极行为的刺激物为积极诱因，使个体产生消极行为的刺激物为消极诱因。学习中，应该更多地发挥积极诱因的作用，避免消极诱因的作用。

学习期待是静态的，而诱因是动态的，它将静态的期待转换成目标。所以，学习期待就其作用来说就是学习的诱因，学习期待所指向的目标可以是成绩，可以是奖学金，也可以是教师的奖励。学习内驱力和学习诱因是学习动机心理结构的两个基本成分，二者密切相关。学习内驱力是内因，在学习动机中占据主导地位，学习诱因是外因，是学习动机中不可缺少的成分。

二、学习动机的分类

人们从不同的角度把学习动机分成很多种类型,这里列举对教学实践有影响的几种分类。

(一)内部动机和外部动机

根据不同的来源,可以把学习动机分为内部动机和外部动机。

(1) 内部动机是指由学习活动本身的意义和价值引起的动机。这种动机是学生在追求个人兴趣和能力的提高时产生的一种寻求挑战并克服挑战的自然倾向,它会让学生获得或保持一种愉悦的内部状态。内部学习动机的满足在活动之内,不在活动之外。学生努力学习仅仅因为他们感兴趣或者想要克服挑战,而且在学习时有愉悦的情绪体验。

(2) 外部动机是指由学习活动的外部后果引起的动机。学习是学生为达到某种结果的手段。动机的满足不在学习活动本身,而在学习活动之外。学生努力学习是为了在考试中获得好成绩,得到教师、父母、同学或其他人的认可和表扬,得到某种奖励或者逃避某种惩罚。

在教育领域,外部动机与内部动机之间的关系一直备受争议。一些研究者认为,外部动机可能会削弱内部动机。事实上,并不是所有的外部动机都会对内部动机产生负面的影响。具备以下三个条件的外部动机可能会损害内部动机:①个体期望完成任务后能够获得外在奖励;②奖励对个体而言是很重要的东西;③该奖励一般情况下必须是有形的,如金钱、奖品、分数等。一般情况下,无形的奖励,如一句表扬或一个微笑,似乎不会削弱内部动机。

(二)近景的直接性动机和远景的间接性动机

根据学习动机与学习活动的关系和起作用时间的长短,学习动机可以分为近景的直接性动机和远景的间接性动机。近景的直接性动机是与学习活动直接相连的,来源于对学习内容或学习结果的兴趣。这种动机与近期目标相联系,很具体,效果明显,但作用不持久,不稳定,容易随环境的变化而变化。例如,一个学生喜欢学英语,可能是由于英语教师上课生动有趣,但是若换一个讲课比较刻板、不善于调动学生的教师,学生学习英语的积极性可能会下降,成绩也会下滑。

远景的间接性动机是指了解活动的社会意义和活动结果的价值而引起的对某种活动的动机。这种动机与学习的社会意义和个人前途相联系,是与长远目标相联系的一类动机。这种动机既具有一定的社会性和理智色彩,又与个人志向、理想、世界观相联系。因此,这类动机比较抽象,具有稳定性和持久性,不容易随外界环境的变化而变化。

(三)一般学习动机和具体学习动机

根据学习动机起作用的范围,可将学习动机分为一般动机和具体动机。一般动机是在许多学习活动中都表现出来的、较稳定、持久地掌握知识经验的动机。该类动机贯穿于学校生活的始终,可能延续到以后的工作中,甚至毕生都具有这样的动机。另外,该类动机广泛存在于许多活动中,表现在不同科目、不同课题、不同内容的学习都具有强烈的动机。

具体动机是在某一具体学习活动中表现出来的动机。由这种动机支配的学生，常常只对某一门或某几门学科或内容感兴趣，而对其他学习内容则不予注意。这类学习动机多半是在学习过程中因学业成败或师生关系的影响而逐渐养成的。例如，在学生学习经历中，理科成绩都不好，但文科学得很好，他就可能只形成对文科类科目的学习动机。再例如，一位学业失败的学生，可能由于获得某位任课教师的鼓励、认可、关爱和接纳，而愿意学习这位教师任教的科目。

三、学习动机的作用

对于学生来说，学习动机是影响其学习行为与学习效率的重要因素。学习动机对学生学习的作用主要表现在以下三个方面。

(一)选择行为目标

学习动机会影响学生的行为指向特定的学习目标。例如，当学生面临以下冲突：参加科学兴趣小组还是观看体育比赛，回家写作业还是看动画片，课外阅读还是打游戏，学习动机会促使学生做出相应的选择。一般而言，有学习动机的学生会选择前者，而不是后者。

(二)维持学习行为

当某种学习动机激起某种学习行为后，会使被激起的行为始终朝着既定的学习目标进行。在学习动机的作用下，学生在学习中处于较强的情绪唤醒状态，注意力会更集中，也会投入更多的时间和精力。当学习活动受到外界事物或内在条件的干扰时，他们会在学习动机的支配下克服各种困难完成任务。

(三)监控学习过程

在实际的教学情境中，学生的学习动机和学习行为经常受到各种因素的影响，如学习目标的改变、学习兴趣的转移、外界要求的变化、诱因价值的变化等。这些因素都会影响已经出现的学习行为，影响学生投入学习的时间和精力，影响学生学习的努力程度和专注程度等。如果学生具有正确、合适的学习动机，由此引起的学习行为的各个环节就会受到它有意或无意的调节和监控，排除来自内外因素的干扰，朝着既定的学习目标做出不懈的努力，直到实现目标。

四、学习动机与学习效果的关系

学习动机与学习效果的关系.mp4

人们普遍认为学习动机越强个体的学习效果就越好，但事实并非如此，有时学习动机过强，学习效率反而会有所下降。例如，一个学生由于上大学的动机过于强烈，以至于一进入考场，便因情绪紧张而产生"怯场"现象，降低了记忆和思维效率，连平时较为熟悉的题目都答不上来。当然，如果对考试抱着无所谓的态度，缺乏获胜的动机，那也是考不好的。心理学家对动机的研究发现，动机水平与活动效率之间并不是简单的线性相关，而是呈倒 U 形曲线关系。耶克斯(R.M.Yerks)与多德森(J.D.Dodson)于 1908 年通过动物实验发现，一般情况下，中等程度的动机水平最有利于学习效果的提高,动机不足或过分强烈都会影响学习效率(见图 3-1)。过分强烈的学习动机往往使学生处于一种紧张的情绪状态中,注意和知觉范围会变得狭窄,由此限制学生正常的智力活动,降低思维效率。动机水平太低则学生的学习积极性难以调动,也不利于学习。研究还发现,最佳的动机激起水平与任务难度密切相关。在学习比较容易的课题时,学习效率会随着学习动机强度的增强而提高。在学习比较困难的课题时,学习效率反而会由于学习动机强度的增加而下降。在一定范围内,学习动机强度的增加,有利于学习效率的提高,特别是在学习力所能及的课题时,其效率的提高更为明显。

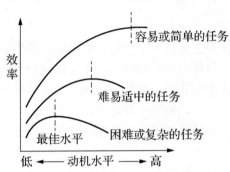

图 3-1　耶克斯-多德森定律

学习动机对学习的影响,并不是通过直接卷入认知的相互作用过程或通过同化机制发生作用,而是通过学习行为这一中介来影响学习效果的。而学习行为又不单纯受学习动机的影响,它还要受一系列主客观因素,如学习基础、教师指导、学习方法、学习习惯、智力水平、个性特点、健康状况等的制约。在其他因素相当的情况下,学习动机与学习效果的关系之间往往以学习行为为中介(见表 3-1)。

表 3-1　学习动机与学习效果的关系

项　目	正向一致	负向一致	正向不一致	负向不一致
学习动机	+	-	-	+
学习行为	+	-	+	-
学习效果	+	-	+	-

从表 3-1 可以看出,在四种学习动机与学习效果的关系类型中,有两种类型的学习动机与学习效果的关系是一致的,另外两种类型的学习动机与学习效果的关系则不一致。

学习动机与学习效果一致的情况是学习动机强,学习积极性高,学习行为好,则学习效果好(正向一致);相反,学习动机弱,学习积极性不高,学习行为不好,则学习效果差(负向一致)。

学习动机与学习效果不一致的情况是学习动机强,学习积极性高,如果学习行为不好,其学习效果也不会好(负向不一致);相反,学习动机不强,如果学习行为好,其学习效果也可能好(正向不一致)。

因此,学习动机是影响学习行为、提高学习效果的一个重要因素,但却不是决定学习活动的唯一条件。在学习中,激发学习动机固然是重要的,但只有抓住学生的学习行为,才能提高学习效果。

第二节 学习动机理论

虽然从严格意义上来说并没有专门的学习动机理论,但心理学家们却从不同的视角研究人类行为的内在机制,提出了不同的动机理论,我们可以用一般的动机理论来解释个体的学习行为。

一、强化理论

强化理论最早由美国行为主义心理学家斯金纳提出,他用强化来解释学习的发生及动机的产生。斯金纳认为,个体行为动机的激发与先前这种行为所受到的强化有很大关系。某种学习行为倾向完全取决于先前的这种学习行为与刺激因强化而建立的稳固联结,强化可以使这种联结得到加强和巩固。按照这种观点,任何学习行为都是为了获得某种报偿。因此,在学习活动中,采取各种外部手段如奖赏、赞扬、评分、竞赛等,可以激发学生的学习动机,引起相应的学习行为。

美国社会心理学家班杜拉在他的观察学习理论中也强调了强化的作用。他认为强化有三种类型:一是直接强化,即直接通过外部刺激对学习行为予以强化;二是替代性强化,即通过一定的榜样来强化相应的学习行为或学习行为倾向;三是自我强化,即学习者根据一定的评价标准进行自我评价和自我监督来强化相应的学习行为。这三种强化的结合运用,能激发和维持学习者的学习动机。

学校中的强化,既可以是外部强化,也可以是内部强化。前者包括直接强化和替代性强化,是由教师施予学生身上的强化手段,可以是直接的赞赏、奖励等,也可以通过树立榜样进行强化。后者则是自我强化,即学生在学习中由于获得成功的满足而增强了学习的成就感与自信心,从而增强了学习动机。无论是外部的强化还是内部的强化,都有正强化和负强化之分。正强化是呈现某个愉快的刺激,提高反应概率的过程,如表扬、奖励、优秀的成绩等都属于正强化。负强化是指撤销某个厌恶的刺激,提高反应概率的过程。如适当运动可以减少疾病的发生、自觉地完成作业就可以取消禁止看动画片的惩罚等。正强化主要是通过促使个体获得心理上的满足感而提高学习动机。负强化主要是通过恢复原有的权利或舒适感而提高学习动机水平。在学生学习过程中如果能合理地增强正强化、利用负强化,将有助于提高学生的学习动机水平,改善他们的学习行为及其结果。

当然,强化理论总体而言强调引起学习行为的外部力量,忽视甚至否定了人的学习行为的自觉性与主动性,因而这一学习动机理论有较大的局限性。

二、需要层次理论

美国人本主义心理学家马斯洛通过对各种人物的观察和对一些人物传记的考察,对人类行为的动力进行了系统的整理,提出了需要层次理论。马斯洛认为,人的基本需要有五种,它们由低到高依次排列成一定的层次(见图3-2),即生理需要、安全需要、归属与爱的需要、尊重需要和自我实现的需要。

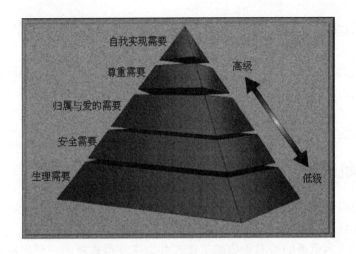

图 3-2　马斯洛的需要层次图

在人的需要层次中，生理需要是最基本、最强烈的一种，它与生存直接相关，包括呼吸、食物、水、睡眠和性等。一般情况下，生理需要在所有的需要中占优越地位。当生理需要满足之后，安全需要就会随之出现，表现为个体要求稳定、安全、受到保护、免除恐惧和焦虑。受到突发情况时的防御反应、面临陌生环境的不安、追求有保障的工作、购买各种保险等都是人们安全需要的体现。安全需要包括人身安全、财产安全、职业安全等。当生理和安全需要获得满足之后，就会出现归属与爱的需要，即个体要求与他人建立感情联系，如结交朋友、追求爱情等，包括给予他人的爱和接受他人的爱，渴望在一定的集体中建立良好的人际关系等。如果归属与爱的需要得不到满足，则常常会产生孤独感。随后出现的是尊重的需要，包括自尊和受到他人的尊重，希望自己能够胜任所承担的工作并能有所成就和建树，希望得到他人和社会的高度评价。马斯洛认为，一个具有足够自尊的人会更有信心、更有能力，也更有效率。自尊的需要得不到满足时就会感到自卑，丧失对自己的信心。在上述需要得到基本满足之后，产生自我实现的需要。自我实现是最高层次的需要，包括认知需要、审美需要和创造需要。它具有两方面的含义，即完整而丰满的人性的实现和个人潜能的实现。从学习心理的角度看，人们进行学习就是为了追求自我实现，即通过学习使自己的价值、潜能、个性等得到充分而完备的发挥、发展和实现。因此，可以说自我实现是一种重要的学习动机。

马斯洛认为，在上述需要满足的过程中，各种需要不仅有层次高低之分，而且有前后顺序之别，只有低层次的需要得到基本满足后，才逐级产生高层次的需要。个体在成长过程中如果没有满足低层次的需要，是无法产生高层次需要的。而高层次需要一旦产生，就可以克服低层次的困难。比如一些仁人志士为了探索真理、追求信仰，宁可忍饥挨饿，甚至不惜牺牲宝贵的生命。

上述五种需要又可分为基本需要和成长需要两类。其中，生理需要、安全需要、归属与爱的需要、尊重的需要属于基本需要，它们因身心的缺失而产生，因此也称为缺失性需要。它们是人类维持生存所必需的，一旦得到满足，其强度就会降低，因此个体追求的缺失性目的物是有限的。而自我实现的需要属于成长需要，它区别于缺失性需要的根本特点是它的永不满足性。也就是说，自我实现的需要不仅不会随其满足而降低强度，相反会因获得满足而增强，因此个体追求的成长性目的物是无限的，是永无止境的。

需要层次理论说明，在某种程度上，学生缺乏学习动机可能是由于某种缺失性需要没有得到充分满足而引起的。例如，家庭破裂使得归属与爱的需要得不到满足；家长或教师经常批评和指责，使得安全需要和尊重的需要得不到满足等。这些因素可能成为学生学习和自我实现的主要障碍。所以，教师不仅要关心学生的学习，也应该关心学生的生活和情感，以更好地激发其学习动机。

三、成就动机理论

成就动机的概念源于20世纪30年代默里的有关研究，20世纪40—50年代由麦克利兰和阿特金森等发展为成就动机理论。成就动机是在人的成就需要的基础上产生的，激励个体乐于从事自己认为重要的或有价值的工作，并力求获得成功的一种内在驱动力。这种动机是人类独有的，是后天获得的具有社会意义的动机。在人类的学习活动中，成就动机是一种主要的学习动机。

麦克利兰认为，成就动机是人格中非常稳定的特质，个体记忆中存在着与成就相联系的愉快经验，当情境能引起这些愉快经验时，就能激发人的成就动机。成就动机强的人对工作学习非常积极，善于控制自己尽量不受外界环境影响，充分利用时间，工作学习成绩优异。研究发现，成就动机高的人，面对问题时愿意承担责任，能从完成任务中获得满足感。成就动机的高低还影响到个体对职业的选择。成就动机低的人，倾向于选择风险较小，独立决策少的职业；成就动机高的人喜欢从事具有开创性的工作，并且在工作中勇于做出决策。由于麦克利兰强调愉快经验对成就动机的激发作用，所以他的理论也称为情绪激发理论。

阿特金森进一步深化了麦克利兰的理论，提出了期望—价值理论。他认为，个体的成就动机强度由成就需要、期望水平和诱因价值三者共同决定，用公式表示为：动机强度=需要×期望×诱因。这三个因素发生综合影响，其结果使个人接近与成就有关的目标倾向。

影响成就动机的因素有以下三个。

(1) 目标的吸引力。目标的吸引力越大，成就动机就越大。

(2) 风险和成败的主观概率。很有把握的事和毫无胜算的事都不会激发高的成就动机。

(3) 个体施展才干的机会。个体施展才干的机会越多，其成就动机就越强。

阿特金森把个体的成就动机分成两类：一类是力求成功的动机；另一类是避免失败的动机。根据这两类动机在个体的动机系统中所占的强度，可以将个体分为力求成功者和避免失败者。力求成功者的目的是获得成就，所以他们会选择有所成就的任务，而成功概率为 50%的任务是他们最有可能选择的。相反，避免失败者则倾向于选择非常容易的任务或极其困难的任务，因为选择容易的任务比较容易成功，使自己免遭失败，而选择极其困难的任务，即使失败了，也可以找到适当的借口，从而减少失败感。

拓展阅读

麦克利兰的成就动机实验[①]

麦克利兰选择 5 岁儿童作为志愿者，对成就动机进行了研究。他让孩子们用绳圈去套

---

① 汪琼. 教育让心灵起飞. 长春：东北师范大学出版社，2019.

房间里的一个木桩,孩子们在房间里可以自由选择站立的位置,并且让他们预测自己能够套中多少绳圈。追求成功的孩子会选择站在距离木桩适中的位置,而想要避免失败的孩子所选择的站立位置,要么距离木桩非常近,要么距离木桩非常远。麦克利兰认为,追求成功的孩子想要选择的任务具有一定的挑战性,也具有一定的成功可能性,因此他们选择了距离木桩适中的位置。这个结果在不同年龄、不同任务中得到了印证。而避免失败的孩子,之所以选择距离木桩很远或很近的位置,是因为他们关注的不是成功与失败的取舍,而是如何避免失败和与此有关的消极情绪。

成就动机水平高的人,追求成功的倾向强,选择目标的时候倾向于选择难度适中的目标和任务;成就动机水平低的人,防止失败的倾向强,选择目标时倾向于选择非常容易或非常困难的目标和课题。因此,在教育实践中,对于力求成功者,应通过给予新颖且有一定难度的任务、安排竞争的情境、严格评定分数等方式来激起其学习动机;而对于避免失败者,则要安排竞争少或者竞争不强的情境,如果取得成功则要及时表扬给予强化,评定分数时要求稍微放宽些,并尽量避免在公共场合对其加以指责。

四、成败归因理论

归因是指个体对他人或自己行为过程的因果解释和推论。最早提出归因理论的是奥地利社会心理学家海德。他指出,人们都是以"常识心理学"的方式来解释日常生活事件的。海德认为,人们通常试图将个体的行为或者归结于内部原因,或者归结于外部原因。内部原因包括人格、品质、动机、态度、情绪及努力程度等个人特征,外部原因包括背景、机遇、他人影响、任务难度等情境因素。美国心理学家韦纳在此基础上作了进一步研究,他把归因分为三个维度,即内归因和外归因、稳定性归因和非稳定性归因、可控性归因和非可控性归因。他又把人们活动成败的原因(即行为责任)主要归结为四个因素,即能力高低、努力程度、任务难度、运气(机遇)好坏等,后来发展为八个因素。如果把三维度和八因素结合起来,可组成归因的三维度模式(见表3-2)。

表3-2 归因的三维度模式

三维度	内 部 的				外 部 的			
	稳 定 的		不稳定的		稳 定 的		不稳定的	
	可控的	不可控的	可控的	不可控的	可控的	不可控的	可控的	不可控的
八因素	自控水平	能力高低	努力程度	身心状况	方法优劣	任务难度	他人帮助	运气好坏

人们的归因可以区分为八种类型:①内部稳定的可控因素,如自控水平;②内部稳定的不可控因素,如能力高低;③内部不稳定的可控因素,如努力程度;④内部不稳定的不可控因素,如身心状况;⑤外部稳定的可控因素,如方法优劣;⑥外部稳定的不可控因素,如任务难度;⑦外部不稳定的可控因素,如他人帮助;⑧外部不稳定的不可控因素,如运气好坏。

韦纳从大量的实验中总结出有关归因的两个最基本的结论:第一,归因会影响情绪情感,个人将成功归因于能力和努力程度,他会感到骄傲、满意、有信心,而将成功归因于任务容易或运气好等外部原因时,产生的满意感减少。相反,如果一个人将失败归因于能力不足或不努力,则会感到羞愧和内疚,而将失败归因于任务太难或运气不好时,产生的羞愧感则较少。相比较而言,归因于努力与能力,无论成功或失败都会产生更强烈的情绪体验,努力而成功,体验到的是愉快;不努力而失败,体验到的是羞愧;努力而失败,也应受到鼓励。第二,在付出同样的努力时,能力低而努力的人应受到更多的鼓励;能力高而不努力的人应受到最低评价。

韦纳等认为,对成功和失败的归因会对以后的行为产生重大的影响。如果把考试失败归因于缺乏能力,那么以后会更加努力的概率下降,以后的考试还会期望失败;如果把考试失败归因于运气不好,那么以后也不会更加努力。因此,韦纳强调从内部、不稳定和可控制的维度去归因,比如努力程度,更有助于提高学习动机。

归因理论是从结果来阐述行为动机的,它的理论价值与实际作用可以归纳为三个方面:一是有助于了解心理活动发生的因果关系;二是有助于根据学习行为及其结果推断出个体稳定的心理特征和个性差异;三是有助于从特定的学习行为及其结果预测个体在某种情况下可能产生的学习行为。正因为如此,在学校中运用归因理论以了解学生的学习动机,对于改善其学习行为、提高其学习效果也会产生一定的作用。但是,人的心理活动和行为动机纷繁复杂,仅用上述归因的三维模式来了解学生难以得到完全合乎实际的结论,甚至会产生"失之毫厘,谬以千里"的弊病。

五、成就目标理论

成就目标理论是以成就动机理论和成败归因理论为基础,在德维克能力理论的基础上发展起来的一种学习动机理论。德维克认为,人们对能力持有两种不同的观念,即能力增长观和能力实体观。持能力增长观的个体认为,能力是可改变的,随着学习的进行是可以提高的,个体倾向于确立掌握目标,即他们希望通过学习来提高自己的能力,属于任务卷入的学习者;持能力实体观的个体则认为,能力是固定的,是不会随学习而改变的,个体倾向于确立表现目标,即他们希望在学习过程证明或表现自己的能力,属于自我卷入的学习者。研究表明,虽然这两类成就目标都可以促进个体主动而有效地从事挑战性任务,但它们在更多方面是不同的,具有不同的学习效果。具体表现在以下七个方面。

(一)任务选择

掌握目标者倾向于选择能提供最多学习机会的任务,尤其是具有挑战性的任务,且具有坚持性。表现目标者倾向于采取防御性策略,选择能证明其有能力、避免显得无能的任务,即经常选择能保证成功的、非常容易的或很难成功的非常难的任务,坚持性较差。

(二)评价标准

掌握目标者根据是否取得进步来评价学习结果,是个人化的、自主的标准。表现目标者根据与他人的比较来评价自己的学习结果,因此容易产生一种输赢的情境。在这种情境中,过去的成功经验、进步以及出色的成绩等都会因一个比较性的评判而消失。

(三)情感反应

从事简单的学习任务或付出较少努力即可获取经验,这将使掌握目标者感到无聊或失望;相反,经过艰苦努力,即使仍然失败,他们也对结果感到满意。对于表现目标者而言,从事简单的学习任务或付出较少努力即可获取经验,会使他们感到满意、自豪或解脱,他们只对成功的结果感到满意。

(四)对学习结果的归因

掌握目标者认为努力是改善能力不可缺少的,他们关注努力而不是能力,往往将结果的成败归因于努力的多少,认为错误是学习过程中的一个正常而有用的部分,有效地利用错误还可以帮助改善其成绩。表现目标者将成败的结果归因于能力或运气,认为努力是低能的标志,有能力者无须努力,并将错误视为失败或无能的反映,这有可能继续导致以后的失败。

(五)学习策略的使用

掌握目标者倾向于应用那些能促进真正理解学习材料的策略(如有意义学习、精细加工、理解监控等)。表现目标者则倾向于应用那些较为机械的、应付目前学习任务的学习策略(如机械重复、抄写、机械识记等)。

(六)控制感

掌握目标者认为努力与学习结果之间的关系是直接的,可以控制与目标获得有关的因素,如个人努力。表现目标者认为在学习与学习结果之间有许多因素是由外界控制的,如他人的操作、评价者的评价标准等,个体自己无法控制。

(七)教师的作用与角色的看法

掌握目标者将教师看作帮助学习的资源和向导;表现目标者则认为教师是给予奖惩的法官。

不过,学生的学习实际上是在同伴、家长和教师之间各种复杂的社会关系中进行的。因此,心理学家开始了对社会目标的研究,并认为成就目标应该包括掌握目标、表现目标和社会目标三种。其中,社会目标又包括社会赞许目标和社会责任目标。研究发现,社会赞许目标和社会责任目标能引起个体持续的努力,也与学生优良的学习成绩直接相关。

六、自我效能感理论

(一)自我效能感的概念及作用

自我效能感最早是由美国心理学家班杜拉提出的,指一个人感到自己能够胜任和有效的感觉。当学生感到自己有能力达到自己希望达到的目标或取得某一水平的行为结果时,就表明他们具有高水平的自我效能感。自我效能感总是和某一特定领域相关联。例如,有的学生在数学学习领域有较高的自我效能感,但在写作方面的自我效能感却很低。研究表明,自我效能感对学生的心理和行为有着多方面的影响。

(1) 影响活动的选择。自我效能感水平高的人会选择富有挑战性的任务,并期望获得成功。学生在某一方面的自我效能感水平越高,成功的可能性就越大,也会越多地选择这一方面的活动;反之,学生会逃避那些自己感到不能胜任的活动。

(2) 影响努力的程度和坚持性，决定在困难面前的态度。具有高度自我效能感的人自信心强，有助于激发和维持向困难挑战的精神，努力实现目标。相反，自我效能感低的人，怀疑自己的能力，在困难面前缺乏自信，畏首畏尾，不敢尝试。

(3) 影响活动时的情绪。自我效能感高的人在活动时情绪饱满，信心十足，体验到的紧张、焦虑和恐惧水平低；而自我效能感低的人则是垂头丧气，充满紧张、焦虑和恐惧。

(4) 影响任务的完成。自我效能感高的学生确信自己能够很好地掌握有关知识和技能，从而集中注意力，适当运用有关学习策略，取得最佳学习效果，完成各种学习任务；自我效能感低的学生则总是担心失败，把思想纠缠在个人的不足之处，因此，不能很好地完成学习任务。

总之，自我效能感影响学生的行为。自我效能感将影响学生面临什么样的挑战、付出多大的努力、坚持多久以及愿意承受多大的压力。

(二)自我效能感的影响因素

1. 个体的成败经验

个体的成败经验有两类。一类是个体成败的亲身经验或直接经验，这是影响自我效能感形成的最主要因素。成功经验会提高自我效能感，反复失败则会降低效能期待，最后可能陷入习得性无助的状态。另一类是个体成败的替代性经验，这类经验是行为者通过观察示范者的行为获得的间接经验，它对自我效能感也具有重要影响。当一个人看到与自己能力水平差不多的示范者(榜样或范型)在某种活动中取得了成功，就会增强自我效能感，认为自己也有能力完成同样的任务；看到与自己能力不相上下的示范者遭遇了失败，就会降低自我效能感，觉得自己取得成功的可能性也微乎其微。

2. 个体的归因方式

归因方式直接影响到自我效能感的形成。把成功归因于内部的可控因素(如努力等)时，自我效能感将会提高。自我效能感也能反过来影响归因。若某人对于做某事有很强的自我效能感，他很可能会将失败归因于缺乏努力；若他对于做某事缺乏自我效能感，他很可能会将失败归因于缺乏能力。众所周知，爱迪生经历了1000多次实验才成功发明了电灯，他曾对一位记者表示："我没有失败1000次，电灯是在经过1000步后被发明出来的。"班杜拉曾说："人们必须学习如何应对失败，从失败中汲取经验，而不是任由失败带来受挫感。"一般来说，一个人的自我效能水平越高，他就越有可能达到自己期望的目标。

(三)自我效能感的培养

教学过程中应培养学生的自我效能感，帮助学生设立适当的学习目标，使他们朝着目标发展并获得实质性的进步。研究表明，让学生设立目标，并承诺去努力达到这些目标，能够提高他们的成绩。具体来说，可以从五个方面具体实施：首先，目标需要具体化，达到目标应该有具体的标准；其次，目标最好具有中等挑战性；第三，目标应该是投入合理的时间和努力之后可以达到的，应将长远目标分解成更小、更容易达到的子目标；第四，帮助学生体验过去和现在通过努力达到的成功，重点是让他们体会到获得成功付出了多大努力，而不是告诉他们"只要努力工作，就会到达成功的彼岸"。最后，坚定目标、努力争取，树立坚持不懈的榜样。

自我效能感理论克服了传统心理学重行轻欲、重知轻情的倾向，把个体的需要、认知、情感结合起来研究人的动机，具有较大的科学价值。

第三节　学习动机的培养与激发

学习动机的培养是指学生把社会、学校和家庭的需要变为自己内在的学习需要的过程。学习动机的激发是指在一定的教学情景下，利用一定的诱因，使已经形成的学习需要由潜在状态转变为活跃状态，形成学习积极性的过程。学习动机的培养是一个从无到有的过程，而学习动机的激发是一个从静到动的过程。所以，学习动机的培养和激发是两个既有区别又有联系的概念，学习动机的培养为激发提供了前提和基础，学习动机的激发则为培养提供了进一步的强化。

学习动机的培养与激发(1).mp4

学习动机的培养与激发(2).mp4

一、外部动机的培养和激发

行为主义的强化理论揭示了外部强化对个体学习动机和学习行为的影响，在学校教育情境下，教师可以运用目标、反馈、评价、表扬、批评、竞赛等各种强化手段培养和激发学生的外部动机。

(一)提出明确具体的学习目标

1. 近期目标与长远目标相结合

学习目标可以帮助学生选择学习行为，获得明确的行为导向，具有明显的动机作用。长远目标的动机作用较为稳定和持久，但需要近期的具体目标的实现才能达成。因此，在教育教学过程中，教师要在学生学习的各个环节提出明确而具体的目标要求。目标的高低要因人而异，要尽量与学生的学习能力相一致。过高的目标与学生已有的知识和技能差距较大，学生可望而不可即；过低的目标又缺乏挑战性。只有在学生能力范围之内，又具有一定挑战性的目标，才能有最佳的激发作用。将近期目标和长远目标相结合，也将进一步提高实现目标的动机。

2. 合理配置课堂目标结构

目标结构是指向学业目标努力时，学生彼此之间联系的方式。目标结构有个体化目标结构、竞争性目标结构和合作性目标结构三种不同的形式。

(1) 个体化目标结构，即在完成一个教学目标的过程中，一个学生的活动与其他同学毫无联系。在这种条件下，学生可以做自己的事并达到目标，其他人是否达到目标并不会影响个体的行为结果。

个体化目标结构以努力为归因中心，很少注重外部标准，强调自我发展和自身进步；强调任务本身的掌握，注重自己与自己比较。在这种情境下，学生坚信只要自己努力就会成功。他们对自己表现出自信，相信自己的能力会不断提高。学生即使在遇到失败时，也不会否定自己的能力和水平，不会降低自我评价，而是认为自己努力不够或者方法不对，坚持认为自己有能力获得成功，失败后他们将更加努力地学习。

(2) 竞争性目标结构，即学生在完成学习任务的过程中需要彼此相互竞争。在这种条件下，只有别人不能达到目标的情况下，自己才有可能达到目标。

竞争性目标结构的最大特点是能力归因，学生认为获胜的机会与个人的能力直接相关，胜利者奋发努力，失败者往往产生挫败感而逃避竞争。在竞争目标结构下，只有最有能力、最自信的学生的学习动机才能得到激发，能力较低的学生明显感到自己将会在竞争中失败，他们通常会选择极为简单或极为困难的任务，而回避中等难度的任务。然而，在教学情境中，中等难度的任务(即具有挑战性的任务)是最恰当的学习任务，可以使学生在已经掌握知识的基础上提高得更快。

(3) 合作性目标结构，即学生齐心协力地达到一个目标。在这种条件下，当且仅当其他人也达到目标时才能达到目标。

(二)提供明确、及时且经常性的反馈

反馈能够增强学习积极性，提高学习效果，而且即时反馈比延迟反馈效果更好。心理学家罗斯和亨利曾做过一个实验。他们把某班学生分为三组，每天学习后接受测试。对第一组每天告诉其学习结果，对第二组每周告知其学习结果，对第三组则不告诉学习结果。如此进行八周后，改换条件，除第二组依旧每周一次反馈其学习结果外，第一组与第三组对调，即对第一组不再告诉他们学习结果，对第三组则每天测验后就告知其学习结果。这样再进行八周，结果发现，前八周第一组的测验分数很高，第三组很低，第二组居中。第八周后除第二组显示出稳步的前进以外，第一组与第三组的情况则有很大的变化，即第一组的成绩逐步下降，而第三组的成绩则突然上升(见图3-3)。

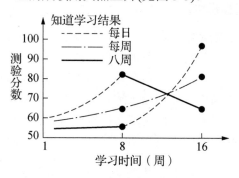

图3-3 不同反馈的学习成绩曲线

实验结果表明，即时反馈在学习上的效果是极其显著的，当学生不知道自己的学习结果时，就会缺乏学习的热情，学习自然不会得到进步。而每周反馈与每天反馈相比，又是每天反馈的效果最好。

教学情境中，教师要对学生的考试成绩、作业情况及行为表现等情况进行反馈，让学生及时了解自己学习的结果，包括运用所学知识解决问题的成效、作业的正误、考试成绩的高低、学习方法的优劣等。通过反馈让学生及时看到自己的成绩和进步，同时也能看到自己的缺点和不足，从而进一步激发努力学习的动机。

利用学习结果进行反馈时要尽量做到以下三点：第一，反馈要及时。如对学生的作业

要及时批改、课堂表现要及时给予点评等，只有这样才能利用学生刚刚留下的鲜明的记忆表象，满足其进一步学习的愿望，增强其学习的动力和信心。第二，反馈要具体明确。要对学生的具体学习行为或者学习结果进行反馈，反馈信息越具体明确，越能使学生对自己的学习结果有更加清晰而深刻的了解。特别是要把定量的反馈信息和定性的反馈信息结合起来，比如既用数字对学生完成作业的量或考试成绩进行反馈，也通过评语等形式对作业完成的效果和努力方向进行反馈，这样更能使学生清除模糊的概念，增强对知识的辨别能力，明确改进的方向。第三，反馈要频繁。经常性的反馈既能连接师生之间的情感，又能不断地激发和维持学生的动机水平。因此教师应利用各种机会，在教学的各个环节对学生的表现或学习效果进行反馈。

(三)科学运用外部奖励

对大多数学生而言，合理的外部奖励在短期内是一种激发学习行为的有效方式。但从长远来看，需要将奖励，特别是物质奖励引发及保持下来的学习动机或学习行为转化成其他的内部动机，如兴趣、理想、自我效能感等。如果滥用外部奖励，很可能会对学习动机起到负面影响。

拓展阅读

> 莱泊尔等曾以学龄前儿童为对象进行实验研究。研究者让学龄前儿童使用特制的画笔画画。许多儿童对画画热情很高。然后，研究者将儿童随机地分成三组：第一组儿童被事先告知，如果他们给参观者画一幅画，就会受到奖励(优秀画家奖)；第二组儿童虽未事先告知，但在画完之后也会意外得到同样的奖励(但不是每次都能得到奖励)；第三组儿童不接受任何奖励。四天后，研究者记录儿童的自由活动情况，结果发现，受到奖励的第一组儿童用于绘图的时间是第二组和第三组儿童所用时间的一半。莱泊尔等据此提出，奖励可能降低其内部动机。
>
> 卡梅伦对外部奖励影响内部动机的有关研究进行总结后指出，"任务本身具有较强的趣味性时，如果不管任务完成水平如何，都预先提供物质奖励，会对内部动机产生致命的影响"。

因此在教育活动中要注意，当学生已经具有很好的内部学习动机时，尽量不要使用外部物质奖励。那么怎样正确运用外部奖励呢？外部奖励的成功运用取决于恰当的奖励时间和方式。教师要奖励个体的良好成绩和表现，而不是奖励参与活动的过程；奖励是对能力的认可；奖励要针对不感兴趣但需要完成的任务；奖励的内容属于社会性的而非物质性的。

(四)正确运用表扬与批评

表扬在课堂教学中的作用主要是强化学生适当的行为，对学生表现出的期望行为提供反馈。教师对学生的肯定评价具有积极的强化作用。对学生表扬、赞许和鼓励一般比责备、批评和惩罚更具有激励作用。特别是对年龄小的学生和学业成绩不良的学生而言更是如此。

心理学家赫尔洛克(Hurlock)曾于1925年做过一个实验，他把106名四、五年级的学生分为四组，各组内学生的能力相当，在四种不同的情况下进行难度相等的加法练习，每天15分钟，共练习5天。控制组单独练习，不给任何评定，而且与其他三个组学生隔离。受表扬组、受训斥组和静听组在一起练习。每次练习之后，不管成绩如何，受表扬组始终受到表扬和鼓励，受训斥组都受到批评和指责，静听组则不给予任何评定，只让他们静听其他两组受到表扬或批评。然后探讨不同的奖惩后果对学习成绩的影响，如图3-4所示。

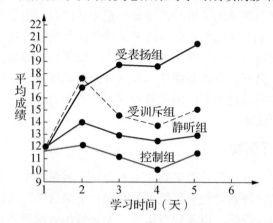

图3-4　不同诱因的学习成绩曲线

从练习的平均成绩来看，三个实验组的成绩都优于控制组，这是因为控制组没有任何信息反馈。静听组虽然未受到直接的评定，但他们与受表扬组和受训斥组在一起，受到间接的评定，所以动机受到一定的唤醒，但唤醒程度较低，平均成绩低于受训斥组，却高于控制组。受表扬组的成绩优于其他组，而且一直不断上升。这表明，对学习结果进行评价，能激发学生的学习动机，对学习有促进作用；适当的表扬效果优于批评，所以在教学中要多给予学生表扬而少用批评。

在运用表扬激发学习动机时要注意，表扬的方式比表扬的次数更重要。当表扬是针对某一行为结果，并且具体可信时，表扬就是一种有效的激励因素。同时，表扬应该针对优于常规水平的行为，也就是说，如果学生平常做得比较好，那么就不宜对他达到常规水平的行为进行表扬；而对那些平时表现不佳，但有所进步的学生，就应该给予表扬。表扬的有效性取决于它的具体性、可靠性以及行为结果的依随性。教师在运用表扬和批评时，要根据学生的年龄特征和个体差异，做到客观、公正、全面且恰到好处，既要赏罚分明，又要以理服人，这样才能达到预期的教学效果。

(五)适当开展学习竞赛

学习竞赛可以有效地激发学习动机，提高学习效率。时蓉华教授1989年曾以儿童为研究对象，进行了有关激发学习动机的实验研究，比较两组儿童在竞赛与不竞赛两种不同情境下，解答应用题的成绩，结果如表3-3所示。

结果显示，不管是什么难度的应用题，在竞赛的情境下，其错误率都比对照作业时要少；应用题难度越大，则两者的差距也越大。

竞赛是激发学习积极性的有效手段，但必须适当。过于频繁的竞赛不但会失去激励作用，反而会造成紧张气氛，加重学生负担，有损学生的身心健康。学习成绩差的学生可能会因为竞赛失败而丧失学习信心。因此，为使竞赛能对大多数人起到激励作用，必须注意以下几点：竞赛要适量，选择竞赛的方式，使不同学生在竞赛中都有获胜的机会。

表 3-3　激发动机研究结果——错误率比较[1]

项　目	简单应用题	稍难应用题	困难应用题
对照作业	21.4%	34.3%	46.4%
竞赛作业	14.3%	20.2%	22.6%
成绩相差	7.1%	14.1%	23.8%
显著性	$P>0.05$	$P<0.05$	$P<0.01$

二、内部动机的培养和激发

(一)创设问题情境，倡导发现学习

问题情境指的是具有一定难度，需要学生努力克服，而又是力所能及的学习情境。能否成为问题情境，主要看学习任务与学生已有知识经验的适合度如何。如果完全适合(太易)或完全不适合(太难)，均不能构成问题情境；只有在既适应又不适应(中等难度)的情况下才能构成问题情境。问题情境的难度处于中等水平时，最有利于激发学生的学习动机。

发现学习就是通过学习者的独立学习、独立思考，自行发现知识，掌握原理原则。发现学习最初由美国心理学家布鲁纳于 20 世纪 50 年代创立，20 世纪 80—90 年代在教学改革的背景下得到发展和完善。发现学习以问题解决为基础，包括以下四个过程。

(1) 创设问题情境，提出学生感兴趣的问题，使学生在此情境中产生矛盾，从而提出要求解决的或必须解决的问题。

(2) 学生利用教师和教材提供的某些材料，对提出的问题提出解答的各种假设、推测，寻找联系、已知与未知。

(3) 从理论上或实践上检验、审查、补充修改自己的假设，不同意见可争论、讨论。

(4) 引导学生对争论作出总结，得出共同的结论，使问题得到解决。

学生的内部动机是促进学生学习活动的关键因素。布鲁纳十分重视内部动机对学生学习心向的影响作用。他认为，在学习过程中，"发现学习"最能激发学生的好奇心(探究反射)，而学生的好奇心是其内部动机的原型，是学生内部动机的初级形式，外部动机也必须将其转化为内部动机才能起作用。他说："儿童的智力发展表现在内部认识结构的改组与扩展，它不是简单地由刺激到反应的连接，而是在头脑中不断形成、变更认知结构的过程。"因此，布鲁纳反对运用外在的、强制性的手段来刺激学生的学习，主张教师要把教学活动尽可能地建立在唤起学生学习兴趣的基础上，充分调动学生的学习积极性，才能取得良好的学习效果。因此，发现学习有助于促使学生的学习动机由外部动机向内部动机转化。

(二)利用动机迁移，培养学习兴趣

孔子说："知之者不如好之者，好之者不如乐之者。"当一个人在从事某项活动时产生积极的情绪体验，即对学习产生了内在兴趣时，就会渴望获得知识，并在学习过程中伴有愉快的情绪体验。可以通过帮助学生明确学习知识的社会意义，通过组织学生参加课内

---

[1] 时蓉华. 现代社会心理学(修订版). 上海：华东师范大学出版社，2007.

外活动及学科兴趣小组，使所学知识学以致用等方式来培养学生的学习兴趣。

但并不是所有的学生都能自然而然地产生对学习的兴趣，有些学生可能由于各种原因对学习缺乏积极性，却沉迷于游戏或其他的某项活动，此时教师就可以利用动机迁移。动机迁移是指在学生缺乏学习动力，没有明确的学习目的的情况下，把学生从事游戏等其他活动的兴趣和动机迁移到学习上来，从而使学生产生学习的需要。为此，教师应仔细观察班级中不愿学习的学生，发现他们的兴趣点，然后巧妙地组织有关活动，将这些兴趣和学习联系起来，转化为学习需要和学习兴趣。

(三)进行归因训练，提高自我效能感

学生对于学业上的成功与失败有不同的归因倾向或方式，不同的归因方式导致不同的成就期待与情绪情感反应。有的归因方式是适应性的，有的归因方式是不适应的，不利于学生的学业成就追求。正确分析与看待学业上的成功与失败，对于维护学生的学习动机非常关键。归因理论告诉我们，如果学生把失败归于能力的缺乏，就会形成习得性无助，降低自我效能感，即认为无论自己怎么努力都不能胜任学习任务，因此便采取逃避努力、放弃学习的防御性策略，以维护自尊。因此，学生在完成某一学习任务后，教师应指导学生进行适应性的成败归因。一方面，要引导学生找出成功或失败的真正原因；另一方面，教师也应根据每个学生过去一贯的成绩优劣差异，从有利于今后学习的角度进行归因，哪怕这时的归因并不真实。

一般而言，无论对于绩优生还是学业困难学生，归因于主观努力者是有利的。当把学业成败归因于努力的时候，可使绩优生不至于过度骄傲，仍然能努力学习，避免耍小聪明；学业困难的学生也不至于过度自卑，能不断改进学习方法，坚持努力，争取今后取得好成绩，从而提高学业自我效能感。

除了进行归因训练外，教师从以下几个方面着手，也有助于提高学生的自我效能感，从而提升学习动机。

(1) 让学生在学习活动中体验到更多的成功。教师在教学中应尽量避免使学生直接体验失败经验，而要让学生在学习活动中更多地体验到成功。特别是对于低年级学生更应如此。

(2) 为学生提供适应的榜样示范。首先，教师自己在课堂上要为学生提供良好的榜样示范，不但要讲清所学知识，而且要具体示范如何运用所学知识解决问题。其次，为学生提供多个不同水平、不同层次的榜样。

(3) 指导学生树立适当的学习目标和作业目标。平时课堂练习或做作业时，为学生规定一个具体的作业目标，并指导学生学会为自己设定适当的学习目标，使学生在实现目标时获得自我效能信息。

(4) 给学生以适当奖励。当学习取得进步时，对学生进行奖励，奖励便成为学生进步的标志，学生从中获得自己进步的信息，会增强自我效能。

(5) 给学生以学习策略的指导，使学生学会自我监控。学生在学习活动中能否掌握正确的学习策略，获得相应的学习技能，直接影响到学生的自我效能感。教师要经常对学生进行学习策略指导，使学生逐步学会对学习进行自我监控，掌握自我调节学习的有关技能。

(四) 引导成就目标、维护自我价值

大量的研究证明，为成长而学习、为掌握而学习是学生取得学业成功的重要动力。实际上，学生学习的目标就是为了更好地成长与发展、掌握知识和提高能力。因此，学校教育教学不能偏离促进学生健康发展的基本目标，片面地追求成绩，把考试分数作为衡量学生成长与发展的唯一尺度。为此，在教育教学过程中，应当多元化地评价学生的进步与发展，而不是简单地关注分数的高低。根据加德纳的多元智力理论，学生的能力优势是不同的，有的学生学业能力强、研究能力强，有的学生创造能力强，有的学生艺术能力强，有的学生社会能力强。因而在教学中应当从不同方面发现每个学生的优势和长处，用多元的评价标准去评价不同的学生，引导其形成成长型、掌握型的学习动机，这样有助于维护学生的自我价值，起到激励学生学习的作用。

本 章 小 结

本章主要介绍了学习动机的概念、作用及其分类；学习动机的相关理论；激发和维持学习动机的方法。

学习动机是引发和维持个体学习活动，并使学习活动朝向一定目标的内在动力或内部心理状态。学习动机由学习需要和学习期待两个因素构成。学习需要是指个体在学习活动中感到有某种欠缺而力求获得满足的心理状态。学习期待是个体对学习活动所要达到目标的主观估计。

根据不同的来源，可以把学习动机分为内部动机和外部动机。根据学习动机与学习活动的关系和起作用时间的长短，学习动机可以分为近景的直接性动机和远景的间接性动机。根据学习动机起作用的范围，可将学习动机分为一般动机和具体动机。

学习动机是影响学生学习行为与学习效率的重要因素，可以帮助学生选择行为目标、维持学习行为、监控学习过程。学习动机与学习效果的关系是复杂的，往往通过学习行为这一中介因素起作用。

不同取向的心理学家从不同角度对学习动机进行了理论探讨。行为主义心理学家用强化来解释学习的发生及动机的产生。人本主义心理学家认为自我实现是一种重要的学习动机，人们进行学习就是为了追求自我实现，即通过学习使自己的价值、潜能、个性等得到充分而完备的发挥、发展和实现。成就动机理论认为，成就动机是一种主要的学习动机，个体的成就动机强度由成就需要、期望水平和诱因价值三者共同决定。成败归因理论认为，对成功和失败的归因会对以后的行为产生重大的影响，从内部、不稳定和可控制的维度去归因，比如努力程度，更有助于提高学习动机。成就目标理论从人们对能力的内隐观念入手，认为持能力增长观的个体倾向于确立掌握目标，持能力实体观的个体倾向于确立表现目标，掌握目标者和表现目标者会在任务选择等七个方面存在差异，从而影响学习效果。自我效能感指一个人感到自己能够胜任和有效的感觉。自我效能感理论认为，自我效能感将影响学生面临什么样的挑战、付出多大的努力、坚持多久以及愿意承受多大的压力。提高个体的自我效能感有助于提高学生的学习动机水平并提高学习效果。

激发和培养学生的学习动机可以从外部动机和内部动机两个方面入手。激发和培养外

部学习动机的策略包括：提出明确、具体的学习目标；提供明确、及时且经常性的反馈；科学运用外部奖励；正确运用表扬与批评；适当开展学习竞赛等。激发和培养内部学习动机的策略包括：创设问题情境，倡导发现学习；利用动机迁移，培养学习兴趣；进行归因训练，提高自我效能感；引导成就目标，维护自我价值等。

思考与练习

1. 什么是学习动机？怎样理解学习动机的引发因素？
2. 学习动机和学习效果之间的关系是怎样的？
3. 你如何看待不同取向的学习动机理论？
4. 怎样激发和培养学生的学习动机？

推 荐 阅 读

[1] 袁书卷. 教育心理学[M]. 北京：北京师范大学出版社，2015.

[2] 王黎华，和伟明，余志娟. 教育心理学[M]. 北京：北京师范大学出版社，2001.

[3] M.P.德里斯科尔. 学习心理学——面向教学的取向[M]. 3版. 王小明，等译. 上海：华东师范大学出版社，2008.

[4] 曾跃霞，刘运芳. 学与教的心理学[M]. 天津：天津大学出版社，2014.

第四章　知识技能的学习

本章学习目标

> 理解认知技能和动作技能的含义。
> 掌握促进知识巩固的策略。
> 掌握课堂上促进陈述性知识及程序性知识获得的策略。
> 结合实例说明促进认知技能和动作技能形成的方法。

核心概念

陈述性知识(declarative knowledge)　程序性知识(procedural knowledge)　认知技能(cognitive skills)　动作技能(motor skills)

引导案例

不会游泳的游泳教练

美国有一位享有盛名的游泳教练谢曼·查伏尔。他读大学时,是学校体育活动的积极分子,还是美式足球和田径项目的校队队员,并获得过心理学学位。大学毕业后,他当过飞行员、教师和中学校长,后来当上了游泳教练员。他培养出的运动员成绩斐然,曾先后打破74次奥运会纪录和62次世界游泳纪录,刷新80次美国全国游泳纪录,获得16枚奥运会游泳项目金牌。令人难以置信的是,这样一位战功赫赫的游泳教练,他本人却不会游泳!

分析:谢曼·查伏尔之所以能成为著名的游泳教练,和他出色的体育素养、专业的心理学知识、丰富的专业知识是分不开的。虽然他不具备游泳技能,但是他勤奋好学,积累了大量的陈述性知识,也就是能告诉你游泳方法和如何游得更快,用这些陈述性知识指导运动员训练,让他们在训练中转化为程序性知识,这才创造出"旱鸭子"教出游泳冠军的奇迹。

学习指导

本章的重点是掌握理解及其在知识学习中的作用、知识理解的过程;掌握知识的巩固与转化;了解知识的表征、遗忘;学习促进知识巩固的策略、促进陈述性知识向程序性知识转化;明白知识应用的形式、过程并正确应用;了解技能的掌握,认知技能、动作技能的学习。

任何问题的解决都离不开一定的知识经验。知识与技能的学习也始终是学校教育的重要目标之一。尤其是随着近年来我国基础教育改革的不断深化，人们越来越关注"如何教会学生学习"这一问题，即怎样根据学生的心理特点有效地组织教学，使学生高效率地吸取人类积累的知识经验。因此，本章重点介绍学生对知识的理解、巩固、转化、应用和技能的掌握。

第一节　知识的理解

一、理解及其在知识学习中的作用

(一)理解的概念

理解就是指个体逐步认识事物的联系、关系直至认识其本质、规律的一种思维活动，如明确事物的关系、加号的含义、乘法的含义。一个词的含义等都可叫作理解。理解在学习、生活中占有重要的地位，只要不是单纯靠感知觉直接获得的知识，都要经过理解才能获得。

人类知识的获得可以划分为两种，一种是机械的学习，也就是靠识记前一个字词和后一个字词之间的时间和空间关系来获取知识，如小孩子在背诵古诗词时，他们只知道前一个字后面该跟哪一个字，前一句后面该跟哪一句，而并未理解诗中各词句之间的逻辑关系，也不理解诗中所描写的情与景的优美所在。但这种学习在生活中也是必不可少的，尤其在幼年时期占有相当重要的地位。随着年龄的增长，人们的学习逐渐进入了以另一种学习为主的时期，即意义学习。实际上，这就是一种以理解为基础的学习，人类的大部分知识是通过理解学习获得的，理解是经历一定的过程逐步深入的。在学习的不同阶段，学生的理解可以有种种不同的程度、不同的水平，不能说只有对事物的本质和规律的认识才算理解，如学生学习加法的知识，最初对加法的认识是"越加越多"的，后来学习了负数之后才知道加法也有"越加越少"的时候。当然，这些理解阶段与知识积累、认知发展水平、思维的发展阶段等有着密切的关系。所以，应该在可能的情况下多给学生提供理解的机会以提高理解水平，加快理解能力的发展进程。

(二)理解在知识学习中的作用

教学经验与实践都证明，在学生学习知识过程中对知识的理解是十分重要的。通过感知虽然可以获得对客观事物的一些认识，但仅有这种认识是不足以掌握前人已总结的大量的认识成果的，只有通过理解才能迅速地获得前人的认识成果。单纯靠死记硬背来学习，记忆效率不如理解学习高，而离开理解的学习，往往不能达到真正掌握知识的目的，学生往往只学得一些空洞的、没有意义的词句。在以后对知识的应用中，也会受到这种学习的限制。

关于学习知识中理解的重要性，贝尔(Bell，M.A.)曾经进行过实验和研究。他用拓扑网络图作实验材料，图中有若干个点，点与点之间有数目不一的直线或弧线相连接。要求被试从图中的一点出发，沿着各连接的线不重复地通过全部路线。被试是三组 11 岁的儿童，先后做两次实验。在第一次实验时，用 12 个拓扑网络图。第一组被告知能通过的规律(即凡是图中没有一个点与奇数的线相接，或只有两个与奇数线相接的点，则网络能按所述的要求通过，否则就不能按要求通过)和理由；第二组只被告知规律而不告知理由；第三组不参加第一次实验。这次实验的结果是：一、二组都能做对，但还不能判定哪些儿童能理解规律的理由。第二次实验时，用略有不同的网络图为材料，同时测三组儿童，要他们仍按上述要求去通过全图，但有补充规定：终点必须落在起点上。要求儿童：第一，去尝试发现哪些网络图能按要求通过，哪些不能；第二，去尝试发现能通过的规律。按能发现新规律的儿童统计，结果如表 4-1 所示。

表 4-1　理解的作用

组　别	能发现新规律的人数
第一组(理解第一个规律)	12 个儿童中有 9 个(75%)
第二组(不理解第一个规律)	10 个儿童中有 3 个(30%)
第三组(没有先前的知识)	12 个儿童中有 2 个(17%)

这个实验的结果证明：①有无经验对学习知识的效果有影响；②有无经验的差别不如对规律理解与不理解的差别大。可见，理解在学习知识中尤其在后期的知识的实际应用中有重大的作用。

二、知识理解的过程

1. 感性知识的形成(对学习内容的直观)

感性知识的学习是通过感知觉来获得知识的过程，学生对感性知识的学习主要是在对学习内容的直观活动中完成的。

根据学生在直观活动中接触到的现实刺激物的性质，可以把对学习内容的直观分为三类，即实物直观、模象直观和言语直观。

实物直观是以实际的事物本身作为直观对象而进行的直观活动，包括实物观察、搜集标本、野外考察、参观、实验等活动。

模象直观是以事物的模拟性形象作为对象的直观活动。各种模型、图片、幻灯片、电影等是事物的模拟性形象，称为模象。

言语直观是指通过生动形象的语言描绘，使学生获得感性认识的活动。

2. 理性知识的形成(对学习内容的概括)

理性知识的形成需要思维的参与，并且需要多次思维活动才能完成。学校教学的主要优势和学生学习的更重要的目的是使学生掌握抽象的、系统化的理性知识。

第二节 知识的巩固与转化

知识的巩固与转化.mp4

一、知识的表征

表征是指信息在头脑中的呈现方式。根据信息加工的观点，当有机体对外界信息进行加工时，这些信息是以表征的形式在头脑中出现的，表征是客观事物的反映，又是被头脑加工的对象。同一事物，其表征的方式不同，对它的加工方式也不同。个体在不同的年龄阶段的表征方式也不同。布鲁纳从发展的角度把人类的智慧分成了三种不同层次的表征模式阶段。

1. 动作性模式

在这个阶段，儿童通过作用于事物的动作来学习和表征它们，他们总是试图用身体的某一部位如手、嘴等对事物进行直接的接触和操作，从而获得相应的认识并影响周围的环境。在这一时期，儿童的学习是通过观察别人如何做进行的。

2. 映象性模式

在这个阶段，儿童开始在大脑中形成类似于照片与现实的图像或表象，并通过它们去表现自己的世界中所发生的事情。他们已经能够记住过去发生了什么事，并可根据以往经验来推断未来可能会发生什么事。

3. 符号性模式

这时儿童能通过语言等符号再现他们的世界。由于这些符号既不是直接的事物，也不是现实世界的复制品，而是有间接性和任意性的、抽象的词或语音，所以他们通过这些能想象和预测他们从来没有经历过的有关人物、地点、事情及可能性。

通过以上介绍可以看到，人类获取知识是通过三种表征模式来进行的，并且这三种表征模式往往是共同作用的。根据布鲁纳的理论，当人们达到符号性表征模式阶段时，仍然会在很大程度上利用动作性表征模式和映象性表征模式来进行学习，特别是在研究某种新事物时。比如在学习计算机操作时，必须要经过多次的操作练习，直到形成一种动作性表征模式为止；如果你是根据书的描述来操作，就必须利用映象性表征模式。而在实际生活中，往往是三种表征模式同时交叉起作用的。

二、知识的遗忘

(一)遗忘的理论

人们在生活中经历的诸多事情，有的日后能够记起，而有的却很难回忆起来。这种以往经历的事物不能再认和回忆或者错误地再认和回忆就是遗忘，那么遗忘是怎样发生的呢？有许多理论对遗忘产生的原因及规律给予了解释。这里仅介绍几种比较有影响的遗忘理论。

1. 干扰说

这种理论认为，长时记忆的记忆痕迹会相互干扰，使记忆痕迹相互重叠、掩盖以至出现变形，而记忆痕迹不会消失或减少。知识的遗忘是由于这些干扰造成的，一旦干扰被排除，记忆就能恢复。这个学说的有力证据是前摄抑制和倒摄抑制，前摄抑制是先学习的材料对后学习材料的影响，倒摄抑制是后学习的材料对先学习材料的影响。在学习中，这两种抑制的干扰作用是十分明显的。如学习一首诗歌，总是开头句和结尾句容易记住，而中间部分则容易遗忘，原因就在于，开头部分只有前摄抑制的干扰，结尾部分只有倒摄抑制的干扰，而中间部分有前摄抑制和倒摄抑制的双重干扰作用。据研究表明，前后材料越相似而又不相同的情况下相互干扰越大，后学习材料越难对先学习材料干扰越大，另外，学习后马上入睡遗忘较少。但干扰说对于一些事实还是解释不了。例如，对某一领域掌握知识越多，对这一方面学习效率越高，而按干扰说的观点来看，同一领域知识越多，相似信息越多，所以干扰就越多，记忆效果也应越差。

2. 消退说

消退说主要有两种解释来说明遗忘的发生。一种解释是从条件反射形成的角度来说的。他们认为记忆是暂时神经联系的形成和留下痕迹的过程，当不再强化时，暂时神经联系就会逐渐削弱和消退，即发生消退抑制。这种消退表现为先对精细部分的遗忘，而后其他部分也可由消退而遗忘。消退说的另一种解释认为，记忆痕迹的消退是由细胞的新陈代谢而使有机体本身变化的结果。也就是说，记忆内容随大脑神经元的新陈代谢的过程也会受到影响而发生变化，记忆的内容必然会随着大脑神经元的消失而消失，这样就产生了"日久而忘"的现象。

消退说比较直观地解释了遗忘现象的成因，但对于有些现象是难以自圆其说的。如消退说不能解释为什么有些材料很快就遗忘而有些材料却多年不忘，同样也解释不了学习后马上入睡为什么会提高记忆的效果。

3. 动机遗忘说

这种理论是从个体动机因素方面来解释遗忘的产生。根据弗洛伊德的观点，人们趋向于遗忘那些令人不愉快的事情，将之压抑到潜意识当中，有的时候这种压抑过程也是无意识的。在日常生活中人们会有这样的一些经验：对我们有用的、有重大意义的知识我们不容易遗忘，而对一些我们不大明确其用途的知识就不容易记忆了。这种现象就是由于潜意识当中动机因素起到了增强记忆和选择记忆的作用。所以，在教学过程中一般都提倡首先要让学生明确学习的目的和将要学习的知识的实际用途及其实际意义。

动机对遗忘有一定的影响，但就目前的研究现状来看，还处在初级阶段，动机的作用还有待于进一步研究。

针对以上几种遗忘理论，我们可以得出一个结论，即每种理论都是从某个角度来试图解释遗忘的一些现象，但由于是从一个角度来解释而不能完全地覆盖和解释所有的遗忘现象，所以不能简单地说哪一个是正确的，哪一个是错误的，因为科学每天都在向前发展。

(二)遗忘的规律

德国心理学家艾宾浩斯于 1885 年首先用无意义音节为材料进行有关遗忘进程的研究，表 4-2 的结果显示了在识记后不同时间内的遗忘情况，并据此绘制了艾宾浩斯遗忘曲线，如图 4-1 所示。

表 4-2 不同时间间隔的遗忘和保持百分率

时间间隔	遗忘百分率	保持百分率
20 分钟	41.8	58.2
1 小时	55.8	44.2
8、9 小时	64.2	35.8
1 日	66.3	33.7
2 日	72.2	27.8
6 日	74.6	25.4
31 日	78.9	21.1

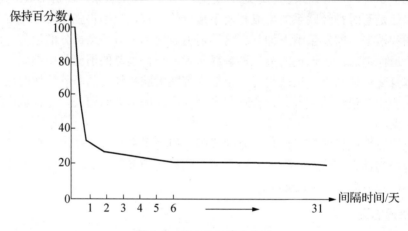

图 4-1 艾宾浩斯遗忘曲线

艾宾浩斯遗忘曲线表明，在识记后的 20 分钟内就遗忘了将近一半(41.8%)，而在第 6 天到第 31 天之内却只遗忘(4.3%)，可见遗忘的规律是先快而后慢的。

三、促进知识巩固的策略

针对以上对遗忘原因及规律的介绍，应制定一些策略来减少或防止遗忘。这类策略有多种，这里仅介绍主要的几种。

(一)减少前摄抑制和倒摄抑制的影响

根据干扰说的理论，知识的遗忘是受到前面和后面的学习材料的影响而造成的，那么就应该设法尽量减弱它们的影响。首先，应将长的材料先分成几段来学习，这样可以尽量使两头的材料数量增多，有利于记忆。如一次要学习 9 个汉字，那么可以将 9 个字分成三组，一组 3 个字，在一节课的不同时间教授，这样可以将两头的字由 2～4 个变成 6 个，所以更容易被学生接受和掌握。其次，为避免相近材料之间的相互干扰，应将内容相近的材料有意识地加以辨别和区分，这样可以减弱内容相近材料之间的相互干扰。第三，遇到必须完整记下的重要材料，应引导学生在中间部分多下一些功夫。在背诵古诗词时学生往往对开头和结尾句记得清楚，而中间部分易发生混淆。教师应针对中间部分多讲解、多练习，背诵时也要以中间部分为主攻方向。

(二)复习为巩固之本

消退说告诉我们，知识久不强化，痕迹就会消退，而强化的手段主要是复习，那么复习应该怎样来进行呢？

(1) 根据艾宾浩斯遗忘曲线可以看出，在记忆的最初阶段遗忘最快，所以要及时复习。对知识的巩固复习，应当争取在遗忘之前进行。什么时候组织第一次复习好呢？一般来说，上课学习的内容可在一节课的最后几分钟，将本课学习的内容归纳整理成几点加以复习。对于小学生来说，他们还未形成主动学习的习惯，同时也缺乏归纳整理的能力，这就要求教师在一节课的最后几分钟将一节课的内容归纳好，重点重复一次，并采取提问等手段帮助小学生及时地复习。

(2) 根据动机遗忘理论，遗忘的发生存在内在动机的因素，所以在复习时应当注意使学生明确学习的目标，教师应使学生在复习前树立一个长远的目标，也就是说让他们认识到学习并不是只为了考试，更重要的是为了今后的生活、工作和学习，当然这一点对教师来说不是很容易做到的。只要学生树立了一个长远的学习目标，那么他们对所学知识保持的时间就会很长。

(3) 要让学生"试图回忆"，也就是让学生诵读几遍之后及早地试图回忆要背诵的课文，这样效果较好。因为这样能充分调动大脑的积极性，使注意力高度集中，同时也能发现记忆中的薄弱环节以便重点记忆。

(4) 先复习后做作业。作业练习是对知识的应用过程，通过做作业和练习，知识能更牢固地储存在大脑之中，但如果处理不当就会收效甚微。如果学生对所学知识未经消化就开始一边翻书一边做作业，而一旦离开书本就全忘记了，这样做仅仅是在做一种笔记，也就是从书本到文字的过程，并没有真正地在头脑中进行加工，这样做是起不到熟练作用的。所以，要先复习，从而在理解的基础上再去做作业，这样效果会更好。此外，还应利用分散复习和多种感官相结合等方法，这在学习策略中还将探讨，这里就不再赘述了。

(三)过度学习

过度学习是指对学习的材料达到刚能背诵的程度之后，再进一步进行的学习。小学生的学习大多要通过过度学习来进行巩固，但过度学习并不是越多越好，这有一个度的问题。因为有关研究指出并确认了"报酬递减"这个事实，即重复学习的效率越高，保持的效率越低，呈递减趋势。国外有一个实验，分别让六年级与九年级的学生用连续反复学习的方式识记文艺作品、自然科学、社会政治性材料，结果第二次重复学习后比第一次学习后的识记效果提高 18%，第三次重复学习后比第二次重复学习后提高 7.5%，但到了第五次重复学习以后就没有提高。过度学习也有相同的规律，那么过度学习到什么程度最好、最经济呢？一般地讲，以刚刚达到能背诵的学习量的 1.5 倍为最佳。也就是说，如果一首诗背六遍就能记住,那么再多背三遍记忆效果最好。

四、促进陈述性知识向程序性知识转化

根据认知心理学家安德森的看法,通过信息加工过程人们获得两类知识,即陈述性知识和程序性知识,陈述性知识是关于事物及其关系的知识,或者说是关于"是什么"的知识,它包括事实(如中国国旗是五星红旗)、规则(如加法交换律的定义)、发生的事件(如小明昨天生病了)、个人的态度(如我喜欢上数学课)。由这些因素构成的理论、个人经历等都属于陈述性知识。程序性知识是关于"如何做"的知识,它是一种经过学习自动化了的关于行为步骤的知识,如计算数学题、将课文缩写等活动中表现的都是程序性知识,所以程序性知识也可以称为"技能"。

学生学习首先是获得一些陈述性知识,但是如果想使这些知识转变为技能,还必须在此基础上经历一个由陈述性知识向程序性知识转化的过程,所以首先要知道陈述性知识如何获得、怎样促进陈述性知识的获得,然后才能采取一定的策略实现陈述性知识向程序性知识的转化。

(一)陈述性知识的获得

陈述性知识的获得是指新观念与认知结构中已有的观念相互作用,使新观念纳入到主体认知结构中去的过程。

学生在学习过程中往往通过复述的形式来保存陈述性知识。复述一般有两种形式:一种是维持性复述,只是机械地重现要记忆的信息;另一种是精细加工性复述,是运用以往经验对新信息加工处理的过程。通过维持性复述只能记忆一些意义性不强的材料,如文字、符号等。人类的绝大部分知识是通过精细加工性复述获得的。在鲍威尔等(1979)的研究中,先让学生读了一段看病的小故事,然后让他们回忆故事的内容,结果回忆内容中有 20%不是原来故事中所有的,而是学生根据自己原有的知识经验添加上去的。精细加工有两方面的作用:一是它使新旧知识相联系,促进学生理解新知识;二是它能使新知识进入到认知结构中加以储存,由于认知结构中其他相关的知识发生联系,在以后需要提取时容易检索,即使直接检索出现困难也能通过其他信息间接地把它推导出来。

(二)课堂上促进陈述性知识获得的策略

1. 把握好课堂教学的速度

要使学生能够对所学习的内容进行信息加工,就必须使相关联的知识同时存在于工作记忆之中,但是人的工作记忆容量是有限的,大约是 7~9 个信息单位。根据西蒙(1974)的研究,人对一个信息单位(一个命题)的编码需要 10 秒,在一分钟内人能对六个新概念(命题)进行编码。人们平时说话的速度是一分钟 150 个词,如果一个命题平均由 5 个词构成,那么一分钟可以讲出 30 个命题,即使 30 个命题中只有 6 个是新命题,那么信息加工的时间也已经不够了。所以,教师在教学中应注意讲课的语速和新命题的数量,一定要保证学生有充分的时间对信息进行加工处理,而且还要组织好教学内容,达到"精讲"。

2. 运用类比和表象

对于新的教学内容，教师可以启发学生用以往学习过的、相类似的知识去类比的方式来促进精细加工，使新旧知识联系在一起。教师也可以运用相关表象来帮助学生学习。尤其在记忆中，表象比文字描述更能节省工作记忆空间。有关研究表明，大脑记忆形象的能力是记忆文字的 1000 倍。但运用表象的一个前提条件是，使用者要有较丰富的记忆表象为基础，而且这种材料越熟悉，越易形成相应表象。例如，人们不容易对一幅不熟悉的异国风情画形成表象，但他可以毫不费力地对本国国旗形成清晰的表象。

3. 组成知识系统

事物间是普遍联系的，知识也不例外。如果能使学生对知识间的关系及联系明确化，那么就会有助于知识的储存和提取，如"四边形""梯形""平行四边形""菱形""正方形"等概念就可以形成一个小的概念体系。平面几何中由四条线段围成的封闭图形是四边形，加上"只有一组对边平行"的条件就是梯形，"另外一组对边也平行"就是平行四边形，加上"邻边相等"就变成菱形，再加上"一个角是直角"的条件就是正方形，这样来进行记忆会有利于学生更好地掌握概念和知识的根本属性，并能在比较中对这些概念加以明确地辨析。所以，在教学中不仅要引导学生去分门别类地掌握知识，还要引导学生将已获得的知识形成体系。

(三)程序性知识的获得

程序性知识首先要以陈述性知识的形式来获得，这被称为陈述性阶段，这时程序性知识不能直接表现为行为，在行为之前主体还必须要有意识地再现出陈述性知识。例如，学生在初学加法交换率和结合率时，做题之前必须先回忆一遍交换率和结合率的定义才能知道如何去做。经过大量的练习，陈述性知识转换成程序性知识，这时主体的行为表现出一种自动化的特点。在做加法题时能自觉地熟练地运用交换率、结合率，不再需要事先概念的呈现。由于程序性知识自动化后不再占用工作记忆，因此人们可以同时进行几种活动，如一面听课一面记笔记，由于写字这种活动已经自动化了，所以只要不出现生字、生词就不会占用工作记忆，也不会影响主体对讲课内容的理解。可见，程序性知识对于从事比较复杂的工作来说是必不可少的。例如，小学生在学习"164 除以 41 等于多少？"的做法时，首先要学习陈述性的规则，如先把除数 41 看作最接近它的整十数 40，再用这个整十数 40 试商得 4，最后用所得商 4 乘以原来的除数进行计算，这是"四舍法"的思考过程。在学生还不熟练时，他们会在做每一道类似题之前先默诵规则，然后根据规则一步步去做。经过大量的练习，学生熟悉了以上过程之后，这一求商过程就会变得自动化了。学生不必再回忆规则而是直接就得出商数，这一过程的出现就标志着学生已获得了这一程序性知识。

(四)促进陈述性知识向程序性知识转化的策略

1. 促进作业元素间形成必要的联结

一个人掌握了某种陈述性知识并不意味着一定会转化为相应的程序性知识。比如，有些儿童掌握了先算乘除后算加减的陈述性知识后，在实际计算中却仍然不能自觉地加以运用，这主要是由于儿童并没有在法则和所操作对象的特征之间形成必要的联结。也就是说，儿童还不知道该在何时、何种情况下如何使用这条法则。所以，教师在教学中，不仅要让学生学习一些法则、定理、概念的应用特征，还应当让他们知道应用后取得的效果和使用不当所造成的误差，使学生真正懂得该命题的适用范围，并在该命题与适用特征之间建立一种联结，只有建立了这种联结才能使学生具备相应的概括化(对同类刺激做出相同反应)和分化(对不同的刺激做出不同反应)的能力，才能使学生有效地将陈述性知识转化为相应的程序性知识。

2. 通过练习使程序性知识达到自动化

按照安德森的理论，程序性知识获得的后一个阶段是自动化阶段。在这一阶段，程序越来越变得自动而迅速，在进行某种行为时，将操作知识讲述出来的能力可以全部消失。如做"3+18=？"的运算，在程序性知识形成初期，学生在运算时会明确地意识到：个位上3加上8超过10，要将3与8的和的个位写在个位上并在十位进1，然后再将十位上的1加上1就得到21。可是到了程序性知识已经熟练的时候，学生不再需要进行这样的运算，而会直接得到结果。这时如果教师问他，他也许会答不出是如何想的，因为这时的操作已不占用工作记忆，所以并不能为主体所觉察到，但这时他的确已经掌握了这种运算的程序性知识，所以教师在课堂上不能说能回答出结果但却说不出过程的学生没有学会如何运算，相反，也许他们已经掌握得相当熟练了，这正是达到了学习的目的。要想使程序性知识达到自动化，就必须要经过大量的练习。一般来说，练习要注意以下几点。

(1) 练习的速度。在学习初期要慢些，这时要给练习者提供一些典型性的问题。随着学习的深入，练习的速度也应逐渐加快，并扩大练习所涉及的范围。

(2) 练习的时间。一般来说，练习时间不宜过分集中，应根据实际情况将长时间的练习分成若干段分别训练。在学习初期，练习的时间不宜太长，两次练习的间隔也不宜过长，一般以十几分钟为宜。

(3) 练习的形式。路海东、张明等的研究(1999)表明，练习的形式越多样收获的效果越好。所以，在练习时应尽可能多地采用多种手段来进行。如变换一种题的形式，使多种感官同时参与活动等。

3. 利用元认知控制

元认知就是有关认知的认知，是人们对于影响认知活动过程与结果的因素，以及这些因素间是怎样相互作用的认识。元认知控制是指主体在进行认知活动过程中，不断地对自己的认知活动进行积极、自觉地监控和调节。主体可以通过元认知的控制实现对自己行为的计划、监视和调节，根据自己认知活动的特定目标对某一认知阶段的目标给予评价、反馈，总结成绩与不足，并根据检查结果及时地修正、调整认知策略以保证陈述性知识更快、更好地向程序性知识转化。

第三节　知 识 应 用

一、知识应用概述

知识的应用是人们利用已有的认识和经验去解决实际问题的过程。它以知识的领会和知识的巩固为基础，并共同构成掌握知识的全过程，所以知识的应用是掌握知识的一个必不可少的环节，也是衡量知识掌握程度的一项重要标志。知识的应用可以检验知识的领会和巩固的程度，也是加深理解、巩固知识和使知识进一步系统化的重要方法；知识的应用可以促进理论联系实际的能力的发展，培养学生分析问题和解决问题的能力，促进学生智力发展；知识的应用还可以调动学生学习的积极性和主动性，引起学习兴趣，启发求知欲，激发学习动机，促进学生非动力因素的发展。因此，知识的应用也是掌握知识，促进学生发展的一个必要手段，教师要重视这一环节的重要作用，鼓励学生参加或开展一些有关知识应用的活动。

二、知识应用的形式

学生应用知识可分为三种形式：一是运用已掌握的知识完成有关的作业，如依据一定的概念、法则，用口头语言与书面语言去解答课堂提问、口试、书面作业等；二是运用所学过的知识去完成实际操作或实地作业，如进行物理、化学实验，课外的科技制作等，在实际操作中运用学过的知识解决问题；三是应用已学过的知识去发现或解决科学、生活和生产中的实际问题。即在已有知识经验基础上去发现新的原理、原则，并以此创造性地解决实际问题，如进行新的科学技术设计、社会调查研究、自然环境研究等。

三、知识应用的过程

知识应用的过程，有的学者认为就是学习迁移的过程，有的学者认为是解答一定课题的过程，即领会课题、重现有关知识和解答课题。

(一)审题

审题就是领会课题，即观察、分析课题的过程，是解答课题的前提，只有深刻领会课题，才能使与本课题有关联的知识重现，才能利用重现的知识顺利解题。在小学阶段特别是一、二年级，重视和培养小学生良好的审题习惯，对以后问题的解决有极大好处。但家长往往忽视审题的重要性，不注重培养，既影响了孩子对知识的掌握，又阻碍了良好品质的发展，小学生审题时需要注意以下情况。

1. 审题不认真，马虎大意

经常把课题中重要的因素或隐藏的因素遗漏，这是小学生出现比较多的情况。

2. 盲目尝试，不肯动脑

没弄清题意，有关的知识没有重现，凭借"猜测"去尝试，有时还表现为想当然。

3. 过去的知识、经验缺乏

缺乏与问题相关的知识，也是影响审题的一种情况。

在教育教学过程中，特别是小学一、二年级打基础阶段，教师应注意培养以下几点。

(1) 小学生良好的学习习惯。家长也要积极配合教师。

(2) 教会学生审题的步骤和思维方法。

(3) 丰富学生生活，培养良好的智力活动习惯，促进相关知识的掌握。

(二)知识的重现

审题以后，会根据题目的性质和所提供线索去思考解决问题的办法，这个过程要经历一个已有的与题目相关知识重现的过程。这是在分析课题的条件和问题基础上，根据课题提供的信息进入大脑这部存储器，去寻找与之相关联的信息，并使这些信息像影片一样在头脑中被激活。影响知识重现的因素很多，如审题质量好坏、以往知识经验水平以及当时学生的身体、生理、心理状态。审题质量好，知识重现的速度和质量就高；反之，审题质量不好，知识重现可能会出现错误。过去的知识经验水平在解题中是不可缺少的，过去的知识经验水平越高，对解决相关问题就越有利，但是，也并不完全如此，由于人们思维定式的作用，有时候过去的知识经验水平会对问题的解决起到限制和阻碍的作用。所以，教师在教育教学过程中，要注意培养学生思维的灵活性和发散思维，让学生在轻松愉快的状态下进行学习，时常调动学生的积极性和主动性。

(三)解题

解题是知识应用的最后一个环节，是理论联系实际的过程。在审题、重现知识基础上，把课题纳入相关知识系统中去，从而确定解题的方法、步骤，使课题得到解决。

解答课题是通过"推论"这一复杂的思维活动实现的。这种推论的形式会由于课题相对于学生解题技能水平的难易程度不同而不同。当课题难易程度在学生解题技能范围内时，推论是"压缩式"的，即省略了一些中间环节，解题步骤简化，解题的速度与准确性提高；当课题难度超出或接近学生现有解题水平的极限时，推论形式就会是"开展式"的，通过对课题逐个环节一步一步地进行，最后得出结论。需要说明的是，压缩式推论是智力高度发展的表现，在解题中占有重要地位，教师要注意培养学生的这种能力，但压缩式推论是在开展式推论的基础上展开的，所以在训练解题的初期要做好开展式推论形式的训练，并在熟练掌握开展式推论的基础上向压缩式推论发展。

四、正确引导学生应用知识

学生在学校中应用知识，不同于日常所说的应用知识，它是作为掌握知识的一个环节、一种手段，知识的应用在掌握知识过程中占有重要地位，它是检验知识领会和巩固的可靠指标，是进一步加深领会和巩固的重要措施，是激发学生求知欲、促进智力发展的重要手段。学校中，学生知识应用如何，也是教师检验自身教育效果的重要指标。所以，教师必须重视对学生知识的应用指导。引导学生应用知识应注意以下几个方面。

(一)引导学生真正理解和掌握知识

理解和掌握知识是知识应用的前提和基础，所以教师必须在教学中注意使学生对所学知识、原理予以深刻的理解和掌握，教师要列举最大范围的例子和各种变式，使学生能真正把握其内涵和外延，并能在遇到该知识、原理的适用背景时准确、灵活地使用它去解决新的问题或进行新的探索，发现新的原则。在掌握知识的过程中，有时学生还会受到一些错误的直觉观念的影响。例如，有些学生认为，物体被光照亮后我们才能看到它，而没有认识到,之所以我们能看到物体是因为这个物体将光线反射到我们眼睛的视网膜上的缘故,可这一原理并不符合日常生活中我们看见的用一束光从明亮到黑暗区域的经验、研究表明,即使有些人学过了反射光线引起视觉的原理,但仍坚持他们的直觉,所以教师要想使学生真正理解和掌握知识还必须要了解学生心中有哪些直观概念,并有针对性地予以纠正和利用。

(二)帮助学生学会分析问题

分析问题是解决问题的一个重要环节和组成部分。学生不能将所学知识加以运用,在很大程度上是由于他们并不知道在什么时候该用哪一个原理或原则,也就是说,学生不能对所面临的问题进行客观地分析和评价,而往往在缺乏细致思维的情况下,仅仅通过"盲目尝试"和"猜测"去寻找解题途径,这样会使他们的智力活动缺乏组织性,思维混乱,条理不清,当然更谈不上思维的灵活性了,所以教师在使学生掌握了有关知识的同时还要指导学生如何分析问题。在这一过程中教师要注意首先使学生学会明确问题条件与结果之间的关系,然后指导学生学会分清条件中哪些条件是多余的干扰项,最后教学生弄清在已有知识中哪些原理、原则与此问题有关,并从中选出最适合的来解决问题。

(三)引导学生学会类化

赛伯斯(Sabers,1991)等的研究表明,某一领域的专家在解决问题时比该领域的新手更加有效的原因是,专家在已有的知识体系中含有大量的可利用的理想模式,而且他们有很强的类比能力。当他们遇到问题时就会与已有的理想模式进行类比,并从中寻求类似的模式的解题步骤进行解决,所以他们对于大多数问题都能又快又好地予以解决。学生在知识的应用过程中有时会遇到一些困难,这里有一部分困难是由于学生缺乏类比的能力而造成的。在课堂上学生学到的一些例题、例文以及一些分析问题的方式、方法,并没有对他们解决遇到的类似问题起到帮助作用。也就是说,在他们遇到与某一例题类似的题时并不能很好地运用类比的手段,用解例题的类似方法来解决当前问题。所以,教师在上课时一定要注意让学生学会类化,学会用已知的程序性知识来解决新的类似问题,这样可以大大加强学生知识应用的能力。

第四节 技能的掌握

一、技能概述

(一)技能的概念

认知技能的
学习.mp4

技能是指通过练习获得的、能顺利完成某种任务的、接近自动化了的动作活动方式或智力活动方式。例如,学生一边骑自行车一边唱歌,在学生唱歌时,从来不会去考虑该如何骑自行车,因为他们已在后天的反复练习下掌握了骑自行车这一技能。在教学中,教师的任务不仅仅是传授给学生各种知识,而且要使学生掌握一定的技能。

根据技能的定义,可以看出技能有以下几个特点。

1. 技能不是先天的，而是后天获得的

它与先天的本能不同，也不同于由简单重复而形成的习惯。技能是在领会知识的基础上通过练习而获得的，并通过外显的机体动作或内隐的智力活动结果表现出来。

2. 技能是以能顺利完成某一任务为目的的

技能的形成是为了能够顺利地完成某项任务，但它又不等同于能力，技能与能力之间是既有区别又有联系的。技能是指完成某一任务的活动方式，而能力则是指顺利完成某种任务的个性心理特征，它们属于不同的范畴。同时，技能的形成要以一定的能力为前提，技能发展的差异也体现了个人能力发展的不同水平。这主要表现在不同能力或能力水平的个体对于相应技能掌握的难易程度上。另外，技能的形成对能力的发展也具有一定的促进作用。

3. 技能是一种近于自动化了的活动

熟练的技能在操作时，一般只需要很少的心理能力的支持，也就是说，一项熟练的技能可以大量节省个体的心理能量，从而使人的意识可以从对动作或智力的逻辑步骤的监控中解放出来，这不仅能够让人把更多的意识活动投放到活动的重要、关键和本质的部分，还可以大大加快活动的速度，只有当技能活动遇到困难或错误时才会回到一种完全的意识监督下进行。如小学生在低年级时由于还未形成熟练的写字技能，所以还不能一边听课一边记笔记，而当他们一旦形成了熟练的技能后便可以在一种近乎无意识的状态中记下教师所说的内容，但这时如果突然遇到了生字，他们就会停下来，而这时他们也不再能够有精力听清楚教师所讲的内容了。

(二)技能的种类

按照技能的性质和特点，可以把技能分为认知技能和动作技能两类。

1. 认知技能

认知技能是指个体在学习与生活中形成的借助内部言语在头脑中进行的智力活动方式。它以思维为主要成分，按照任务的要求将感觉、知觉、记忆和想象等认知成分进行优化组合，并形成若干类似于计算机程序的自动化操作规程。一旦外界的刺激符合了某个程序的启动条件，相应程序就会自动被启动并发挥作用，因为技能有高度自动化的特点，所以使人几乎觉察不到这种认知程序的存在。这种认知活动方式就是认知技能。

认知技能按其内容的概括程度来看，又可分为两种，一种是专门认知技能，另一种是一般认知技能。专门认知技能是在某种特定的活动中形成的，如写作、计算、阅读等技能都属于专门技能。一般认知技能有概括性的特点，它是在许多认知活动中都起作用的技能，如观察技能、理解和分析问题的技能等都属于一般技能，它们在各种活动中都起作用。一般技能与专门技能之间是相辅相成的关系。一般技能是专门技能形成的前提和基础。专门技能的发展又能使一般技能得到进一步提高。例如，小学生在做数学题时要具备运算技能，而这些技能的获得要以观察、理解、分析等一般技能为前提。随着计算技能的发展，小学生对数学题的观察、理解又会得到提高。

2. 动作技能

动作技能也叫操作技能，是指一系列通过练习得以形成和巩固的、完善及合理的外显动作方式，如绘画、写字就是两种动作技能。动作技能有初级与高级之分。在动作技能形成的初期，学生在操作的时候必须要有高度的注意来保证活动的正确性和连贯性，而一旦这一技能已经非常熟练，学生就不必再过多地注意动作本身以及如何去连接下一个动作，这样知识对活动的调节作用降到最低，而这时的动作技能也已达到自动化的程度。例如，学生刚学习一个生字时，他不能很快地、不假思索地进行默写，要在头脑中默想该字的笔画和笔顺等，而当学生熟练地掌握了这一生字后，就不再需要去一步步地想了，而是很快就写出来，这时如果让他去仔细地想该字的写法有时还会造成干扰，以至于降低写字的速度甚至不会写了。

动作技能可以按照不同的维度划分为不同的种类。

(1) 周期性与非周期性动作技能。

根据动作是否具有周期性可将动作技能划分为两种：周期性动作技能指一种技能中的动作是不间断地周而复始地进行，如跑步、骑自行车等；非周期性动作技能是指动作是单一的，有着明显的开始与结束，如投篮、举重等。

(2) 开放性与封闭性动作技能。

根据动作技能的完成与外界环境之间的关系不同，可将其分为开放性动作技能与封闭性动作技能。所谓开放性动作技能是指相继的动作受外部环境的影响很大的动作技能，如足球、篮球等动作技能必须根据球场上其他球员的情况来进行具体地操作。封闭性动作技能指相继的动作受外界环境影响较小，而主要来自于个人的程序性动作反应系统，如体操、游泳等。

(3) 工具性与非工具性动作技能。

根据完成技能时是否使用一定的工具，可以把动作性技能分为工具性与非工具性两类。所谓工具性动作技能是指完成动作时必须操作一定的装置或工具，如写字、演讲、绘画等。非工具性动作技能就是不需要使用工具或装置的动作技能，如跳舞、体操、游泳等。

二、认知技能的学习

(一)认知技能的学习过程

加里培林等关于认知技能分段形成的学说认为，认知活动是一个从外部的物质活动向内部的心理活动逐渐内化的过程，而且这个过程是分阶段的。大致可以把它分成五个阶段。

1. 活动的定向阶段

这是在从事实际活动之前的一个准备阶段。在这一阶段中主要是使学生熟悉活动的任务，了解活动的步骤以及活动方式和方法，为下一阶段的活动做好准备，也就是使学生形成一个关于活动本身和活动结果的整体表象，为活动和结果定向。

2. 物质活动和物质化活动阶段

物质活动是指在智力活动时要借助对实物的操作来进行。例如，小学生开始学加减法时，由于心理认知水平的关系，他们还不能马上由运动思维及形象思维向抽象思维转化，所以他们往往在数手指、数小棒等实物操作的帮助下来进行计算。物质化活动是指以实物的模象、图片、表格、示意图等为中介进行的智力活动。当儿童能够熟练地进行物质活动后，教师要求学生脱离对手指和小棒的依赖，而利用对图像甚至表象的操作来完成计算过程。例如，在做"3+2=？"这一题目时，让儿童在头脑中想象"3根小棒，加上2根小棒"来计算。要使儿童的思维逐渐由动作思维向形象思维过渡，这一阶段是必不可少的。图像，尤其是表象，是感性认识向理性认识跳跃的中间环节，因为表象具备了感性认识和理性认识的双重特征，一方面，表象具有直观性，对它的操作可以类似于对实物的操作。不同之处在于，对表象的操作是在头脑内部进行的。另一方面，表象还具有概括性，这一特性又类似于思维。所以，表象在两种认识之间起到一个承上启下的作用。学生储备形成丰富、真实的表象系统对于他们的思维发展是至关重要的。

3. 有声言语活动阶段

有声言语活动阶段是指儿童的智力活动离开了对实物和图像的依赖，只在语言的帮助下来完成对活动任务的操作。在儿童已能够熟练运用图表、表象来进行计算操作后，教师就可以要求儿童进行心算，这时儿童是利用逐步发展的抽象思维来进行运算的。只不过目前思维的媒介物是外显的语言系统。

4. 无声外部言语阶段

这一阶段儿童的思维媒介物由声音转化为一种语音表象，在儿童的头脑内显示和帮助儿童进行智力操作活动。这时儿童的智力活动不再有外显的语言伴随，但这一阶段却仍然离不开外部言语的支持作用，表现在智力活动中有时伴随有明显的口部、喉部肌肉的运动，而且总体来说速度较慢。

5. 内部言语活动阶段

在这一阶段中，学生的智力操作不再需要有其他因素的支持，智力活动高度压缩和自动化，在操作中，主体几乎意识不到智力活动的某些过程，而且活动的速度和效率也有了大幅度的提高，这是认知技能形成的最后阶段。

加里培林的认知技能分阶段形成理论，有一定的实验事实为依据，特别从儿童的认知技能形成角度来讲比较符合实际。这对于小学教育中对儿童的认知技能培养和促进思维的发展来说有重要的参考意义。但是，这一理论也存在着某些不足。反对者认为，智力活动按阶段划分的标准是否具有普遍性是值得怀疑的，加里培林也承认对于操作简化等问题还没有找到可靠的诊断工具加以证实，还需要在教育实践中继续研究和探讨。

(二)促进认知技能形成和提高的方法

1. 适当安排练习的次数与时间

技能的形成和保持需要有足够的练习次数和时间。当然练习次数和时间不是越多越好。如果在一段时间内练习的次数过多、时间过长，不仅浪费时间和精力，而且容易疲劳和产生无力感，练习的热情也会受到伤害，这样也会给学生带来不应有的负担，也不利于学生养成良好的学习习惯。根据美国心理学家安德森的理论，将大段的练习时间分成适当的若干部分效果会更好。当学生对某一问题已经熟练掌握以后，更多的练习就不一定有更多的好处了，所以，要合理地安排练习以确保更加经济、有效。一般来说，在练习的开始阶段，练习次数应当多些，但每次练习的时间不宜过长，各次练习的间隔也要稍短些；随着技能的形成，可以适当延长每两次练习的时间间隔，同时每次练习的时间也可适当延长，至于每次练习和各次练习之间的时距以多长为最佳，还要根据具体情况来定。技能越复杂，越要有大量的练习次数和时间，同时各次练习的时间也要相应延长。小学生由于心理发展处于早期阶段，所以，对于他们来讲，在技能训练中应注意每次练习的时间和各次练习之间的间隔都不要过长。

2. 明确练习的目的和要求及该项技能的基本知识

学生明确了练习的目的和要求之后就会产生相应的动机来维持练习活动的自觉进行。所以教师在要求学生练习之前首先要进行必要的说明，调动起学生的积极性和主动性，使练习更具实效。此外，学生对所学技能基本知识的掌握也有很重要的作用。例如，掌握解决几何证题思维方法的学生，在相应的技能形成过程中的速度有明显的提高。

3. 及时反馈

学生在学习技能时如果能够得到反馈，知道自己的尝试是否是正确的、错在哪里，学习就会快些。而这种反馈是否及时也会影响到技能的形成，因为经过一定时间的延误，学生可能就会忘记错误是如何出现的，这样学生就不容易从反馈的结果中获得充足的信心和经验。所以，要求教师在练习时应当加强对作业的指导，使学生能够及时地知道自己练习的结果。教师还应当及时地对学生的作业给予指导、批改及适当批评和鼓励，从而使学生对自己的活动作出正确的评价，并集中精力改正自己的错误。此外，这种反馈与下一次尝试之间的间隔也很重要，这是因为很多的反馈只有在技能被应用时才可利用，也就是下一次尝试要在反馈还活跃在记忆中时就要进行。而这一点却常常被教育者忽视，学生常常得到作业的评分后就换上别的课了，而此时却正应该要求他们应用本课所学的知识。所以，应将反馈的时间安排在一堂课的中间部分来进行，而不应放在一节课即将结束时。

4. 内化理想的模式

有许多技能的发展并不需要有大量的外来反馈，如学习者关于所学习的技能是什么样的有一个理想的模式，他们就能够在练习时利用这个模式来矫正自己的行为，使自己的下一次尝试更接近于或等同于头脑中的理想模式，最终他们将学会这种技能。有人用白冠雀鸣声的形成来证明内化模式的重要性：白冠雀的幼鸟如果在出生后就不让它们听到成年白冠雀的叫声，它们就不会形成该鸟所特有的鸣叫声。而相反，如果幼鸟在出生后头几个月内常听到成年鸟的叫声，以后再将他们与成年鸟隔离，到九个月时，幼鸟就可以自然地发出该类鸟所特有的那种鸣叫声了。这也许表明了早期与成年鸟的鸣叫声的接触，使幼鸟记住了这种"模式"，并用来矫正自己的鸣叫声。

在小学教育中教师应注意给学生提供一种优化的模式，使学生将其内化为能够指导自身行为的内部模式，从而使认知技能的获得变成一种自动化的过程。也就是说，教师要选择适当的例子，这些例子应具备所要学习的认知技能的一切特征和步骤，教师讲解时应将这一认知技能划分成若干小的单元，并按照解题的思考顺序，一个单元一个单元地逐次练习掌握，最后再具体运作。这样做是有一定好处的，因为当整体操作的某一局部已经变为自动化以后，学生就能够将注意力更多地投放到更高水平的问题上，一旦学生掌握了某一认知技能的全部模式，他们就可以在自我监控下进行练习，并最终获得这一技能。

5. 练习方式要多样化

适当地变换练习的方式可以使学生更好地保持注意力，也能引起学生的学习兴趣，而且还可以避免疲劳的产生。教师可以在课堂中设计各种可行的方案，使学生能将所学到的认知技能得到锻炼，如为培养小学生说话、阅读等技能，可以组织学生排练一个小话剧或口头作文比赛等。要想锻炼学生的计算技能，可以组织"我是小小售货员"的游戏。这样既可以活跃课堂气氛，又能使学到的知识更加贴近学生的实际生活，同时也可以增加学生的学习兴趣，减轻学生学习时的心理负担。

三、动作技能的学习

(一)动作技能学习的过程及特征

动作技能的学习可以分为三个阶段，这三个阶段各有各的特点。

1. 认知阶段

认知阶段是动作技能获得的初始阶段，在这一阶段，学生在教师的指导下，或根据说明书、图表以及自身的观察和体会，认识动作的基本原理和要求，在头脑中形成关于动作的完整知觉表象，主要是明确"做什么"和"怎么做"的问题。

在这一阶段，学生从接受刺激到做出动作反应，要经历一个极慢的感知-记忆-想象操作的过程。这时学生的注意范围比较狭窄，只能注意到个别的动作，而对于整体动作来说，他们做的既不连贯也不协调，而且由于以往习惯动作的干扰和需要有意识地进行监控，动作既缓慢又不规范，精神紧张，容易出错。

2. 初步掌握技能动作阶段

在这个阶段，学生尝试执行每一个分解动作并通过对动作的认知和一定练习之后，将一系列分解动作联系起来形成连续的动作体系。但这时各个动作之间的联结仍不密切，从一个环节过渡到另一个环节时，由于受到分解动作之间的相互干扰，常出现短暂的停顿。只有在大量的练习之后才能使各个分解的动作形成一个完整、协调的动作技能整体。

这一阶段的特征是，学生在各分解动作之间建立了联系，注意的范围有所扩大，精神紧张程度有所缓和，动作之间相互干扰减弱，整体动作技能趋于连贯，多余动作趋于消失，但仍需在一定的意识控制下进行，所以有时动作整体还欠协调，注意和记忆的负担仍比较重。

3. 熟练阶段

在这一阶段，动作技能已达到了自动化程度，各分解动作间已相当协调，抗干扰性也大大增强，学生在完成动作时很少有意识的参与，学生的注意已不再只集中于对动作的监控上，而几乎整个投射到其他方面，注意、记忆的紧张和多余动作消失，并能根据外界环境和刺激的变化随意地调节动作以准确地做出回应。这时学生的动作技能已获得充分的稳定性，具有了行为的协调化模式，由于运动记忆的长时性，故很难被遗忘。这一阶段的特征如下。

（1）动作的有意识控制减到最低，技能的整个动作系统是自动实现的，只有当动作出现错误时，意识才重新参与调节。

（2）情境线索利用减少，预见和应变能力增强，这时学生头脑里已储存了与这一技能有关的信息，当某一信息线索出现后，学生便可以预测出会产生哪些相继后果并对此做出适当的反应。

（3）动觉控制加强，运动图式形成，学生不再主要依靠视觉反馈来控制行为，而是主要借助动觉反应来进行控制。在动觉反应的协调下，能保证动作技能更迅速、更准确、更稳定地进行操作，而且这时学生头脑里形成了协调的运动图式，可以对系列动作或同时性动作做出反应。

(二)练习曲线

练习曲线是指在连续多次的练习过程中所发生的动作效率变化的图解。要在练习中表示技能的进步情况就需要绘制练习曲线，技能形成过程中的工作效率、活动速度和动作准确性的变化都可以从曲线上看出来。另外，通过比较各种技能的练习曲线，还可以清楚地反映出不同技能在形成过程中有哪些共同之处以及个别差异。

1. 练习曲线反映出来的技能形成过程中的几种共同趋势

（1）练习的进步先快后慢。一般情况下，在练习初期技能的进步较快，随着练习的增多，技能的进步越来越趋于平和。如图4-2练习发报的进步曲线所示，在开始阶段，曲线急速上升，后来曲线的上升就缓慢了。

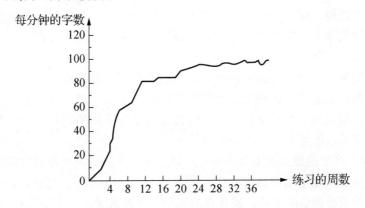

图4-2　练习发报的进步曲线

产生这种现象的原因主要有两个。一是在练习开始时，学生对于练习中过去熟悉的一部分任务，可以利用已有经验中的一些方法帮助掌握，所以在练习初期进步较快。后来随着练习的进行，对动作的要求越来越精确、越来越细致，这样可以利用的成分相对地就会逐步减少，需要建立的新联系逐渐增加，因此练习中的困难越来越多。这时练习者反而要用较大的努力来改造原有的一些不合理的动作习惯，所以成绩提高很慢，如短跑、跳高、跳远等运动技能就有这种情况。二是有些动作技能可以分解为若干个简单的动作进行练习，这样对于各个局部动作来说比较容易掌握，所以在练习初期成绩进步较快。而练习后期是使各分解动作达到协调，建立完善动作体系的阶段。这种协调动作并不是若干分解动作的简单总和，它比单个的动作要复杂得多，也困难得多，所以成绩提高较慢，如学习乒乓球时就会出现这种情形。此外，学生在练习初期也许在一种新奇感的驱使下兴趣比较浓厚，情绪比较饱满，练习也比较认真努力，这也可能是练习初期成绩提高较快的一种原因。

(2) 练习的进步先慢后快。在少数的技能训练中，练习的进步表现为先慢后快。如图4-3所示的抛掷运动技能的练习曲线。练习的第一阶段，由于需要掌握有关的基础知识和基本技能，所以进步较慢。但是练习一个阶段以后，由于掌握了有关的基础知识和基本技能，成绩很快提高。

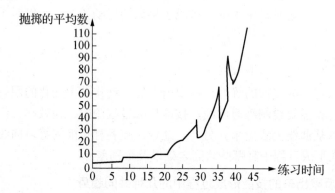

图4-3 抛掷运动的练习曲线

再如学习游泳时也会出现这种情况，因为在学习初期需要掌握有关的动作、呼吸等基础知识和基本技能，所以进步较慢。但经过一段时间练习以后，由于已基本掌握了有关的基础知识和基本技能，成绩进步也就加快了。所以教师在培养学生这类技能时，应该特别注意在练习初期使学生掌握正确、扎实的基础知识和基本技能，只有这样才能为学生以后技能的快速发展打下坚实的基础。

(3) 高原现象。在技能形成过程中，成绩的进步并非总是稳步上升的，有时也会出现暂时停顿的现象，这就是所谓的"高原现象"。其表现为：当练习到了一定时期后，学生虽然不断练习，但是成绩却不见提高，有时甚至会出现下降的趋势，一旦个体经过了高原期，练习成绩又可以继续上升了。

"高原现象"产生的原因主要有两个：一是由于学生的练习兴趣暂时降低，或身体过分疲劳使学生产生了厌倦情绪，从而使练习的热情下降，练习效率也相应降低；二是由于成绩的提高需要改变旧的活动结构，建立新的活动方式和方法，在学生没有完成这个改造前，成绩就会处于停顿状态。这是因为旧的方式已不再适用，而新的结构又未形成，所以学生必须花一定的精力去寻找和建立更合适的活动结构，在这种迷茫的状态下，学生的练习成绩往往不会提高反而还会有所下降。当学生完成了改造过程之后，就渡过了高原期，这时练习的效果和成绩又会继续提高了。

"高原现象"并不是所有练习中都会存在。如果技能结构比较简单，又不存在疲劳或兴趣上的原因，在练习中是不会出现这种"高原现象"的。在这里还应该注意一点，个人掌握动作技能的水平与他的肌肉和神经系统的工作能力有着密切的关系，从这个意义上来说，一个人对技能的获得必定具有一个"生理极限"。但不能说处在高原期的个体已经达到了他的"生理极限"，并因此失去了进一步提高技能的自信心和决心，这对于一个人的发展和完善是十分重要的。因为从一般人掌握技能的情况来看，个人的潜力还是比较大的，尤其是对于青少年学生。当学生出现"高原现象"时，教师应协助学生分析原因，指导他们改变旧的活动结构，采用新的方式方法，并增强他们的自信心，鼓励他们走过高原期，争取更大的进步。

(4) 练习成绩的起伏现象。在各种技能形成过程中，经常可以看到成绩时而上升，时而下降，进步时快时慢的现象，这就是练习的起伏现象。这种现象产生的原因有两个：一是客观条件的变化，如学习环境、练习工具和教师指导方法的改变等；二是学生主观状态的变化，如有无强烈的动机和浓厚的兴趣，注意力是否集中、稳定，有无自满情绪，意志努力程度如何，练习的方式方法有无改变，身体状况如何等。

一般来说，在练习中学生成绩有所起伏是正常的，但当学生的成绩突然下降时，教师就应了解一下学生的情况，并对其进行必要的教育和指导，使其明确自己成绩退步的原因，然后严格要求自己，自觉地、有针对性地克服缺点，争取更好的成绩。

2. 练习曲线中反映出来的个别差异

由于个人的各方面条件不同，所以学习同一种技能时，在技能的获得速度和质量上存在着个别差异。

练习曲线中出现个别差异的原因主要有：学生的个性特点不同、学习态度不同、准备状态和努力程度不同、练习方式方法不同等，这表明了技能的形成不仅由练习的数量和质量决定，而且也取决于学习者本身的特点和条件，这就要求教师在训练学生某项动作技能时，要注意针对不同素质的学生采取不同的要求以及训练方法，从而使每个学生都可以按照自己的特点进行训练，并顺利地巩固和提高自己的成绩。

(三)合理地促进动作技能的形成

1. 给学生提出明确的目的和任务

学生对动作技能的学习必须先了解相关原理、原则和方法及具体操作规程。因此教师在教授一项新的动作技能之前，应首先告诉学生学习的目的及学习的要求，即要学什么，以及通过学习后动作技能应达到一个什么样的标准。其次，教师应向学生说明动作技能的性质，告诉学生学习的是什么样的动作技能，是简单的还是复杂的，是工具性的还是非工具性的。第三，教师应向学生讲解学习的程序和步骤，让学生明确该动作技能的练习顺序、练习时间及方式，使学生为下一步学习做好心理上和生理上的准备。最后，教师应告诉学生练习时的注意事项，如什么时候容易发生什么错误和危险、应如何加以防范等。学生只有在获得了明确的教学目的和具体练习步骤的信息以后，才有可能在练习中处于一种积极的准备状态，进而进行有效的学习。

2. 提供正确的示范

为了一开始就使学生学到规范的动作，教师的示范动作必须准确，示范时要把动作技能中每个动作清楚地展示出来。一般是由教师按正常速度先做一遍，使学生获得一个整体的印象，然后分段展示每个动作，让学生更为细致地体会。根据安德森有关技能学习的理论，有些技能的发展无须外来的反馈，如果学习者关于所要学习的技能有一个良好的模式，他们就能够利用这个模式来矫正自己的动作，知道是怎么错的以及应该如何改正，这样就可以完成大量的自我矫正的练习。在另外一些作业上，由观察"行家"完成某一技能就可以学会许多，一旦标准内化，学生就能够用这种内化的标准来检查和规范自己的动作，从而完成某一动作技能的学习。

3. 灵活地运用整体练习和分解练习

学生们在学习一种技能时，常常提出这样的问题：是把这种技能分解来练习好还是整体练习好呢？在动作技能的范围内，这个问题的回答要以所练习的部分是否独立而定。如果某一动作技能可以被分解成相对独立的几个单元，那么就采用分解的练习，如练习乒乓球就可以分为正手、反手、攻球、拉球等各自相对独立的单元；相反，如果一种动作技能不能或不容易被分解成相对独立的各个部分，那么整体学习优于部分学习，如弹钢琴就是学习全曲比部分学习后再整合效果好。

4. 及时反馈练习结果

学生在每次练习之后，如果能及时知道练习的结果，并对结果有所分析，就能对自己的动作技能作出正确的评价，并集中力量改正错误，这样就可以使正确的动作得以巩固，错误的动作得到纠正。从生理机制上看，肯定学生的成绩和优点，能使学生有关的神经联系受到积极强化，而提出缺点和错误能使神经联系受到抑制，从而促进动作的分化。因此，教师应及时、详细地向学生提供练习时动作的正确和错误的信息。

5. 激发学生的练习动机

动作技能的形成要经历一个长期而又艰苦的训练过程。因此，能否激发学生的练习动机是使学生自觉维持练习活动的关键。教师应在练习中对不同的学生提出不同的适合他们当时情况的要求。这些要求不能太低也不能太高，一般以稍微努力就能达到为最好，并应在学生出现的每一次进步时都给予适当的强化和鼓励，逐渐使之增强自信，产生练习的动机和兴趣。

本 章 小 结

知识与技能的学习也始终是学校教育的重要目标之一。教学经验与实践都证明，在学生学习知识过程中对知识的理解是十分重要的。根据学生在直观活动中接触到的现实刺激物的性质，可以把对学习内容的直观分为三类，即实物直观、模象直观和言语直观。

理性知识的形成需要思维的参与，并且需要多次思维活动才能完成。学校教学的主要优势和学生学习的更重要的目的是使学生掌握抽象的、系统化的理性知识。

表征是指信息在头脑中的呈现方式。根据信息加工的观点，当有机体对外界信息进行加工时，这些信息是以表征的形式在头脑中出现的，表征是客观事物的反映，又是被头脑加工的对象。同一事物，其表征的方式不同，对它的加工方式也不同，个体在不同的年龄阶段的表征方式也不同。人类获取知识是通过三种表征模式来进行的，并且这三种表征模式往往是共同作用的。

艾宾浩斯遗忘曲线表明，在识记后的 20 分钟内就遗忘了将近一半(41.8%)，而在第 6 天到第 31 天之内却只遗忘(4.3%)，可见遗忘的规律是先快而后慢的。

学生学习首先是获得一些陈述性知识，但是如果想使这些知识转变为技能，还必须在此基础上经历一个由陈述性知识向程序性知识转化的过程，所以首先要知道陈述性知识如何获得、怎样促进陈述性知识的获得，然后才能采取一定的策略实现陈述性知识向程序性知识的转化。

学生应用知识可分为三种形式：一是运用已掌握的知识完成有关的作业；二是运用所学过的知识去完成实际操作或实地作业；三是应用已学过的知识去发现或解决科学、生活和生产中的实际问题。知识应用的过程，即领会课题、重现有关知识和解答课题。

技能不是先天就有的，而是后天获得的，技能是以能顺利完成某一任务为目的的，技能是一种近于自动化了的活动。技能分为认知技能和动作技能两类。

思考与练习

1. 什么是理解？
2. 什么是认知技能？
3. 什么是动作技能？
4. 结合实例说明促进知识巩固的策略。
5. 结合实例说明课堂上促进陈述性知识及程序性知识获得的策略。
6. 结合实例说明促进认知技能和动作技能形成的方法。

推 荐 阅 读

[1] 刘国权. 小学教育心理学[M]. 北京：人民教育出版社，2010.

[2] 张大均. 教育心理学[M]. 2 版. 北京：人民教育出版社，2011.

[3] 李伯黍，燕国材. 教育心理学[M]. 上海：华东师范大学出版社，2010.

[4] 皮连生. 学与教的心理学[M]. 上海：华东师范大学出版社，2009.

第五章 学习迁移

本章学习目标

> 能陈述学习迁移的定义与意义。
> 能举例区分学习迁移的各种类型。
> 能阐明各种迁移理论对学习迁移实质解释的观点。
> 能够从主、客观方面分析影响学习迁移的因素。
> 能够运用促进迁移的方法指导教与学。

核心概念

迁移理论(migration theory)　过度学习(over-learning)　学习定势(learning set)

Musk 的「学习迁移」超能力

据 Musk 的兄弟介绍,从十几岁开始,Musk 每天要读两本不同学科的书。举例来说,如果你一个月读一本书,那么 Musk 读的书是你的 60 倍。

起初,Musk 读的都是科幻小说、哲学、宗教、编程以及科学家、工程师和企业家的传记类。长大后,他的专业兴趣已扩展到了物理、工程、产品设计、商业、技术和能源。他对知识的渴求帮他接触到大量学校不会教的课程。

Elon Musk 非常擅长一种大多数人没意识到的、独特的学习方式——学习迁移。

学习迁移是指将我们在一个情境中学习的东西,应用到另一个情境的过程。它可以是把我们在学校或书本上学到的核心知识应用到"现实世界",也可以是把我们在一个行业学到的知识应用到另一个行业。这就是 Musk 突出的闪光点。

学习指导

本章的重点是掌握学习迁移就是一种学习对另一种学习的影响;了解迁移的不同种类,掌握不同流派的迁移理论;理解影响学习迁移的因素包括学习者的因素、教师的指导、学习情境;了解充分的学习是产生有效迁移的一个有利条件。

个体在学习中获得的知识、技能及社会规范必须能够运用到最初学习时的狭窄情境之外,这才算真正的有效学习。但是,个体在学校中往往可以很有效地解决问题,而当他们在校外遇到问题时,有时却不能有意识地或灵活地使用他们在学校已经掌握的知识。当个体所学的经验对其他学习或其他行为产生影响时，就涉及学习迁移。学习迁移历来是教育心理学的核心课题之一，一直受到教育心理学研究者的高度重视，本章在阐明学习迁移的概念、意义、分类的基础上，着重介绍有关迁移的各种理论，系统探讨影响迁移的因素，并提出在教与学中促进迁移的有效途径。

第一节　学习迁移概述

任何学习都是在学习者已有的经验基础上进行的，而新的学习过程及其结果又会对学习者的原有基础产生影响。为了加深对这种新旧学习之间相互影响的认识，我们先从了解学习迁移的本质、类型与意义开始。

一、学习迁移的概念

学习迁移就是学习者在一个情境中学到的经验对另一个情境的学习产生影响的现象。简而言之，学习迁移就是一种学习对另一种学习的影响。它既包括已经获得的知识、技能(认知技能和动作技能)对新学习的影响，也包括已经形成的情感、态度、行为习惯等对新学习的影响。比如，加法的学习影响乘法的学习，练毛笔字影响写钢笔字，在学完负数运算时错误使用正数的规则，运用四则运算的知识去解决实际生活中的运算问题，这些都属于学习迁移的范畴。

二、学习迁移的类型

随着对迁移的不断研究，人们逐渐意识到，在不同的情境中，迁移的机制以及迁移所需要的条件是不同的，于是对迁移做出了各种各样的分类。这些分类方法体现了人们对其理解的深度和广度。

(一)正迁移和负迁移

从迁移的效果性质来看，迁移的影响既可以是积极的，也可以是消极的。

正迁移也叫"助长性迁移"，是指一种学习对另一种学习的促进。例如，算术课所习得的知识，不仅有利于本学科的继续学习，而且还有利于代数、几何、物理等其他学科的学习；学习外语，从实用性、学术性方面有助于外语能力的发展，而且外语学习还有助于从不同的文化视角来思考问题与实际行动；学会一种弦乐器很容易掌握另一种弦乐器等。

负迁移也叫"抑制性迁移"，是指一种学习对另一种学习的阻碍，负迁移常在两种学习相似但又需要差别对待的情境中，因学习者认知混淆而产生。通常情境下所说的、所希望看到的迁移是正迁移，但是负迁移在所难免，并且时常出现。比如，学习汉语的语法、结构可能会影响学习者的英语学习，"good good study, day day up" "no door"等这样的句子就是按照汉语的句子组织方式所生成的错误的英语翻译；在有些地方，车辆行驶规则是左侧通行，而习惯于右侧通行的司机在这些地方驾驶就容易发生交通事故；头脑中太多的教条可能会损害我们思考的独创性和深刻性，许多成语如"因循守旧""故步自封""抱残守缺"等都是负迁移的例子。

在有些情况下，正迁移与负迁移会同时发生，比如，英语单词中动词由原形变为过去式时，有规则变化和不规则变化两种。规则变化遵循的原则有：一般在动词后加-ed；在以字母e结尾的动词后只加-d；在以辅音字母加y结尾的动词后则改y为i，再加-ed；在以单短元音的重读闭音节结尾且末尾只有一个辅音字母的动词后，双写最后一个辅音字母，再加-ed。但不规则变化通常需要逐个记忆，可是这些单词的数量太大，我们无法一一记住，因此，当有不规则变化，我们又没有见过此单词时，往往会按照规则变化来解决问题。

(二)顺向迁移和逆向迁移

从迁移的作用方向来看，迁移既可以是先前学习对后续学习的影响，也可以是后续学习对先前学习的影响。

顺向迁移是指先前学习对后续学习产生的影响。通常所说的"举一反三""触类旁通"就是顺向迁移的例子。比如，先学方程式知识，后学不等式知识，前者有利于后者的学习；掌握平面几何以后有助于掌握立体几何；飞行员利用模拟训练时习得的动作技能去学习驾驶真正的飞机，解决实际飞行中的各种问题；小时候就学会的方言对后来学习标准普通话会产生不利影响等。

逆向迁移是指后续学习对先前学习产生的影响。例如，教育心理学的学习对先前普通心理学、普通教育学的理解产生影响。我们往往重视顺向迁移，而忽视逆向迁移。事实上，逆向迁移在有意义的学习中也起着很重要的作用。

在学习过程中，顺向迁移与逆向迁移是密切联系的。任何学习都是在学习者已经具有的知识经验、认知结构、已经获得的动作技能、习得的态度等基础上进行的，而新的学习过程及其结果又会对学习者的原有知识经验、技能和态度甚至学习策略等产生影响。而且，不论是顺向迁移还是逆向迁移，其影响效果都有积极与消极之分。

(三)特殊迁移和一般迁移

从迁移发生的范围来看，有些经验只能应用到特定的少数情境中，而有些经验可以运用到非常广的时空中。

特殊迁移，又叫具体迁移，是指学习迁移发生时，学习者原有的经验组成要素及其结构没有变化，只是将习得的经验要素重新组合并移用到另一种学习之中，即特定事实与技能的迁移，如跳水的一些项目，弹跳、空翻、入水等基本动作是一样的，运动员将这些基本动作熟练掌握，那么在学习新的跳水项目时，就可以把这些基本动作加以不同的组合，很快形成新的动作技能。

一般迁移，又叫普通迁移，是指学习者把所习得的一般原理、原则和态度运用到具体的事物中，从而对这种具体内容的学习产生影响。例如，学生学习中获得的一些基本的运算技能、阅读技能可以运用到各种具体的数学或语文学习中，学习了记忆的方法，就可以运用到各门课程知识的识记中。但有时候一般原理的迁移是不对称的。Bossok 和 Holyoak 发现数学原理向物理学的迁移，要多于物理学原理向数学的迁移。

布鲁纳认为，学习要有助于将来，有两种方式：一种方式是通过特殊迁移，是习惯或联想的延伸，先前学习使日后的学习更为有效；另一种方式则是所谓非特殊迁移，是原理与态度的迁移，它是认识后续问题的基础，这种迁移用基本的和普遍的概念来不断扩大和加深知识，应该是教学过程的核心。

(四)横向迁移和纵向迁移

从迁移发生的层面来看，迁移既会发生在同一层次的学习间，也会发生在不同层次的学习间。

横向迁移也叫水平迁移，是指个体把已学到的经验应用到在内容难度、复杂程度和概括层次类似的其他情境中。比如，你已经会做一道等差数列的推理题，现在有另一道题需要你去解决，你会很快根据前面那道题的做法解决它；婴儿学会称呼邻居家的男性为"叔叔"后，他可能会对遇到的任何陌生男性均称呼为"叔叔"。

纵向迁移也叫垂直迁移，指先前的学习内容与后续的学习内容在维度、复杂程度和概括层次上处于不同水平，这样的学习活动之间产生的影响就是纵向迁移。纵向迁移包括自下而上和自上而下的两种迁移。自下而上的迁移是指下位的较低层次的经验影响上位的较高层次的经验的学习。比如，在概念学习中，学生原有知识经验中的"番茄、土豆、萝卜、芹菜"等会有助于上位概念"蔬菜"的学习，由数字运算到字母运算的转化等学习过程中即包含着自下而上的迁移。自上而下的迁移是指上位的较高层次的经验影响下位的较低层次的经验的学习，如理解了"三角形"的意义有助于理解"等腰三角形、等边三角形、直角三角形"等；掌握了"一般平行四边形"的有关内容可以促进对"菱形"的学习。

三、学习迁移的意义

学习迁移一直是教育心理学理论的一个重要问题，学习迁移的研究不仅具有十分重要的理论意义，还具有十分重要的实践意义。学习迁移的实质是什么？为什么一种学习会对另一种学习产生影响？学习迁移的条件和因素是什么？对这些问题的回答无疑要涉及学习的过程、学习的机制、学习的条件等多方面的基本理论问题，这些基本的理论能为教学过程提供参照，从而使教育者与学习者有意识、有目的、有计划地通过各种教学活动促进学习的积极迁移，消除或尽量避免消极迁移。

首先，学习迁移既是对先前学习的巩固和继续，又是对先前学习的提高和深化，同时也是后续学习的基础和条件，迁移与培养学生解决问题的能力和创造性也密切相关。如果没有学习迁移，那么学习者所要学习的东西就会远远多于现在所学的，教育者就得把所有具体的知识、技能或行为逐一教给他们，否则他们永远也不知道如何在具体的情境中做出适当的反应。所以，学习迁移能够帮助学习者更为有效地学习。

其次，学习迁移是整个学校教育理念的基石，学校教育的一个主要目标是使学习者能够灵活地适应新的问题和情境。学校教育是否有效，很大程度取决于学习者所学经验的迁移能力。如今学校学习即使对学生解决将来的问题有所帮助，这种帮助也是非常有限的。因此，教育者必须广泛地、深入地了解迁移的内部机制和外在条件，精心选择和编写教材、灵活运用教学方法以及合理组织教学过程，以便提高学习者的迁移能力。教师不仅要帮助学习者有效解决当前所遇到的问题，更重要的是让他们所获得的经验同样有效地帮助他们解决将来的学习、生活和工作问题。

第二节　学习迁移理论

学习迁移是一个非常重要而复杂的问题，每种学习理论对学习迁移或多或少都有自己的独特见解。心理学家们试图从不同的角度来解释学习迁移的原因和机制，这就构成了不同的迁移理论。

一、形式训练说

第一个系统的迁移理论——形式训练说，是以18世纪的官能心理学作为基础的。官能心理学的提出者德国的沃尔夫(Christian Wolff，1679—1754)认为，心智("心智"是形式训练理论的一个核心概念)是由一定数量的官能组成的，包括注意力、记忆力、判断力、推理力、意志力等，它们之间相互配合就构成了各种各样的心理活动。既然体育训练可以锻炼人的肌肉，那么同样心理训练也可以增强人的心理官能。记忆力能通过记忆的训练而增强，推理和想象力则可以通过推理和想象的训练而得以增强，学习就是一个不断训练这些官能以增强它们能量的过程，教育的目的仅在于进行这种形式的训练。形式训练说认为，学习者是否习得了具体的知识并不重要，重要的是它们具有能够增强学生心智的训练价值，通过学习这些知识使心智能力得到训练，某些学科具有训练某种或几种官能的价值，如古典语(特别是拉丁语)、历史和数学是最适于心智训练的。几何学习的训练可以增强学生的推理官能，推理官能一旦得到增强，以后再碰到数学、哲学、社会事件甚至家政管理的时候，推理效果也会得到改善。

形式训练说认为，迁移是无条件的、自动发生的。19世纪以前，西方教育界普遍认为一般迁移来自心智训练，形式训练学说强调，一种官能经过练习得到改进，其他官能也会自动得到改进，这些官能是作为整体而受到训练的，只要参与前后两种学习的官能是相同的，迁移就会自动发生。比如，记忆无意义的音节之类的东西，可以增强学生的记忆官能，记忆官能一旦得到加强，学生在记忆一切需要记忆官能参与的任何材料时，效果就会明显改善，学习中迁移的东西就是那些训练后得以增强的官能，它们储存在头脑中，一旦需要，这些官能就会自动发挥作用。

形式训练理论者认为，学习是一个痛苦的过程，根本不能把学校学习变成一件开心有趣的事情，甚至认为学业负担越重、学习内容越难，训练取得的效果越好。长期从事困难任务的学习可以增强人的注意官能和意志官能。

19世纪至20世纪，官能心理学遭到许多人的批判，动摇了形式训练说的理论根基。在当代美国，依然有三种人比较推崇形式训练理论：一种是教会教育的倡导者；一种是文科、科学、艺术领域的专家教授(他们受官能心理学和古代传统的影响比较深)；还有一些公立学校的教师对形式训练理论也比较支持。在中国，至今仍然有很多学者坚持认为，一些学科，特别是一些抽象水平高的学科，具有很高的心智训练价值或很大的迁移价值。

二、相同要素说

在形式训练说被提出以后，引发了一些心理学家强烈的质疑，他们

共同要素说.mp4

试图用实验来检验它。1890年，詹姆士在哈佛大学做了世界上第一个关于迁移研究的实验。他和他的助手们花了一个月的时间记忆雨果的长诗《森林女神》。结果发现，多数人记忆诗的能力并没有得到改善。不久，桑代克和伍德沃斯进行了实验，得出了与之相似的结论。

1901年，桑代克进行的"形状知觉"实验是相同要素说的经典实验。他以大学生为被试，训练他们判断各种形状的面积。被试先估计了127个矩形、三角形、圆和不规则图形的面积，使他们判断形状面积的能力达到一定水平为止。然后用90个10~100cm^{2}的平行四边形让被试进行充分训练，最后对被试进行两种实验。第一个实验是要求他们判断13个与训练图形相似的长方形的面积；第二个实验要求被试判断27个三角形和不规则图形的面积。这27个图形是预测中用过的。实验结果表明，通过平行四边形的判断训练，被试对矩形面积的判断成绩提高了，而对三角形和不规则图形的判断成绩没有提高。通过100cm^{2}之内的各种三角形面积训练的被试，在估计比100cm^{2}稍小的三角形面积和估计比100cm^{2}稍大的三角形面积时，具有练习效果；然而在面积相同而形状不同，或者三角形的形状有显著不同的情况下，就没有训练效果了。

他们根据这一结果得出，之所以产生迁移，是因为练习课题与新课题之间有相同的要素。练习的面积与迁移课题的面积越接近，新图形与练习图形越相似，判断的正确程度越大。只有当学习情境和实验情境存在相同要素或共同成分时，一种学习才能影响另一种学习。内容、程序、事实、行为、态度、技能和原则都可以成为相同要素。从相同要素理论的视角来看，学校应当用一张表列出校内外所有重要情境中包含的成分，然后按照这张表格逐一教会学生如何应对每种具体的成分。比如，汉字的书写是写文章、写书信、写文件中的相同要素，阅读是读书、看报的相同要素。

桑代克在学习迁移方面的大量实验研究，充分证实了形式训练说的谬误，推进了学习迁移的实验研究。桑代克及其追随者创立并发展了联结主义学习理论，基本论点是通过条件反射，形成特殊反应与特殊刺激之间的联结。联结主义的迁移就是相同要素理论，这种理论认为从一种学习情境到另一种学习情境的迁移，只是由于这两个学习情境存在着相同的成分或要素，迁移是非常具体而有限的。

奥斯古德(Osgood, C.E., 1949)在总结了大量的对偶联想式迁移实验资料的基础上提出了迁移的三维曲面模型，又称"迁移逆向曲面"或"迁移倒摄曲面"。对偶联想学习的一般形式是给学生一系列成对的材料(由词汇或无意义音节组成)，这些成对材料的第一项称为刺激项目，第二项称为反应项目。他通过控制学习材料的相似程度和反应的相似程度观察学习者在对偶学习中的迁移情况，并得出与桑代克一致的结论，即刺激—反应联结的相似性是迁移产生的条件。

桑代克提出的相同要素说揭示了产生学习迁移的一个原因，对解释具有相同活动内容或相同知识内容的学习之间的迁移有一定的说服力，并有一定的实际参考价值。

三、概括说

贾德(Judd, C.H.)并未考察刺激—反应之间的关系，他于1908年设计了水下打靶的实验，结果发现学习者在学习过程中通过类化、概括而获得的原理和原则才是迁移发生的主要原因。贾德的概括化说是对相同要素说或共同成分说的发展，这种理论不仅被许多心理学家所接受，而且在实践中得到证实和发展。

他将五年级和六年级的男学生被试分成两组。对实验组充分讲解光学折射原理，对控制组不进行任何解释。实验的任务是要求被试练习用标枪击中水面下较浅处的靶子，结果，学过和未学过折射原理的学生成绩无差异。因为所有的学生都要首先学会使用标枪，这也需要练习才能熟练使用，这时对投掷标枪的生疏掩盖了两组的实际差异。当两组被试都能准确地击中水下的靶子后，再把靶子移到水面下较深处，这时两组差异明显表现出来：实验组比控制组投得更准，从各组改善率的比较来看，在实际应用中掌握原理的意义比单纯地作为知识来学习更为有效。

贾德认为，折射原理使学生的全部经验(水外的、深水的和浅水的经验)之间建立了联系。他强调前后两种学习包含的共同原理及学习对这种原理的概括是迁移产生的两个条件，因此，学习者对原理掌握得越好，越有可能在新情境中产生迁移。

1941年，亨德里克森与施罗德(Hendrickson, G. &Schroeder, W.H.)对贾德的观点和实验进行了改进。他们在实验中设立了两个实验组和一个控制组：对实验Ⅰ组只讲解光的折射原理，对实验Ⅱ组除了讲解光的折射原理外，还教给被试水越深所看到的水中靶子的位置与靶子的实际位置的距离相差越大的道理，控制组则不给予任何提示。实验结果表明，提示原理具有重要的效果，而且提示越详细(不仅解释简单的光学折射原理，还教给他们水越深所看到的水中的靶子与实际位置距离相差越大的原理)，学习的迁移效果越好。

概括化理论主张，仅仅讲解概括化原理知识不能保证知识的有效性，只有建立了知识之间的联系，结合实际讲解原理，知识才具有更大的价值。学生在理论知识的背景下理解了实际情况后，就能利用概括了的经验去分析新问题，并迅速调整思路与行为，解决实际情况。但应看到，原则的概括有着较大的年龄差异，年幼的学生要形成原则的概括较不容易，因为通过概括化而产生迁移的前提是概括出并学会原理和原则。

贾德的概括化说将相同要求的范围上升到更抽象的原理，把学习者获得的概括性的原理作为迁移的基本条件，它揭示出造成学习迁移的原因之一是两种学习遵循着共同的原理，而不仅仅是相同的成分，从而扩大了迁移的范围。苏联心理学家鲁宾斯坦(Rubinstein, S.L., 1889—1960)也认为，学习的迁移在于通过综合的分析揭示出两个课题之间本质上相同或类似的条件，从而产生对解决方法的概括。这种综合的分析及其所导致的概括是学习迁移的真正本质。

这些都提示我们在教与学中，要让学生总结经验，理解和掌握一般原理，并将所掌握的原理和经验用到以后的学习活动中去。

四、关系转换说

格式塔心理学家进一步发展了迁移的概括化理论，他们同意迁移主要是学习者对两种学习情境进行概括而发生的，但他们进一步认为，迁移的产生主要是学习者对学习情境之间内部关系的突然发现。

1929年，苛勒根据"小鸡觅食"实验的结果提出了关系转换说。他让小鸡在深浅不同的图片A、B的前面，进行在卡片B上总能找到食物的学习，A与B这两张卡片的位置是随机调换的，所以食物与位置之间无任何关系。小鸡准确无误地选择卡片B，完全学会这一训练课题需要 40～600 次试验。然后，变换实验情境，呈现成对卡片 B、C，现在的问题是：如果小鸡仍然到 B 下面寻找食物，那就证明迁移是由于相同要素的作用；如果小鸡是到两张卡片中颜色更深的那张 C 下面寻找食物，那就证明迁移是对关系作出的反应。实验表明，小鸡对新刺激 C 的反应为 70%，这就证明了选择不是比较刺激的绝对性质，而是两种刺激的相对关系。学习者不是对相同要素作出反应，而是对关系作出了反应。

苛勒认为学习者顿悟两种学习情境中原理和原则之间的关系，特别是手段与目的之间的关系，是实现迁移的根本条件。其实质也就是指在两种学习情境中存在某种相似的关系，这是迁移的前提条件。学习者对两种学习情境的共同关系的发现才是迁移的关键和根本，此关系的转换或发现是复杂的，会受到一些因素的影响，如原先学习课题的掌握程度、练习度、诱因等。

从关系转换说观点的描述中可知，它是概括化理论的深化，与相同要素说也并非毫不相容，如果把实验中两个图片中颜色较深的一个视为相同要素的话，则关系转换说与相同要素说两种理论对实验的解释也并不矛盾。

五、学习定势说

定势(心向)是一种活动的准备状态或行为倾向，通常是意识不到的，它使个体在认知方面和外显的行动方面以一种特定的方式进行反应，在活动方向的选择方面有一定的倾向性。学习定势是由美国心理学家哈洛(Harlow, H.F., 1949)提出并用于解释顿悟现象的一个概念。学习定势就是学会如何学习。

哈洛在 1949 年完成了一项经典研究，在该研究中猴子要面临一系列选择，要学会在面对两个不同物体时判断其中哪个下面会有食物。第一轮实验呈现 34 个问题，每次呈现两个物体，猴子只能选择其中之一，如果下面有食物就作为奖赏。这 34 个问题各呈现 50 次，食物始终在同样的物体下。猴子最初的正确率只有 50%，后来达到 80%，说明猴子学会了选择。在第二轮实验中，给猴子呈现 200 个新问题，各呈现 6 次。猴子的成功率明显高于第一轮。最后，在第三轮实验中，又给猴子呈现 112 个新问题，各呈现 6 次，这次，其正确率达到 90%。显然，猴子学会了解决一组问题后，使其在解决后来的类似问题时效率更高了，成功率也更高了，哈洛在谈到这个现象时说："猴子已经获得了解决问题的学习定势。"

学习定势理论可以被看作关系转化理论的一种替代，哈洛认为，从一种情境迁移到另一种情境上去的，是一个人学会如何学习的能力。因此，学习定势是一种策略的迁移。

六、认知结构迁移说

布鲁纳和奥苏伯尔在认知结构的基础上，提出了关于迁移的理论和见解。布鲁纳认为，学习是类别及其编码系统的形成，迁移就是把习得的编码系统用于新的事例，正迁移就是把适当的编码系统应用于新的事例，负迁移则是把习得的编码系统错误地用于新事例。

奥苏伯尔在有意义言语学习理论的基础上提出了认知结构迁移理论。认知结构就是学习者头脑里的知识结构，是其头脑中全部观念的内容和组织，是影响学习和迁移的重要因素，个人认知结构在内容和组织方面的特征称为认知结构变量，主要包括可利用性、可辨别性和稳定性。当学习新的知识时，如果在学习者原有知识结构中能找到适当的可能用于同化新知识的原有知识(包括概念、命题或具体例子等)，那么该学习者的认知结构就具有知识的可利用性。当利用旧知识同化新知识时，学习者意识到旧知识与新知识之间的异同点，那么该学习者的认知结构就具有新旧知识的可辨别性。

认知结构迁移理论认为，一切有意义的学习必然包括迁移，迁移是以认知结构为中介进行的，学习都是在原有认知结构的基础上产生的，不受原有认知结构影响的有意义学习是不存在的。学习者学习新知识时，认知结构可利用性高、可辨别性大、稳定性强，就能促进对新知识学习的迁移。布鲁纳和奥苏伯尔有关迁移的理论在解释陈述性知识的迁移时比较有说服力。

第三节　学习迁移与教学

迁移的关键问题不是有没有迁移，而是在什么条件下迁移效果最好。为迁移而组织的教学能让迁移的效果好得多。所以，为了能使教学产生更多的正迁移，首先需要了解影响迁移的因素或发生过程，才能懂得教师应该如何教学、学习者应该如何学习才能达到好的迁移效果。

一、影响学习迁移的因素

(一)学习者的因素

形式训练说和相同要素说都没有提及学习者的因素在迁移中的作用，他们认为迁移是自动发生的。贾德的概括化理论不仅认为前后两种学习中包含的原理、原则的相似是迁移的条件，而且强调学习者对原理、原则的概括和类化是迁移产生的关键。苛勒的关系转换说则强调学习者对学习材料中所包含的共同关系的顿悟是迁移产生的根本条件。为了能够全面反映迁移的实质，首先应该从认知的角度考虑，把学习者的因素纳入我们的视野。

1. 认知因素

智力对学习迁移的质与量都有重要的作用。不同年龄阶段的学生的智力发展水平不同，学习迁移产生的条件与机制就不同。智力较高的学生能比较容易地发现两种学习情境之间的共同要素或关系，能够比较顺利地将以前习得的学习策略和方法灵活地运用到后续的学习中。智力与个体的认知结构、概括水平、学习定势和认知策略有着密切的关系。

1) 原有的认知结构

奥苏伯尔的学习同化理论认为，学习迁移是原有认知结构与新学习材料的相互作用。一切新情境的学习都是在原有经验的基础上展开的，学习者是否拥有相应的背景知识以及拥有的数量、种类、结构、知识的稳定性和清晰性，是影响学习迁移的前提因素。

奥苏伯尔研究发现，学生对先前知识掌握的牢固程度同以后的学习效果成正相关。因此在学习基本概念和原理时，要提供适当的例证，否则学习者就不能充分掌握概念和原理，迁移效果就很差。大量这方面的研究表明，当先学的知识不稳定和不清晰时，采用一个比较性组织者比过度学习新材料效果更好。因为比较性组织者指出了新旧知识的异同，增强了原有的起固定作用的观念的稳定性和清晰性。

因此，将学习内容的知识结构以最佳方式呈现给学生，使其形成良好的认知结构并最终优化为各种能力，是促进学习积极迁移的重要条件。

2) 原有知识经验的概括水平

越来越多的实验证明，把概括化理论当作迁移的理论基础要比把相同要素理论当作迁移的理论基础更有说服力。鲁宾斯坦认为，学习者对两个课题的系统分析、综合和概括是产生迁移的条件。学习者必须有概括化的原理作指导，才能扩大习得经验的运用范围，通过机械记忆得来的经验很少能被广泛地迁移。学习者只有在理解经验背后隐含的原理时迁移才能发生，原有的知识经验概括水平越高，迁移的可能性越大，效果也就越好；反之，知识经验的概括水平越低，迁移的范围就越小，效果也就越差。

奥弗曼(Overman)将二年级学生分成 4 个组，每组 112 人，采用 4 种不同的方法训练他们学习两个二位数相加，3 个三位数连加，以及两个二位数与 1 个一位数相加。各组分别使用了 4 种训练方法。A 组：不概括，教师只告诉学生怎样写和怎样加。B 组：要求概括，教师不但告诉学生怎样写和怎样加，并帮助他们概括出"写数字须使右方对齐"这一规则。C 组：只说理，教师只告诉学生个位数只能与个位数相加、十位数只能与十位数相加的原理，但不告诉"写数字时要使右方对齐"的规则。D 组：兼用 B、C 两法训练。15 天后，用未教过的数目进行测试，然后求出这 4 组的迁移百分率。结果是 C 组并不比 A 组有更多有意义的迁移；但概括出右方对齐规则的 B 组及概括与说理相结合的 D 组产生了较多的积极迁移。这表明帮助学生进行概括的重要性和教学中提高学生概括水平的必要性。

接受过具体任务训练而没有触及问题原理的学生能够很好地完成具体任务，但无法把学到的经验应用到新的问题中；相反，接受抽象训练的学生可以将已有经验迁移到与原来学习有类比关系的新问题上，但只学习类化经验不能促进迁移。最有效的迁移条件是在教与学中具体例子和一般原理间的平衡结合，而不是非此即彼。

3) 认知策略与元认知策略

迁移过程是通过复杂的认知活动实现的，因此认知技能、策略及元认知策略的掌握及其水平必然影响迁移的实现。

有时学习对象有共同因素，或学习者已有知识经验的概括程度也比较高，可是学习者学习新的内容时却仍然不能实现有效的迁移。莱文(Levin，1974)针对这个问题提出了一种理论，其主要特征是，当一个人面临一个问题并想用已有的知识经验去解决时，他必定首先对面临问题的种类或范围作出决定，然后对该种类或范围内的问题作出假设性判断，如果第一种假设被实际问题证明是错误的，他就要作出第二种假设，如果第二种假设也是错误的，就要作出第三种假设，以此类推。这种通过假设形成的思考顺序和假设的范围会影响以后对类似问题的解决。可见，产生学习迁移的条件不仅依赖知识经验的数量和种类，还依赖一套解决问题的思考策略。

学习者如果能够确定新问题的要求，选择已获得的适用于新问题的特殊或一般技能，并能在解决新问题时监控它们的应用，那么迁移就能够比较容易地实现，所以，学习者只有灵活掌握了这种学习策略，才会自如地加工信息、有效地安排和调节学习过程，才能有助于学习迁移。

一般来说，具有较高元认知水平的人在学习过程中会就以下问题反躬自问：①有关这个问题我已掌握了哪些知识？②我需要花多长时间去学习这个主题？③一个解决该问题的好的计划是什么？④我如何去预测和评估学习的结果？⑤我应该如何修正我的学习步骤？⑥如果我出错了该如何查出来？⑦我理解我刚刚读过的内容吗？等等。

4) 学习定势

学习定势可以使学习者在从事某些活动时能够相当熟练，甚至达到自动化，可以节省很多时间和精力。但是，定势的存在也会束缚学习者的思维，使学习者只用常规方法去解决问题，而不会用其他"捷径"突破，因而也不利于正向、高效地迁移。

美国心理学家卢钦斯(Luchins)做了一个量水的实验。他让被试用三个带有刻度的烧杯(A、B、C)去量一定量(D)的水。前边几个问题只能用同一种方法解决。例如，A 为 21、B 为 127、C 为 3、D 为 100，解决问题的办法只有 $D=B-A-2C$。在解决完这些问题之后出现的问题除了可用同样的方法外，还可以用更简单的方法解决。例如，A 为 23、B 为 49、C 为 3、D 为 20，解决最终问题的方法可以是 $D=B-A-2C$，也可以是 $D=A-C$。但是，由于被试者受前边解决问题经验的影响，他看不到后面这种更简单的解决问题的方法，仍然用原来的方法解决。同样问题让没做过前边题目的被试者来做，他一眼就看到了更简单的方法。

美国心理学家迈克在 1930 年也做过一个实验：他从天花板上悬下两根绳子，两根绳子之间的距离超过人的两臂长，如果用一只手抓住一根绳子，那么另一只手无论如何也抓不到另外一根绳子，在这种情况下，他要求一个人把两根绳子系在一起。不过在离绳子不远的地方放着一个滑轮(没有固定在任何物体上)，目的是看它能否给系绳的人以帮助。然而尽管系绳的人早就看到了这个滑轮，却没有想到滑轮能对系绳活动有帮助，结果没有完成任务。其实，如果系绳的人将滑轮系到一根绳子的末端，用力使它荡起来，然后抓住另一根绳子的末端，待滑轮荡到他面前时抓住它，就能把两根绳子系到一起，问题就解决了。

科学实验和日常经验都说明，已有的知识经验或者说已经养成的习惯会影响后面所进行的活动。定势对迁移影响的双重性，要求教师在教学中预见到定势的消极影响，既要考虑所学课题与原有经验的同一性，利用积极的定势帮助学生迅速掌握解决一类课题的方法；同时又要变化课题，有意识地进行提升和分化，培养学生思维活动的灵活性、流畅性和创造性品质，防止定势的负面迁移。

2. 学习态度与动机

当个体明确意识到哪些经验能够运用到学习和生活情境中去是重要的还不够，学习者还得有强烈的愿望，想借助先前的经验来解决新问题。元认知迁移理论把学习者看作学习过程的主动参与者和管理者。当对学习活动具有积极的态度时，便会形成有利于学习迁移的心境。这样他便有可能将已知的知识与技能积极主动地运用到新的学习中去，找出其间的联系，学习迁移可能在不知不觉中发生；反之，学习者学习态度消极，则不会积极主动地从已有的知识经验中寻找连接新知识的支点，高质量的学习迁移就难以发生。因此，教师要培养和激发学习者的学习动机，使学习者在积极愉快的心境下学习，并将此种心境迁移到其他情境中去。让学习者有机会应用知识去创造产品和使他人受益，尤其能对学习者起到激励作用。

(二)教师的指导

教师有意识的指导也有助于学习迁移的积极发生。教师在教学时有意地引导学生比较学习材料的异同，启发学生总结概括学习内容，注意提高他们的学习策略与学习方法，进行启发式、引导式教学，并引导学生自我指导，都会促进学生积极学习迁移的发生。

另外，教师应该特别提醒学生习得的经验能够在什么条件下运用，尤其是在现实生活中恰当运用。知识、技能不能迁移往往是因为教师未重视使用这些经验的条件，学习者缺乏或忽视使用这类经验的条件。

武卓(Woodrow，1927)对此曾做过实验，他先让被试记忆若干材料后进行初次测验，然后根据初次测验结果，将被试分成三组，即控制组、练习组、指导组。控制组不加任何训练，练习组被试记忆材料，但不加指导。指导组被试记忆材料的同时，提供有效的记忆方法。练习组和指导组所学的材料和学习时间相同，最后对两组记忆结果进行测验。实验结果发现，练习组和指导组的迁移率都超过控制组，指导组的迁移率则超过练习组10倍以上。由此可见指导对迁移效果的影响。

(三)学习情境

1. 学习之间的相似性

相似是迁移的基本条件之一。先前的学习同后来的学习之间所包含的共同点越多，迁移也就越容易产生。相似性主要包括学习内容、学习方法和学习态度等方面。早期迁移研究的一个共同特点是强调前后两种学习内容的相似性是迁移产生的条件。只是不同的迁移理论涉及不同层面的相似性。形式训练说强调前后两种学习所要求参与的心理机能的相似性(主观相似性)是迁移产生的关键。桑代克和奥斯古德强调两种材料外显的、具体的、元素的相似，苛勒和贾德则强调两种材料内隐的、深层的、整体的相似，即原理原则和关系的相似(客观相似性)。因此，相似性可指两种学习情境中具体内容或元素的相似性，也可指一般关系和原理的相似性。后来的迁移研究(包括近期的研究)扩展了相似性的内涵，但没有超越相似性这一原则。另外，值得注意的是，如果客观相似性存在，学习者却没有意识到，而认为学习情境之间不存在共性，就不会发生任何的迁移。

有的研究结果也表明，两种学习间存在着共同要素，还会成为产生干扰的原因，而且两种学习间的相似程度越高则干扰的影响越大。

2. 学习内容的难易程度

迁移究竟是从一个容易的任务过渡到一个复杂的任务顺利，还是从一个复杂的任务过渡到一个容易的任务顺利呢？大多数心理学家们是倾向于主张从复杂的任务到简单的任务更容易发生迁移，其根据是复杂的任务包括了简单任务的全部因素，而且还包括某些外加的因素，因此容易迁移。相反，简单的任务并不包括复杂的任务中的全部因素，从而只能发生较少的迁移。这种说法较有说服力，而且有一些早期研究的结果支持这种观点。

3. 学习材料的组织结构和逻辑层次以及知识、技能的实用价值

那些包含正确的原理、原则，具有良好的组织结构的知识以及能引导学生概括总结的学习材料，有利于学习者在学习新知识或解决新问题时的积极迁移，在教材的编排和教学内容的安排上，如果各部分之间没有内在的逻辑联系和前后的衔接，就不利于学习迁移的出现。

人们总希望学有所用，把所学到的东西从学科中的一个问题迁移到另一个问题，从一

个学科迁移到另外的学科,从一学年迁移到另一学年,从校内迁移到校外。一些学者发现,在给人们提供更多的关于前一种知识的内在原理的例子的情况下,并且明确告诉他们这些知识与技能可以迁移运用到什么样的情境中,让学习者认识到知识与技能的实用性时,正迁移更可能发生。

二、促进学习迁移的方法

促进学习迁移的方法.mp4

研究学习迁移的实践意义主要是在教学中促进学习的迁移,学习迁移的理论和实验研究为教学提供了促进学习迁移的方法,这里以前面的理论研究为基础,阐述促进学习迁移的方法。

(一)把学习迁移作为评估教与学的主要手段

当教与学都侧重于记忆具体呈现的信息时,各种类型的学习经验和许多教学方法看上去没有区别,但采用迁移测量教与学时,情况就大不一样了。教师和学习者就会意识到学习的最终目的并不是将经验储存于头脑中,而是要应用到各种不同的实际情境中,解决现实中的各种问题。所以,教师和学习者应该树立"为迁移而教,为迁移而学"的观念,把学习迁移效果作为指导学习者学习、教育者教学的明确目标,这是促进学习迁移的主要前提。

(二)以学习迁移为目标设计教学

在教学过程中要发挥迁移的作用,应该有合理的教学设计,这主要包括两个方面:一是宏观方面,即整体安排要学什么,先学什么,后学什么,最后要学到什么;二是微观方面,即每个单元、每一节课的教学程序的安排。

教师应在每个学科、每个单元、每一节课教学之前确立具体的教学目标,如果有可能的话,让学生也一起参与教学目标的制定,使学生明确学习目的,这是促进学习迁移的重要前提。

教材选编应考虑循序渐进的原则,难易结合。教材内容的呈现顺序在纵向水平上应体现由整体到细节的顺序——"不断分化";在横向水平上应注意各门学科间的联系,加强概念、原理、课题乃至章节之间的联系——"不断综合";突出每门学科的基本结构(基本概念、基本原理、基本研究方法与学习方法),同时适当增加反映策略的知识,把具有广泛迁移价值的科学成果放在教学的首位。使用精心挑选的大量案例帮助学习者获知新知识的应用条件和大致范围。

教师要多采用比较的教学方法,对学习材料进行系统的比较,分析不同学习材料的异同,可以帮助学生全面、精细而深入地理解和掌握学习内容;促使学生把已学过的内容迁移到新的学习内容上去,鼓励学生把在某一门学科中学到的知识运用到其他学科中去。

奥苏伯尔将学习者已有的知识结构表示为图式,并从概念同化的角度提出了在教学中促进迁移的措施——先行组织者策略。奥苏伯尔的"先行组织者"是先于学习任务本身呈现的一种引导性材料,它要比将要学习的内容本身有更高的抽象、概括和综合水平,并且能使原认知结构中的有关观念与新的学习内容建立联系。组织者可分为两类:一类是陈述性组织者,它的目的在于为新的学习提供最适当的类属者;另一类是比较性组织者,它的目的在于比较新材料与认知结构中相类似的材料间的异同，从而增强似是而非的新旧知识间的可辨性。

(三)创设与应用情境相似的学习情境

从学校向日常环境迁移是学校学习的主要目的，而新旧情境之间的共同点是产生学习迁移的重要客观条件，所以，要设法使学习情境与日后运用所学经验的实际情境相关、相近，这样才有助于学习的迁移(但也要避免教学过分依赖情境)。另外，还要在新经验的学习过程中考虑到实际运用情境中的种种情况。当提出一个原则或概括时，应结合原理、原则的具体运用情境进行讲解和学习，给学生提供一组广泛例证并提出实践中会遇到的类似问题，使学生能在遇到该原理、原则适用的背景时，准确地运用原理、原则去学习新知识或解决新问题。例如，学习计算，不仅要让学生单纯地学会计算的法则，还应该使他们通过解决实际问题学会在实际情境中解决计算问题。又如，在篮球训练中，学习者不能仅仅学会运球、传球等基本技能，而应通过比赛有效地使基本技能发生迁移，转化为实际的综合性能力。有许多技能的学习如演讲、表演、操作等，在类似于真实的情况下进行训练才能有效，如果难以模仿现实世界的条件，那么至少要对现实的条件加以描述，学习者面对现实情境时才不至于不知所措。

(四)启发学生对学习内容进行理性概括

教学中应该强调基本原理的教学以及使学生获得过程与方法方面的知识。因为迁移要通过对新旧学习中的经验进行分析，抽象和概括出共同的成分才能实现。概括对学习者在问题的心理表征方面起着重要的作用，问题的表述常常把解决问题的特别关键的本质属性"隐蔽"在非本质属性之中。理性概括是通过对感性经验进行自觉加工改造，来揭示事物的一般的、本质的特征与联系的过程。因此，教师必须尽量给学习者创设丰富而全面的情境，运用变式以不同形式的材料或事例来呈现事物的属性，通过变换同类事物的非本质特征，启发学生一步一步从非本质属性中把本质属性揭示出来。当学习者能抽象出事物的本质特征时，他们会形成弹性的经验表征，而不只是注重事物的表面特征和外部联系。如果学生具有独立地分析、概括问题的能力，能觉察到事物之间的内在联系，善于掌握新旧知识、新旧课题的共同特点，这就有利于学习的迁移。学生的概括能力越强，越能反映同类事物间的共同特点和规律性联系，就越有利于迁移的产生。当学习者具备了概括性知识，如能够理解一个问题与另一个问题的异同程度，一个问题总体结构的组成部分之间、整体与部分之间的关系等，独立学习就变得容易了。

(五)重视学习策略与学习方法教学

学习迁移的发生不仅依靠掌握具体的经验和一般原理，还要掌握一定的学习策略和方法。学习策略和学习方法往往是学生自己总结出来的，教师在教学中有时也会有意传授或演示。学习策略一般包括认知策略、元认知策略和资源管理策略等。教学中，教师要善于把学习的方法、策略教给学生，如理解知识的最好途径、复习或巩固知识的方法、要求学生在试图解决问题时出声思维等。通过帮助学习者在学习中了解自己的元认知也能够增进迁移。元认知是伴随认知活动而进行的，自我监控、认知评价、及时调整等元认知活动，对专家来说是自动进行的，而对新手来说则要通过传授和练习才能逐步获得。元认知策略的教学，既可以通过单独的策略训练课来进行，也可以结合具体的学科来教授。大部分的研究表明，结合具体学科的教学来教授策略，不仅可以促进该具体学科的学习，而且还可以迁移到其他科目的学习。此外，结合座谈会、报告会等方式也能使学习者尽快掌握学习方法，适应新的学习内容和学习环境。

(六)通过反馈和归因等方式使学生形成关于学习和学校的积极态度

除了结合学生的年龄特点，创设和改造学校的环境和气氛，增强学校对学生的吸引力外，教师还可以通过反馈和归因控制等方式使学生形成关于学习和学校的积极态度。在每次学习前，还应注意帮助学生形成良好的心理准备状态，避免不良情绪、反应定势等消极心态产生的消极迁移。

(七)巩固基础知识和基本技能，促进新旧经验相结合

为什么学生在各种问题解决情境中不能迁移运用所学知识来解决问题？心理学研究表明，至少有两方面的原因：学生可能缺乏必要的知识基础；学生的知识结构可能不合理。学生扎实地掌握了基础知识、基本技能，形成了稳定的图式，为新情境中顺利学习提供了有利的条件。这就要求教师在教学中要加强基本知识和技能的教学，使学生充分地理解、熟练地掌握知识、技能的核心内容，帮助学生建立稳定、清晰的知识结构。

所有关于迁移的文献中的一个突出事实是，充分的学习是产生有效迁移的一个有利条件。学习者为了掌握和巩固习得的经验，应该按照预定的计划和步骤对基本的概念或原理反复学习，必须达到一定的程度和水平，过度学习是有助于学习迁移的。经过充分的练习后，许多基本技能也可以成为自动技能而不必有意识地注意，这样更利于促进新任务的学习。学习中要勤于思考，使所学经验保持较高水平的可利用性、可辨别性和清晰性。这样，学习者在新情境中学习时，才能迅速而明确地找到与之相对应的旧经验，及时为新经验的学习提供适当的固定点。

本 章 小 结

任何学习都是在学习者已有的经验基础上进行的，而新的学习过程及其结果又会对学习者的原有基础产生影响。学习迁移就是学习者在一个情境中学到的经验对另一个情境的学习产生影响的现象。简而言之，学习迁移就是一种学习对另一种学习的影响。它既包括已经获得的知识、技能(认知技能和动作技能)对新学习的影响，也包括已经形成的情感、态度、行为习惯等对新学习的影响。

从迁移的效果性质来看，迁移的影响既可以是积极的，也可以是消极的。从迁移的作用方向来看，迁移既可以是先前学习对后续学习的影响，也可以是后续学习对先前学习的影响。从迁移发生的范围来看，有些经验只能应用到特定的少数情境中，而有些经验可以运用到非常广的时空中。从迁移发生的层面来看，迁移既会发生在同一层次的学习间，也会发生在不同层次的学习间。教育者必须广泛地、深入地了解迁移的内部机制和外在条件，精心选择和编写教材、灵活运用教学方法以及合理组织教学过程，以便提高学习者的迁移能力。教师不仅要帮助学习者有效解决当前所遇到的问题，更重要的是让他们所获得的经

验同样有效地帮助他们解决将来的学习、生活和工作问题。

　　迁移理论包括形式训练说、相同要素说、概括说、关系转换说、学习定势说、认知结构迁移说。

　　影响学习迁移的因素包括学习者的因素、教师的指导、学习情境。充分的学习是产生有效迁移的一个有利条件。学习者为了掌握和巩固习得的经验，应该按照预定的计划和步骤对基本的概念或原理反复学习，必须达到一定的程度和水平，过度学习是有助于学习迁移的。

思考与练习

1. 什么是学习迁移？
2. 学习迁移的类型有哪些？
3. 有关学习迁移的理论有哪些？其主要观点是什么？
4. 影响学习迁移的因素有哪些？
5. 怎样才能最有效地促进正迁移的发生？

推 荐 阅 读

[1] 刘国权. 小学教育心理学[M]. 北京：人民教育出版社，2010.

[2] 黄正夫. 教育心理学[M]. 北京：北京师范大学出版社，2013.

[3] 张大均. 教育心理学[M]. 2版. 北京：人民教育出版社，2011.

[4] 陈琦，刘儒德. 当代教育心理学[M]. 北京：北京师范大学出版社，1997.

博学之，审问之，慎思之，明辨之，笃行之。

——《礼记》

第六章　学 习 策 略

本章学习目标

- ➢ 掌握学习策略的定义及特征。
- ➢ 理解并灵活运用不同类型的学习策略。
- ➢ 掌握学习策略的训练方法。

学习策略(learning strategies)　认知策略(cognitive strategies)　元认知策略 (metacognition strategies)　资源管理策略(resource management strategies)

最强大脑是怎样练成的

2019年3月的一天中午，吉林市一家咖啡馆内，《新文化报》记者掏出了新买的两副扑克牌，将其中一副尽可能洗乱。他面前坐着一位男士，这位男士先是低头闭目，双手支撑嘴部，鼻翼一翕一张。不到1分钟，他睁眼抬头，说"好了"，然后拿起记者给他的牌，观看了不到2分钟，接着又是不到1分钟的低头闭目，抬头说"好了"。

记者将另外一副新的扑克牌拆封，交给他。这副牌顺序是初始状态，他开始按照记住的第一副牌的排列进行排序。几分钟后完毕，又确认了一遍，然后表示可以检查了。记者拿着第一副牌，一张张比对。无论花色还是数字大小，两副牌完全一样，记忆完全正确！

这位男士名叫胡家宝，在2018年第27届世界脑力锦标赛全球总决赛中，他以804分的成绩创造了新的记忆抽象图形的世界纪录。

他难道是记忆天才，具有小说中黄蓉妈妈那样过目不忘的天赋吗？胡家宝坦言，绝非如此。他说自己通过训练，脑海中产生了一个记忆宫殿，可以在调整状态后，往里面填充内容，类似于在计算机硬盘中进行资料存储。当然，他不是像我们普通人那样，生记硬背往里面填充，而是将看到的信息转化为有趣的图像，然后将图像关联出一段故事或者一些片段。

 案例分析

这个案例让我们看到只要掌握了正确的方法，坚持科学的训练，记忆的效率和学习的效果就会提高。

 学习指导

本章的重点是学习策略的种类和应用，特别是迈克卡关于认知策略的三分法。在学习的过程中，首先要仔细阅读教材，掌握相关的学习策略的相关概念；其次，要通过自己的精细加工过程，学习和理解不同类型的学习策略；最后，在具体的学习实践活动中，灵活地应用不同的学习策略。

第一节 学习策略概述

学习策略是影响学生学习质量的一个重要因素，因此，越来越受到教育理论和实践工作者的重视。一方面，掌握学习策略已成为衡量学生学会学习、学会思考的根本标志；另一方面，作为指向认知目标的一种心理操作，学习策略既是个体解决问题过程中的重要组成部分，同时也是促进自身认知发展的重要途径。因此，帮助学生学会学习，掌握有效的学习策略，使之成为策略型学习者，增强其问题解决能力，已成为教育实践中亟待解决的一个重要问题。

一、学习策略的概念

"策略"一词是指行为或行动计划，以及为解决某问题以达到某目标而有意识地做出的一套活动。关于学习策略，由于研究者的视角和方法不同，目前心理学界还没有一个公认的定义。根据已有研究对学习策略的理解可归纳为四种观点。第一种观点把学习策略视作学习活动和步骤。第二种观点把学习策略视作学习的规则、能力或技能。第三种观点把学习策略视作学习计划。第四种观点把学习策略视作学习方法和学习的调节与控制的有机统一体。

综合以上看法，可以把学习策略定义为学习者为了提高学习的效果和效率，有目的、有意识地制定有关学习过程的复杂方案。这一界定明确了学习策略四个方面的特征。

1. 主动性

学习策略是学习者制订的学习计划，是学习者为了完成学习目标而积极主动地使用的。一般学习者采用学习策略都是有意识的心理过程。学习时，学习者要先分析学习任务和自己的特点，然后根据这些条件制订适当的学习计划。对于较新的学习任务，学习者总是有意识、有目的地思考着学习过程的计划。只有对于反复使用的策略才能达到自动化的水平。

2. 有效性

学习策略是有效学习所需要的。所谓策略，实际上是相对于效果和效率而言的。一个人在做某件事时，使用最原始的方法，最终也可能达到目的，但效果不好，效率也不会高。

比如，记忆一列英语单词表，如果一遍又一遍地朗读，只要有足够的时间，最终也会记住，但是，保持时间不会长，记得也不是很牢固。如果采用分散复习或尝试背诵的方法，记忆的效果和效率一下子会有很大的提高。

3. 过程性

学习策略是有关学习过程的策略。它规定学习时做什么和不做什么、先做什么和后做什么、用什么方式做、做到什么程度等诸多方面的问题。

4. 程序性

学习策略是学习者制订的学习计划，由规则和技能构成。严格来说，所有学习活动的计划都是不相同的，每一次学习都有相应的计划，也就是说，每一次学习的学习策略也不同。但是，相对同一种类型的学习，存在着基本相同的计划，这些基本相同的计划就是我们常见的一些学习策略，如 PQ4R 阅读法。学习策略是一步一步的程序性知识，由一套规则系统或技能构成，是学习术或学习技能的组合。

拓展阅读

PQ4R 阅读法

PQ4R 是由托马斯和罗宾逊提出的能帮助学生理解和记忆的学习技术。PQ4R 分别代表预览(preview)、设问(question)、阅读(read)、反思(reflect)、背诵(recite)和回顾(review)。该方法在美国兴起，在我国主要应用于语文和英语阅读教学中。

具体操作过程如下。

(1) 预览：快速浏览材料，对材料的基本组织主题和副主题有一个初步的了解。注意标题和小标题，找出你要读的和学习的信息。

(2) 设问：阅读时自己问自己一些问题。根据标题用"谁""什么""为什么""哪儿""怎样"等疑问词提问。

(3) 阅读：阅读材料，不要泛泛地做笔记。试图回答自己提出的问题。

(4) 反思：通过以下途径，试图理解信息并使信息有意义：①把信息和你已知的事物联系起来；②把课本中的副标题和主要概念及原理联系起来；③试图消除对呈现信息的分心；④试图用这些材料去解决联想到的类似的问题。

(5) 背诵：通过大声陈述和一问一答，反复练习并记住这些信息。你可以针对标题、画了线的词和对要点所做的笔记来提问。

(6) 回顾：积极地复习材料，主要是问自己问题，只有当你肯定答不出来时，才重新阅读材料。

有研究表明，PQ4R 方法对大一点的儿童有效。利用 PQ4R 程序可使学生集中注意力有意义地组织信息、使用其他有效的策略，如产生疑问、精细加工、过一段时间后复习等。

二、学习策略的分类

许多学者对学习策略的成分和层次进行了理论上的探讨，其中具有代表性的观点主要有两种。

1. 丹瑟洛的二分法

丹瑟洛(Dansereau，1985)把学习策略分为基本策略和辅助策略两类。基本策略是指直接操作材料的各种学习策略，主要包括信息的获得、储存、检索和应用的策略；辅助策略主要指帮助学习者维持适当的认知氛围，以保证基础策略有效操作的策略，包括计划和时间的筹划、注意力分配与自我监控和诊断策略。在学习过程中，基本策略和辅助策略是相辅相成的。

2. 迈克卡的三分法

迈克卡(Mckeachie，1990)等将学习策略概括为认知策略、元认知策略和资源管理策略。每种策略包括的具体成分见图6-1。

学习策略
- 认知策略
  - 复述策略，如重复、抄写、做记录、画线等
  - 精加工策略，如想象、类比、做笔记、记忆术等
  - 组织策略，如列提纲、概念等
- 元认知策略
  - 计划策略，如设置目标、浏览、设疑等
  - 监视策略，如自我测查、集中注意、监视领会等
  - 调节策略，如调整阅读速度、重复阅读、复查等
- 资源管理策略
  - 时间管理策略，如建立时间表、设置目标等
  - 学习环境管理策略，如寻找固定、安静的地方等
  - 努力管理策略，如归因于努力、调整心境，自我强化
  - 社会资源利用策略，如寻求教师或伙伴帮助，与小组一起学习、获得个别指导等

图6-1 迈克卡学习策略的构成

认知策略是加工信息的一些方法和技术，有助于有效地从记忆中提取信息。一般而言，认知策略因所学知识的类型而有所不同，复述、精细加工和组织策略主要是针对陈述性知识，针对程序性知识则有模式再认策略和动作系列学习策略等。元认知策略是学生对自己认知过程的认知策略，包括对自己认知过程的了解和控制策略，有助于学生有效地安排和调节学习过程。资源管理策略是辅助学生管理可用环境和资源的策略，有助于学生适应环境并调节环境以适应自己的需要，对学生的动机具有重要的作用。

3. 温斯坦的四分法

温斯坦(Weinstein，1985)认为，学习策略包括认知信息加工策略(如精加工策略)、积极学习策略(如应试策略)、辅助性策略(如处理焦虑)、元认知策略(如监控新信息的获得)。她与同事们所编制的学习策略量表包括十个分量表，即信息加工、选择要点、应试策略、态度、动机、时间管理、专心、焦虑、学习辅助手段和自我测查。

第二节 常用的学习策略

一、认知策略

认知策略是加工信息的一些方法和技术，这些方法和技术能使信息较为有效地从记忆中提取。认知策略主要包括复述策略、精细加工策略和组织策略。

学习策略1.mp4　学习策略2.mp4

(一)复述策略

复述策略是在工作记忆中为了保持信息,运用内部语言在大脑中重现学习材料或刺激,以便将注意力维持在学习材料之上。在学习中,复述是一种主要的记忆手段。许多信息,如人名、地名或外语单词等,只有经过多次复述后才能记得住。

1. 识记过程中的复述策略

(1) 利用不随意识记和有意识记。

不随意识记是指没有预定目的、不需意志努力的识记。这种识记是有条件的,凡是对人有重大意义的、与人的需要和兴趣密切相关的、让人产生强烈情绪反应的或形象生动鲜明的人或事,都容易产生不随意识记。有意识记是指有目的、有意识的识记。如果我们不留意,一件事即使重复了许多次,可能也记不住。例如,我们经常开车走同一条路,虽然每次途中都会经过同样的门店、商铺,但我们仍无法完全记住它们,除非我们有意识地在心中重复它的具体名称和位置。

(2) 排除相互干扰。

有时,我们之所以没有记住某一信息,是因为这一信息受到了干扰。例如,有人刚刚告诉你一个电话号码,另一个人马上跟你说别的事情,之后你会发现,刚才的电话号码忘记了。在此,要想记住一个新的信息,必须排除其他信息的干扰,及时在头脑中复述刚刚获得的新信息。

(3) 多种感官参与。

有心理学研究证明,人的学习83%通过视觉,11%通过听觉,3.5%通过嗅觉,1.5%通过触觉,1%通过味觉。人一般可记住自己阅读的10%,自己听到的20%,自己看到的30%,自己看到和听到的50%,交谈时自己所说的70%。这一结果说明,多种感官的参与能有效地增强记忆。因此,在进行识记时,要学会同时运用多种感官。例如,在记英语单词的时候,可以同时用眼睛看、用耳朵听、用嘴巴说、用手写。

(4) 整体识记和分段识记。

对于篇幅短小或者内在联系密切的材料,适于采用整体识记,即整篇阅读、复述,直到记牢为止。对于篇幅较长、较难,或者内在联系不强的材料,适合采用分段识记,即将整篇材料分成若干段,先一段一段地阅读、复述,然后再合成整篇识记。对于材料分段的长短,要根据自己对材料内容的熟悉程度而定。

(5) 尝试提问。

学习一篇新材料时,要一边阅读一边自己提问题,自己回答或背诵,而后根据回答或背诵的情况检查自己的错误和薄弱环节,以便重新分配努力,避开不必要的重复,以减轻识记的负担,从而提高识记效率,这样才能印象深刻、记忆牢固、学习效率高。

(6) 过度学习。

过度学习,又称为"过度识记",是指达到一次完全正确再现后仍继续识记。研究结果表明,适当限度的过度学习比刚能背诵的效果好,但如果超过这个限度,其保持效果不再增加。一般来说,150%的过度学习效果最佳。如一篇课文阅读四遍后恰能背诵,则再阅读两遍效果最好。

2. 保持过程中的复述策略

(1) 及时复习。

心理学家艾宾浩斯等发现，遗忘的进程是先快后慢。在识记后的 20 分钟，就差不多遗忘了 40%左右，过几天就忘得差不多了。如果过了很长时间，等到考试前才复习，就几乎等于重新学习了。所以，新学习的材料一定要注意及时复习，至少要在当天加以复习，以减缓遗忘的进程。正如一位教育家所说的，要及时"巩固建筑物"，而不要"在建筑物崩溃之后才去修补"。

(2) 分散复习和集中复习。

集中复习就是集中一段时间一下子重复学习许多次，分散复习就是每隔一段时间重复学习一次或几次。对于大多数学习，分散复习更有益于长期保持。这就是家庭作业的最主要用意——让学生在持续的时间里复习刚学的知识和技能，以加强对这些技能的保持。因此，要注意利用分散复习，经常进行复习，按时完成家庭作业。千万不要等到考试前夜，才临时抱佛脚进行突击复习。

(3) 复习形式多样化。

采用多种形式进行复习，如将所学的知识再用实验证明，写成报告，作出总结，与人讨论以及向别人讲解，比单调重复更有利于理解和记忆。某一领域的专家之所以能记住许多专业知识，是因为他们在反复地应用这些知识。因此，要善于在不同的情境下反复应用所学的知识，以便加深对知识的理解和保持。

(4) 反复实践。

在实践中应用所学知识是对知识的最好复习。如果学了许多知识，却只能适用于限定的、人为的环境之中，不能应用于生活中，那就成了人们常说的"死读书，读死书"。

3. 摘录提要

对于本身意义性强的信息材料，在学习时摘录要点、归纳总结，这样有助于领会知识要点，提高学习效率。

4. 勾画圈点

勾画圈点是阅读时常用的一种复述策略，指对于本身意义性强的书面化的信息材料，勾画圈点出其中的重要信息，忽略次要信息和无关信息。这样做不仅有助于使学生快速找到学习内容中的重要信息，同时还能提高记忆效果；也有助于学生在以后的巩固性复习中很快地找到复习要点，节省复习时间。使用勾画圈点策略时需要注意两点：一是只画出那些重要的信息；二是用不同的标记或颜色区分不同层次的信息。

(二)精细加工策略

精细加工策略是一种将新学材料与头脑中已有知识联系起来从而增加新信息意义的深层加工策略。如果一个新信息与其他信息联系得越多，能回忆出该信息原貌的途径就越多，也就是提取的线索越多，回忆就越容易。心理学家还发现，精细加工得越深入、越细致，回忆就越容易。波布鲁曾做过这样一个实验，他们让被试在两种情况下记忆简单的主语名词和宾语名词。在第一种情况下，句子是由主试编成现成的句子提供给被试者的。在第二种情况下，主试只向被试提主语名词和宾语名词要求，被试者自己用一个动词把二者连接起来造成句子。学过这些句子之后，主试者提出作为主语的第一个名词，要求被试者说出作为宾语的第二个名词。结果第一种情况下能回忆29%，第二种情况下能回忆58%。其原因可能是在自己造句时，被试对两个名词的意义和彼此间可能的相互关系做过仔细的思索，他们在选定一种连接关系之前，可能考虑过多种试探性的连接。这种额外的心理上的努力或深入的精细加工，会使这两个名词，特别是它们之间的连接受到更多的推敲。

精细加工的策略有许多种，其中有许多被人们称为记忆术。对于一般的学习，记忆术是一种有用的精细加工技术，它能在新材料和视觉想象或语义知识之间建立联系。这就是说，记忆术的基础或者是利用视觉表象，或者是寻找语义之间的联系。在记忆名词种类系列或项目组等信息时，记忆术非常有用。

1. 记忆术

1) 位置记忆法。位置记忆法是一种传统的记忆术，最早由古希腊演讲家使用。它是通过将人们熟悉的某些地点按照顺序联系起来，记忆一些名称或客体。古代罗马元老院的政治家们常用此法记忆自己演说的要点。此法对于记忆有顺序的系列项目特别有用。

拓展阅读

宫殿记忆法

传说古希腊诗人西蒙尼德斯有一次在一个宫殿的大宴会厅里朗诵抒情诗，在他朗诵完毕之后，两位被他在诗中赞美了的大神把他叫到宫殿外。正在这时，宫殿突然坍塌，还在大厅内逗留的宾客无一幸免，尸体血肉模糊，无法辨认。而西蒙尼德斯却能根据每个人在宴会厅里的座位一一把尸体辨别出来，之所以能准确无误，是因为他记得每个人在宴会厅的具体位置。这就是宫殿记忆法。宫殿记忆法被看作位置记忆法的起源。

下面举一个位置记忆法的例子。在杂货单上有几个似乎不太相关的货品项目：金枪鱼、面包、洗发水、笔记本、鸡蛋、矿泉水，你可以找一个屋子的场景，这个屋子最好是你熟悉的(如你居住过的房间)，你可以先按顺序想象一系列家具在屋子内的位置：玄关柜、餐桌、椅子、沙发、茶几、电视柜。接下来在你的头脑中建立一个场景，将要记忆的货品与上述顺序的家具位置建立关联，比如："金枪鱼"在"玄关柜"上欢迎你，"面包"在"餐桌"上等着你吃，"洗发水"洒在"椅子"上，"沙发"上有一摞儿"笔记本"，"鸡蛋"在"茶几"上滚来滚去，"电视柜"上立着一瓶"矿泉水"。回忆的时候，只需要寻找位置线索就可以提取相应的信息了。

位置记忆法可以衍生出很多变式，如身体位置记忆法、十二生肖记忆法等。

2) 视觉想象法

人们对于图像的记忆容量和记忆效果远远超过对抽象概念的记忆。心理想象是一种非常有效的记忆辅助手段，像前面所说的位置记忆法就利用了视觉想象。联想时，想象越奇特而又合理，记忆就越牢，如可以使用夸张、动态、奇异的手段进行联想。例如，"stamp"的词义既包含名词词性的"邮票"，又有名词词性的"印、章"和动词词性的"盖章""跺脚""踩踏"等含义，要把这个单词的多重含义记住，可以想象一个人穿着鞋底带"印章"的皮鞋，在"邮票"上又"踩踏"又"踩脚"，给"邮票""盖章"。想象越奇特，加工就越深入、越细致。有一种用想象来增强记忆的古老方法，就是创造一个故事，将所有要记的信息编在一起，比如人们一直用希腊有关"星"的神话来帮助回忆"星"的名字。

3) 首字联词法

首字联词法是利用每个词的第一个字形成一个缩写。比如："飞雪连天射白鹿，笑书神侠倚碧鸳"里面包含了金庸的14部武侠小说即《飞狐外传》《雪山飞狐》《连城诀》《天龙八部》《射雕英雄传》《白马啸西风》《鹿鼎记》《笑傲江湖》《书剑恩仇录》《神雕侠侣》《侠客行》《倚天屠龙记》《碧血剑》《鸳鸯刀》。这副对联就是利用金庸的14部武侠小说名字的第一个字编写而成，心思非常巧妙。

4) 谐音法

谐音法就是用相同或相似的读音将无意义材料变成有意义的材料，以帮助记忆。例如，马克思诞辰是1818年5月5日，可以借谐音处理为马克思一巴掌一巴掌打得资产阶级呜呜直哭。利用谐音法记圆周率也很有效。传说从前有一位爱喝酒的私塾先生，一次外出前给学生布置了一项任务，把圆周率背到小数点后30位：3.141592653589793238462643383279。这一下子把学生难倒了。大家嘴里念念有词，反复背诵就是背不下来。有位聪明的学生联想到老师喜欢喝酒，于是运用谐音法编了一段顺口溜：山巅一寺一壶酒(3.14159)，尔乐苦煞吾(26535)，把酒吃(897)，酒杀尔(932)，杀不死(384)，遛尔遛死(6264)，扇扇(33)，不扇尔吃酒(83279)。在这里，学生将一串无意义的数字通过谐音的办法赋予其意义，一边念一边想象着先生在寺庙里喝酒，学生却在这儿苦学，先生喝倒了，一会儿又起来遛弯儿，有人扇他，不扇又要吃酒的样子，轻松记住了这些数字。

拓展阅读

精细加工策略的标准

辨别是否是精细加工策略有两个标准：一是精细加工必须是学生自己产生的；二是精细加工必须与教学内容相关联。为了更清楚地说明这一点，根据加涅等设计的要求，对精细加工与非精细加工进行辨别的练习中的几个例子来分析讨论。

例1：一个学生读到"哥伦布1492年发现美洲"时，他认为应该记住，就在心里一遍又一遍地重复"哥伦布1492年发现美洲"。

分析：这不是精细加工，因为这只是进行了简单的复述。

例2：小明读到"哥伦布是西班牙人，1492年航海到了美洲"。他想记住此事，于是便想哥伦布很可能是由东到西到美洲的，因为这是从西班牙到美洲的最短航线。

分析：这是精细加工，因为这是由学生自己产生的，并将其原有的地理知识与这一新知识联系起来了。

例3：小斌读到"哥伦布1492年发现美洲，他是西班牙人"，而后想到哥伦布平时喜欢吃什么呢？

分析：这显然不是精细加工，尽管它是由学生自己产生的，但与教学内容毫无关联。

2. 做笔记

做笔记是阅读和听讲中使用较为普遍的精细加工策略。研究表明，学生借助笔记可以有效地监控自己的学习过程，有助于发现新知识的内在联系和建立新旧知识之间的联系，有利于知识的概括、总结。美国康奈尔大学的研究者曾总结出一种有效的笔记方法，称为5R笔记法，又名康奈尔笔记法。该方法几乎适用于一切课堂及自学场合。5R即指5个以"R"字母开头的术语，即记录(Record)、简化(Reduce)、背诵(Recite)、反省(Reflect)和复习(Review)。

3. 利用背景知识

精细加工强调在新学信息和已有知识之间建立联系，可见背景知识的多少在学习中是非常重要的。背景知识越多，就越能给所学的新知识添加更多的信息，如提供细节、给出例子、和其他问题产生联系，或从材料中得出某种推论，这些额外的信息将使所学新知识意义更丰富、更容易记忆。比如在学习"瑞士在国际关系中是一个政治中立的国家"这一知识时，有的学生把这一信息和瑞士几个世纪来从未卷入战争的历史联系起来，并且可能由中立关系推论出瑞士作为世界银行的角色。这样的精细加工能让学生更加深入地理解这一知识点。

(三)组织策略

组织策略是整合所学新知识之间、新旧知识之间的内在联系，形成新的知识结构的策略。有组织的信息肯定比无组织的信息更容易储存和提取。温斯坦和梅尔(Weinstein & Mayer, 1986)提出了两种有用的组织策略，即列提纲和作画表。这两种组织策略能帮助学生分析课文结构，从而使他们更好地理解材料。

1. 列提纲

列提纲是以简要的词语写下主要和次要的观点，也就是以金字塔的形式呈现材料的要点，每个具体的细节都包含在高一级水平的类别中。在传授列提纲的技能时，教师可以采用支架逐渐撤出的方式，分步对学生进行训练：第一步，提供一个几乎完整的提纲，要求学生在听课或阅读时填写一些支持性的细节；第二步，提供一个只有主题的提纲，要求学生填写所有的支持性的细节；第三步，提供一个只有支持性的细节，要求学生填写主要的观点。假以时日，学生就能写出很好的提纲。

2. 作图表

作图表包括三种方式，即系统结构图、概念关系图、运用理论模型。

(1) 系统结构图。研究表明，存储在常识记忆中的信息是以金字塔的结构组织的，在金字塔结构里，具体的细节归在较一般的题目之下，这种结构对学生的理解特别有帮助。这种组织对专家来说能很有效地在短时记忆中管理材料，能很快地在常识记忆中找到需要的信息。

鲍尔(Bower, 1969)做了这样一个研究，让学生学习112个矿物方面的词。一组学生以随机的顺序学习，另一组学生按一定的顺序学习(见图6-2)。

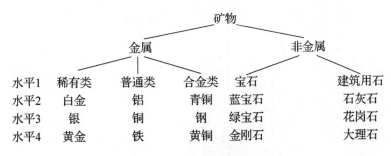

图 6-2 矿物分类

研究表明,后面一组学生的成绩更好,平均回想出 100 个词,而前面一组学生平均只能回想出 65 个词,这说明了按照组织呈现排列材料的效果更好。

因此,在教复杂概念时,教师不仅要有序列地组织材料,还要让学生清楚这个组织性的框架。教师要不时地回顾这个框架,并且要清晰地说明从一部分向另一部分的过渡。比如:"我们已经讲了稀有类金属、普通类金属和合金类金属,这些都属于第一类矿物——金属。下面我们来看第二类矿物——非金属。"

(2) 概念关系图。关系图即图解各种观点是如何相互联系的,也就是先指出中心思想,然后图解它们之间的关系。画关系图可以用来替代做笔记和列提纲,因为它能图解各种观点是如何相互联系的。建构概念关系图的过程是一个把自己头脑中的知识外显化的过程,需要遵循一定的步骤:选择核心概念(一般上位的概念列在最上面);选择相关的概念,放在不同的层次上;添加概念之间的连线,并加以文字说明;反思。

在可以熟练地画某一种或几种概念关系图后,就可以不拘泥于一种形式,采用综合的模型画概念关系图,如有关三角形的关系图(见图 6-3)。不仅如此,针对程序性知识的学习,可以采用流程图的形式。针对复杂的信息,可以采用各种形式的表格。上述形式都可以对信息起到组织的作用,有利于形成信息的视觉化,促进对信息的记忆和理解。

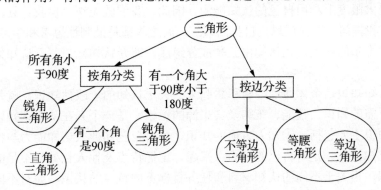

图 6-3 三角形关系图

(3) 运用理论模型。针对复杂的课题,可以采用图解的方式说明某个过程之间的要素是如何相互联系的,建立与之相符的理论模型。比如,学习的信息加工过程,就是一个经典的理论模型例子,运用这种模型可以组织和整合信息,如图 6-4 所示。

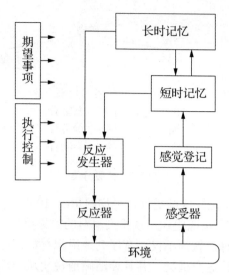

图 6-4 学习的信息加工模型

二、元认知策略

(一)元认知的定义

元认知(metacognition)是弗拉维尔(Flavell)在 1976 年提出来的。根据弗拉维尔的观点,元认知就是对自己的认知过程的认知。具体地说,是关于个人认知过程的知识和调节这些过程的能力,以及对思维和学习活动的知识和控制。

通俗地说,元认知即慎重思考,是对如何有效处理信息的思考。虽然让一个有意识的人不思考是几乎不可能的事,但是大多数人都不能对自己的思考进行思考。我们不思考自己是如何思考的,我们不知道自己知道什么,这意味着我们不能控制自己的信息处理过程,从而不能在最大限度上利用自己的认知能力。因此,我们就无法"自我计划,自我监督,自我调节,自我提问,自我反思,自我回顾",而这些都是批判性思考和学习必须具备的。

根据弗拉维尔的观点,元认知由三种成分组成,即元认知知识、元认知体验和元认知监控。

(1) 元认知知识是个体通过经验积累起来的关于认知的一般性知识,就是一个人对有效完成任务所需的知识、技能、策略及其来源的意识,是一个人在从事认知以前的一种认识。元认知知识主要包括:①知人方面的知识,指对自己和他人认知能力与特征的认识,即所谓"知己知彼",是对自己的智力、兴趣、记忆特点及他人长处与不足的认识;②知事方面的知识,指关于不同的认知材料和任务目标不同特点的认识,如对不同课程内容的性质以及对学习材料的结构、逻辑性及呈现方式的知识;③知法方面的知识,指关于认知策略及其应用方面的认识,即对各种学习策略的优点及其不足、应用条件和情景、效力等的认识。

(2) 元认知体验是指伴随着认知活动主体所产生的认知体验和情感体验,它可能被主体清晰地意识到,也可能是处于下意识的状态;在内容上可简单也可复杂;可发生在认知活动开始之前,也可发生在认知过程中或认知活动结束之后,如预感考试失败后产生的焦虑或成功后产生的愉悦等。

(3) 元认知监控指在进行认知的全过程中，将自己正在进行的认知活动作为意识对象，运用自我监控的机制，不断地对认知过程进行积极自觉的监视、控制、调节。元认知监控是认知的关键，其过程包括制订认知计划、监视计划的执行以及对认知过程的调整和修改。

在学习过程中，元认知对整个学习活动起着控制和协调的作用，监视和指导着策略的选择和使用。对一个学习者来说，如果只拥有众多的策略性知识，而缺乏元认知策略来帮助自己决定在何种情境下使用何种策略或改变策略，那么他就不可能成为一个成功的学习者。元认知水平高的学习者，善于选择策略，从而表现出目的明确、计划性好、自控能力强、灵活性高的良好的学习能力。

(二)元认知策略

假如我们读一本书遇到一段读不懂该怎么办？或许会慢慢地重新阅读一遍，或许会寻找书中的其他线索，如图表、索引等帮助理解，或许会退回到这一章更前面的部分，这意味着要学会如何知道自己为什么不懂以及如何改正。此外，还要能预测可能会发生什么，或者说什么是明智之举，什么是不明智之举。这些都属于元认知策略，也就是教学心理学中常常提到的"学习如何学习"。综上所述，元认知策略大致可分为以下三种，即计划策略、监控策略、调节策略。

1. 计划策略

计划策略是根据认知活动的特定目标，在一项认知活动之前计划各种活动，预计结果、选择策略，想出各种解决问题的方法，并预估其有效性。计划策略包括设置学习目标、浏览阅读材料、产生待回答的问题以及分析如何完成学习任务，也就是给学习制订计划，明确何时何地完成哪些任务。成功的学生不只是听课、做笔记和等待教师布置作业，他们会预测完成作业需要多长时间，在写作业前获取相关信息，在考试前复习笔记，在必要时组织学习小组以及使用其他各种方法。

2. 监控策略

监控策略是在认知活动的实际过程中，根据认知目标及时评价反馈自己认知活动的结果与不足，正确估计自己达到认知目标的程度、水平，根据有效性标准评价各种认知行动、策略的效果。监控策略包括阅读时对注意加以跟踪，对材料进行自我提问，考试时监控自己的速度和时间。监控策略是学生发现自己在注意和理解方面可能出现的问题，以便及时调整修正。比如学习者在考前复习时会向自己提出问题，并且会意识到某些章节自己并没有学懂，自己的阅读和记笔记方法对某些章节行不通，这时就需要尝试其他的学习策略。

下面介绍两种具体的监控策略：领会监控和集中注意。

1) 领会监控

一种具体的监控策略就是领会监控，熟练的读者在阅读时自始至终都持续着这一过程。熟练的读者在头脑里有一个领会的目标，如发现某个细节、找出要点等，于是为了该目标而浏览课文。随着这一策略的执行，如果找出了这个重要细节，或抓住了课文的要点，熟练的读者会因达到目标而体验到一种满意感。但是，如果没有找到这个细节，或者没读懂课文，则会产生一种挫折感。如果领会监控最终显示目标没有达到，就会采取补救措施，如重新浏览材料或者更仔细地阅读课文。

一些研究表明，从幼儿到大学生有许多人都缺乏这种领会监控技能，好多学生总是把重复(如再读、抄笔记等)作为他们的主要策略，从课本或讲演中学习新知识，为了帮助这样的学生，德文建议他们使用以下策略以监视并提高自己的领会能力。

(1) 变化阅读的速度，以适应对不同课文领会能力的差异。对于比较容易的章节读快点，抓住作者的整体观点；对于较难的章节，则要放慢速度。

(2) 中止判断。如果某些事不太明白，继续读下去。作者可能会在后面填补这一空隙、增加更多的信息或在后文中会有明确说明。

(3) 猜测。当所读的某些事不明白时，养成猜测的习惯。猜测段落的含义，并且读下去，看看自己的猜测是否正确。

(4) 重读较难的段落。重新阅读较难的段落，尤其是当信息仿佛自相矛盾或模棱两可时。最简单的策略往往是最有效的。

2) 集中注意

注意和金钱、能源一样，是一种有限的资源，在某一时刻，只能注意有限的事物。当教师要求学生将他们有限的注意能量全都花在他所说的每一件事上，学生只得放弃对其他刺激的积极注意，变换优先度，将其他刺激全部清除出去。例如，当人们全心注意一个有趣的谈话者时，他们就意识不到细微的身体感觉(如饥饿)，甚至对其他刺激充耳不闻、视而不见。有经验的讲演家知道，听众一旦心不在焉时，他们已经不再集中注意听讲了，可能已经转向注意午餐或其他活动了，因此就要重新吸引他们的注意力。

在课堂中，有些学生往往很难把注意力集中在学习任务上，而分心于那些有吸引力的、能分散注意力的事物。教师常常埋怨课堂上那些不能维持注意力的学生不成熟、注意力有缺陷或者不想学。不幸的是，使用不同的标签去描述注意力问题无助于提高他们的学习。柯诺指出，注意力关系到自我管理的问题，因为学生很难计划和控制他们的学习。她认为需要教学生一些抑制分心的学习策略，来帮助他们对行为进行自我管理和自我调节，如注意此刻自己正做什么、避免接触能分散注意力的事物等。许多心理学家认为，学生缺乏注意力方面的知识，犹如他们缺乏数学概念。如果能教他们一些对注意进行监视和自我管理的技能，教师就不会再在意全班同学的注意了，学生无论是在家里还是在学校，都能使用这些技能来提高他们的学习。

有效地选择课本或讲演中的重要信息加以注意，是某些学习者常常使用的一个策略。有研究表明，效率高的学习者常常使用一些比较好的方法来选择恰当的信息加以注意。教师如何将学生的注意力集中在课上、尤其是集中在重点上呢？有关信息加工系统的知识能给我们一些启发。在感觉登记中的信息，如果加以注意就进入短时记忆，如果不加注意就会消失，因此教师要做的第一件事就是帮助学生挑选重要的材料，鼓励他们对其加以注意，减少能分散注意力的事物，并且教他们处理那些能分散注意的事物的技巧。要做到这一点，教师可以采用下面几个方法来获取学生的注意力，所有这些方法都可归到"唤醒学生的兴趣"这一标题之下。

(1) 教师可以设置教学目标，告知学生本课的目标。在上课之前，告诉学生所注意的目标，学生会学得好些。

(2) 使用标示重点的线索。有些教师提高或降低他们的声音，表明他们正要说关键的信息；有些教师可能使用手势、重复或在显要位置表达同样的信息；课本常常用不同的颜色或不同的排版指明要点。

(3) 增加材料的情绪性。有些宣传媒体常常选择情绪色彩浓的词来吸引注意。这就是为什么报纸的标题说"某某议员枪毙了某教育法案",而不说"某某议员否决了某教育法案"。有人发现使用情绪色彩浓的词,比使用中性的同义词更能赢得学生的注意力。

(4) 使用独特的或奇特的刺激。例如,自然科学教师上课时,经常做演示以引起学生的好奇,从而吸引学生的注意力。

(5) 通知学生后面讲的内容对他们非常重要。许多学生常常会预期在随后的测查中会有什么问题,以此来确定课中重要的信息。有研究表明,这样做能增强学生对相关材料的注意。教师一般让学生不只学习考试中出现的信息,因为考试只是在某一区域里的抽样信息。教师不想只给学生提供所要测验的问题,因为这样做学生就会只学习这些材料,而忽视那些测验中没有但又很重要的材料。但是,教师可以告诉学生测验的题型(如多项选择题或论述题)和范围。这使得学生决定是否要记住某个事实或理解某个概念等。当然,教师有必要告诉学生哪些材料不重要,这可使学生能有效地利用学习时间。

3. 调节策略

调节策略是根据对认知活动结果的检查,及时修正、调整认知策略,以便采取相应的补救措施。比如,当学习者意识到自己不理解课文的某一部分时,就会对材料进行自我提问,在阅读困难或不熟悉的材料时会放慢速度,测验时会跳过某个难题先做简单的题目等。调节策略能帮助学习者矫正他们的学习行为,补救他们理解上的不足。

三、资源管理策略

资源管理策略是辅助学生管理可用环境和资源的策略,包括时间管理策略、学习环境管理策略、努力管理策略、学业求助策略。其中,学习环境管理策略主要是选择安静、干扰较小的地点学习,充分利用学习情境的相似性等。努力管理策略主要是指掌握一些方法以排除学习干扰,使自己的精力有效地集中在学习任务上。下面重点阐述时间管理策略和学业求助策略。

(一)时间管理策略

时间管理策略(time management strategies)就是通过一定的方法合理安排时间,有效利用学习资源。训练学生掌握时间管理策略,需要帮助他们意识到时间计划的重要性,并优先考虑时间的运用。时间管理策略包括以下两个方面。

(1) 时间排序。时间管理的方法可因人而异,可以给自己每小时制订详细计划,也可以仅就一天的事情排序。排序的依据一般为事情的重要程度和紧急程度,通过这两个维度可以把事情分为四种类型(见图6-5),然后再按照分类合理分配时间。

一般人在第三象限里耗费的时间最多,因为处理这类事务没有任何压力,如削铅笔、整理文具盒之类可做可不做的工作。接下来是第二象限(紧急但不重要),因为紧急意味着迫在眉睫,一定会吸引人们的注意力。处理上述两个象限的事情耗费了大量的时间,而且是以减少处理第一、第四象限事务的时间为代价的,造成了一种变相的拖延。这就解释了为什么有的人总是显得忙忙碌碌却毫无效率可言。高效地管理时间需要把精力放在第一、第四象限。

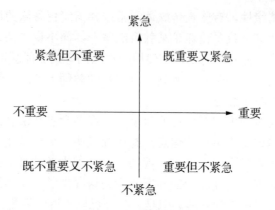

图 6-5 时间管理象限图

处理既重要又紧急的事情(第一象限)，普通人和成功的人都要投入一定的精力(为 20%～30%)。造成时间管理效果差异的象限是第四象限(重要但不紧急)。成功的人用 60%～68%的时间，而普通人只用 20%左右的时间处理重要但不紧急的事情。提前规划重要的事项，不断提高时间效率，有规律、有计划地完成任务，这样的时间管理才是有序和有效的。与此同时，极力地压缩了在第二、第三象限停留的时间，这就等于掌握了时间的主动权，保持了工作、生活的平衡，减少了未来可能出现的危机。

(2) 进行有效的时间管理。有效的时间管理只有进行实践并且持之以恒，才能达到事半功倍的效果。下面列举一个有效的时间管理策略(见表 6-1)供大家参考。当然，具体的策略是因人而异的。

表 6-1 有效的时间管理策略

策　略	具体做法
确立有规律的学习时段	每天只要预留固定的几个小时学习，那么学习就不需要每天重新计划，而会成为一种习惯性的活动
确立切合实际的目标	很多学生倾向于低估完成一个学习任务所需的时间，一开始应该稍微高估所需的时间，直到有比较精确的估计能力为止
使用固定的学习区域	当学生在一个采光良好、远离噪声、没有分心因素、能够集中注意力的地方学习时，他们的时间利用会更有效
分清任务的轻重缓急	当有很多事情需要做时，应分清事物的轻重缓急，先完成相对重要的事情。通常是先解决困难的科目，再完成相对容易的科目，因为人们的注意力往往是在开始的时候更为专注
学会对分心的事物说"不"	当朋友、兄弟姐妹或其他人想和你聊天而不是学习，或者想完全摆脱学习时，作为学生必须准备好以一种并不冒犯的方式对他们说"不"
自我奖励学习上的成功	可以把完成学习任务后就可以做自己喜欢的其他活动作为激励条件，以提高自己的注意力，但关键要保证各种奖励是在学习目标实现之后才可以得到的

(二)学业求助策略

社会是一个大家庭，支持系统必不可少，学习也不是个人的事情，必须与他人进行有效合作，在遇到自己解决不了的难题时，更需要向他人寻求帮助。学业求助策略(help-seeking strategies)指当学生在学习上遇到困难时，向他人请求帮助的行为。它是一种重要的社会支持管理策略。奈尔森·黎高按照求助者的目的将学业求助分为两类(见表 6-2)。

表 6-2 学业求助策略

求助形式	特 点	目 的
执行性求助(executive help-seeking)	他人"替"自己解决困难	只想要答案或者希望尽快完成任务，自己不做任何尝试就放弃了获得成就的能力，选择了依赖而非独立掌握
工具性求助(适应性求助)(instrumental help-seeking)	他人提供思路和工具	为了独立地学习，借助他人的力量以达到自己解决问题或者实现目标的目的

由表 6-2 可知，采用工具性求助策略的学生，在自己能够解决问题的时候，会拒绝他人的帮助，能够自觉选择和控制别人对他的帮助。但是，也有一些学生在无法独立解决问题时，选择了回避求助，因为他们担心别人会认为他们很笨。

奈尔森·黎高把学业求助过程划分为以下几个阶段。

(1) 意识到求助的需要。个体意识到任务的复杂和困难，发现仅靠自己的能力难以实现目标。

(2) 决定求助。个体对求助行为的受益和代价进行权衡，决定是否求助。

(3) 识别和选择潜在的帮助者。做出求助决定后，需要决定向谁求助，帮助者的能力、态度是个体选择帮助者的主要标准。

(4) 取得帮助。取得帮助的策略有两类：一类是非言语性的，如求助的目光、困惑的表情等；另一类是言语性的，即直接开口求助。如果求助者发现从某人那里得到的帮助不能令自己满意，还需要向别人继续求助。

(5) 评价反应。求助者最后还需要对求助结果进行评价，包括获得的帮助对问题的解决是否足够、求助策略是否有效、他人对求助的反应等。

他人的帮助如同课本一样是重要的学习资源。学业求助不是自身能力缺乏的标志，而是获取知识、增长能力的一种途径，是一种重要的学习策略。

第三节 学习策略的教学与训练

一、训练的原则

托马斯和罗瓦(Thomas&Rohwer，1986)提出了适用于具体学习方法的有效学习原则。

(1) 特定性原则。特定性是指学习策略一定要与学习目标和学生的类型相适应，即通常所说的具体问题具体分析。例如，研究者发现，同样一个策略，年长的学习者和年幼的学习者或成绩好的学习者和成绩差的学习者，用起来效果就不一样，如阅读时写提要对于成人来说可能是一种有效的学习方法,但对小学生则可能相当困难。

(2) 生成性原则。生成性是有效使用学习策略最重要的原则之一,是指在学习过程中要利用学习策略对学习材料进行重新加工,产生某种新的东西。生成性程度高的学习策略有写内容提要、提问、列提纲、图解要点之间的关系、向同伴讲授课程的内容要求等。生成性程度低的学习策略有不加区分地画线、不抓要点地记录、不抓重要信息地提要等。

(3) 有效监控原则。教学生何时何地与如何使用学习策略非常重要,因为如果交代清楚何时何地与如何使用一个策略,那么学生就更有可能记住和应用它。

(4) 个人效能感原则。成绩和态度之间的关系表明,那些能有效使用策略的人相信使用策略会提高他们的成绩。教师一定要给学生一些机会使他们感觉到策略的效力,树立对策略学习的个人效能感。

二、学习策略训练的方法

(一)感受—自控训练法

布朗(Brown,1983)等认为,学习策略可能有以下三种训练方法。

(1) 盲目训练法,即只教学生使用策略,但不帮他们理解这种策略为什么有用和何时运用最恰当。

(2) 感受训练法,即帮助学生理解(感受)为何、何时使用获得的策略。

(3) 感受—自控训练法,即在感受训练法的基础上,让学生练习这些策略,给他们提供掌握这些策略的机会。

研究表明,第一种方法常常是无效的,而后两种训练方法不但能增进学生对策略有效性的认识,提高其应用策略进行学习的自觉性,而且能明显地改善学习。

(二)"控制+监视"的教学技术

教师不仅要教给学生具体的学习策略,而且还应培养他们自我监控学习策略使用的能力以及善于检查、评定或修正其策略的能力。

曾有学者分析了四种教学技术。

(1) "自我管理"教学,即仅让学生学习运用具体的学习方法(如怎样列提纲)。

(2) "规则"教学,即明确地告诉学生如何使用具体的策略并示范。

(3) "规则+自我管理"教学,即把前两种技术结合起来的教学。

(4) "控制+监视"教学,即使学生获得学习的控制和监视的知识,懂得何时和如何检查与评定学习策略的使用情况。研究表明,第四种教学效果最好,使学生能有意识地去发现和总结策略,从而生成适合自己的新策略,提高了学生在未来的学习中选择使用更有效的学习策略的能力。

(三)讲解与示范结合、练习与反馈结合的基本教学操作

(1) 讲解与示范要结合。教师不但要向学生解释说明,而且要反复向学生示范策略的使用方法。准确的讲解和示范为学生获得策略提供了重要信息。

(2) 练习与反馈要结合。教师让学生在广泛的情境中练习使用策略、获得亲身体验的同时,还应重视为其提供清晰的反馈,因为准确的反馈是学生策略获得和改进的关键。

三、学习策略的教学

(一)教师指导式或团体辅导式教学

学习策略可被视为像英文、数学、化学等科目课程一样，由教师用较直接说明的方式教给学生。

教学的内容包括：什么是学习策略；使用学习策略的目的和意义，要特别强调使用学习策略的好处；有哪些有效的学习策略；如何选择适合的学习策略；使用学习策略时应注意哪些事项等。这些内容可以正式讲授，也可由任课教师在课堂上以偶发学习的方式执行，或者因为学生的特殊需要，由教师进行指导和示范。亚当斯(Adams，1982)曾经设计为期4天、每天30～40分钟的课程，以训练小学五年级学生的学习技巧。学生个别地被教导应用一种特殊的步骤阅读，此步骤包括浏览大标题、背诵大标题、背诵次标题、提出配合每一个次标题发问的问题、阅读重要的资料内容、重新阅读次标题和背诵重要细节以及复习重点八个程序。教师首先以实际的上课教材示范如何应用上述八程序，学生再练习教师示范的技巧，并在练习过程中得到教师的反馈。

教师有时可以运用行为心理学派的行为改变技术，以改进学生的学习技巧。除了教师的教授以外，学习者应用自我控制的方式也可以达到较佳的效果。训练的课程可能包括：结构式的团体咨询、自我检查、系统化脱敏训练；自我教育；自我增强等。如自我教育的方法之一，是训练学生对自己说一些鼓励的语言。如"假如我用功读书，就能提高分数，我应马上就开始读书"。自我增强是训练学生如何选择一种自我奖励。例如，在读一段艰难的课文后，可看一个自己喜欢的电视节目。教师也可使用同伴互助的方式完成所要达到的目标。丹瑟洛(Dansereau，1988)将他原本以个别学习为主的手段，进一步发展成合作学习方式的可行性。他所发展的阅读和学习的策略称为MURDER(Mood、Understand、Recall、Detect、Elaborate、Review)，即准备、理解、回忆、检查、推演和复习的行动。在合作式学习的情境下，事先要求每个学生阅读200～500字的材料内容，在每组两人的同伴学习团体中，由一个学生负责记忆和口头报告教材重点的任务，另一个学生则扮演听者和催化者，纠正第一个学生回忆上的错误，并加强所学习教材的组织。上述的安排使两个学生分工合作完成了MURDER的学习历程。丹瑟瑞的研究发现，这种将学习策略融入教材学习的合作式学习形式，比个别的学习形式效果好，学生在材料吸收上表现更佳。台湾地区有为数不少的以小团体辅导形式进行的实证研究。例如，董力华(1992)以高中生为对象，其课程以考试焦虑和多项学习技巧为主；李咏吟(1990)以初中生为对象，其课程以时间计划、专心、阅读理解方法、主科读书方法等为主；孙中瑜(1990)和林素妃(1992)专以小学生为对象，其课程以习惯与态度的改进、专心、记忆方法、抓取课文重点、阅读理解、准备考试和考试技巧等为主。

(二)学习策略教学应注意的问题

教师在采用学习策略教学时应做到以下几点：注意元认知监控和调节训练；有效运用教学反馈；提供充足的教学时间。

1. 注重元认知监控和调节训练

在加强学习策略教学的同时，注重元认知监控和调节训练是提高学习策略教学的有效方法。元认知监控策略的有效教学，可以采用以下技术。

(1) 出声思考。出声思考是指当教师在思考解决问题的计划和解决问题的方案时，通过语言将自己的思考过程大声地讲出来，展示给学生，以便学生能够模仿教师展示出来的思维过程。

(2) 写学习日志。写学习日志的目的在于反思自己的学习和思维过程，促使学生学会学习，将自己的注意力从学校结构转移到自己的认知过程。

(3) 计划和自我调节。教学过程要增加学生对进行学习计划和自我调节学习过程的责任感，使其成为一位积极有效的自我定向的学习者。

(4) 报告思维过程。让学生报告思维过程，发展他们的策略意识，有助于学习迁移的发生。

(5) 自我评价。学生对自己的学习过程或质量进行检查和评价，可以提高元认知能力。学生的自我评价可以通过自我报告和回答一系列关于思维过程的问题逐步形成，直至养成自我评价的习惯。

2. 有效运用教学反馈

学习策略的反馈研究表明，如果减慢训练的速度，增加反馈，使学生知道策略的不足之处，评价训练的有效性，理解学习策略的效应，体会到学习策略的确改善了学习，学生就更有可能把学习策略运用到现实的学习情境中。

3. 提供充足的教学时间

学习的调节与控制的自动化、学习方法使用的熟练程度是学习策略持续使用和迁移的条件之一。提供给学生足够的策略训练时间，使其达到自动化的程度是非常必要的。

拓展阅读

关键词策略训练实例

下面是在初三学生的英语单词学习中进行关键词策略训练的情况。

第一步，了解学生的情况。初三学生的年龄能够掌握关键词策略；对英语学习情况进行调查，在成绩中等以下的学生中进行关键词策略的训练。

第二步，掌握使用关键词策略前学生的单词记忆成绩。可以限定时间(如 40 分钟)让其记 60 个词，然后马上考试，让其记下正确回忆的词数；隔一周后再考试，让其再记一个成绩。

第三步，告诉学生关键词策略的用法。关键词策略适用于学习的任务(举例说明什么叫联对学习)。英语单词记忆就是一种联对学习，因而可以用关键词法。但不是所有的单词都可以用这种方法。这时教师就可以通过具体例子来讲解关键词法的使用过程及适用的单词：如 argue['ɑ:gju:]，就很容易找到汉语谐音词(关键词)——"啊！给我！"(声音联结)，又很容易在谐音词和汉语意思间形成心像联结(两人在争吵中抢东西的画面——"啊！给我！")，这就是关键词法。教师可以多示范几个词，让学生仔细体会。

第四步，让学生练习，教师做指导，并及时给予反馈，直到学生熟练掌握。

可以让学生做下列填空练习。

___1___(英文词)读音有点像___2___(关键词)，这个词(关键词)的意义是___3___，它和___4___(中文译词)的关系可以联想为___5___。

以 shortcut 为例，上面的五个空可以分别填上：shortcut；少卡的；很少有检查的岗哨；近路；近路是很少有哨卡的，从那里逃走很容易(脑海中可以想象一个人从近路逃走，那里很少有哨卡)。

在学生遇到困难时，如想不出合适的关键词，教师要及时提醒、指导。对做得好的学生要及时肯定(这样做对其自我效能水平的提高也是有好处的)，发现不恰当的做法要及时纠正，直到学生熟练掌握为止。

第五步，让学生再记 60 个单词，限时仍为 40 分钟。测出立即回忆和一周后回忆的成绩，并让学生同学习该策略前的成绩相比较，将成绩的提高归因于使用了关键词策略。

第六步，在平时的教学中，遇到适合用关键词法的单词，提醒学生使用该方法。并让其在自己的学习中反复使用，直到达到得心应手的程度。

注：训练前后，让学生记的单词，都应是适合用关键词策略的。

(资料来源：林海亮，杨光海. 教育心理学——为了学和教的心理学. 北京：北京师范大学出版社，2012.)

本 章 小 结

学习策略是学习者为了提高学习的效果和效率，有目的、有意识地制订有关学习过程的复杂方案。它具有主动性、有效性、过程性、程序性四个特征。

丹瑟洛把学习策略分为基本策略和辅助策略两类。迈克卡等将学习策略概括为认知策略、元认知策略和资源管理策略三类。温斯坦认为学习策略包括认知信息加工策略、积极学习策略、辅助性策略和元认知策略四类。

认知策略是加工信息的一些方法和技术，这些方法和技术能使信息较为有效地从记忆中提取。认知策略主要包括复述策略、精细加工策略和组织策略。元认知是关于个人认知过程的知识和调节这些过程的能力，以及对思维和学习活动的知识和控制。元认知策略可分为计划策略、监控策略、调节策略三种。资源管理策略是辅助学生管理可用环境和资源的策略，包括时间管理策略、学习环境管理策略、努力管理策略、学业求助策略。

学习策略的教学应遵循特定性原则、生成性原则、有效监控原则和个人效能感原则。学习策略的有效训练方法包括感受—自控训练法，"控制+监视"的教学技术，以及讲解与示范结合、练习与反馈结合的基本教学操作。学习策略教学可采用教师指导式或团体辅导式教学。采用学习策略教学时应做到：注意元认知监控和调节训练；有效运用教学反馈；提供充足的教学时间。

思 考 与 练 习

1. 什么是学习策略？学习策略有什么特点？
2. 识记和保持过程中有哪些重要的复述策略？

3. 什么是精细加工策略？试结合精细加工策略的具体方法说明如何在学习中应用。
4. 举例说明组织策略在学习中的应用。
5. 怎样理解元认知？元认知策略包括哪些具体内容？
6. 试举例说明资源管理策略在学习中的应用。
7. 学习策略教学的方法有哪些？在学习策略教学中应注意些什么？

推 荐 阅 读

[1] 曾跃霞，刘运芳. 学与教的心理学[M]. 天津：天津大学出版社，2014.

[2] 陈琦，刘儒德. 当代教育心理学[M]. 北京：北京师范大学出版社，2007.

[3] 林海亮，杨光海. 教育心理学——为了学和教的心理学[M]. 北京：北京师范大学出版社，2012.

[4] 汪琼. 教育让心灵起飞——教育心理学的实践应用手记[M]. 长春：东北师范大学出版社，2019.

[5] 冯忠良，伍新春，姚梅林，等. 教育心理学[M]. 北京：人民教育出版社，2015.

第七章 品德心理

本章学习目标

- 理解品德的含义、了解品德的结构。
- 了解学生品德发展的基本特征和品德发展的阶段理论。
- 掌握影响学生品德形成的原因，理解品德形成的一般过程。
- 掌握学生不良品德的矫正方法。

核心概念

品德(morality)　道德认识(moral cognition)　道德情感(moral emotion)　道德意志(moral will)　品德不良(bad character)

引导案例

课堂上，小颖和佳佳因为一支水笔争论了起来，她们都说这支笔是自己的。经过调查，发现这支笔是小颖的，佳佳因为喜欢笔上的公主笔帽，所以就顺手牵羊了。担心被老师发现，佳佳还叫她的好朋友晶晶帮她作伪证，并送漂亮的贴纸给晶晶。课后，老师把佳佳和晶晶叫到身边。

师：佳佳，别人的东西可以因为喜欢就占为己有吗？
佳佳摇了摇头。
师：你明知道这样不对为什么还要去做呢？
佳佳：我很喜欢这个笔帽，反正小颖有很多漂亮的笔，少一支也没关系的。
师：你不但知错犯错，还要和同学一起骗老师，这可不是一个诚实的孩子该做的。
佳佳：我知道了，以后不会了。
师：晶晶，你怎么可以帮朋友说谎呢？
晶晶：佳佳说如果我不帮她，以后就不跟我玩了。
师：可是你这样做是在帮她吗？连你也成了说谎的孩子了。
晶晶：我本来也不想说谎的，可是佳佳一直求我，再说她以前也帮过我的忙。
在教育实践中，学生经常出现一些"知行不一""明知故犯"的行为，这是为什么呢？

案例分析

这是儿童品德心理结构发展差异性的表现，教师可以"晓之以理、动之以情、导之以行"，促进儿童品德心理结构和谐发展。本章将揭示儿童品德心理发展的规律，并对儿童品德的培养进行探索。

本章的重点是：掌握品德发展的基本特征；品德的形成与培养。

第一节 品德心理概述

一、品德的定义

(一)道德

要了解什么是品德，首先要对道德的概念有所理解；继而弄清品德与道德的关系。

道德是一种社会现象，一种社会意识形态，它是靠社会舆论和良心支持的人们必须遵守的行为准则。在社会生活中，人们为了维护共同利益和彼此之间的关系，就产生了调节和评价行为的准则，以此来协调个人与个人、个人与集体、个人与社会的关系，以此为标准去评价别人、约束自己，以此为尺度去分辨善与恶、美与丑、是与非。道德为人类所特有，它是由一定的社会经济政治制度所决定的，它随着社会的发展而发展。在阶级社会里，道德具有阶级性。

(二)品德

道德表现在个人身上就成为一个人的品德，也叫道德品质。品德是个体现象，是社会道德在个体身上的体现，是个体按照一定的道德准则行动时所表现出来的某些稳固的特性和倾向。道德品质是一定社会的道德准则和规范在一个人的思想和行为上的表现。良好的品德就是指个人按社会道德准则和规范行动时所表现出来的稳定的特性和倾向。比如，勤奋学习、遵守纪律、热爱劳动、文明礼貌、助人为乐、进取创新等都是要求每个公民应具备的品德。

品德是由个人的道德行为表现出来的，但是偶尔的或一时的道德行为并不足以说明一个人具备了某种品德。只有一个人具有某种稳定的道德观念，恒定地表现出一系列有关的行为，才可以说他具备了某一品德。

(三)品德与道德的关系

品德与道德彼此密切联系。品德是在一定社会道德的基础上形成和发展的，是支配、调节个体道德行为的个体意识，是一定社会道德个性化的反映。道德和品德的发展是互动的过程。一方面，社会道德的发展不但受社会需要的驱动，而且受个体原有品德基础制约，没有品德基础的道德是空洞的道德，这样的道德不仅难以转化为个体的信念，而且还会妨碍品德的形成和发展；另一方面，品德的形成与发展是以一定的社会道德为基础的，没有道德基础的品德是虚假的品德。

品德与道德既有紧密联系的一面，又有彼此区别的一面。品德与道德的区别主要表现为以下三个方面。

(1) 品德与道德产生的力量源泉不同。道德产生的力量源泉是社会需要，即按一定社会的要求，协调社会生活中的物质利益关系和人际关系等社会关系，以保障社会的稳定、和谐、平衡和发展。品德产生的力量源泉则是个人的需要，个人为了归属于一定的社会群体，就必须适应现实生活，协调个人与社会、个人与群体、个人与他人的关系，自觉按照社会道德规范发展、完善自我品德。

(2) 品德与道德反映的内容不同。道德作为社会意识的一种形式，是对社会关系的理性反映，是以社会观念形式概括反映社会道德行为规范对社会成员的基本要求。品德作为个体意识的一种形式，反映了个体道德需要与社会道德要求的关系，是个体将社会道德规范内化为自己的内在信念，形成稳定道德品质意识的过程和结果。所以，从反映内容看，道德反映的内容比品德反映的内容更为广泛和概括。

(3) 品德与道德的表现方式和发挥作用的途径不同。社会道德一经确立，就以传统、公德、舆论等方式表现出来，并对整个社会关系的维持起调节控制作用。而品德一旦形成，就以个人信念、理想、稳定的心理倾向和惯常的行为倾向等方式表现出来，并对个体的行动起支配调节作用。

二、品德的结构

(一)品德的基本心理成分

品德的心理结构是指品德的心理成分及其相互关系。品德心理结构极为复杂，研究者们也有许多不同的看法。但一般认为，道德认识、道德情感、道德意志和道德行为是构成品德的基本心理成分。

(1) 道德认识也叫道德观念，指的是人们对道德行为准则及其执行意义的了解和掌握，其中包括道德概念与道德信念的形成以及运用这些观念去分析道德行为，对人或事做出符合自己认识水平的道德评价。

(2) 道德情感是伴随道德认识所产生的一种内心体验。人们在形成道德认识的同时，能够对自己或他人的行为、现实中发生的事件产生喜爱或厌恶、敬仰或憎恨、愉快或悲伤等不同的情绪体验，这种情绪体验就是道德情感。一般地说，在现实生活中的各种事件或他人、个人的行为，凡是符合自己的认识或自己所维护的道德观念时，就会产生积极的情绪体验；否则就会产生消极的情绪体验。由此可见，道德情感就是人们的道德需要是否得到满足而引起的内心体验。

(3) 道德意志是人们自觉地确定道德目标，积极调节自己的行动，克服各种困难，以实现既定的道德目标的心理过程。道德意志也受着道德认识的支配，是人们利用自己意识的控制和理智的调节作用去解决道德生活中的各种矛盾，克服各种困难与支配行为的积极力量。道德意志通常表现为一个人的信心、决心和恒心。

(4) 道德行为是指一个人遵照一定的社会道德规范所采取的言论和行动。它是实现道德动机的手段，是道德认识和道德情感的外部表现，也是衡量一个人道德品质的重要标志。道德行为的培养主要是通过道德行为方式的训练和道德行为习惯的养成等途径来实现的。只有学生具有了良好的道德行为习惯才使学校的品德教育具有社会价值。

以上四种基本心理成分是彼此联系、相互制约、相互促进的。道德认识是道德情感、道德意志和道德行为赖以产生的基础；道德情感和道德意志是品德形成不可缺少的中间环节，它们不仅影响着道德认识的倾向，而且对道德行为起到一种激励和定向的作用；道德行为是在道德认识的指导下，在道德情感和道德意志的推动下，通过训练形成的，同时它又对巩固和发展道德认识、丰富和激发道德情感起促进作用。

(二)品德心理结构的特点

1. 品德心理结构的统一性

一个人的思想品德是知、情、意、行各种基本心理成分的有机统一。四种成分既各有其重要地位和作用，又相互联系、相互影响，构成品德的完整面貌。学生品德的形成有赖于四种心理成分的协调发展。如果四种心理成分的发展严重失调，造成知情分离或知行脱节，就会出现品德结构上的缺陷，阻碍品德结构的和谐发展。这是我们德育工作应该"晓之以理、动之以情、导之以行"的心理依据。

2. 品德心理结构的复杂性

品德心理结构的复杂性不仅表现在其心理成分的复杂，而且表现在各种成分之间的关系也十分复杂而多样。品德心理结构除了上述四种基本心理成分外，还包含其他心理成分，如态度、理想、世界观等；在四种基本心理成分中，又各自包括若干成分，如道德认识可分为道德表象、道德概念、道德信念、道德评价等几种成分；而且几种成分的结合又会产生新的成分，当道德认识与相应的道德情感相结合时就会产生道德动机。品德结构各种心理成分之间的关系非常复杂，就道德动机与道德行为之间的关系而言，它们之间不是简单的一对一的关系，一种动机可以表现为多种行为，一种行为也可由多种动机引起。动机和行为都是多层次的，不同的动机之间、动机与行为之间既有统一性又有矛盾性。因此，品德结构的说法不一，这与它的复杂性有很大关系。

3. 品德心理结构发展的差异性

品德心理结构的四种心理成分具有统一性，但其发展过程中也存在着差异。不同的人认识、情感、意志、行为的发展水平各有其特点；知情之间、知行之间可能脱节；由于受个体心理发展水平和主观选择等因素的影响，不同年龄阶段的学生和同一年龄阶段的不同学生的品德发展存在着明显的差异，即品德心理结构的发展存在着年龄差异和个性差异。教育者应该依据品德心理结构的这一特点，针对学生的具体情况确定教育重点，促使学生品德心理结构诸成分全面和谐发展。

4. 品德心理结构形成的多端性

品德的形成和培养具有多端性。一般情况下从提高道德认识入手；而道德认识是在道德实践中产生和不断深化的，对于年龄较小，或者知行脱节的学生，往往需要从道德行为的训练入手；而当学生产生情感障碍时，就需要从道德情感的激发入手；有的学生缺乏意志力，对其品德的形成和培养就可以从锻炼道德意志入手。

总之，品德心理结构的形成是统一的而又具有多端性的，因人因时而异，既可先晓之以理，也可先动之以情，既可先导之以行，也可先炼之以意，只要最后达到知、情、意、行的和谐统一发展就可以形成良好的道德品质。教育者应灵活运用多种开端，增强德育的针对性和实效性。

第二节 品德发展阶段理论

一、皮亚杰的道德发展阶段论

皮亚杰道德发展阶段论.mp4

瑞士著名心理学家皮亚杰早在20世纪30年代就对儿童的道德判断的发展进行了系统研究。对偶故事法是皮亚杰研究道德判断采用的一种方法，具体而言，就是利用讲述故事的方法向儿童提出有关道德方面的难题，利用这种难题测定儿童是依据对物品损坏结果还是依据主人公的行为动机做出道德判断。由于皮亚杰每次都是以成对的故事测试儿童，因此，此方法被称为对偶故事法。例如，①有一个小男孩叫朱利安，他的父亲出去了，朱利安觉得玩他爸爸的墨水瓶很有意思。开始时他拿着钢笔玩儿，后来他在桌布上弄上了一小块墨水渍。②一个叫奥古斯塔的小男孩发现父亲的墨水瓶空了。在父亲外出的那一天，他想把墨水瓶灌满以帮助父亲。但在打开墨水瓶时，他在桌布上弄上了一大块墨水渍。

皮亚杰对每个对偶故事都提出了两个问题：①这两个孩子的过失是否相同？②这两个孩子中哪一个更坏些？为什么？通过大量的实证研究，皮亚杰发现儿童道德判断能力的发展与其认识能力的发展存在着相互对应、平衡发展的关系，这种认识能力是在与他人和社会的关系中得到发展的。皮亚杰概括出一条儿童道德认知发展的总规律：儿童的道德发展大致分为两个阶段：在10岁之前，儿童对道德行为的思维判断主要是依据他人设定的外在标准，称为他律道德；在10岁之后儿童对道德行为的思维判断则多半依据自己的内在标准，称为自律道德。皮亚杰提出儿童的道德判断是一个从他律到自律的发展过程，具体可分为以下四个阶段。

(一)自我中心阶段(2～5岁)

这一阶段的儿童开始接受外界的准则，但不顾准则的规定，按照自己的想象执行规则，他们还不能把自己与他人和外界的环境区别开来，常把成人说的混同于自己想的，把外界环境看成是自身的延伸。规则对他们来说，还不具有约束力。他们的游戏活动只是个人独立活动的任意行为，与成人、同伴之间还没有形成合作关系。

(二)权威阶段(5～8岁)(又称他律阶段)

这一阶段的儿童对外在权威表现出绝对尊敬和顺从的愿望。他们认为服从、听话就是好孩子；否则就是错的，是坏孩子。另一个表现则是对规则本身的尊敬和顺从，即把成人规定的准则看成是固定不变的。这个阶段的儿童对行为的判断是根据客观的效果，而不是考虑主观动机。比如，听父母或大人的话就是好孩子。儿童会对无意中打碎15个杯子的人比有意打碎1个杯子的人进行更严厉的批判。

(三)可逆性阶段(8～10岁)(又称自律阶段)

这一阶段的儿童已经不把规则看成是不可改变的，而把它看作同伴间的共同约定，是可以改变的。他们已经认识到同伴间的社会关系，认识到应尊重共同约定的规则。对他们来说，此时这种共同约定的规则具有相互取舍的可逆特征。同伴间可逆关系的出现表明儿童的思维已从自我中心解脱出来，认识到规则只是维护自己与他人的关系，倾向于自觉地遵守，因而导致一定程度的自律。这标志着儿童道德认识开始形成。

(四)公正阶段(10～12岁)

儿童的公正观念或正义感是在可逆的道德观念上发展起来的。10岁以后，儿童在人与人的关系上，从权威性过渡到平等性。在这一阶段，儿童的道德观念倾向于主持公正、平等。在皮亚杰看来，从可逆性关系转变到公正关系主要是利他主义因素增长的结果。只有当儿童的道德判断达到了自律水平时，才称得上是真正的道德。

皮亚杰认为，儿童品德发展阶段的顺序是固定不变的，这些阶段不是绝对孤立的，而是一个连续发展的统一体。在以他律到自律发展的过程中，个体的认知能力和社会关系是两个重要的影响因素。根据皮亚杰的看法，道德教育的目标就是使儿童达到自律道德，使他们认识到道德规范是在相互尊重和合作的基础上制定的，而要达到这一教育目标就必须注意培养同伴之间的合作，注意成人与儿童的关系不应是权威和服从的关系；在儿童犯错误时，要使他了解为什么这样做不好，以发展儿童的道德认识。

二、柯尔伯格的道德发展阶段理论

柯尔伯格是美国心理学家，他继皮亚杰之后对儿童品德发展问题进行了大量的、卓有成效的研究，提出了系统的道德发展阶段理论。

柯尔伯格对皮亚杰的研究方法进行了改进，应用道德两难论(也称两难故事法)的方法研究道德发展问题。通过大量的研究，柯尔伯格提出了三水平六阶段理论。三水平是指前习俗水平、习俗水平及后习俗水平，六阶段是指每个水平中又可划分为两个不同的阶段。

拓展阅读

两难故事——海因茨偷药

柯尔伯格用道德两难故事研究儿童的道德发展，最有代表性的故事就是"海因茨偷药"。这个故事的大意是：欧洲有一位妇女患了癌症，生命危在旦夕。医生告诉她的丈夫海因茨，只有本城的一个药剂师最近发明的一种药可以救他的妻子，但该药价钱十分昂贵，要卖到成本价的十倍。海因茨四处求人、竭尽全力也只借到了购药所需钱数的一半。万般无奈之下，海因茨只得请求药剂师便宜一点卖给他，或允许他赊账。但药剂师坚决不答应他的请求，并说他发明这种药就是为了赚钱。海因茨在走投无路的情况下，为了挽救妻子的生命，在夜间闯入药店偷了药，治好了妻子的病。但海因茨因此被警察抓了起来。

柯尔伯格围绕这个故事提出了一系列问题，让被试参加讨论，如海因茨该不该偷药？为什么？海因茨犯了法，从道义上看，这种行为好不好？为什么？根据不同年龄儿童回答的参照标准和公正性程度，柯尔伯格对儿童道德发展水平进行归纳概括，在儿童道德发展阶段理论的研究方面作出了卓越贡献。

(一)前习俗水平(0～9岁)

处在这一水平的儿童，其道德观念的特点是纯外在的。他们为了免受惩罚或获得奖励而顺从权威人物规定的行为准则。根据行为的直接后果和自身的利害关系判断好坏是非。

这一水平包括两个阶段。第一阶段：惩罚与服从定向阶段。在这一阶段儿童根据行为的后果来判断行为是好还是坏及严重程度，他们服从权威或规则只是为了避免惩罚，认为受赞扬的行为就是好的，受惩罚的行为就是坏的。他们还没有真正的道德概念。处在这一阶段的儿童对海因茨偷药的故事可能会作出这样两种不同的反应：赞成者认为，他可以偷药，因为他先提出请求，又不偷大的东西，不该受罚；反对者则会说，偷药会受到惩罚。第二阶段：相对功利取向阶段。这一阶段的儿童道德价值来对自己需要的满足，他们不再把规则看成是绝对的、固定不变的，评定行为的好坏主要看是否符合自己的利益。如他们对海因茨偷药的故事可能会有这样的说法：赞成者会说，他的妻子需要这种药，他需要同他的妻子共同生活；反对者则会说，他的妻子在他出狱前可能会死，因而对他没有好处。柯尔伯格认为，大多数9岁以下的儿童和许多犯罪的青少年在道德认识上都处于前习俗水平。

(二)习俗水平(9~15岁)

处在这一水平的儿童能够着眼于社会的希望与要求，并以社会成员的角度思考道德问题，已经开始意识到个体的行为必须符合社会的准则，能够了解社会规范，并遵守和执行社会规范。规则已被内化，按规则行动被认为是正确的。习俗水平包括两个阶段。第三阶段：寻求认可定向阶段，也称"好孩子"定向阶段。处在该阶段的儿童，个体的道德价值以人际关系的和谐为导向，顺从传统的要求，符合大家的意见，谋求大家的赞赏和认可。总是考虑到他人和社会对"好孩子"的要求，并总是尽量按这种要求去思考。他们认为好的行为是使人喜欢或被人赞赏的行为。这一阶段的儿童听了海因茨偷药的故事，赞成者会说，他做的是好丈夫应做的事；反对者则说，他这样做会给家庭带来苦恼和丧失名誉。第四阶段：遵守法规和秩序定向阶段。处于该阶段的儿童其道德价值以服从权威为导向，他们服从社会规范，遵守公共秩序，尊重法律的权威，以法制观念判断是非，知法懂法，认为准则和法律是维护社会秩序的，因此应当遵循权威和有关规范去行动。该阶段的儿童听了海因茨偷药的故事，赞成者会说，不这么做，他要为妻子的死负责；反对者会说，他要救妻子的命是应该的，但偷东西犯法。柯尔伯格认为大多数青少年和成人的道德认识处于习俗水平。

(三)后习俗水平(15岁以后)

这一水平又称原则水平，达到这一道德水平的人，其道德判断已超出世俗的法律与权威的标准，而是有了更普遍的认识，想到的是人类的正义和个人的尊严，并已将此内化为自己内部的道德命令。后习俗水平包括两个阶段。第五阶段：社会契约定向阶段。处于这一水平阶段的人认为法律和规范是大家商定的，是一种社会契约。他们看重法律的效力，认为法律可以帮助人维持公正。但同时认为契约和法律的规定并不是绝对的，可以应大多数人的要求而改变。在强调按契约和法律的规定享受权利的同时，认识到个人应尽义务和责任的重要性。对于海因茨偷药的故事，赞成者认为，法律没有考虑到这种情况；反对者认为，不论情况多么危险，总不能采用偷的手段。第六阶段：原则或良心定向阶段。这是进行道德判断的最高阶段，表现为能以公正、平等、尊严这些最一般的原则为标准进行思考。在根据自己选择的原则进行某些活动时，认为只要动机是好的，行为就是正确的。在这个阶段，他们认为人类普遍的道义高于一切。对于海因茨偷药的故事，赞成者认为，尊重生命、保存生命的原则高于一切；反对者认为，别人说不定也像他妻子一样急需这药，要考虑所有人生命的价值。

柯尔伯格根据自己的大量研究得出结论：0～9岁的儿童处于前习俗水平；9～15岁的儿童处于习俗水平；15岁以后，一部分人向后习俗水平发展，但达到这一水平的人数很少。柯尔伯格确定了儿童道德发展的三个水平、六个阶段。每一阶段的划分不仅考虑到儿童是选择服从还是选择需要，还要考虑儿童对这种选择的说明和公正性。柯尔伯格认为，道德发展的顺序是固定的，这种发展的顺序是由低级阶段依次向高级阶段发展的，这种顺序既不会超越，更不会逆转。个体在某个发展阶段，主要使用某个阶段的推理，而同时也使用其他几个阶段的推理。学生的道德判断通过道德推理的训练得以发展，道德两难问题是训练道德推理的有效方法。一个人的智慧发展与其道德认识发展是密切相关的，但却不是同步的。所以，他主张必须使学生的认知达到能在原则上进行推理的成熟水平。

三、班杜拉的榜样学习理论

(一)社会学习

社会学习理论最初是由美国的心理学家班杜拉在20世纪60年代提出的。他发现人的许多态度或行为，不是通过其行为的直接后果即直接经验获得的，而是通过间接经验获得的。社会学习理论认为，榜样的行为对儿童的影响很大。教师和家长把社会的道德规范传递给学生有两种途径：一条是向儿童展示自己的行为实践；另一条是言语教诲。

(二)实验研究

班杜拉等对道德教育的效果进行了大量实验研究。在一项实验中，他们把学生分为四组，每组配一个实验员。实验前实验员要与学生建立融洽关系并得到学生的信任，然后主试分别让这四组学生为孤儿院募集捐款。第一组实验员向学生宣传捐款救济孤儿的意义，同时自己慷慨解囊，捐出钱款；第二组的实验员向学生宣传不去救济孤儿，把钱留给自己的好处，本人也表现得极端吝啬，不向募集捐款的主试捐钱；第三组实验员宣传慷慨仁慈，自己却不掏钱捐款；第四组实验员宣传贪婪，自己钱越多越好，劝说学生不要捐款，但他自己却毫不吝啬地向主试大批捐款。实验结果是：第一组学生全部捐了款；第二组学生没有一个为孤儿捐款；第三组尽管实验员把救济孤儿的意义讲得头头是道，并赢得了本组学生的好感，但是绝大多数学生并没有按实验员说的去做，而是仿效实验员的行为，不捐钱款；第四组的学生正好相反，大多数学生对宣传贪婪的实验员表示反感，却又学着他的样子捐出钱款。

(三)道德规范的榜样学习

实验结果表明，榜样能对学生的行为产生巨大的影响，模仿是学生向社会学习，形成道德的重要途径。当榜样的行为和教育内容一致时，道德教育会取得最佳的教育效果。当教育者只进行口头教育、自己却不能言行一致时，教育是难以奏效的，而且"身教重于言教"。社会学习是学习者通过观察榜样的示范而进行的。榜样应该具备以下五个条件，才能对学习者产生有效的影响。

(1) 榜样的示范要特点突出、生动鲜明。榜样的示范特点清晰、形象生动才能够引起学习者的注意。

(2) 榜样本身的特点与观察者的相似性。榜样本身的年龄、兴趣爱好、社会背景等方面与观察者越相似，越容易引起观察者的模仿学习。如成人榜样对学生的影响就不如年龄相近的同学榜样的影响大。

(3) 榜样示范的行为对于学习者来讲要具有可行性，即学习者都能够做得到，这是最基本的条件。如果榜样的行为标准太高，会使学习者产生"可望而不可即"的感觉，对学习者的影响就会受到限制。

(4) 榜样示范的行为要具有可信任性，即学习者相信榜样做出某种行为是出于自然，而不是具有别的目的。

(5) 榜样的行为要感人。榜样的行为要使学习者产生心理上的共鸣，这样学习者才会表现出类似的行为。

总之，观察学习在道德教育中具有重要的作用。人的许多道德行为都是通过观察学习而获得的。所以，在品德教育中，教育者应注意为学生提供良好的可供学习和借鉴的榜样，引导学生学习和保持榜样行为，并为学生创造再现榜样行为的机会，对好的行为给予及时的表扬和鼓励，对错误的行为则给予批评和教育。

四、艾森伯格的亲社会道德理论

美国心理学家艾森伯格针对柯尔伯格的理论提出异议，她认为柯尔伯格运用其两难故事只是研究了儿童道德判断推理的一个方面，即禁令取向的推理，她设计出另一种道德两难情境，即亲社会道德两难情境来研究儿童的道德判断。

亲社会两难情境的特点是，一个人要面对满足自己利益和满足他人利益的双趋冲突，助人者的利益和接受帮助者的利益之间存在不可调和的矛盾。这种情境下的助人行为就是"职责以外的行为"，它高于基于公平考虑的正规责任。在亲社会情境中并不强调法律、惩罚、权威和正规责任。艾森伯格及其合作者利用亲社会两难故事进行了一系列的研究，归纳出儿童亲社会道德判断的五个阶段。

阶段一：享乐主义的推理。助人与不助人的理由包括个人的直接受益，或者由于自己需要和喜欢某人才去帮助他。

阶段二：需要取向的推理。当他人需要与自己的需要发生冲突时，儿童对他人身体的、物质的和心理的需要表示关注。

阶段三：赞许和人际取向的推理。儿童助人与不助人的理由是好人或坏人以及他人的赞许和许可等。

阶段四：移情推理过渡阶段。具体包括两个时期：一是自我投射性的移情推理，儿童的判断中出现自我投射性的同情反应和角色选择；二是过渡阶段，儿童助人与否涉及内化的价值观、规范、责任和义务，对社会状况的关心，以及保护他人权利和尊严等，但是儿童并不能清晰地表达出来。

阶段五：深度内化推理。是否助人的依据是他们内化的价值观、规范和责任，以及改善社会状况的愿望等。

国外许多心理学工作者利用艾森伯格的亲社会两难故事所做的跨文化研究表明，尽管不同文化背景下儿童的亲社会道德判断存在一定的差异，但是发展趋势是基本一致的。

第三节　品德的形成与发展

一、品德各组成要素的形成与发展

(一)道德认识的形成

道德认识的形成.mp4

道德认识在学生品德形成中具有重要作用。它是道德情感、道德意志、道德行为的基础。所谓道德认识就是指人对道德行为准则及其意义的认识，也即人对行为上的善与恶、是与非、美与丑、好与坏的理解。

学生道德认识的形成，不仅表现在对道德知识的理解上，而且表现在能够依据所掌握的道德知识去评价判断自己和别人的道德行为，从而把道德行为规范作为自己行动的指南，成为自身的需要。所以，道德认识的形成包括以下三个方面。

1. 道德知识的掌握

学生对道德知识的理解，常常是以掌握道德概念的方式表现出来的。道德概念反映道德现象的一般特征和本质特征，它是对具体的道德现象的抽象和概括。掌握道德概念是形成道德认识的必要前提。

学生对道德知识的掌握同对其他知识的获得一样，也是一个由具体到抽象、从个别到一般的过程。从初期学会"和同学一块玩不打架是好孩子"到中期、晚期学会"团结""友爱"，以及其他是与非、好与坏、善与恶等道德概念的形成，都是在大量的具体的道德现象中抽象概括而来的。

学生在形成道德概念过程中也同形成其他科学领域的概念一样，往往会混淆事物的本质特征与非本质特征，从而导致概念的混淆。因此，学生掌握道德概念，首先，有赖于教师帮助学生获得感性道德经验。其次，有赖于学生理解道德行为规范的社会意义和个人意义。再次，有赖于运用变式、对比的规律剔除同类道德现象的非本质特征，突出其本质特征，帮助学生深刻理解和掌握概念的实质并发展他们抽象概括的能力。

学生在领会道德知识过程中，也会出现一些特殊的认识问题，在一些情况下，学生虽然领会了某些道德要求，但并不立刻接受，甚至完全拒绝接受，表现为"不理睬"或"对立情绪"，这就是心理学上所说的"意义障碍"。所谓意义障碍是指学生在头脑中存在着某些思想或心理因素，阻碍他们对道德要求、道德意义的真正理解，从而不能把这些要求转化为自己的道德要求。教师要及时了解学生产生"意义障碍"的原因，在教育过程中所提出的要求应当考虑到学生的接受能力和自尊的需要，以尽量避免和减少"意义障碍"产生的消极后果。

2. 道德信念的确立

道德信念是坚信道德准则的正确性，自觉地将它作为自己的行动指南，并伴有积极的情绪体验的高层次的道德认识。道德信念是推动一个人产生道德行为的强大动力，使人的道德行为表现出坚定性、一贯性，因此，它是学生道德品质形成中的关键因素。

学生道德信念的确立不仅取决于道德认识的深度，更主要的是通过自己或集体的实践活动获得道德行动的经验和富有情感色彩的体验，证实并体会到道德要求的正确性。使学生领会某些道德要求与知识是比较容易的，但是要把这些要求与知识真正转化为自己的信念，成为经常起作用的动力，就需要使这些知识、要求被个人经验与集体经验所验证，被实践后果所引起的内心体验所丰富和加强。因此，教师除了要创造条件，使学生获得与道德要求相应的经验外，还要防止学生取得反面经验与体验，如不按道德要求办事反而得到赞赏、按要求办事反而受到批评，这样会削弱道德要求的说服力，从而阻碍有关的知识向信念转化。此外，还要注意教育者的要求一致、言行一致。如果言行不一，言传与身教相互矛盾，就会在学生心理上留下消极影响。

3. 道德评价能力的发展

道德评价是应用所掌握的道德知识对自己或他人行为的是非、好坏、善恶进行分析判断的过程。经常进行道德评价，可以巩固和扩大学生道德行为的经验和体验，加深对道德知识的理解，从而把道德知识变成组织自己行动的自觉力量。

一个人的道德水平，既同他所掌握的道德知识有关，也同他的成熟和智慧有关。学生的道德评价能力是逐步发展起来的，即：从仿效别人的评价发展到独立进行评价；从注重行为效果的评价到逐渐重视分析动机的评价；从偏重于评价别人发展到学会自我评价；从评价的片面性发展到能够比较全面的评价。

教师应注意了解学生道德评价发展的特点，经常给学生做道德评价的示范，利用教材中和生活中的典型事例做出简明而正确的评价，有意识地培养学生道德评价的能力。

(二) 道德情感的丰富

1. 道德情感的定义

道德情感是人们根据一定的社会道德标准评价自己或他人时所产生的情感体验。任何情感都是客观事物能否满足个人的需要而产生的内心体验。人们在社会生活中形成了各自的需要，道德情感便是人的道德需要是否得到满足时所引起的内心体验。当自己和他人的言行符合道德准则时，就会产生满意的道德体验，如愉快、欣慰、赞叹、热爱等；反之，则会产生不满意的甚至鄙视的道德体验，如憎恨、厌恶、气愤、内疚等。

道德情感是和道德认识、道德行为紧密联系的，它是构成人品德的重要心理成分。缺乏道德情感的人是不会形成优良的道德品质的。

2. 道德情感的表现形式

1) 直觉性的道德情感体验

直觉性的道德情感体验是由对某种情境的感知而引起的迅速的、突然的情感体验。这种道德感的自觉性较低，且具有迅速定向的作用。比如，学生常由于莫名其妙违反纪律的不安或突如其来的荣辱感迅速制止了自己某种不当的需要与行为，或做出大胆而果断的举动。这种道德情感一般说来具有由具体情境而引起、外部表现明显、发生迅速突然、持续时间较短的特点。尽管这种道德情感体验的自觉性较低，对道德准则的意识不明显，但它仍然与过去的道德认识、道德经验有关，并非偶然的情绪体验，它是过去道德认识、道德经验的直觉反应。

2) 形象性的道德情感体验

这是与具体的道德形象相联系的情感体验。它是通过想象或联想某些有意义的人或事物的形象而激起的较自觉、较复杂、较高级的道德情感。例如，想起英雄人物的崇高形象，就会受到强烈的感染，引起情感上的共鸣，产生敬仰之情。它的特点是持续时间较长、与想象相联系、带有自觉性。它虽然不像直觉性的情感体验那么明显，但由于道德形象的鲜明、具体、强烈的感染作用，内部作用比较深刻，常常使人铭刻在心、经久难忘。

3) 伦理性的道德情感体验

这是一种意识到道德伦理的更自觉的情感体验，是把道德的感性认识和理性认识结合在一起，对道德要求及其意义有较深刻认识的最概括的情感体验。例如，爱国主义情感、事业心、责任感等都属于这种情感体验。它的特点是具有清晰的意识性和明显的自觉性，具有较深刻的认识的概括性和较强的理论性，还具有很大的稳定性和持久性，因此，具有强大的动力作用。

研究表明，初一、初二的学生易受情境的影响，直觉性情绪体验强烈，自觉意识到激情后果的水平较低，不易控制自己的情感；初三以后，直觉性的情绪体验明显减少，伦理性的道德情感体验日渐增强。

3. 道德情感的培养

(1) 丰富学生道德知识，并使这些知识与道德情感体验结合起来。

一些有经验的优秀教师，常常是在对学生进行说理教育时激发学生的内心体验，即所谓动之以情。在学生接触道德事件、接受道德观念或进行道德实践时，通过言语启示激起学生的情绪、情感，使他们在理解道德要求的同时，伴有相应的体验，并利用舆论与集体气氛，使学生获得道德需要的满足或谴责。

(2) 充分发挥优秀艺术作品和生动的道德榜样的感染作用，引起学生情感的共鸣。

现实中优秀的艺术作品和生动的道德榜样因其形象感人，从而容易引起学生道德情感的共鸣，能够增加他们道德实践的间接经验，丰富道德情感的内容。

(3) 在具体情感的基础上，阐明道德要求的概念与观点，使学生的道德经验不断概括与深化。

培养学生的道德既不能空讲道理，也不应停留在具体的体验上而不进行说教。为了推动学生的道德情感向深度和广度发展，教师要适时地阐明道德要求，使学生在已有的道德情感体验的基础上加以深化和概括，逐步理解道德现象的实质。

(4) 激发和保持学生积极的情感，克服消极情感并使之向积极情感转化。

对学生消极情感的克服与转化，要进行耐心细致的说服教育，采取简单禁止的办法是难以奏效的。同时，要利用学生身上积极的情感提高他们的自控能力，来克服消极情感并使其向积极情感转化。

(三)道德意志的锻炼

1. 道德意志概述

道德意志是指一个人自觉地确定道德行为目的，积极调节自己的活动，克服内外困难，以实现既定目的的心理过程。

道德意志是在实际行动中表现出来的，与行动的联系非常密切。道德意志和行动不可分，但并非任何行动都可称为道德意志行动，道德意志行动具有以下特征：①有自觉明确的道德行为目的，那些本能的行为、不自觉的习惯动作等都不属于道德意志行为；②与克服困难相联系，那些没有心理困扰或不需任何意志努力，轻而易举的行为，无道德意志可言；③以随意动作为基础，不掌握一定的随意动作，道德行动难以实现，熟练的随意动作是实现道德行动的基础。

道德意志在人的道德实践中具有巨大的能动作用，良好的道德意志表现在以下四个方面。

1) 道德意志的自觉性

自觉性是指一个人对行动的目的和动机有清楚而深刻的认识，并受正确的道德信念和世界观调节支配，使行动达到既定的道德目的。具有自觉性的人，其行动受正确动机驱使，相信自己的目的是正确的，思想和行动具有原则性。例如，自觉遵守纪律，胜不骄、败不馁，坚持真理，修正错误，信守原则等都是道德意志自觉性的表现。

与自觉性相反的不良的道德意志品质是易受暗示性和独断性。易受暗示性是指缺乏信心和主见，盲目地接受他人影响，轻率地改变行动方向。独断性表现为拒绝他人的劝告，固执己见，一意孤行。

2) 道德意志的坚韧性

坚韧性指长期地以坚韧的毅力、顽强的精神，百折不挠地克服困难以完成道德意志行动。具有坚韧性品质的人始终不渝，满怀信心，不为挫折和失败而后退，不达目的誓不罢休。

与坚韧性品质相反的是执拗和顽固性，这种人不能正确对待自己和别人，固执己见，执迷不悟，这实际是道德意志薄弱的表现。缺乏坚韧性的人，往往不能实现道德行动目标，而使既定的道德目标半途而废。

3) 道德意志的果断性

果断性是道德意志机敏的表现，是指善于明辨是非和真伪，善于抓住时机，迅速而合理地采取决定和执行决定。缺乏这种品质的人，往往阻碍道德动机转化为道德行动，始终徘徊在道德愿望上。这是由果断性品质的对立面——优柔寡断造成的。与优柔寡断同属道德意志薄弱表现的另一个极端是草率冒失，这种人常常是不考虑行为的后果，草率鲁莽，易发生道德行为与道德动机相矛盾的情况。

4) 道德意志的自制性

自制性是指一个人能控制和协调自己的思想感情和消极行为的能力。品德优良的人，能够控制和约束自己的消极情绪和言行，使自己的行为符合道德准则的要求。而品德不良的学生，其中很重要的一个心理因素是自制力差，经不起不良影响的诱惑，不能克服内外干扰，表现出任性、冲动。

2. 道德意志的锻炼

在现实生活中学生某些不道德行为并非由于道德无知，而是与自我调节控制能力不强有密切关系。因此，道德意志在学生品德形成中具有不可忽视的作用，锻炼和培养学生的道德意志十分必要。

锻炼学生的道德意志，应注意以下几点。

(1) 提供道德意志锻炼的榜样，激发学生锻炼道德意志的愿望。

榜样具有浓厚的情感色彩和感人的精神力量，能深深陶冶学生的情操，鼓舞他们的意志，教师可以向学生介绍一些英雄模范人物的事迹，给学生提供道德榜样，有计划、有目的地进行道德教育，激发他们锻炼道德意志的愿望。

(2) 组织道德练习，使学生获得道德意志锻炼的直接经验。

道德意志始终是在道德实践过程中，为实现既定的目的，在与各种困难的斗争中逐步形成和发展起来的。因此，要创设一些特定的情境，组织学生的道德实践活动，从中获得道德意志锻炼的直接经验。马卡连柯(A.C，Maka-penko)曾做过"教育冒险"的实验，让一个曾有过偷窃行为的学生，带着枪骑着马去为工学团取钱。这就是创设道德实践的机会，对学生的道德意志进行考验与锻炼。

(3) 提出严格要求，引导学生进行道德意志的自我锻炼。

对学生提出严格的要求，养成良好的生活、学习和工作习惯，帮助他们分析自己的意志品质，拟订锻炼意志的计划，培养学生自我教育、自我评价、自我监督、自我控制的能力。

(4) 针对学生的意志特点，采取不同的锻炼措施。

学生的意志品质存在着明显的差异，有的学生沉着坚韧，有的学生果敢顽强，有的学生主动热情，但另一方面可能表现出感情易冲动、草率、鲁莽或不能持之以恒等，因此，在引导他们进行道德意志锻炼时，要根据其各自的意志特点采取不同的措施，只有因材施教，才能取得事半功倍的效果。

(四)道德行为的训练

道德行为的训练.mp4

道德行为是个体遵照道德规范所采取的行动。它是实现道德动机的手段，是道德认识、道德情感的具体表现和外部标志。人的品德面貌总是通过行为举止表现出来的，同时，也是在实际行动中形成和发展起来的。因此，把学生的道德认识、道德情感转化为相应的道德行为，对学生品德的培养和形成具有重大的现实意义，这是品德教育的基本问题。

道德行为的训练主要包括以下三个方面。

1. 道德动机的激发

道德动机是推动人们产生和完成道德行为的内在原因。因此，训练学生的道德行为，必须从激发道德动机入手。

当道德认识和道德情感成为推动一个人产生道德行为的内部动力时，便转化为产生道德行为的道德动机。教师的职责就是要帮助学生做好这个转化工作，引导学生把行动的社会意义和社会理由以及内心的情绪体验作为自己行动的道德动机。在道德行为训练中，激发由道德信念和道德理想转化而来的道德动机，对于道德品质的形成和发展具有重要的意义。因此，必须教育学生从小树立远大理想，树立正确的人生观。

2. 道德行为方式的掌握

一般来说，道德动机和行为效果是统一的。但有时由于儿童不善于组织自己的行为，二者也可能不一致。即使是成人在复杂的情境中也会出现这类情况，其中一个重要原因是存在方式方法问题。

指导学生掌握行为方式可以采取多种途径进行。例如，通过学生守则、日常行为规范的讲解与练习，使学生熟知学校生活中最基本的具体行为要求；通过课文或课外读物的阅读或讲述，使学生了解某项典范人物行为方式的合理性；组织学生讨论为完成某事所应采取的行动步骤；分析和总结道德行为的成功经验与失败教训等，都是切实可行的办法。教师在指导学生掌握道德行为方式过程中，一方面要让学生掌握一些道德行动的具体要求、规则、步骤；另一方面则是使他们逐渐形成独立地、主动地和创造性地选择道德行为方式的能力。

3. 道德行为习惯的养成

道德行为习惯的养成既是品德形成的重要标志，又是良好品德形成的最终环节。习惯一经养成就转化成为一种需要，它可以使人的道德行为容易出现，它的受阻则会引起消极的情绪体验。道德行为习惯会使人在新的道德情境中产生道德迁移，表现新的道德行动。

良好的道德行为习惯的养成不是一朝一夕可以完成的事情，需要有意识地、有组织地长期练习。为了有效地培养学生良好的道德行为习惯，应注意以下几点。

(1) 激发学生形成良好道德行为习惯的意向。向学生讲清道德行为练习的目的、意义和必要性，激发学生参与练习的主动性和积极性。

(2) 创设良好的行为情境，避免重复不良行为的机会。

(3) 提供良好榜样，鼓励学生进行模仿。

(4) 让学生了解练习的结果及成败的原因，及时强化与反馈。

(5) 与坏习惯做斗争。要注意及时纠正学生中某些坏习惯，同时要让学生了解其害处，增强克服坏习惯的勇气和信心。

总之，培养学生良好的道德行为习惯，需要做大量艰苦、细致的工作。道德行为习惯的养成不是一日之功，在行为训练中可运用各种具体方法，如用铭记警句、集体舆论、合理的奖惩等方法来巩固好习惯，抑制坏习惯。

二、学生不良品德的矫正

(一)学生的不良品德概述

1. 学生的不良品德定义

所谓学生的不良品德是指学生经常违反道德准则或犯有比较严重的道德过错。这种学生虽然在整体中占极少数，但是它的影响面广，往往具有蔓延作用，给学校教育和班级工作带来较多的困难。学生品德不良通常表现为故意违反纪律、恶作剧、好打架斗殴、没礼貌、爱撒谎、小偷小摸、损坏公物等。

2. 教师对学生不良品德的基本观点

在学校里，教师不仅需要对多数品德较好的学生进行继续培养和教育，而且需要加强对少数不良品德学生的教育，从某种意义上说这种教育更重要、更艰巨。为了更有效地教育那些具有不良品德的学生,教师应当树立起正确的基本观点,那就是应该看到那些品德不良的学生,绝不是天生的,他们也是广大青少年的组成部分,只是在成长的道路上,由于种种主客观的原因造成的。要看到他们的人生观和世界观还没有最后形成,品德尚未定型,具有很大的可塑性。只要创造良好的环境,就可以促使他们向好的方面转化;只要满怀热情地关怀他们、帮助他们,而不是鄙视和冷淡他们,就可以起到一定的感化和教育作用。实践证明,对不良品德行为发现得越早、纠正得越及时,就越有利于学生品德的健全发展。

对有不良品德学生的教育是一项十分艰苦、细致而又复杂的工作,既要注意根据他们的心理特点和犯错误的原因,有的放矢地进行教育和引导,又需要家庭、学校和社会紧密配合、协调一致、共同努力,对他们坚持综合教育、协同管理,才能取得理想的教育效果。

(二) 形成学生不良品德的原因

学生的不良品德是社会环境、学校教育及家庭的不良影响通过儿童内部心理活动产生的,是外因通过内因起作用的结果。形成学生不良品德的原因既包括客观原因,又包括主观原因。

1. 客观原因

形成学生不良品德的客观原因主要包括以下几个方面。

1) 家庭的不良教育与影响

家庭的教育和环境的影响,是造成学生品德不良的一个重要原因,其主要问题如下。

(1) 缺乏健全的家庭结构和生活方式,如父母离异、再婚、夫妻不和等。

(2) 父母教育不力,管教方法不当。有的家长对孩子要求过于严厉,而教育方法简单、专制;有的家长对孩子溺爱,管教不严;有的家长双方要求不一致,时严时松等。

(3) 家风不正,贻误后代。有的父母或其他家庭成员恶习成性,如酗酒、赌博、偷窃、卖淫等,致使孩子受到潜移默化的不良影响而形成不良品德。

2) 社会的不良影响

(1) 社会文化中不健康因素的影响。社会上不健康的书刊杂志、网络、影视节目等,对青少年学生的品德发展都有不良影响。

(2) 不法分子的引诱、教唆。他们利用青少年的无知和好奇,对学生进行引诱、欺骗和教唆。

(3) 不正之风、腐败现象的感染。有的学生由于受到社会上不正之风、腐败现象的影响,学习不努力,请客、送礼拉关系、赶时髦、讲排场,甚至逃课出入舞厅及不良网吧等。

3) 学校教育中的某些失误

一般认为,学校对学生的教育都是正向功能,但事实并非如此,从教育思想、态度、要求乃至作风和方式方法,都可能存在问题。学校领导与教师工作中的失误,都可能产生负向功能,直接或间接影响学生产生过错行为或不良品德行为。其主要表现如下。

(1) 办学思想不端正,片面追求升学率。因此忽视对学生的思想品德教育,智育第一,只注意抓少数尖子生,放弃大多数学生。

(2) 缺乏正确的教育观点、原则和方法。有的教师对学生不能一视同仁,对有缺点的学生不能一分为二;教育方法简单粗暴,或严惩、或放任自流,使学生失去自尊、自信。

(3) 学校教育与家庭教育脱节。学校教育与家庭教育互不配合，各行其是，削弱了教育的力量。

2. 主观原因

形成学生不良品德的主观原因主要包括以下几个方面。

1) 缺乏正确的道德认识

青少年正处在品德形成发展的过程中，他们的道德认识还不明确、不稳定，而且缺乏独立的道德评价能力。有些学生道德上无知，正误不分，美丑不辨；有些学生不懂法律，法纪观念淡漠；有些学生是非颠倒，因此，他们容易接受社会上的不良影响，形成一些错误的道德认识，这是学生产生过错行为和不良品德的根本原因。

2) 道德意志薄弱

有的学生虽懂得道德行为规范，但是由于意志薄弱，不能用正确的认识战胜个人的不合理欲望，不能抵抗"诱惑"因素，当二者发生冲突时不能自制，因而出现明知故犯、知行不一的情况。

3) 好奇心和盲目模仿

青少年心理发展中的某些特点也可能成为产生过错行为的一个原因，如好奇心、模仿心理。青少年好奇心特别强烈，越是觉得神秘的东西，越想试探一下。青少年喜欢模仿，但他们分辨是非、真伪的能力又较差，因此往往盲目模仿消极的东西。有些学生的不道德行为就是由好奇心和盲目模仿引起的。

4) 不良的行为习惯

不良行为的发生，开始可能是偶然的，但若没能得到及时制止和矫正，反而侥幸得逞，这种不良的行为方式就会同个人欲望的某种满足发生联系，经过多次重复，建立起动力定型，便养成了不良的行为习惯。不良的行为习惯一旦养成，就会使学生不知不觉地采取类似的不良行为，似乎不那么做就感到不自在，甚至产生不愉快的情绪体验，于是不良的行为习惯就成为产生不良品德的内在原因。

(三)学生不良品德的矫正

青少年的世界观尚未定型，可塑性很大，在不良的条件下容易变坏，在有利的条件下可以变好。只要家庭、学校和社会紧密配合，了解学生的心理特点，分析不良品德产生的原因，采取相应的有效措施，学生的不良品德是可以得到矫正的。

矫正学生的不良品德，应注意以下几点。

1. 提高道德认识，增强道德判断能力

有些学生形成不良品德的原因之一为是非观念不清，缺乏正确的道德认识，道德评价能力差，往往是非颠倒、好坏不分，因此产生错误动机时不能知其错误而自觉加以克制，发生不良行为时不能知其羞耻而决心改正，导致一错再错。所以，矫正学生的不良品德，首先就要进行道德认识的教育，提高道德判断能力，把学生心目中颠倒的是非再颠倒过来。提高学生的道德认识，就是让学生明白和掌握一定的道德和行动准则。

2. 改善人际关系，消除疑惧心理和对立情绪

品德不良的学生经常受学校和教师的批评，处于一种不良的人际关系之中，他们对教

师和同学常怀有戒心和敌意。常把教师的善良愿望误认为是对他们吹毛求疵，把学校的教育看成是"压制"，把教师的帮助体会为"整"他们。这种心理上的障碍不消除，教育工作就很难收到成效。要消除这种不正常的疑惧和对立情绪，教师首先要尊重、关心他们，诚恳地帮助、教育他们。要使学生真正认识到教师和学校是保护他们的，使他们对教师产生信赖感，扭转师生之间的不正常关系，互相信任。只有这样才能消除他们的疑惧和对立情绪，才能使他们乐于接近教师并接受教师的教育，使其不良心理和行为逐渐得到转变。

3. 保护并利用自尊心，激发集体荣誉感

有不良品德的学生多半缺乏集体荣誉感，而其中屡受批评或惩罚的学生又很自卑。一个人如果认为自己一无是处，就会自暴自弃，失去上进的动力。教师若能善于在这些学生身上发现他们的长处，及时给予肯定、鼓励、赞扬，就会使他们点燃起自尊心的火种，获得改正错误的勇气和自信心。

为了防止自尊心的片面发展，教师要在培养和利用其自尊心的基础上培养他们的集体荣誉感。要通过各种活动使学生意识到每个人的努力与班级、学校集体的关系，促使他们为集体荣誉而努力行动，改正不符合集体要求的缺点和错误。引导学生参加集体活动是培养学生集体荣誉感的有效方法。

4. 锻炼与诱因斗争的意志力，巩固新的行为习惯

学生不良品德的错误行为，一般是由两方面因素促成的。一方面是受学生自身不正确的道德观念支配的；另一方面是受外部一些诱因的影响。因此，既要提高学生的道德认识，加强道德观念的培养，还要锻炼学生与诱因做斗争的意志力，学会自制，以养成新的道德习惯。矫正不良品德行为是一个破旧立新的过程，在矫正初期可以采取避开旧环境和不良诱因的影响，但这只是权宜之计。要想从根本上解决问题，就必须锻炼学生的意志力，加强他们与不良诱因做斗争的能力。那些严重的、稳定的过错行为在转变中常常会出现反复现象，当反复现象出现时，应当帮助这些学生吸取教训，循循善诱，切不可失去信心，放弃教育的责任。为了增强学生抵抗诱惑的能力，适当进行行为考验是必要的，并且要适当监督，使之经得住考验，好的行为得到多次重复，新的行为习惯就得到了巩固。

5. 针对学生的个别差异，采用灵活的教育措施

学生的不良品德，由于年龄、性别、个性等差异，其所犯错误的性质、程度也就不同。为了更有效地矫正品德不良行为，必须考虑各方面的差异，针对每个学生的年龄、性别、个性等特点，区别错误的性质及严重程度，机智灵活地采取不同的措施，努力做到一把钥匙开一把锁。

青少年处于过错行为容易发生的年龄阶段，有的心理学家把这个年龄阶段看作教育上的困难期。中小学生，尤其是初中生有许多不同于其他年龄阶段学生的特点，如身心发展急剧变化，独立性明显增强，但又没有成熟，属于半幼稚半成熟，有较强的成人意识等。因此，这个年龄阶段出现的过错行为，应当采用疏导、正面教育和集体讨论的方法去矫正，而不应当用压服、体罚等强制的办法解决。

另外，还应当考虑到教育者本人的特点。有时，同一个学生、同一种方法，由不同的教育者来运用，会产生不同的教育效果。

拓展阅读

道德行为产生过程的一个综合模型

人的道德行为是极其复杂的，既包括外显的行为，又包括引起行为的内部过程；既包括道德认识方面，又包括道德情感和道德意志方面。20世纪80年代，美国心理学家雷斯特(J.Rest)详细地分析了特定道德行为产生过程中的构成因素，并在此基础上发展出一个综合的儿童道德发展研究模型，将人的道德行为产生过程概括为以下四个阶段。

1. 解释情境

当一个人面临着一个具体的道德情境时，首先要对这一情境做出解释，即弄清楚当前发生了什么以及估计个体可能采取的各种行动。这时，个体还会激起一定程度的道德敏感性，感受到自己的行为对别人会产生什么影响。研究表明，一个人对道德情境的理解能力越差，对道德情境的道德敏感性越是缺乏，他产生道德行为的可能性就越少。

2. 做出判断

当一个人对所面临的道德情境有所理解后，就会进一步做出道德判断，考虑在这样一个道德情境中应该做什么，怎样做才是道德的。

3. 道德抉择

当一个人对道德情境做出道德判断后，还要对是否做出道德行动做出抉择，进而决定做出道德行动计划。这是一个道德决策过程，在这个过程中，一个人据以做出判断的道德价值取向有时并不是强有力的，而一些非道德的价值观念却极富诱惑力，因而内部的道德动机斗争就会被激发，有时这种道德动机斗争是很激烈的。

4. 履行道德行为计划

在道德抉择的基础上，一个人就将把道德意向转化为道德行为，执行道德行动计划。在执行道德行动计划的过程中，个体不但要明确行动的具体步骤，还要设想行动过程中可能会遇到的各种困难和障碍，从而用坚定的道德意志去克服挫折、抗拒诱惑，完成道德行动。

可见，个体的道德行动是一种自觉的行为，它受一个人的道德认识和道德情感所支配，并由一个人的道德意向所决定。忽视了行为的道德意向和动机，就不可能真正理解一个人的道德行为。

(资料来源：采自李伯黍等，1993.)

本 章 小 结

教育不仅要向学生传授科学文化知识、发展学生的各种能力，而且要培养学生的良好道德品质，使其掌握社会所允许的道德行为规范，形成适应该社会的人格，因此思想品德教育就构成了素质教育的重要组成部分，品德心理也就成为教育心理学研究的重要内容。

通过前面对品德结构的分析，可以看出，学生品德心理发展主要包括道德认识、道德情感、道德意志和道德行为的发展。本章着重从上述几个方面分析学生品德发展的基本特征和规律，并提出在教育教学中怎样培养学生具有良好的道德品质。阐明了品德的概念、结构、品德发展阶段理论，包括皮亚杰的道德发展阶段论、柯尔伯格的道德发展阶段理论、班杜拉的社会学习理论。

品德与道德既有紧密联系的一面，又有彼此区别的一面。品德与道德的区别主要表现为以下三个方面：品德与道德产生的力量源泉不同；品德与道德反映的内容不同；品德与道德的表现方式和发挥作用的途径不同。

品德的心理结构是指品德的心理成分及其相互关系。品德心理结构极为复杂，研究者们也有许多不同的看法，但一般认为道德认识、道德情感、道德意志和道德行为是构成品德的基本心理成分。这四种基本心理成分是彼此联系、相互制约、相互促进的。道德认识是道德情感、道德意志和道德行为赖以产生的基础；道德情感和道德意志是品德形成不可缺少的中间环节，它们不仅影响着道德认识的倾向，而且对道德行为起到一种激励和定向的作用；道德行为是在道德认识的指导下，在道德情感和道德意志的推动下，通过训练形成的。同时，它又对巩固和发展道德认识、丰富和激发道德情感起促进作用。品德心理结构具有统一性、复杂性、差异性、多端性。

皮亚杰概括出一条儿童道德认知发展的总规律：儿童的道德发展大致分为两个阶段：在 10 岁之前，儿童对道德行为的思维判断主要是依据他人设定的外在标准，称为他律道德；在 10 岁之后儿童对道德行为的思维判断则多半依据自己的内在标准，称为自律道德。

柯尔伯格对皮亚杰的研究方法进行了改进，应用道德两难论的方法研究道德发展问题。这种方法也称两难故事法。代表性的两难故事是"海因茨偷药的故事"。通过大量的研究，柯尔伯格提出了三水平六阶段理论。三水平是指前习俗水平、习俗水平及后习俗水平，六阶段是指每个水平中又可划分为两个不同的阶段。

社会学习理论最初是由美国的心理学家班杜拉在 20 世纪 60 年代提出的。社会学习论认为，榜样的行为对儿童的影响很大。

思考与练习

1. 什么是品德？什么是道德？
2. 简述品德发展的理论。
3. 品德形成和发展的规律是什么？
4. 简述学生的不良品德如何矫正。

推 荐 阅 读

[1] 何燕红，程迪，刘克斌. 思想政治(品德)课程与教学论[M]. 成都：西南交通大学出版社，2018.

[2] 袁书卷. 教育心理学[M]. 北京：北京师范大学出版社，2015.

[3] 包兴敏，白冬青，王晓茜. 教师教育心理学[M]. 北京：清华大学出版社，2018.

[4] 陈琦，刘儒德. 教育心理学[M]. 北京：高等教育出版社，2005.

[5] 刘国权. 小学教育心理学[M]. 北京：人民教育出版社，2015.

当教师把每一个学生都理解为他是一个具有个人特点的、具有自己的志向、自己的智慧和性格结构的人的时候,这样的理解才能有助于教师去热爱儿童和尊重儿童。

——赞科夫

第八章　个别差异与因材施教

本章学习目标

> 理解个体智力差异的不同表现形式。
> 掌握"因智施教"的方法。
> 理解个体在气质和人格方面的差异。
> 掌握"因人施教"的方法。
> 正确理解男女性别差异,并学会正确地"因性施教"。

核心概念

个别差异(individual differences)　智力差异(intellectual differences)　人格(personality)　气质(temperament)　人格差异(personality differences)　性别差异(gender differences)　因材施教(teach students in accordance with their aptitude)

教师的困惑

有一位青年教师毕业后一直在一所"学苗"好的学校任教,她对学生要求比较严格,自己也勤奋刻苦、工作努力,于是逐渐摸索出一套行之有效的教学方法,取得了良好的教学效果,所带班级成绩名列前茅,被评为市优秀教师,还经常进行经验介绍。后因学校合并,她被选派到另一校区(学生以进城务工人员子女为主)执教。眼看一年过去了,她带的班级成绩非但没有多大提高,反而出现好几个上课故意捣乱的学生。这位年轻的教师困惑了:"我用同样的方法教学,效果怎么差距这么大呢?是我的教学方法有问题吗?"

这个案例中教师用同样的教学方法对待不同的学生群体,没有考虑到他们的智力差异、知识经验的差异、气质性格差异,以及由于家庭教育环境等方面的特殊性给孩子带来的心

态方面的差异，因此出现了"同法不同效"的结果。

本章的重点是智力结构差异和人格类型的差异，难点在于如何根据来自智力、人格和性别方面的差异进行因材施教。在学习中，应通过阅读教材掌握基本的概念和原理，再通过自身经验理解不同类型的个体差异，最后能够通过教学实践灵活掌握"因材施教"的理念和方法。

第一节 智力差异与教育

一、智力差异概述

(一)智力的性质

智力是人的一种极为复杂的心理机能。心理学家对它有各种不同的解释，至今仍没有统一的定义。以前，人们将智力看作单一能力，如将智力看作是一种适应新情境的能力(如斯腾伯格、皮亚杰等)，或将智力看作一种学习能力(如白根汉等)，或将智力看作一种抽象思维能力(如比纳、推孟等)。今天，大部分心理学家都认为智力一种综合能力，是使人顺利地从事某种活动所必需的各种认知能力的有机结合，其中以抽象思维能力为核心。

把智力看作人的一种潜能是较为合适的，智力发展就是这种潜能得到发挥的过程。智力无疑与人的先天禀赋有关，但每个人在有利的环境下都可能使自己的潜能得到进一步发展。因而，从先天禀赋和环境因素的影响来看，智力问题是一个差异问题。

(二)智力差异的表现形式

智力差异可分为个体差异和群体差异。智力的个体差异是指不同个体之间所表现出的智力差异。平时所说"某人聪明，某人迟钝"或"某人擅长抽象思维，某人擅长形象思维"，这些都属于智力的个体差异范畴。智力的群体差异是指不同群体之间的智力差异，包括智力的性别差异、年龄差异、种族差异、社会阶层差异等。这里主要讨论智力的个体差异。

智力的个体差异有多种表现形式，它既可以表现在智力发展水平的高低上，又可表现在智力不同的结构上，还可表现在智力发展与成熟的早晚上。智力发展水平差异是智力差异中研究最多的一个方面。人与人之间在智力发展水平上存在明显的差异，这种差异常用智商表示。根据智商高低，可将智力发展水平分为超常、正常和低常三个等级。智力发展水平差异研究也可分为智力超常儿童研究、智力正常儿童研究和智力低常儿童研究三个领域。

智力结构差异是指由于构成智力的基本因素和组成形式不同而形成的不同的智力类型、认知风格和特殊才能。智力发展与成熟的早晚差异主要表现在智力早熟、中年成才和大器晚成等方面。智力早熟是指人在童年时期就表现出非凡的智力。例如，我国唐朝诗人王勃6岁就善于文辞，少年时写出了著名的《滕王阁序》；美国的诺伯特·维纳3岁会阅读，14岁毕业于哈佛大学，成为控制论的创始人。大部分人都属于中年成才。研究表明，30～45岁是人的智力最佳年龄段，是创造发明和对社会做出贡献的高峰时期。也有一些人的优异才能表现较晚，称为"大器晚成"。例如，我国著名画家齐白石，40岁后才表现出他的绘画才能；古希腊学者亚里士多德也是40多岁后才显示出超人的才华。

(三)智力差异的成因

人的智力差异是什么原因造成的？这是一个争议颇多的问题。19世纪英国人类学家和心理学家高尔顿调查了1768—1868年一百年间的英国首相、将军、文学家以及科学家共977人的家谱后，写成了《遗传与天才》(1869)一书，断言天才是遗传的。有些心理学家则认为，人的智力差异是由后天的环境教育决定的，他们用"狼孩"等被野兽掠去后哺育的儿童作为典型的说明依据。但是多数人认为，对智力差异的原因分析，不能以单因果论的方法论去说明遗传与环境谁起决定作用的问题，主张遗传赋予智力方面的发展还需视人所处的环境和人同环境相互作用的情况而定，个体的智力差异是遗传与环境相互作用的结果。

二、智力水平差异

(一)智力发展的常态分布

心理学的研究表明，人的智力发展水平是呈常态分布的(见图8-1)，有些人智力发展水平较高，有些人智力发展水平较低，而大部分人的智力属于中等水平。

为了衡量智力发展的水平，心理学家引进了智商这一概念。智商是智力商数的简称，是用来表示智力高低的一种相对指标。最初智商是用智力年龄除以实足年龄后再乘以100计算而得，现在一般改用离差智商。根据智力测验的有关资料，按照智商可将人的智力划分为不同的等级(见表8-1)。

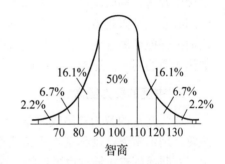

图 8-1 知力的常态分布

表 8-1 智力等级的分布

智商(IQ)	智力等级	百分比
130以上	超常	2.2
120～129	优秀	6.7
110～119	中上	16.1
90～109	中等	50.0
80～89	中下	16.1
70～79	偏低	6.7
70以下	低常	2.2

从表8-1中可以看到，智力超常和低常的各占2.2%，智力优秀和偏低的各占6.7%，智力中上和中下的各占16.1%，智力中等的人数比例最高，占50%。处在智力分布两个极端的超常和低常儿童，虽然他们人数比例较低，但是由于他们各自具有与一般儿童显著不同的

特点，常常引起教育和心理学工作者的重视。

(二)智力低常儿童的特点与教育

智力低常多数是由遗传、疾病、损伤等原因造成的，可分为轻度、中度和重度三个等级。

1. 轻度的智力低常

智力低常儿童中，多数人属轻度智力低常。他们生活能够自理，成年后也能从事简单的劳动，有连贯的语言，但是学习有困难。这些儿童的智力有四大特点：①知觉方面：知觉的速度缓慢，范围狭窄，内容笼统、贫乏。②记忆方面：识记缓慢，遗忘快，再现不正确。③言语方面：言语出现较迟，发展慢，词汇贫乏，意义含糊，缺乏连贯性。④思维方面：思维带有很大的具体性，只能认识客体的表面特点，缺乏概括能力，很难形成抽象概念，数概念差，计算困难。

轻度智力低常儿童是可以教育的。通过特殊教育，他们在较大年龄时可以掌握小学程度的知识和技能，这些儿童的教育和训练原来主张在特殊学校或班级中进行。不过，近年来有一种新的趋势，主张应让这些儿童回归主流社会，在正常学校的正常班级或特殊班级中接受教育，同时配备特殊教育教师加强辅导。根据这些儿童智力低下的实际情况，教师应细心发掘其兴趣或特长，利用感官从手工、劳技、文体等具体活动中引导他们学习；让他们担任能够胜任的工作，以便获得成功的快乐，恢复其自信心；在对他们传授最基本的文化知识的同时，还应训练他们学习一技之长，以便将来自食其力，为社会做贡献。

2. 中度的智力低常

这些儿童的智力缺陷较严重，其特征是：只能掌握简单的生活用语，吐字不清，词不达意，词汇贫乏；动作基本正常或部分有障碍，生活能半自理；很难掌握抽象概念，入学学习有明显困难。通过适当训练，这些儿童可以生活自理或半自理，但一般不能参加工作。

3. 重度的智力低常

这类儿童不会说话，只会发出不成句的个别单词，也不会数数；情感反应很原始，受到刺激只能叫喊或发怒；动作也不正常，除摆头、叫喊或走动外，不能进行有目的的活动，也不知躲避危险。这类儿童生活完全不能自理，需要成人特殊的照料，也很难进行教育或训练。

智力低常可用智力测验、社会适应性测验、面谈和观察等方法进行诊断。

(三)智力超常儿童的特点与教育

一般将智商超过130的儿童称为智力超常儿童。这类儿童具有以下特点：①求知欲强，兴趣广泛；②注意力集中，能较长时间全神贯注地从事紧张的学习或其他活动；③观察力特别敏锐，能发现一般儿童很难发现的问题；④记忆力强，善于在理解基础上进行记忆；⑤思维敏捷，理解力强，善于掌握事物的本质，抓住问题的关键；⑥富有独立性和创造性，往往不迷信教师和书本，常有自己独立的见解，喜欢用新的方法解决问题；⑦具有强烈的好胜心和顽强的意志，往往充满自信，在各项活动中争强好胜，富有进取心，为了达到预定目标，能克服种种困难，表现出坚毅顽强的意志品质。

智力超常儿童是遗传、环境和教育综合作用的结果。他们将来长大后能否继续"超常"，成为第一流的人才，在很大程度上取决于有无良好的教育。出于对第一流人才的需要，当前世界各国对超常儿童的教育十分重视，采取各种措施促进超常儿童更好地成长。

对超常儿童的教育采取的措施一般有以下几种：一是设立天才学校；二是在普通学校设立特殊班；三是采取特殊措施，如对那些留在普通学校普通班级中的超常儿童采用充实课程、单独布置一些有难度的作业、允许跳级或举办超常儿童学习班等形式，指导他们超前学习。许多国家还举办各种形式的科学竞赛，激励青少年充分发挥聪明才智。

拓展阅读

超常儿童的选拔与培养

在美国，从1942年起每年都要举办"科学英才选拔赛"，优胜者不仅获得韦斯汀浩斯奖金，免费到华盛顿旅行，参观著名研究机构，访问著名科学家，还受到总统或副总统的接见，会晤国会议员等。截至1982年，这项竞赛的历届获奖者中，获博士学位的占70%，有5人获得诺贝尔奖，2人获得与诺贝尔奖齐名的弗尔德·曼德尔数学奖，16人被选为全国科学院院士。所以，这项竞赛被人称为"未来诺贝尔奖获得者俱乐部"。

我国对超常儿童的培养也十分重视。根据现代化建设对拔尖人才的需求，中国科技大学自1978年起创办少年班，对智力超常儿童进行系统、严格的培养，为他们早日脱颖而出成为科技精英创造条件。中国科技大学少年班创办以来，培养了一批优秀人才。少年班毕业生80%左右考取国内外研究生。"这不仅在中国教育史上少见，在国际上也是少见的。"(李政道语)但是，在教育超常儿童过程中，"家长和教师要格外小心，千万别揠苗助长，把天才摧残成不健全的儿童。在注重学术培养的同时，应该注意他们人格的成长。"

三、智力结构差异

(一)智力类型

人的智力差异不仅表现在智力水平上，还表现在智力结构上。智力结构差异主要指由于构成智力的基本因素和组合方式不同而产生的不同智力类型、认知风格和特殊才能。

根据人们智力活动的不同特点，可将其分为不同的类型。

1. 分析型、综合型与分析—综合型

这是根据人们在知觉过程中的特点而划分的类型。属于分析型的人，在知觉过程中，对细节感知清晰，但概括性和整体性不够；属于综合型的人富于概括性和整体性，但缺乏分析性，对细节不大注意；属于分析—综合型的人有以上两种类型的优点，既具有较强的分析性，又具有较强的综合性，是一种较理想的知觉类型。

2. 视觉型、听觉型、运动觉型与混合型

这是根据人们在记忆进程中某一种感觉系统记忆效果最好而划分的类型。视觉型的人视觉记忆效果最好；听觉型的人听觉记忆效果最佳；运动觉型的人有运动觉参加时记忆效果最理想；混合型的人用多种感觉通道识记时效果最显著。

3. 艺术型、思维型与中间型

这是根据人的高级神经活动中两种信号系统谁占优势而划分的类型。艺术型的人，第一信号系统(除语词以外的各种刺激物)在高级神经活动中占相对优势，在感知方面具有印象鲜明的特点，在记忆方面易于记忆图形、颜色、声音等直观材料，在思维方面富于形象性，想象丰富，而且具有高度的情绪易感性，比较容易发展艺术活动的能力。思维型的人则第二信号系统(语词)占相对优势，在感知方面注重于对事物的分析、概括，在记忆方面善于记忆词义、数字和概念等材料，在思维方面倾向于抽象、分析、系统化、逻辑构思和推理论证等，有利于发展数学、哲学、物理、语言学等学科的学习和研究的能力。中间型的人两种信号系统比较均衡，介于艺术型与思维型之间。

(二)认知风格

认知风格是指人们在认知活动中偏爱的信息加工方式，也称认知方式。认知风格是一种比较稳定的心理特征，有多方面的表现，个体间有较大的差异。迄今为止，认知风格方面研究较多的有场独立性与场依存性、思考型与冲动型以及概念系统的具体—抽象水平等。

1. 场独立性与场依存性

场独立性与场依存性的概念最早是由威特金(H. Witkin)提出的。在第二次世界大战期间，威特金为了研究飞行员怎样依据身体内部的线索和外部仪表的线索调整身体的位置，专门设计了一种可以倾斜的座舱，舱内置一把可以调节位置的座椅，要求被试当座舱倾斜时调节座椅，使身体保持与水平垂直。威特金发现，有些被试主要利用外部仪表的线索来调节座椅；另一些人则主要利用自身内部的线索。威特金称前一种人的知觉方式为场依存方式，后一种人的知觉方式为场独立方式。以后的研究表明，场依存性与场独立性是两种普遍存在的认知方式。具有场依存方式的人，对客观事物的判断常以外部的线索为依据；具有场独立方式的人则常以自己内部的线索(经验、价值观等)为依据。前者的认知活动易受周围背景的影响，尤其是受权威人物的影响，往往不易独立地对事物作出判断，而是人云亦云；后者的信息加工不易受外来因素的影响和干扰，能在更抽象的水平和分析的水平上进行，从而独立地对事物作出判断。场依存性的人，其行为是以社会为定向的，社会敏感性强，对他人有兴趣，爱好社交活动；场独立性的人，其行为是非社会定向的，社会敏感性差，不善于社交，关心抽象的概念和理论，喜欢独处。

2. 思考型与冲动型

思考型与冲动型是两种不同的认知风格。首先提出思考型和冲动型的是杰罗姆·卡根及其同事(J. Kagan, 1965、1966)。他们用这对概念描述主体在解决一些复杂的认知问题时的表现。属思考型的个体在解决认知任务时，总是谨慎、全面地检查各种假设，在确认没有问题的情况下才会给出答案；属冲动型的个体在解决认知问题时，总是急于给出问题的答案，他们不习惯对解决问题的各种可能性进行全面考虑，有时甚至问题还未搞清就开始解答。因此，冲动型的人解决认知问题虽然速度较快，但出错率却很高。

拓展阅读

通常采用"匹配相似图形测验"来鉴别思考型或冲动型。这个测验给儿童出示一个标准图形和 6 个可供选择的图形,要求儿童从这 6 个图形中选出一个与标准图形完全一样的图形,不限反应时间。全套测验共包括20套这样的图形。主试记下儿童对每套图形从开始思考到作出第一个反应所花的时间以及所犯的错误量。根据测验中儿童思考的时间及错误率,可将儿童分为四个类别。

如表 8-2 所示:①那些对问题的思考在平均思考时间以上,错误率在平均错误率以下的儿童被划为"思考型"的类别;②那些思考时间在平均思考时间以下,错误率在平均错误率以上的儿童被划分为"冲动型"的类别;③那些思考时间和错误率均在平均数以下的儿童被划分为"快而正确型"的类别;④那些思考时间和错误率均在平均数以上的儿童被划分为"慢而非正确型"的类别。有近2/3的儿童属于第一个和第二个类别,有1/3的儿童属于第三个和第四个类别。因此,"思考型"和"冲动型"是儿童普遍具有的两种认知风格。

虽然随着儿童年龄的增长,其认知的冲动性有所降低,但是在各年龄阶段仍表现出思考型与冲动型认知风格的相对稳定。

表 8-2 儿童在"匹配相似图形测验"中的反应类型

	错误量平均数以下	错误量平均数以上
反应时间平均数以下	快而正确型	冲动型
反应时间平均数以上	思考型	慢而非正确型

3. 概念系统

概念系统这种认知方式的功能在于为人们表达自己所体验到的环境事件提供依据。哈维(Harrey)和他的同事们认为,可以把概念系统的个体差异看作抽象—具体这样一个连续统一体的变化。这个连续统一体也可称为"整合复杂性"连续体。它有四种认知功能水平,即从最具体到最抽象排列为四个"系统"。系统一(最具体水平)的功能特征是:遵循外部的绝对标准,不允许对标准加以探索或偏离标准;系统二的功能特征是:对抗外部强加的标准;系统三的功能特征是:用依赖性作为对付他人的手段;系统四(最抽象水平)的功能特征是:具有个体判断的独立性。简言之,一个在具体水平上体验环境的人,倾向于把各种不同的情境看成性质上是相似的,常以一种刻板的、概念化的方式对不同的情境作出反应;一个在抽象水平上体验环境的人,则能够对不同情境的要求加以区分或者分化,从而使自己的反应适应所在情境的要求。

(三)"数学气质"

数学气质是指在数学天赋很高的人身上表现出来的一种独特的心理结构。它的表现形式是:努力使外界现象数学化,倾向于注意现象的数学方面,时时注意空间和数量上的关系以及函数性的依赖关系。总之,他们总是用数学的眼光观察世界。

数学气质不仅在数学家身上有明显表现,而且在有一定数学天赋的儿童身上也表现出初级的形式。有数学天赋的儿童倾向于从逻辑和数学范畴去解释外界现象,通过逻辑和数学关系的棱镜去感知事物，即对事物及其现象只专注于数学的方面。例如，他们在学习音乐时，用数学方式来解释和暗记一首音乐作品的主旋律、和音或演奏中的指法；在练习素描时，努力用数学方式来解释尺寸、比例以及相互关系。如果他们被天文学所吸引，那么吸引他们的内容往往包括天文图表的绘制、月相以及各行星恒星间的距离表和计算等；如果他们迷恋于地理学，那么最使他们着迷的将是人口密度表、各地地理投影图以及各种不同图形和图表的绘制和计算；如果他们醉心于化学的话，那么最吸引他们的往往是化学公式和化学方程式。

数学气质是一种复杂的个体心理结构，它包括认识、情绪、意志诸方面因素，而独特的智力结构是形成数学气质的重要基础，它与其他能力的组合一样，也是因人而异的，一般可以分为三种不同的类型。

1. 分析型

这种类型的人，其思维特征是：发展良好的言语—逻辑成分明显支配着自己较弱的视觉—形象成分。他们善于用抽象的模式进行运算，面对形象化的对象或模式很难借助视觉进行概括，甚至当题目中给出的数学关系暗示要用形象概括时，他们仍运用比较困难而复杂的逻辑分析来解题。他们完成同概念分析有关的运算要比完成与几何模式或图形分析有关的运算容易些。

2. 几何型

这一类型的人，其思维特征是：具有高度发展的视觉—形象成分和相对较弱的言语—逻辑成分。对于抽象的数学关系的表达式他们也常常认为有必要从直观上作出解释，并且表现出很大的独创性。他们擅长将抽象的数学关系转化为视觉的图解方式，但是如果他们在创造视觉方面不顺利，运用抽象模式进行运算就会遇到困难。尽管有的题目运用逻辑推理很容易解，而用视觉思维方法却很困难，但属于这种类型的人仍然坚持用视觉的模式来进行运算。他们做有关图解、图像、图形分析的作业比做有关概念和定义分析的作业更得心应手。

3. 平衡型

这一类型的人，其思维特征是：发展良好的言语—逻辑成分和视觉—形象成分保持相对的平衡，但前者起着主导作用。属于平衡型的人空间概念发展良好，在形象地解释抽象关系上显得很有独创性。他们的视觉意象和模式是服从言语—逻辑分析的。

平衡型还可以细分为两种亚型，即抽象—平衡型和形象—平衡型。两者的区别在于，前者不运用视觉—形象模式，后者运用视觉—形象模式。尽管两种亚型的人都能够同样好地通过视觉—形象的手段来描述数学关系，但前者不认为这样做是必要的，同时也不努力去这样做；而后者则感到这样做是必要的，在解题时经常依靠图解模式。视觉支持对前者只有很小的帮助，而对后者则可以简化解题过程。在分析数学材料时，前者通常从言语—逻辑的陈述着手，而后者通常从视觉—形象的特性着手。当然，这两种亚型是不同于分析型和几何型的，因为如果必要，抽象—平衡型的人可以取得视觉的帮助，而形象—平衡型的人没有视觉—形象模型的支持也可以解题。

根据研究，多数有数学气质的学生属于平衡型。上述这些类型的差别，将随着年龄的增长而变得更加突出、更为生动和更加明确。

(四)特殊才能

特殊才能是指人们在特殊领域中表现出来的较高能力，如音乐才能、绘画才能等。古今中外，具有特殊才能的儿童有许多。成都儿童陈雷 4 岁就能当众表演绘画，他的中国彩墨画思想性强、内容丰富、色调鲜明；奥地利作曲家莫扎特，3 岁时已能在扬琴上弹奏简单的和弦，4 岁时能弹梅奴哀和简单的小曲，5 岁开始作曲，12 岁创作大型的歌剧。这样的例子是不胜枚举的。

特殊才能往往不是单一的能力，而是由几种不同能力构成的，如音乐才能是由曲调感、听觉表象和节奏感等构成的。由于构成特殊才能的成分不同，所以特殊才能具有不同的模式，捷南洛夫曾对三名具有较高音乐才能的儿童进行过研究，发现三人的音乐才能结构有着不同的类型。其中一人的特点是有强烈的曲调感和很好的听觉表象，但节奏感较弱；第二人的特点是有强烈的节奏感和很好的听觉表象，但曲调感较弱；第三人的特点是有强烈的曲调感和节奏感，但听觉表象较弱。这种情况说明，特殊才能各构成能力之间的关系不是固定不变的。某种能力的弱点往往可由另一种能力的长处来弥补。因此，特殊才能的发展具有多种模式。

(五)白痴学者

有这样一类人，一方面，他们的总体智力水平十分低下，相当于白痴水平；另一方面，他们却具有一种或几种高度发达的特殊才能，可与学者媲美。我们称这类人为"白痴学者"。

白痴学者的特殊才能常见的有推算日期、拼音、对音高的判别、算术运算、机械记忆能力等。

拓展阅读

神奇的白痴学者

美国有一个代号为 L 的白痴学者，心理学家曾对他追踪研究 6 年，6 年的研究表明他身体健康，躯体发育良好，没有发现神经系统障碍的症状，他的脑电图(EEG)是正常的。他的特殊才能表现在以下四个方面：①能说出从 1880 年到 1950 年任何一天是星期几；②能正确地连加 10 个到 20 个两位数，计算的速度与检查者一样快；③能把许多单词的字母顺着拼或倒着拼而正确无误，只告诉他某个单词的拼写，他就能牢记不忘；④对音乐有特殊的听觉能力。虽然 L 有这些特殊才能，但他却跟不上学校的正规课程，一般常识极度贫乏，只识少数几个字，几乎完全缺乏逻辑推理等抽象思维能力，他的智商只有 50。

白痴学者在我国也时有发现。华东师范大学心理研究所郭可教曾介绍过一个代号为 M 的男性白痴学者。M 的一般智能发展水平普遍低下，但却具有超人的特殊才能——日期推算、心算和数字记忆。从 20 年的日历中，任意抽取某一个日期，M 都能正确地由公历推算出农历，或由农历推算出公历，也可由公历或农历推算星期几或节气。尽管 M 的笔算能力很差，只会列竖式，但他的心算能力却相当惊人。他能心算 3～4 位的整数进位加法或退位减法、积在 4 位以内的两位数乘法、任何除数和商数为两位整数的除法及某些商为小数的除法，他还能心算 316 以内的任何数的平方，1 位数的多次方，2 位数的 3、4 次方，指数为负数的数的多次方，以及 2~5 位数的开平方。在心算以上题目时，从开始口述题目到 M 答出为止，一般不超过 5 秒钟，反应迅速、正确。M 除以上两种能力外，还有超人的数字记忆能力。例如，有一本叫《儿童谜语》的书中有 261 个谜语，M 只翻看几分钟，就可说出每个谜语在第几页。

关于形成白痴学者的原因，至今还没有一种公认的说法。有些研究者强调遗传因素在形成白痴学者过程中的作用。也有人认为，当一个儿童由于各种原因一般智力受损，但某些特殊能力尚未损害时，他就可能在一个非常狭窄的活动范围内反复练习，促使某一种或几种能力高度发达。这种观点认为，白痴学者是在特殊的智力结构基础上通过反复练习的结果。

四、智力差异与因材施教

(一)适应智力差异的教学组织形式

智力差异是普遍存在的，不仅处在智力两个极端的人差异悬殊，就是在普通学校的正常班级中，学生间的差异也很明显。据研究，当一个随机组的 6 岁儿童上学时，他们之间的智龄相差 4 年以上。学生间的这种巨大差异给教学带来了许多问题。为了适应学生的个体差异，人们在不断地探索新的教学组织形式。

1. 同质分组

同质分组是最早用来解决同一班级学生智力和知识程度差距悬殊的方法之一。所谓同质分组，就是按学生的智力或知识程度分校、分班或分组。以前的重点学校和非重点学校，以及有些学校搞的理科班或特长班，性质上都是同质分组。同质分组有利于缩小班内学生之间的差距，便于用统一的进度和方法进行教学，在一定程度上可以提高教学质量。但是，同质分组也有许多局限性。首先，很难找到一种理想的分组标准，智力和知识发展不完全同步，智商相同的学生，知识水平仍可能有较大的差距。若以知识程度分组，由于学生各学科成绩参差不齐，很难得到对各学科成绩的一致评价。而且，由于这种方法不考虑学生的学习潜力，将不利于有学习潜力学生的发展，也容易重新出现学生学习成绩上的两极分化。其次，同质分组客观上给学生贴了不同的标签，容易使程度高的学生骄傲自满，使程度低的学生感到羞辱和受挫，不利于学生健康成长。

心理学家一般支持比较灵活的分组形式，主张教师根据学生的实际情况随时调整组内成员。国外有一种不分年级的学校，它依照儿童某一学科的成绩而进行编组。这种教学组织形式是为了使能力不同和发展速度各异的儿童能体验到学习上的连续进步而设计出来的。在这种学校中，儿童按照各自的成绩水平被编入八个或十个连续的阶段或水平的组内，每个儿童根据自己的速度从这种水平进入另一种水平。这种分组的特色是，只要儿童的进步得到证实，他在任何时候都可以从这一组进入另一组，从这个课堂进入另一课堂。这种组织形式将分级和升级的程序简化到最低限度，而且减少了由于留级引起的挫折感。由于不强调留级和升级而减少了压力，学习者能自由地按自己的速度前进，每个儿童都有了体验成功的机会。

斯托达德(G. D. Soddard)提出一个双重进度方案。在这一方案中，一部分课程(必修课)采用年级制，其余课程采用不分级制。每个学生在半天时间里，在固定班级中学习必修课，而在另外半天里，可以在不同的课堂、不同的教师那里去学习选修课。由于选修课是根据学生的能力、特长和知识水平灵活分组，所以更能适应学生的个别差异。

在常规教学班级内也可采用灵活分组的形式。有时，为了便于分组辅导，教师可按学生程度将全班学生临时分为若干组，根据各组学生实际，采用不同的方法和进度进行辅导，也可布置难度不同的作业。有的教师为了促进学生之间的相互影响，将不同程度的学生混合编组，共同完成某项任务。

2. 留级和跳级

除了同质分组外，留级和跳级也是缩小班内学生能力差距的方法。留级的目的是让学习成绩差的学生有第二次学习的机会，去掌握以前尚未掌握的知识。但是，留级的效果往往不够理想，只有少数学生通过重读成绩有显著进步，多数学生留级后成绩仍无多大进步，有的甚至比原来更差。究其原因，除了教师教学方法没有改进外，主要是由于留级有损于学生的自尊心。留级生往往会遭到家长、教师和同学的蔑视，他们因此而自暴自弃。为了达到留级的教育效果，教师除做好被留级学生的思想工作外，还须做好家长和同学的思想工作，让留级学生得到更多的温暖和关怀，重新树立自信心。

让智力高、成绩好的学生跳级不仅能缩小班内学生的差距，也有利于跳级学生的身心发展。中国科技大学少年班的学生，都有跳级的经历，他们进入大学后，一般适应良好。从办学的目的、经济效益和实际效果看，应该尽量鼓励有能力的学生跳级，适当控制留级学生的比例。

(二)适应智力差异的教学方式

在传统的课堂教学中，教师往往只是将眼睛盯在中等程度、中等发展水平的学生身上。其结果，一方面智力水平高、成绩优秀的学生由于不能以更高的速度前进，求知欲得不到满足，对课堂教学内容失去学习兴趣；另一方面，智力水平低、成绩差的学生因跟不上进度，达不到教学要求，且屡遭失败而失去学习的信心。为了解决上述矛盾，教育学家和心理学家设计了许多新的适应学生智力差异的教学方式。掌握学习、个别指示教学和个人化教学系统就是其中的三种教学方式。

1. 掌握学习

掌握学习既是一种教育观，又是一种教学方式。作为一种教育观，掌握学习概念是布鲁姆在卡罗尔(J. B. Carroll)"学校学习模式"基础上提出的。掌握学习观认为，除了处于智力分布两个极端的少数学生外，绝大多数学生的智力差异不过是学习速度的差异。布鲁姆明确指出："如果按规律有条不紊地进行教学，几乎所有学生都能达到教学目标水平，即达到完全掌握学习内容的程度。学习能力强的学生，可以在较短的时间内达到这种掌握程度。学习能力弱的学生，则要花较长的时间达到同样的掌握程度。"传统教学的弊端，就是不管学生能力高低，在学习进度上搞"一刀切"，必然使学生知识掌握程度的差距日益拉大。为了克服上述弊端，布鲁姆设计了一种掌握学习的程序。这种掌握学习程序，将精选的、结构化的教学目标分解成许多小目标，根据这些小目标设计成一系列相互联系的学习单元。学生在学完一个单元后，教师就进行诊断性测验，测验成绩符合要求者才能进入下一个单元的学习；否则应当重新学习这一单元，并根据学生具体情况提供"矫正学习"或"深化学习"的程序。经矫正学习，学生全部达到掌握要求后转入下一单元教学。如此循环往复，直至学完全部教材。

采用掌握学习程序后，由于学生在每一单元知识掌握程度上的差距缩小了，最终绝大多数学生在这门课上的成绩都能得 A 或 B，从而可以使"大面积丰收"得到保证。

布鲁姆的掌握学习经十多年教学实践的检验，证明是一种卓有成效的教学方式，并产生了国际性影响。当前约有 20 个国家在进行这方面的试验。

2. 个别指示教学

个别指示教学是由美国匹兹堡大学学习研究开发中心提出的，是当前很受欢迎的教学方式之一。个别指示教学的特点是根据学习者的能力、需要和学习情况准备教材及教学媒体，经常详细诊断学生的学习情况，根据其学习结果设计个别指导的内容和程序，保证每一学生获得最优的学习效果。个别指示教学已在美国和其他一些国家的成百万学生中使用，深受学生和教师的欢迎。

3. 个人化教学系统

个人化教学系统是由凯勒(F. S. Keller)于 1968 年提出的，目的是避免单一的演讲式教学和呆板的时间安排，允许学生按自己的进度学习，同时保证对教材的掌握水准。个人化教学系统要求教师将课程分为许多独立的单元，然后为每一单元准备相应的书面材料和学习指导书。学生从第一单元开始学习，当他学完这一单元后，就可参加诊断性测验，只有当测验成绩表明已达到教学目标后，才允许进入第二单元的学习；否则必须重新学习有关材料，直至通过测验。所以，每个学生的学习速度往往各不相同。

为了增强学生间的相互影响，个人化教学系统还设置学生辅导员。学生辅导员往往由学过这一课程且成绩优秀的学生担任，他们主要负责给学生个别辅导、帮助解决疑难问题、测验评分和向教师提供反馈信息等。学生辅导员不仅减轻了教师的工作量，扩大了辅导范围，有效地促进了教学个别化，而且，他们在辅导他人的同时，使自己的知识更系统、更扎实，学习方法更完善，能力、责任感和自信心也得到增强。

个人化教学系统课程一般以学生一个学期或一个季度完成多少单元来决定学习等第，这一做法调动了学生的积极性。个人化教学系统一般较适合年级较高、独立性较强的学生，小学生和依赖性较强的学生实行起来比较困难。

(三)适应个体差异的教学手段

随着现代科学技术的发展和教育改革的要求，各种先进科学技术设备不断进入教学过程，为教学更好地适应个体差异提供了新的手段。

当前直接应用于教学的现代技术设备主要包括以下几种。

(1) 电视及录像设备，如电视接收机、录像机、闭路电视、计算机多媒体和网络系统等。

(2) 电声设备，主要包括电唱机、磁带录音机、无线话筒、语言实验室等。

(3) 光学投影设备，主要包括幻灯机、胶片和实物、投影仪、电影放映机等。

(4) 教学机器，主要包括程序教材、机械教学机器、电子计算机辅助教学系统等。

以上现代技术设备应用于教学，促使教学组织形式、教材形式、教学方式和师生关系等发生重大变化，尤其为解决多年来一直无法解决的因材施教问题提供了新的可能。运用录音、录像、计算机等手段，学生可以很容易地重现教学内容。学习跟不上进度的学生可以借助这些手段，反复播放教材中的重点和难点，及时补上知识缺陷，赶上全班进度。学有余力的学生也可以借助这些手段更有效地进行超前学习或选修其他课程。

各种教学机器都是为呈现程序教材而设计的一些自动教学装置，适合于个别教学。其中计算机辅助教学(CAI)系统在功能上具有一般教学机器无法媲美的优点，更有巨大的发展潜力。利用计算机辅助教学系统，不仅可以进行个别指导、组织讨论、测验及评价等，还可以用于系统的学科教学。该系统根据程序教学原理，将教材的全部内容按由易到难的原则编成教学程序。学生可以按自己的能力和需要自定进度，利用网络在计算机上进行学习。教学开始，学生通过键盘向中央主机提出请求，中央主机接收信息后，通过网络向学生提供所需信息，学生通过键盘或鼠标对计算机提出的问题作出反应，计算机对学生的反应立即作出正确与否的反馈，同时根据学生的反应提供进一步的信息。学生可根据自己的学习速度一步一步完成学习目标。

计算机辅助教学系统比其他现代教学手段更完善、更灵活、更能适应教学的各种要求，满足不同学生的特殊需要，有助于提高教学质量和教学效率。近年来计算机技术和软件的发展，特别是计算机网络的发展，为个别化教学提供了更便捷、更有效的手段。因特网可以克服空间与时间的限制，学生不管在什么地方，不管在什么时间都可以上网学习；计算机辅助教学系统可以同时开设几百门课程，供学生选择。这些优点为将来计算机辅助教学系统的普及创造了条件。

第二节 人格差异与教育

一、人格概述

(一)人格的含义

我们把人格看作个人与社会有关的完整而稳固的行为倾向的总和，把它理解为一个人在社会情境中所表现的独特动作、思维和情感方式的一套社会性行动倾向。社会情境有交互作用的特征，一个人在别人面前的行为自然是他的行为特征的一种表现，但这个人的行为又会通过某些途径给别人以一定的印象，直接或间接地对他人发生影响。这就是说，人格这一术语，既指一个人在社会情境中所特有的行为模式，也指这些行为对别人的影响。这些稳定而异于他人的特质模式，使人的行为表现出一定的倾向性，表现了一个由表及里的、包括心身两部分的真实的个人，这就是人格。

(二)人格的形成和发展

众所周知，一个人的思维能力是通过学习讨论和解决问题取得经验，并在此基础上逐步发展的。人格也是这样，是个人参与各种社会交互活动，通过与别人的接触，把社会交互作用时取得的经验加以内化所形成的。下面对人格形成中的某些因素作一番简要的分析。

1. 机体的状况

一个人的身高、体重和外貌以及后天造成一些缺陷等，对他的人格会产生某些影响。符合社会所赞许的体格标准的人往往具有较好的社会反应；反之则可能会产生较多的个人问题。这是因为机体的状况中有些因素有助于社会所认可的那些技能的发展，而有些因素则有碍于这些技能的施展。有些身体特征符合或不符合当时当地的社会文化价值观念，往往会对一个人的自我概念产生重大的影响。有的人逐渐养成了骄矜自恃的习性，有的人则产生愧不如人的自我感觉。但应该指出的是，一个人的人格特质并不直接来自机体的因素。人的本性不是抽象的自然性和生物性，而是人类历史中形成的社会性。人的生物性(包括遗传的各种特点)并不能直接决定人的心理特点，但它可以影响个体对社会环境的选择，也影响环境对个体的选择，从而决定了个体的人格特征。先天跛足的人不一定产生自卑的感觉，只有在遇到周围人的贬低和排斥时才有可能形成自卑心理。

2. 家庭和学校的影响

伦理道德观念和态度是人格的重要组成部分。家庭对儿童道德面貌的影响是很大的。有人把儿童的公正观念与其父母、教师和同伴的加以比较，结果发现，父母与其子女的观念之间的相关要比同其他人的相关高得多，而母亲与其子女的道德信念之间的关系比父亲与其子女之间的更为接近。但是，父母与其子女之间的相似性随着年龄的增长而递减。这意味着，儿童成长后，他的信念和态度受其家庭以外的群体以及正规教育等社会因素的影响更多了。

儿童进入学校后，影响其人格发展的因素就更广泛了。儿童在学校中的适应情况使他产生各种情感体验，如成功感、失败感、挫折感等，如果这些体验经常出现，它们就会"固定"在个体的人格结构中，进而影响儿童的人格发展。学校中另一个影响人格发展的因素就是集体态度和集体情感，即人们常说的"班风"或"校风"。

文学作品、电影、电视对个体的人格特征也有重要影响，它们通过强烈的情感作用于个体，从而影响个体的人格发展。

3. 社会学习和社会规范的内化

一个人的人格特征不是自发产生的，而是习得的结果。特殊文化中的道德信念和价值观念一旦被人在潜移默化中所吸收，它们就被逐步内化，组合成为"自我"，构成人格的一部分。个体对自己人格核心部分的防卫尤为严密，不到万不得已是决不会轻易泄露其隐私的。

个体的信念和态度经过高度抽象化和概括化，就形成了他向往成为具有一定道德面貌的人的道德理想，这些理想又会升华为观念上的道德命令。当一个人的行动背离社会道德标准时，他便会受到"良心的谴责"。

道德信念和价值系统内化为"良心"是一个缓慢的历程，即使成年人也往往只是部分地完成了这种过程。

(三)人格的稳定性与人格差异

在不同时间和不同情境中个体的人格特征在多大程度上能保持一致性，也就是说，个体的人格有多大程度的稳定性呢？一个关于性格和人格稳定性的典型研究作出了解答，这项研究最初由哈维赫斯特(R. J. Harvighurst)和泰伯(Taba)于1949年进行。他们在《青少年的性格和人格》一书中指出，要评价一个人的道德声誉，更切合实际的做法是让同这个人长期接触的非专业心理学工作者来进行，而不是让不了解他的专业心理学人员来进行。因此，他们采用"声誉评定法"进行研究。这一研究的范围相当广泛，美国伊利诺伊州普莱利城全城10～16岁的青少年都是他们的研究对象。

哈维赫斯特和泰伯把一个人的道德声誉分解为诚实、负责、义勇、忠诚和友谊等五项主要指标，让被研究青少年的老师、家长、邻居和同伴广泛地进行评定，获得了大量的个案材料。他们在研究中发现，性格和人格上的不一致和前后矛盾是所有被试都具有的特征，但他们又认为，在青少年的成熟过程中仍然可以找到行为上的一贯模式。他们把青少年的性格分为五种类型：①能够自我管理的人；②能够适应环境和周围人的人；③顺从的人；④违抗的人；⑤不能适应的人。

20世纪50年代末和60年代初，佩克(Peck)和哈维赫斯特参考了哈维赫斯特和泰伯的研究材料和结果，用观察、记录、调查等方法对十年前曾经研究过的对象进行追踪研究，以考察其一贯的道德态度和作风。他们把研究的重点放在探索青少年人格发展的持久性和预见性上。在对大量材料进行分析后，他们认为，在性格研究中采用经验性的描述和总结方法并非完全不恰当，而取样的连续性有助于获得儿童性格发展的全貌，并且可以作出某些预见。

佩克和哈维赫斯特在他们的《性格发展心理学》一书中的结论是：人的性格结构具有相对的稳定性。就是说，一个人外表的举止行为变了，一个人性格的基本结构却是不变的。人的性格发展中有动和静两种因素，性格发展的各个连续阶段就是动的因素，性格类型始终保持相对稳定就是静的因素。这两种因素是相互依存的。在任何一种道德行为中，两者都是固有的。每个人的人格都有其稳定性的一面，这是在同一文化环境下各个体之间的共同特性。我们所说的人格差异，指的是每个人所具有的这种共同特性上的不同质量。这方面的差异可以从人格的类型上去分析，也可以从人格的特质上去分析。因此，可以说一个人的人格问题同智力一样，也是一个个别差异问题。

二、人格类型差异

现代教育十分重视儿童人格的发展，人格类型差异的研究对教育的影响是很大的。

在很早的年代，有些医学家和哲学家就有把人的性格和气质分成各种不同类型的倾向，如我国古代的阴阳五行说、古代希腊和罗马的气质四体液说等。这些区分缺乏坚实可靠的科学根据，我们可不必讨论。这里只将近代的几种重要的人格类型学说作一简要介绍。

对人格类型的研究是一个十分复杂的问题，研究的角度不同，对人格类型的分类就有所不同。且同一角度，不同的着眼点，分类也有所不同。下面从三个角度分析不同的研究者对人格类型的分类。

1. 生物学角度

1) 体型说

德国精神病学家克雷奇默尔(E. Kretchmer & S. N. Kretchmer)测量精神病人的体质时发

现，躁郁症患者大多属于圆胖型，早发痴呆症患者多数属于瘦长型或强壮型。他们对这几种体型的健康人加以研究发现，圆胖型的人多半有躁郁病人所具有的行为特征，他们活泼、开朗、乐观、亲切、温柔、直率、乐群，属躁郁狂型。瘦长型的人常有分裂症患者的行为特征，他们沉静、腼腆、冷漠、敏感、神经质、喜孤独、不乐群，属分裂型。强壮型的人有癫痫病患者的行为特征，他们认真、仔细、固执、有韧性、较迟钝，情绪稳定并有爆发性，属黏着型。所以，他们将人格分为三大类型，即躁郁狂型、分裂型和黏着型三种。

后来美国心理学家谢尔登(W. H. Sheldon)发展了克雷奇默尔的观点。他研究了体型与人格的关系。他将 4000 多张大学男生的裸体照片进行了细致的人体测量学测定，然后根据个体胚胎期的内、中、外三个胚胎层把胖、中、瘦三类身体特征分为内胚叶型、中胚叶型和外胚叶型，并从中选取 33 人，对他们的行为特征和体型进行相关分析。概括出以下三种气质类型。

(1) 内脏优势型。这种类型的人好逸恶劳，好美食、好社交、多情、体型肥胖。气质与体型的相关系数为 0.79。

(2) 躯体优势型。这种类型的人精力充沛，肌肉活动占优势，体型健壮。气质与体型的相关系数为 0.82。

(3) 大脑优势型。这种类型的人谨慎、克制，倾向于内心生活，体型瘦长。气质与体型的相关系数为 0.83。

2) 激素说

美国心理学家伯尔曼(L. Berman) 根据人的某种腺体分泌激素的多少，把人分成五种类型。

(1) 甲状腺型。如果分泌物多，表现为精神饱满，感觉灵敏，意志力强；分泌物少，则表现为迟钝、缓慢，可能发生痴呆症。

(2) 肾上腺型。精神健旺，雄壮有力，情绪易激动，好斗。

(3) 脑垂体型。如果分泌物增多，表现为性欲强，脑力发达，有自制力；分泌物减少，则肌肉萎弱，精力不足。

(4) 副甲状腺型。分泌物多，表现为易激动，缺乏控制力；分泌物少，则表现为精力不足，缺乏生活兴趣。

(5) 性腺型。分泌物多，表现为进攻性，行为猛烈；分泌物不足，则进攻行为很少，容易对文学艺术感兴趣。

3) 血型说

日本学者古川竹二根据血型把人的气质划分为四种类型：A 型气质的人，内倾保守、温和、老实稳重、多疑、怕羞、顺从、依赖他人、情感易冲动；B 型气质的人，外倾积极、感觉灵敏、镇静、不怕羞、喜社交、好管闲事；AB 型气质的人，兼有 A 型、B 型的特征；O 型气质的人，对己对人都是积极的，志向坚强、好胜、霸道、不听指挥、喜欢指使别人、有胆识、不愿吃亏。

4) 体液说

医学家路德莱姆(D. W. Ludlem)曾把精神病人的血液、唾液、汗水及尿液加以化学分析，发现躁郁狂病人的唾液均呈碱性反应，汗水与尿液则酸性与碱性都有，随时变化而不固定。早发痴呆病人的血液均呈酸性。后来莱希(G. J. Rich)对正常人作了同样的研究，结果完全相似，即感情易激动者的体液呈酸性，而性情沉静者呈碱性。由此可知，体内的化学变化与个体人格也有一定的关系。

2. 心理学角度

1) 荣格的分类

瑞士精神病学家荣格(C. G. Jung)把人的性格分为外倾和内倾两种类型。他认为，精神活动的根本力量是生命力，这种活动的力量如果趋向于事物，便形成外倾型人格，若是趋向于主观自身，便形成内倾型人格。而精神活动有思维、情感、感觉和直觉四种基本机能，由此而推演出八种人格类型，即思维外倾型、情感外倾型、感觉外倾型、直觉外倾型、思维内倾型、情感内倾型、感觉内倾型、直觉内倾型。

(1) 思维外倾型：按固定规律行事，客观而冷静；积极思考问题；武断，感情压抑。

(2) 情感外倾型：极易动感情，尊重权威和传统；寻求与外界的和谐，爱交际，思维压抑。

(3) 感觉外倾型：寻求享乐，无忧无虑，社会适应性强；不断追求新异感觉经验，对艺术品感兴趣；直觉压抑。

(4) 直觉外倾型：作决定不是根据事实，而是凭预感；不能长时间地坚持某一观点，好改变主意；富有创造性，对自己许多无意识的东西了解很多；感觉压抑。

(5) 思维内倾型：强烈渴望私人的小天地；缺乏实际判断力，社会适应性差；智力高，但忽视日常实际生活；情感压抑。

(6) 情感内倾型：安静，有思想，感觉过敏，孩子般的令人难以理解；对别人的意见和情感漠不关心，无情绪流露；思维压抑。

(7) 感觉内倾型：是情境决定性的人，被动、安静、艺术性强，不关心人类的事业，只顾身旁发生的东西；直觉压抑。

(8) 直觉内倾型：偏执而喜欢做白日梦；观点新颖但稀奇古怪；苦思冥想，很少为人理解，但不为此烦恼；以内部经验指导生活。

荣格的人格类型具有很强的操作性，已被编制成人格量表。

2) 杨施的分类

德国心理学家和内科医学教授杨施兄弟(E. R. Jaensch & W. Jaensch)从心理方面以遗觉像为出发点研究人的心身组织，认为个体可分成两大类型，即类手足搐搦性型(Tetanoid type，简称 T 型)和类甲状腺病型(Basedow type，简称 B 型)。类手足搐搦性型人与手足搐搦性精神病的情形相类似，其遗觉类似于后像，行为特征是隐退的、非社交的，好独处，精神活动少。类甲状腺病型人与精神病中的甲状腺病类似，其遗觉类似于忆像，行为特征是对事物有兴趣、好变动、多想象。

3. 社会文化学角度

德国哲学家和心理学家斯普兰格(S. Spranger)从文化学的观点出发来划分人格类型。他认为人类的精神活动不外乎知识、经济、艺术、社会、政治、宗教六个方面；个人精神活动的意义，即可从这些方面的表现中去估量。这些方面的活动构成六种理想的人格类型，即理论型、经济型、艺术型、社会型、权力型、宗教型。

三、人格特质差异

人格特质差异的研究主要盛行于美国和英国。特质论者一致认为,一种恰当的人格理论应有一个可以测量的人格单位,这个单位就是特质。人格特质是所有的人共有的,但每种特质在量上因人而异,这就构成了人与人之间人格上的差异。

人格特质差异(1).mp4　人格特质差异(2).mp4

人格特质的差异研究大致可分为两类:一类是非统计性的;另一类是统计性的。非统计性的研究主要采用逻辑分析和语义分析的方法来划分人格特质,与偏重于个体的各种人格特质的质的不同,它更强调特质之间的独立性。这类研究以美国心理学家奥尔波特(G.W.Allport)为代表。统计性的研究主要采用因素分析的方法来划分人格特质,偏重于个体间相同人格特质的量的差异,比较强调特质与特质之间的相互依存性。这类研究以美国心理学家卡特尔和英国心理学家艾森克(H. J. Eysenck)为代表。

(一)奥尔波特的研究

奥尔波特是最早对人格特质进行科学研究的心理学家。他通过心理测量获得在不同情境中人的行为发生的频率、广度和强度的大量资料,经周密的逻辑分析和语义分析求得人格的各种特质。

1. 人格特质的概念

奥尔波特认为,人格特质是一种神经—心理组织,它是影响人的行为的最终实在。它除了能对刺激产生行为外,还能主动地引导行为。它能使许多刺激在功能上等值起来,使不同的刺激导致类似的行为。比如,具有谦虚特质的人,在不同的情境中会作出类似的反应。当他和领导一起工作时,会做出小心、谨慎、顺从的姿态;访友时,会表现得文雅、克制;遇见陌生人时,会显出害羞、尴尬的样子。又如,具有强烈攻击性特质的人,在不同的情境中也会作出类似的反应。当他与别人一起工作时,会表现得盛气凌人或专横跋扈;在体育竞赛中则会表现出争强好胜,竞争性强。具有不同人格特质的人,即使对同一个刺激物,反应也会不同。一个具有友善特质的人与一个具有怀疑特质的人对陌生人的反应可能完全两样。

奥尔波特又认为,特质具有普遍性,即一个人格特质联结着许多的刺激和反应,使个体的行为产生广泛的类似性。同时特质又具有集中性,即一个人格特质只有在特殊的场合或人群中才表现出来。例如,具有攻击性特质的人,并不是在任何场合,对任何人都会产生攻击性行为。因此他指出,人格特质不是固定不变的,它是嵌在社会情境中的。

2. 人格特质上的差异

奥尔波特把人格特质分为共同特质和个人特质两类。

1) 共同特质

共同特质指的是同一文化形态下的群体具有的特质,它在共同的生活方式下形成,并普遍地存在于每个人身上。人格的共同特质又可分为表现性特质和态度性特质。

(1) 表现性特质。它在支配适应行动的动机系统中使行动具有一定的特征,包括支配性—顺从性、扩张性—退缩性、坚持性—动摇性等三个共同特质。

(2) 态度性特质。它在对特定情境的顺应行为中所具有的对己、对人和对价值的态度，包括外倾性—内倾性、对自己的客观态度—自我欺骗、自信—自卑、对他人的合群性—孤独性、利他性—自私性、社会智力高—社会智力低、对价值的理论性—非理论性、经济性—非经济性、审美性—非审美性、政治性—非政治性、宗教性—非宗教性等11个共同特质。

2) 个人特质

奥尔波特认为，个人特质为个人所独有，代表个人的行为倾向。只有个人特质才是真实的特质，共同特质只是为了测定复杂的人格特质而抽取出来的概念。因而，他主张人格心理学家应集中精力研究个人特质，而不是研究群体的共同特质。他认为用个人的史实记录(如日记、信件、自传等)来研究人格的个人特质是最有效的方法。

奥尔波特认为，不是所有的个人特质对一个人的人格都具有同样的影响。那些几乎影响着个人全部行为的特质，叫主要特质；用来刻画一个人的特征性的倾向，叫中心特质；对一个人的人格结构影响不大的特质叫次要特质。主要特质具有极大的渗透性和弥散性，在人格结构中处于支配的地位。葛朗台的吝啬、爱迪生的创造性、南丁格尔的同情心，就是他们的主要特质。少量彼此相联系的中心特质组成独特的人格，虽然不如主要特质那样对行为起着明显的支配作用，但也是行为的决定因素。比如：快乐、社会性和人道主义是一个人的行为表现，准时、整洁、一丝不苟又是这个人的中心特质。次要特质对行为的渗透性极小，它接近于习惯和态度，但比习惯和态度更具一般性，如张某爱吃甜食、谢某有恐高症等。

(二)卡特尔的研究

1. 人格特质的概念

卡特尔把一个人的人格特质看作一种心理结构。人格特质是一个人的人格结构的基本元素，它表现为相当持久和广泛的行为倾向。卡特尔认为，人格与机体和他的环境之间所产生的行为有关，人格是从这些行为中表现出来的东西，所以只要给予一定的条件就可以根据人格来预测一个人在特定情境中的行为。

卡特尔用因素分析的方法研究和分析人格特质。他首先从三个方面搜集原始资料：①记录一个人日常生活和社会生活中的行为，即生活资料(L-资料)；②让个人自己评定有关人格特质的问卷，即问卷资料(Q-资料)；③进行客观的测验，即测验资料(T-资料)。然后，对这些资料进行复杂的因素分析，从各种变量中求得大量的相关，经数学处理把这些资料归结为少数基本特质。

2. 人格特质上的差异

卡特尔把各种人格特质分为表面特质和根源特质两类：前者指的是那些外部观察到的成串地关联着的行为反应；后者指的是决定外现行为的潜在变量，它实际上影响着一个人的人格结构。根据根源特质的来源还可分出来自遗传的体质性特质和在外界环境影响下形成的特质。

卡特尔又根据表面特质和根源特质如何表现的方式，分出三种特质，即激发一个人趋向某一目标的动力特质、描绘一个人在获取他的目标时如何行动的气质特质，以及决定一个人如何顺利地达到他的目标的能力特质。

卡特尔认为，表面特质只能说明现象，根源特质才是人格的本质，它是一个人人格的建筑材料。例如，大胆、独立和坚韧等人格特质可以在个体身上直接表现出来，这些都是表面特质。这些表面特质在统计学上彼此有高相关，经过因素分析可以得出它们共同的根源特质是"自主性"。卡特尔认为，根源特质各自独立，相关极小，并且普遍地存在于各种不同年龄和不同社会环境的人身上，只是在每个人身上的强度不同。例如，所有的人都有智力，但具有的智力并不相同，这就决定了人与人之间的人格差异。卡特尔又指出，各个根源特质的深度也不一样，根源特质越深刻，这些特质就越稳定，对行为的效应也就越全面。

卡特尔经过多年的探索，分析出具有两极性的16种基本的根源特质。他根据这些根源特质制定的"16种人格因素问卷"被不少国家用作预测职业和学业成就的工具，如表8-3所示。

拓展阅读

表8-3 卡特尔的16种人格根源特质

人格因素	名 称	低分者特征	高分者特征
A	乐群性	缄默、孤独	乐群、外向
B	聪慧性	迟钝、知识面窄	聪慧、富有才能
C	稳定性	情绪激动	情绪稳定
E	恃强性	谦逊、顺从	支配、攻击
F	乐观性	严肃、审慎	轻松、兴奋
G	有恒性	权宜、敷衍	有恒、负责
H	敢为性	畏怯、退缩	冒险、敢为
I	敏感性	理智、注重实际	敏感、感情用事
L	怀疑性	信赖、随和	怀疑、刚愎
M	幻想性	现实、合乎成规	幻想、狂放不羁
N	世故性	坦白直率、天真	精明能干、世故
O	忧虑性	安详沉着、有自信心	忧虑抑郁、烦恼多端
Q1	实验性	保守、服膺传统	自由、批评、激进
Q2	独立性	依赖、随群附从	自立、当机立断
Q3	自律性	矛盾冲突、不拘小节	知己知彼、自律严谨
Q4	紧张性	心平气和	紧张困扰

(三)艾森克的研究

1. 人格的结构和维度

艾森克反对把人格定义抽象化。他指出，人格是有机体现实的和潜在的行为模式的总和，这种行为模式包括四个主要方面，即认知方面(智力)、动作方面(性格)、情感方面(气质)和躯体方面(体格)。人格就是一个人的性格、气质、智力和体格的稳定的持久性组织。这个组织决定一个人对环境的独特顺应方式。性格是稳定的动作系统,气质是稳定的情感系统,智力是稳定的认知系统,体格是稳定的身体形态和神经内分泌系统。

艾森克由人格特质发展到对人格维度进行研究。他指出,维度是一个连续的尺度,并不是非此即彼。每个人都可以或多或少地具有某种特质,每个人都可在这个连续尺度上占有一个特定的位置。

艾森克应用标准分析法进行人格特质的差异研究,这种方法也属于因素分析,只是更富演绎成分。他在有关人格的潜在变量的假设基础上,用统计方法对这些假设进行验证,得出人格特质的两个基本维度,即情绪稳定性—神经过敏性、内倾—外倾。这两个基本维度不仅经过数学统计和行为观察的证实,也得到了实验室内许多实验的证实,受到各国心理学家的重视,并且已在医疗、教育和司法等领域得到了广泛的应用。

2. 人格特质上的差异

艾森克以内倾为纬,以情绪性为经,组织起 32 种基本的人格特质,形成图 8-2 所示的二维模型。

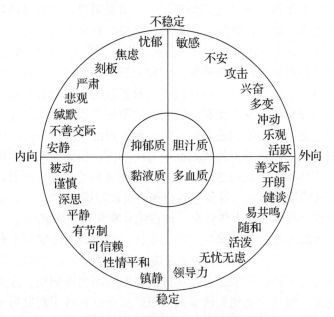

图 8-2 艾森克人格二维模型

内圈是希波克拉底的 4 种气质,外圈就是艾森克用因素分析法研究人格特质间的差异所得出的结果。后来他又增加了精神过敏性—非精神过敏性这一维度,从而把人格特质的研究扩展到了变态行为领域。从图中可以看出以下几点。

(1) 人格的不同维面与气质类型的关系。稳定外向维面与多血质有关;稳定内向维面与黏液质有关;不稳定外向维面与胆汁质有关;不稳定内向维面与抑郁质有关。

(2) 稳定外向维面包括善交际、开朗、健谈、易共鸣、随和、活泼、无忧无虑、领导力 8 种人格特质;稳定内向维面包括被动、谨慎、深思、平静、有节制、可信赖、性情平和、镇静 8 种人格特质,如此等等。

(3) 根据某个特质得分的多寡,就可判定某人的人格属于哪一个人格维面。例如,一个人在活泼的特质上得分高，就可认为这个人属于稳定外向维面；一个人在节制的特质上得分高，就可认为这个人属于稳定内向维面。

四、人格差异与因材施教

教育工作要针对受教育者的个性特点，对不同的人格类型、不同的人格特质结构，教育的方式、方法都应有所不同。心理学研究人格差异，它的实践意义也是为了能在教育和心理治疗方面解决具体问题。本节仅在教育观念上对这一问题加以探讨。

(一)气质差异与早期教育

托马斯和切斯(A. Thomas & S. Chess，1967、1974、1982)等在对婴儿进行大量追踪研究的基础上，将婴儿气质划分为三种类型，即容易型、困难型和迟缓型。不同气质类型的婴儿对早期教育的适应性和要求是各不相同的。

(1) 容易型。许多婴儿属于这一类，约占托马斯和切斯研究中全体被试的 40%。这类婴儿吃、喝、睡、大小便等生理机能活动有规律，节奏明显，容易适应新环境，也容易接受新事物和不熟悉的人。他们的情绪一般积极、愉快，对成人的交流行为反应适度。由于他们生活有规律、情绪愉快，且对成人的抚养活动提供大量的、积极的反馈(强化)，因而容易接受成人最大的关怀和喜爱。一般来说，这种类型的婴儿对各种各样的教养方式都容易适应。但是在某些情况下，他们这种容易接受父母管教的优点却会导致一些行为问题的发生。例如，这些婴儿在早年容易接受和适应父母的期望和管教标准，并将它们内化为自己的期望和规则系统。然而，当他们进入幼儿园、走进同龄人的世界时，就会发现这些新环境中的要求与规则同他们以往习得的规则系统有所不同，他们在家庭中所习得的行为模式在这里会显得有些格格不入。如果这两种要求间的冲突和矛盾十分严重，就会使婴儿陷入进退两难、无所适从的境地，从而导致行为问题或发展障碍。

(2) 困难型。这一类婴儿的人数较少，约占托马斯和切斯研究中全体被试的 10%。他们时常大声哭闹、烦躁易怒、爱发脾气、不易安抚。在饮食、睡眠等生理机能活动方面缺乏规律性，对新食物、新事物、新环境接受很慢，需要很长的时间去适应新的安排和活动，对环境的改变难以适应。他们的情绪总是不好，在游戏中也不愉快。成人需要费很大力气才能使他接受抚爱，很难得到他们的正面反馈。由于这种孩子对父母来说是一个较大的麻烦，因而在哺育过程中需要成人极大的耐心和宽容；否则易使亲子关系疏远，孩子缺乏抚爱、教养。对于这类婴儿，教养问题则从一开始就有了。为了使儿童抚养和家庭生活的正常秩序能够维持下去，家长必须处理很多棘手的问题，如怎样适应婴儿的不规律生活、适应慢的特点，怎样对待和调教婴儿烦躁、易哭闹等。如果父母在管教孩子时不一致、不耐心或经常斥责、惩罚孩子，那么这些孩子比其他类型的婴儿更容易表现得烦躁、抵触、易怒和消沉。只有特别热情、耐心、有爱心地对待这些孩子，全面考虑他们的气质特点，针对其特点积极地对待他们，采取适合于其特点的、特别的、有针对性的措施或方式，才能使这些孩子健康地适应社会，"走向正轨"。当然，这需要很长的时间，也需要婴儿的父母高度的努力，理性地克制自己。

(3) 迟缓型。约有 15%的被试属于这一类型。他们的活动水平很低，行为反应强度很弱，情绪总是消极而不甚愉快，但也不像困难型婴儿那样总是大声哭闹，而是常常安静地退缩、畏缩，情绪低落，逃避新刺激、新事物，对外界环境、新事物、生活变化适应缓慢。在没有压力的情况下，他们会对新刺激缓慢地发生兴趣，在新情境中能逐渐活跃起来。这类儿童随着年龄的增长，随成人抚爱和教育情况不同而发生分化。对迟缓型婴儿教养的关键，在于让这些孩子按照其自己的速度和特点去适应环境。如果这类婴儿的家长或教师给他施加压力以催促他尽快地适应环境，只会强化他的自然反应倾向—逃避。而另一方面，他也确实需要机会和鼓励去尝试新经验、适应新环境。鼓励对这类婴儿更为需要，他们也需要尝试过程中的具体帮助与指导。

托马斯和切斯(1983)的研究表明，一个与婴儿的气质特性或理解力相冲突的需求可能会使孩子承受很重甚至是不能承受的压力，这要求我们的家长和教师需要对每个孩子的特性有一个清楚的认识，知道谁能做什么、谁不能做什么、谁能做成什么样、谁可能怎样去做，据此提出合理的要求。例如，对一个活动性高的婴儿，就不能要求他长时间一直安安静静地坐着，一动也不动。一个固执的婴儿，总是不希望被打扰，因此就不要希望一叫他，他就有反应。对一个迟缓型的孩子，不要要求他第一个收拾好玩具。

总之，对婴儿气质特性的深入了解有助于家长、教师教育婴儿并避免使婴儿产生行为问题。例如，对一种新食物，可以使一个适应能力强的婴儿较快接受并且喜欢它；但对一个适应力弱、感情强烈的婴儿则必须连续几天都呈现此食物直至他接受为止。对于正在向电源插座里塞东西的婴儿，如果他是适应能力强的，则向他讲清楚道理就行了；如果他是易分心的，则只需转移其注意力；但如果是一个固执的孩子，那只得把他转移到别处才能使他摆脱危险。

(二) 对有性格缺陷学生的教育

1. 学生的性格缺陷

在学校中学生的性格缺陷有多种表现，这里只举几例。

1) 自卑

自卑是问题家庭(如离异家庭)子女可能产生的性格缺陷之一，它是由自我评价过低而引起的一种消极的、不适当的自我否定的态度。有自卑感的孩子看不到自己的价值，总觉得自己低人一等，别人都比自己聪明、能干，而自己则处处不如他人，对自己什么都不满意。在这种情况下很易导致"自卑情结"的形成，进而在自我评价中经常伴随着消极的情绪体验，如不安、内疚、胆怯、害羞、忧伤、失望等。随着年龄的增长，如果在生活道路上再次经历挫折(如学习成绩差、升学无望、家庭关系剧变等)，则自卑情绪很容易被重新唤起，若经常体验到自卑情结的痛苦，就会积淀为自卑性格。

2) 孤僻

性格孤僻的孩子自我评价较低，消极的自我情绪体验使他们形成扭曲的自我形象，既不能正确评价自己也不能正确对待别人，以至不能接受自己。性格孤僻的孩子往往无友或少友，强烈的自卑感使他们不能自如地与他人交往，唯恐被人轻视和排斥，当恐惧感超过亲近别人的欲望时就会压抑自己的欲望，对他人采取冷漠的态度。

3) 怯懦

感情脆弱、意志薄弱的学生若遇学校适应不良就易形成怯懦性格。它的核心就是害怕，害怕一切。它的基本特征是胆小怕事，容易屈从他人，无反抗精神，在困难面前惊慌失措；

感情脆弱，经不住挫折和打击；常常表现为孤僻、胆怯、畏缩、敏感等。

4) 粗暴

易冲动而又意志薄弱的孩子易形成暴躁的性格，其核心是冷酷无情。在不和睦的家庭中，家庭成员间经常争吵、打闹，极易使孩子产生冷酷、悲戚的心情，并由此导致惊慌、恐惧、心绪不定的情绪，同时，家庭成员间的争吵、打闹也会成为儿童观察学习的榜样，久而久之就会形成儿童粗暴的性格。

2. 对性格有缺陷学生的教育应注意的问题

1) 发挥教师的人格力量

学校是以师生关系为主轴而构成的社会群体。学生，尤其是低年级的学生，对教师特别亲近，信任教师胜过自己的父母，认为教师所说的绝对正确。他们把教师的思想和行为方式、待人接物的态度作为自己学习的榜样，处处仿效。因此，教师不仅影响着学生的智力、感情、意志品质的发展，也影响着他们的个性，特别是性格的形成。到了中学，随着活动范围的扩大、自我意识的发展，教师的影响作用有所降低，但仍然是很重要的。

2) 端正教师的教育态度

有性格缺陷的学生往往有学校适应不良的问题。对这些学生，教师若采取专制的态度，批评他们、排斥他们，就可能强化他们已形成的孤僻、自卑、粗暴、冷漠的性格，更使他们缺乏主动精神、情绪紧张、言行不一；教师若采取放任态度，则也会使他们形成情绪好激动、易冲动、不能控制自己、任性、无团体目标、易受挫折的性格特征；而教师若采取民主的态度，关心他们、尊重他们，就可使他们的情绪稳定，主动性强，增强克服困难的信心。

3) 公正、客观的评价

教师的评价对有性格缺陷的学生影响非常大。凡是得到教师肯定的学生，往往更加积极乐观，对生活充满信心和希望；而遭到教师否定的学生，则会更加冷漠、敌对、自卑。

4) 运用期待效应

教师对学生的期待，对学生性格的理智特征与适应性也有明显的影响。学校适应不良、有性格缺陷的学生往往更敏感，消极的体验使他们更加远离教师，而教师也容易主观地认为这些学生笨，没有发展前途，对他们的期望值过低。在与这些学生接触时，教师的语言、表情及眼神也传递着无形的冷漠与歧视，这无疑会进一步强化他们的自卑感。久而久之，这些学生的行为便会朝着教师预期的方向发展，各方面都呈退步趋势，最后变成各个方面都越来越差的差生。所以，教师首先应该相信每个学生都有自己的发展，"天生其材必有其用"，对他们寄予厚望。在与他们的接触中，传递自己对他们健康发展的期望，使学生从教师那里得到更多的关怀、指导和帮助，进而激发他们对生活、学习、人际适应的信心，使他们向着教师所期望的方向发展。

5) 加强学生自我教育的训练

自我教育是个人有目的、有计划、有步骤地提出性格的自我教育目标，并以实际行动努力完善自己性格的过程。自我教育的起点在自我，但动因来自社会。社会通过父母、教师、舆论的形式使孩子知道应该做什么、应该如何做。

有性格缺陷的学生自我评价、自我反省的能力一般较差，教师应帮助和引导其进行自我教育，帮助他们认识自己的性格特征，针对自己性格的缺陷，制订自我教育计划。教给学生自我教育、自我塑造的方法。

此外，丰富多彩、健康有益的活动也可以培养良好的性格。如长跑、爬山可以锻炼意志；读书、绘画、吟诗可以陶冶情操。课余生活越丰富，精神就越充实，就越有益于人的身心健康。因此，教师应注意鼓励离异家庭子女参加丰富多彩的课外活动，使他们感到生活的美好。

第三节　性别差异与教育

一、智力的性别差异

智力的性别差异是智力差异中的一个较敏感的问题。对这一问题的许多研究的结论不尽相同，但是在以下两个方面则基本一致。

(一)智力的总体水平大致相等，但在分布上有显著差异

男性比女性的离散程度大，也就是说，很聪明的男性和很笨的男性都要比女性多。男女智力的这种分布差异在学业成绩上的反映很显著。国内外的一些调查结论大致相同：无论是中学还是大学，学习成绩优异和学习成绩较差的，男生均多于女生，成绩中等的女生多于男生。

(二)智力结构存在差异，各自具有优势领域

在感知觉方面，男性的视知觉能力一般较强，尤其是空间知觉能力，男性明显优于女性。女性的听觉能力较强，特别是对声音的辨别和定位，女性明显优于男性。在注意力方面，一般男性的注意定向更多地指向物，喜欢摆弄事物并探索物体的奥秘，对物的注意稳定性较好。女性的注意则较多地指向人，喜欢注意人的外貌、举止、内心世界和人际关系，对人的注意稳定性较好。在思维方面，男性偏于抽象思维，女性偏于形象思维。男性一般喜欢数学、物理、化学等学科，女性一般喜欢语言、外语、历史等学科。在言语方面，男女也各有优势。女孩言语的获得比男孩早，在言语流畅性和读、写、拼等方面均占优势，但男孩在言语理解、言语推理以及词汇方面比女孩强。根据以上对男女智力差异的分析，我们不能说男性智力优于女性。虽然历史上有成就的男性多于女性，但这主要是文化发展的产物，因为我们的社会为男性提供了更多的机会。随着社会的发展，男女社会地位日趋平等，女性对社会的贡献也将日益增大。从目前学校情况看，已出现了所谓的"阴盛阳衰"现象，即女生在学校中越来越占优势。

二、个性的性别差异

对男女两性在个性差异问题上的看法分歧较大，目前较为确定的主要有：男性在身体上和言语上都比女性更富于攻击性(E. E. Mac coby & C. N. Jacklin)；男性比女性更活跃(Eaton & Keats，1982)；男性比女性更愿冒险(Ginsburg & Miller)；男性比女性更喜欢进行混战的游戏(Dipietro)；女孩从5岁起就比男孩和成年男性对婴儿更感兴趣、更敏感(Berman，

1985);女孩比男孩要求更少,更可能以开玩笑的方式答复父母的社会性提议或应允他们的要求(Martin,1980)。特纳等 (Diener,Sandvik & Larsen,1985)的观察研究还发现,在各种紧张情境中,女性比男性更愿意报告她们懦弱胆小、焦虑的感受,更倾向于强烈深切地表达她们的情绪反应。

三、性别差异与因材施教

如前所述,男女性别差异主要表现在认知能力的差异和个性差异两方面,因此,要根据这些性别差异进行因材施教。

在教育和教学中,教师应该根据不同性别学生的特点对他们提出不同的要求,使用不同的教育方法。如在教学上,教师可针对男生语言表达能力不强,但数学能力、空间能力发展较好的特点,一方面加强男生语言表达能力的训练,另一方面借助他们较好的数学成绩给他们提供成功的经验和感受,以数学能力的发展带动其语言表达能力的提高。对女生则借助其较好的语文成绩给她们提供成功感,进而提高其数学学习的兴趣。

在教育中,教师首先应允许不同性别学生有不同的表现,如允许男孩冒险、顽皮和大运动量的活动,允许女孩拥有属于她们自己的小团体,允许并认可她们适当的情绪表达。教师还要分析不同性别学生的个性特点中不利于个体发展的因素。例如,女生更易把她们的成功归因于自己的努力或运气,而将她们的失败归于能力不够,并易因此感到无能为力。女生的这种归因模式常是个体发展中从教师和家长对她们的反应中习得的,是妨碍女生发展的重要因素。教师必须首先使自己克服这种归因习惯,同时对有这种归因模式的学生(尤其是女生)进行积极的归因训练,使她们将自己的成功归因于自己的能力,而将失败归因于自己努力不够。另外,教师还要认识到,有些性别差异只是表面现象,男女两性在某些方面的需要都是一样的。例如,虽然男孩极少表现或表达他的焦虑感和恐惧感,但在某些紧张的情况下,男女两性对焦虑和恐惧的感受差别并不很大(Diener,Sandvik & Larsen,1985)。对男生的焦虑、恐惧与不安,教师也应予以重视。

在对学生性别差异研究的同时,教师也要尽可能消除自己对传统的性别角色的刻板印象,认识到传统的性别角色对个体发展的限制,帮助学生向男女双性化方向发展。因为研究表明,双性化的个体更具有灵活性,他们比性别类型化的同伴自我评价更高,更受同伴欢迎,适应能力更好。

本 章 小 结

智力的个体差异有多种表现形式,它既可以表现在智力发展水平的高低上,又可表现在智力不同的结构上,还可表现在智力发展与成熟的早晚上。个体的智力差异是遗传与环境相互作用的结果。"因智施教"可以采用适应智力差异的教学组织形式、适应智力差异的教学方式和适应个体差异的教学手段。

人格类型的差异研究包括生物学、心理学和社会文化学三个视角。生物学视角有体型说、激素说、血型说和体液说。心理学视角以荣格的八种人格类型(即思维外倾型、情感外倾型、感觉外倾型、直觉外倾型、思维内倾型、情感内倾型、感觉内倾型、直觉内倾型)为代表，还有杨施兄弟的"T 型与 B 型"的二分法。社会文化学角度以斯普兰格的六种理想人格类型(即理论型、经济型、艺术型、社会型、权力型、宗教型)为代表。

人格特质的差异研究以奥尔波特、卡特尔、艾森克为代表。奥尔波特把人格特质分为共同特质和个人特质两类。共同特质又可分为表现性特质和态度性特质。个人特质又可分为主要特质、中心特质和次要特质。卡特尔把各种人格特质分为表面特质和根源特质，认为表面特质只能说明现象，根源特质才是人格的本质，从而进一步分析出具有两极性的 16 种基本的根源特质。艾森克从情绪稳定性—神经过敏性、内倾—外倾、精神过敏性—非精神过敏性三个人格维度进一步拓展了对人格特质的研究。

在教育中应了解学生不同的气质类型和性格特点，有的放矢，"因人施教"。

在智力和个性方面也存在一定的性别差异。在教育和教学中，教师应该根据不同性别学生的特点对他们提出不同的要求，使用不同的教育方法，"因性施教"。

思考与练习

1. 智力差异可以分为哪两大类？每一类主要包含哪些方面的智力差异？
2. 试述智力的结构差异。
3. 在教学实践过程中如何做到"因智施教"？
4. 如何针对不同的气质类型开展早期教育？
5. 男女性别差异主要表现在哪些方面？在教育教学中应如何"因性施教"？

推 荐 阅 读

[1] 李伯黍，燕国材. 教育心理学[M]. 上海：华东师范大学出版社，2010.
[2] 曾跃霞，刘运芳. 学与教的心理学[M]. 天津：天津大学出版社，2014.
[3] 林海亮，杨海光. 教育心理学[M]. 北京：北京师范大学出版社，2012.
[4] 陈琦，刘儒德. 当代教育心理学[M]. 3 版. 北京：北京师范大学出版社，2019.

第九章 教学设计

本章学习目标

➢ 理解教学设计的含义、功能和原则。
➢ 了解教学设计的程序。
➢ 了解教学设计的主要内容。
➢ 掌握教学评价的方法。

核心概念

教学设计(teaching design)　教学评价(teaching evaluation)

引导案例

有指导的发现学习的课堂教学案例

女教师朱迪正在为六年级学生的"经线和纬线"一课做准备,如买一个大海滩球、找了一个旧网球、检查地图和地球仪等。

上课一开始,她让学生们指出在地图上他们所居住的位置。然后她说:"假如你在暑假旅行中结识了一些新朋友,你想向你的朋友们准确地描述你住在什么地方。你该怎么做?"

学生们提出一些建议后,她问这些建议是否足够准确地指出他们所居住的确切位置。学生们经进一步讨论后得出的结论是"不能"。

她继续说:"我们遇到了麻烦。我们想告诉我们的新朋友我们所居住的准确位置,但我们还没有一个合适的方法。让我们一起看看能否通过画图解决这个问题。"

她拿出海滩球和地球仪,让学生观察和比较。学生们在海滩球上确定了东、西、南、北诸方位后,她围绕球的中心画了一个圆圈,学生们把圆圈认作赤道。学生们在网球上做了同样的事情。

朱迪继续在海滩球上的赤道两侧画圆圈,然后说:"现在,请大家比较一下这些线有什么共同点。"

"它们都是平行的。"凯西自告奋勇地回答。

"继续说,凯西。你说'平行'是什么意思?"朱迪鼓励道。

"它们没有互相交叉。"凯西边解释边用手示范。

"好的。"朱迪微笑着点点头。

"还有别的共同点吗？"朱迪问。

学生们又指出："这些线都是东西方向的。""当它们远离赤道时逐渐变短。"朱迪将这些共同点都写在黑板上后指出这些线叫作纬度线。

她继续用笔在海滩球上画上各条经度线，使海滩球布满了纵横交错的经纬线。

朱迪："这些线与那些纬度线有何共同点？"

翠西亚："它们都是绕着球画的。"

朱迪："很好。还有别的吗？"

依里欧特："长度都一样。"

托马斯："什么的长度？"

依里欧特："自上而下的线和那些平行线呗。"

朱迪："我们刚才把那些平行线叫什么？"

依里欧特："纬度线。"

基米："我们刚才说过它们逐渐变短……那么，它们又怎么会是同样的长度呢？"

塔巴沙："我认为那些线(手指着纬度线)更长些。"

朱迪："我们怎样才能检验这些线的长度呢？"

基米："我们可以测量这些线，比如用磁带或绳或别的什么东西。"

朱迪："同学们认为基米的想法如何？"

同学们都同意这是个好主意。于是朱迪提供了一些绳子并将绳子的一点按住在球的某一点，让基米测量球上线的长度。测量后让学生比较。

切瑞斯(拿着两根"经度线"的绳)："这些线一样长。"

尼克(拿着两根纬度线的绳)："这些线不一样长。"

当查看了所有测量的绳子后，朱迪让学生们两两一组去总结他们的发现。学生们得出以下结论。

(1) 经度线都与赤道垂直相交；纬度线与赤道的距离在各处都一样。

(2) 经度线都是同样长度；纬度线在赤道以北和赤道以南逐渐变短。

(3) 经度线在极地彼此交叉；经度线和纬度线在全球各处相互交叉。

朱迪继续问道："现在，这些发现怎么帮助我们解决准确确定一个居住位置的问题？"在她的指导下，学生们得出结论说，居住位置可以用线与线的交叉点来精确地标定。朱迪指出这是他们下一堂课要研究的主要问题。

(资料来源：采自 P.Eggen 等，1997.)

学习指导

本章的重点是教学设计的主要内容，难点是如何进行教学设计，需要学生结合自己所学的专业进行教学设计的撰写。

第一节 教学设计概述

一、教学设计概念

教学设计就是根据教学对象和教学目标，确定合适的教学起点和终点，将教学过程中的各要素有序、优化地安排，形成教学方案的过程。也就是说，为了达到一定的教学目标，对教什么(课程内容)和怎么教(教学组织、教学模式、教学媒体等)进行设计。

教学设计是教学理论向教学技术转化的桥梁。这是因为教学设计是依据一定的教学理论，在对有关教育教学、学生学习、能力与品德的本性以及学习规律充分理解的基础上进行的。这是教学设计的灵魂，也是衡量某种教学设计效能的尺度。首先，教学理论作为改进教学工作的原理或原则，只有通过周密而详细的设计，才能转化为方法或技术。其次，教学理论对教学的指导作用，必须与学校实际和教学实践相结合才能发挥出来，两者有机结合是通过教学设计来实现的，并使教学理论转化为教学技术。

二、教学设计的功能

教学设计主要是以促进学习者的学习为根本目的，运用系统方法将学习理论与教学理论的原理转换成对教学目标、教学内容、教学方法、教学策略和教学评价等环节进行具体计划，创设有效的教与学系统的"过程"或"程序"。它既是教学中的一个重要环节，也是一项复杂的教学技术。学习教学设计具有十分重要的意义。

(一)有利于教师控制整个过程，提高教学质量

教学设计的主要目的就是要设计出低耗、高效的教学过程。一方面，在教学设计中，需要对学习需要、学习内容和学习者进行客观分析。在分析的基础上，减少许多不必要的内容和活动，然后清晰地阐明教学目标，科学地制定教学策略，经济地选用教学媒体，合理地拟订教学进度，正确地确定教学速度，准确地测定和分析教学结果，使教学活动在人员、时间、设备使用等方面取得最佳效益。可以肯定地说，没有教学设计，就不可能有教学的最优化。另一方面，教学设计所设计的教学活动富有吸引力，因为在教学设计中充分考虑了学习者的特点，运用了相应的教学策略，采取了有效的教学方法和教学形式，更好地解决了学习者的学习方法问题，灵活地应用了教学媒体。通过一系列措施，减轻了学习者过重的学习负担，使学习者乐学、会学、主动地学。轻松愉快、巧妙安排、精心策划的教学活动，无疑会增强学习者的学习兴趣，提高其学习的积极性。

(二)有利于教学理论与教学实践的结合

为了使教学活动高效、有序，人们一直致力于探讨教学的机制，对教学过程、影响教学的因素及其相互关系进行研究，并形成了一套独立的知识体系——教学理论。但这种理论偏重于理论上的描述和完善，对于教学的改进只产生间接的作用，因为理论到实践仍然是有距离的，而且实践又在不断地发展变化，有时候也不能完全套用现成的理论。而教学设计起到了沟通教学理论与教学实践的作用。一方面，通过教学设计，教师可以把已有的

教学理论和研究成果运用于实际教学中，指导教学工作的进行；另一方面，也可以将教师的教学经验升华为教学科学，充实和完善教学理论，这样就把教学理论与教学实践紧密地结合起来。

(三)有利于教学工作的科学化，促进青年教师的快速成长

在传统教学中，虽然教学设计活动普遍存在于教师的教学实践当中，但教师只是把设计看作一门艺术，其设计思想之精华也只掌握在少数优秀教师的手中。而现代教学设计则是从教学的科学规律出发，对教学问题的确定、分析，对解决问题方案的设计、试行乃至评价和修改等系列教学设计的内容和程序都建立在系统方法的科学基础上，使教学活动的设计摆脱了纯经验主义而纳入科学的轨道，使广大教育工作者容易学、乐于接受，并在教学中进行实践。教学工作的普遍科学化可以大面积地提高教学效率和效果，提高教育教学的投资效益，这正是教学设计的宗旨。因此，学习和运用教学设计的原理是推动教学工作科学化的有效途径。

(四)有利于科学思维习惯和能力的培养，提高发现问题和解决问题的能力

教学设计是系统解决教学问题的过程，按照问题解决的一般过程：发现(鉴别)问题、选择和建立解决问题的方案、试行方案及评价与修改方案，可见教学设计和传统的备课有明显的差别。在利用教学设计优化学习的过程中，设计人员一方面要善于发现教学中的问题，用科学的方法分析问题，谋求解决的方案；另一方面需要在设计、试行过程不断地反思解决方案，在这个过程中科学思维习惯得到有效的培养，发现、解决教学问题的能力也会逐渐提高。此外，这种解决问题的方法、技术和思维方式具有很强的迁移性，可用于其他相似的问题情境和实际问题。因此，教学设计带来的不仅仅是教学设计的基本原理和必要的知识，更重要的是设计人员从中领会到的解决问题的思维方式和科学态度，他将从中学会创造性地解决问题的原理和方法。

三、教学设计的原则

(一)系统性原则

教学设计是一项系统工程，它是由教学目标和教学对象的分析、教学内容和方法的选择以及教学评估等子系统所组成，各子系统既相对独立，又相互依存、相互制约，组成一个有机的整体。在诸多子系统中，各子系统的功能并不等价，其中教学目标起指导其他子系统的作用。同时，整体与部分辩证统一，系统的分析与系统的综合有机结合，最终达到教学系统的整体优化。

(二)程序性原则

教学设计是一项系统工程，诸多子系统的排列组合具有程序性特点，即诸多子系统有序地成等级结构排列，且前一子系统制约、影响着后一子系统，而后一子系统依存并制约着前一子系统。根据教学设计的程序性特点，教学设计中应体现出其程序的规定性，确保教学设计的科学性。

(三)可行性原则

教学设计要成为现实，必须具备两个可行性条件。一是符合主客观条件。主观条件应考虑学生的学习心理和认知特点、已有知识基础和师资水平；客观条件应考虑教学设备、地区差异等因素。二是具有操作性，教学设计应能指导具体的实践。

(四)反馈性原则

教学成效考评只能以教学过程前后的变化以及对学生作业的科学测量为依据。测评教学效果的目的是为了获取反馈信息，以修正、完善原有的教学设计。

四、教学设计的程序

要把教学理论转化为教学技术，就必须明确教学设计的基本程序。美国著名的教学设计研究专家马杰(R. Mager)指出，教学设计依次由三个基本问题组成：首先是"我要去哪里"，即教学目标的制订；其次是"我如何去那里"，包括学习者起始状态的分析、教学内容的分析与组织、教学方法与媒介的选择，这是教学设计的关键；最后是"我怎么判断我已到达了那里"，即教学评价。从这种观点可以看出，教学设计是由制订教学目标、实现目标的诸要素的分析与设计、教学效果的评价构成的有机整体。

教学目标是课堂教学的起点，同时也是课堂教学的归宿，它不但对学生的课堂学习起着调节和控制的作用，而且决定教学的起点。因此，确立合适、良好的教学目标是教学设计的第一环节，也是最重要的任务，但教学目标的制订又受教学对象、教学内容以及教学效果评价反馈的影响。而课堂教学要达到预期的教学目标，则依靠对教学对象的分析、教学内容的组织以及选择合适的教学方法与媒体。课堂教学是否达到预期的目标则依靠教学反馈提供翔实的信息。通过教学效果评价环节的反馈信息，促进教学目标的完善与教学过程环节的健全，所以这三个环节是一个循环系统。

第二节 教学设计的主要内容

教学设计的主要内容.mp4

一、教学目标的设计

(一)教学目标及其在教学过程中的作用

1. 教学目标的概念

教学目标是指教师在教学活动中期望学生表现出来的学习结果。怎样理解教学目标的含义呢？

(1) 教学目标要着眼于学生的行为而不是教师的行为。为了说明这一点，请看下面有关足球课的单元教学目标：概述足球游戏的规则；给学生做如何踢球、运球和传球的示范；教给学生球场的位置(如前锋、后卫等)以及每一位置的作用。

(2) 教学目标要描述学生的学习结果而不是学生的学习过程。为了说明这一点，请看下面一节英语课的目标：学生将学习英语单词的含义；学生将练习英语单词的发音；学生将学习怎样活用英语动词。

(3) 教学目标从时间上可以划分为长期的、中期的、近期的三种，而教师在实际教学中要经常考虑的主要是近期目标。

① 长期目标是学校中各门课程所要达到的终点目标与标准。比如，高中语文课在写作能力上的部分目标是：学生能够用规范、简明、连贯、得体的语言表情达意；学生能够恰当地运用多种表达方式写一般实用文。

② 中期目标可以是某门课程在一个学年或学年某一学段所要达到的目标。如小学数学第一学段的问题解决目标：a. 能在教师的指导下，从日常生活中发现和提出简单的数学问题，并尝试解决；b. 了解分析问题和解决问题的一些基本方法，知道同一个问题可以有不同的解决方法；c. 体验与他人合作交流解决问题的过程；d. 尝试回顾解决问题的过程。

③ 近期目标是指一节课、一个教学单元或一个学期要达到的目标。比如，一节语文写作课的目标是：给学生观看一幅描绘秋天景色的图片，学生能用自己的话写出观察的结果和感受。

2. 教学目标在教学过程中的作用

教学的一般过程可以分为四个阶段，包括确定教学目标、了解准备水平、进行教学活动、实施教学评价。在上述教学的一般过程中，教学目标起着十分重要的作用。教学活动是以教学目标为导向的，并且教学活动自始至终都是围绕着实现教学目标进行的。教学目标在教学过程中的作用主要体现在以下三个方面。

(1) 教学目标是选择教学方法的依据。

一旦教学目标确定了，教师就可以根据教学目标选择适当的教学方法。比如，如果教学目标是使学生掌握基础知识，教师可以选择讲解法；如果教学目标是使学生将加法运算规则转化为熟练的运算技能，教师可以选择练习法；如果教学目标是使学生改变原有的态度和观念，教师可以选择讨论法；等等。

(2) 教学目标是进行教学评价的依据。

教学评价就是对照预先确定的教学目标，评估每个学生的学习结果是否达到规定的教学目标的过程。经过教学评价，如果学生的学习结果达到了预定的教学目标，则一次完整的教学过程已经完成，在这一学习结果的基础上可以确立新的教学目标，展开下一轮教学。如果经过评估，学生的学习结果未达到预定的教学目标，则要对学生进行补救教学，直至达到既定的教学目标为止。

(3) 教学目标具有指引学生学习的作用。

教师的教是为了学生的学。教学本身亦即系统地提供学习的外部条件促进学生学习的过程。教学伊始，教师将教学目标明确地告诉学生，将有助于指引学生的学习，激发学生的学习动机，并把学生的注意力集中在要达到的学习目标上。

(二)教学目标的类型

教学目标是在教学之前预期教学之后学生将从教学活动中学到些什么。制订教学目标时，应了解学生应该学习什么知识、获得哪些能力，同时对这些内容有清楚的表述。

布鲁姆等在其教育目标分类系统中将教学目标分为认知、情感和动作技能三大领域。

1. 认知领域的教学目标

认知领域是指预期教学后,在学生认知行为方面可能产生的改变。认知领域的教学目标包括知识、理解、应用、分析、综合和评价六个层次,形成由低到高的阶梯。

1) 知识

知识是指对所学材料的记忆。比如,记住了人名、地名、物名以及专门术语等特定事物方面的知识;记住了基本概念、基本原理等方面的知识。这是认知方面最低层次的教学目标。

2) 理解

理解是指把握所学材料的意义。按理解程度的深浅可分为三个层次:一是转换,能用不同的说法表达同一概念,如 $A>B$ 可说成是 $B<A$;二是解释,能按自己的理解对事物的变化予以说明,如水化为汽是因为温度增高了;三是推断,能对事物间的关系进行逻辑推理,如已知 $A>B$、$B>C$,可推知 $A>C$。

3) 应用

应用指将所学材料应用于新的情境之中,包括概念、规则、方法、规律和理论的应用。

4) 分析

分析指将整体材料分解成其构成成分并理解组织结构。分析这个目标分为三个层次:一是要素的分析,如一则新闻中传达了几个信息;二是关系的分析,如各信息之间的关系是相关性的还是因果性的;三是组织原则的分析,如对这则新闻分析它在语义及语法上是如何组织的。

5) 综合

综合指将所学的零碎知识整合为知识系统。根据综合的程序可分为三个层次:一是可以用语言或文字表达出自己的意见,如能讲出违反校规的几种情形;二是能对某种事物的处理提出自己的计划,如能对如何开展班队活动提出计划;三是能凭抽象思维推演出事物间的关系,如从算术题的演算推演出代数的表达方式。

6) 评价

评价指对所学材料做价值判断的能力。学生对所学知识或方法的评价,可能有两种依据:一是内在的证据,指知识或方法本身内在的特征,如教材组织缺乏逻辑关系;二是外在的标准,如学生将该科内容与其他科目相比。

2. 情感领域的教学目标

情感领域是指预期教学后,学生在情意方面可能产生的改变。根据价值内化的程序,情感领域的教学目标分为五个层次,即接受、反应、评价、组织和个性化。

1) 接受

接受是指学生在学习时或学习后对其所从事的学习活动,自愿接受并给予注意的心态,如认真听课、注意某种观点、意识到某种事物的重要性等。在接受学习活动时,按学生心理状态的不同分为三个层次:一是知觉情境的存在;二是有主动接受的意愿;三是有意地加以注意。

2) 反应

反应是指学生主动地参与学习活动并从中得到满足。根据反应性质的不同,分为三个层次：一是默从性的反应，学生的反应是听命式的，尚未完全出于主动；二是自愿性的反应，指学生的反应完全是主动的；三是满足的反应，指反应中带有满足感、愉快感。

3) 评价

评价是指学生对其所学在态度与信念上表示正面的肯定。根据其肯定程度的不同，分为三个层次：一是价值的接受，指学生对其所学知识或观念表示认可，如愿意改进与团体交往的技能；二是价值的肯定，指学生对其所学知识或观念除表示认可外，还主动表示对该项有价值的活动的喜爱和追求，如认为知识是有价值的而喜欢学习；三是价值的实践，指学生时价值的肯定成为他的态度，对价值的追求成为他的一种信念，长期实践，历久不变。

4) 组织

组织是指学生对其所学价值内化、概念化，并将其纳入他的人格结构中而成为他自己的价值观。根据组织程度的不同，分为两个层次：一是价值概念化，指学生将所学价值在含义上予以抽象化，不再视其为单独的事件，而是将其纳入自己的观念内，形成个人对同类事物一致性的看法；二是组成价值系统，指学生将所学的同类价值观汇集在一起，成为他个人统合的价值观。

5) 个性化

个性化指个体通过学习，经由前四个阶段的内化之后，所学的知识观念已成为自己统一的价值观，并融入性格结构之中。因内化程度不同，分为两个层次：一是概念化心向，即对同类情境表现出一般的心向，如对教师诚实，对一般人也诚实；二是性格化，指心理与行为内外一致，持久不变。

3. 动作技能领域的教学目标

动作技能领域是指预期教学结束后，学生在动作技能和行为方面产生的改变，它包含知觉、操作、准确、连贯、自动化等层次。

1) 知觉

知觉指学生通过感官获取所需动作技能的线索。

2) 操作

操作指学生按提示要求行动的能力，但不是模仿性的观察，如按指示表演或练习动作。

3) 准确

准确指学生的练习能力或全面完成复杂作业的能力。学生通过练习，可以把错误降到最低程度。

4) 连贯

连贯指学生按规定顺序或协调要求，去调整行为、动作等的能力，如准确而有节奏地演奏。

5) 自动化

自动化指学生自发或自觉地行动的能力，也就是学生能无意识地、有效率地使各部分协调一致地操作。

(三)教学目标表述的方法

下面通过对西方心理学家在教学目标陈述上的有关研究进行分析，进一步理解如何实现教学目标的明确化问题。

1. 行为目标表述法

行为目标表述法要求用可观察、可测量的具体行为来描述教学目标。马杰指出，用行为术语陈述教学目标时，应注意以下三点。

1) 行为的表述

用可观察的、具体的行为表述教学目标，以便教师能了解学生是否已经达到该目标。基本方法是使用一个动宾结构的短语或行为动词说明学习的类型，宾语则说明学习的内容，如能操作计算机、能列举出 3～5 个质数和合数、能辨别拼音中 e 与 o 的发音。

2) 条件的表述

条件是指学习者在什么情况下表现行为，也就是说在评定学习者的学习结果时，该在哪种情况下评定。例如，要求学习者操作计算机，要说明是在教师或说明书指导下操作还是独立操作。

3) 标准的表述

标准是指衡量学习结果的行为的最低要求。对行为标准做出具体要求，使教学目标具有可测性的特点。标准的表述一般与"好到哪种程度""精确度怎样""完整性如何""在多少时间内"等问题有关。

根据马杰的三要素编制的方法，可以把语文教学目标"通过教学培养学生的分析能力"具体描述为"提供报纸上一篇文章，学生能将文章中陈述事实与发表议论的句子进行分类，至少 85%的句子分得正确"。这样，教学目标就变得明确、具体，利于指导教师和学生的教学活动。

2. 内部过程与外显行为相结合的表述法

格伦兰提出先用描述内部过程的术语陈述概括教学目标，然后用可观察的行为作例子使这个目标具体化。例如，"培养学生的环境保护意识"，这些内在的心理变化不能直接观察和测量，因此可以列举若干行为样例，如"学完本节课后，学生能够自觉收集和处理废旧电池"。又如，语文课的一个教学目标可以这样表述："理解议论文写作中的类比法(内部心理过程)；用自己的话解释运用类比法的条件(行为样例)；在课文中找出运用类比法阐明论点的句子(行为样例)；对提供含有类比法和喻证法的课文，指出包含类比法的句子(行为样例)。"这样陈述的教学目标首先强调的是"理解"，而不仅仅是某种外在的行为变化，然后又用一些具体的、可操作的行为样例表明怎样才算是理解。

二、教学对象的分析

教学目标决定学习者行为变化的最终水平。教学应该从哪里开始？实质上，教学起点应该从学习者的初始状态出发。对学习者初始状态的分析应包括对教学对象已有知识水平的分析、教学对象需要形成的知识水平的构成成分的分析，以及教学对象在生理、个性心理、智力、能力发展等方面的特点的分析。这些内容决定了以后各环节的内容。

(一)分析学生的初始能力

所谓学生初始能力，指学生在接受新的学习任务之前，原有相关知识与技能的准备，也就是学生的原有基础。理论研究和教学经验都表明，学生的原有基础是新学习的内部前提条件，在很大程度上决定着新学习的成败。因此，教师在确定终点教学目标后，必须认真分析并确定学生的初始状态。

确定学生初始行为的方法很多。在一般情况下，教师可以利用学生的作业、小测验或课堂提问等方法了解学生原有的基础，也可以通过诊断性的单元测验来确定学生的初始能力或倾向。按照布鲁姆"掌握学习"的教学策略原则，学生必须达到某一单元规定的教学目标的85%以后，才能进行下一单元的学习，其目的也就是确保学生在接受新知识前已具备适当的初始能力和水平。

(二)分析学生的背景知识

每个人学习新知识都是建立在已有背景知识基础上，通过已有知识来理解、建构新知识。已有知识有些是通过正规学习获得的，有些却来自非正规学习。教学活动中，教师一方面要注意帮助学生激活已有的有用知识来获得新知识；另一方面也要对那些妨碍新知识获得的旧知识，尤其是那些非正规途径获得的知识进行分析。通常，不利的背景知识来源于以下三种途径。

1. 非正规途径获得的错误知识

这些知识主要呈现出三种情况。第一种情况，学生在正式学习前已经从不同途径获得了非科学的日常概念。例如，学生把日常见到的线段当作直线，把竖直的线当作垂线，因此，当学生接受新信息时，他们会按照自己的经验、自己的理解来建构事物的意义。第二种情况，有些学生尽管接受了一些科学教育，但仍存留着与科学概念不一致的日常概念，这主要是因为学习者容易对那些与原有知识结构中相协调的内容进行解释或意义建构，并把它们保持下来，而对那些与原有知识相矛盾的或不一致的内容，即使通过教学与已有知识建立了最低限度的联系，但随着时间的推移也容易在记忆中消退。第三种情况，有些非科学的概念虽然通过教学有所改变，但并未完全改变，未能达到教师的计划要求。这主要是由于新材料在学生建构意义的过程中与原有观念中一些不科学的内容建立了联系。

2. 正规途径获得的有关知识的遗忘

学生学习新知识困难，常常是由于从属知识、技能出现了故障。加涅认为，这些从属知识、技能是学习的前提条件。有的从属知识或技能虽然先前已学会，但随着时间的推移或种种原因而遗忘，这势必会给新知识的学习带来困难。

3. 正规途径获得的有关知识不清晰、没分化

认知心理学告诉我们，与新知识相似的旧知识如果不稳定、不清晰，不仅不能为新知识的获得提供恰当的关系和有力的支点，而且原有知识总是先入为主，取代新知识，或产生同一性混淆。例如，学习"互质数"概念时，往往会由于先学的"质数"概念不清而混淆两者的区别。

鉴于以上情况,在教学设计中,不仅要分析学生已具备了哪些有利于新知识获得的旧知识,更要重视那些妨碍新知识获得的旧知识,尤其是非正规途径获得的旧知识。

(三)分析学生学习的支持性条件

支持性条件是决定儿童能否达到终点目标的心理因素。它影响实现终点目标的学习活动效率,对新的学习活动起加速或减缓作用。学生的认知策略、心智技能、学习动机与态度都属于这个范畴。

通常,教师在实际教学工作中可采用以下两种方法分析:一是经验分析法,即根据自己教学工作的成功经验与失败教训,分析有哪些因素会影响教学成效;二是分类分析法,即依据有关的教学理论,先将影响教学工作效率的因素划分为不同类别,再根据当前教学目标及其类型逐项分析需要的支持性条件。

三、教学内容的设计

教学内容设计是教师认真分析教材、合理选择和组织教学内容以及合理安排教学内容的表达或呈现的过程。它是教学设计最关键的环节,是教学设计的主体部分,其质量高低直接影响教学活动的成败。

(一)教学内容的选择标准

一般来说,教科书是教学内容的主体,但仅仅依据教科书来安排全部教学内容是不够的。教学内容广义上讲是学生应该掌握的知识、技能,应该获得的思想、观点,以及良好行为习惯的总和。因此,需要教师恰当选择教学内容。那么,如何选取那些最重要、最值得学习的内容呢?笔者认为,应该依据国家规定的各门学科的课程标准,因为它对各门学科的教学内容从质和量上做出了规定,为我们提供了选择教学内容的根本依据。因此,在选定教学内容时,应特别注意遵循科学性、基础性、发展性、可接受性、时代性、多功能性等。

(二)教学内容的组织原则

教师组织教学内容时,应注意以下要点。

(1) 教学内容的深度和广度要恰当,既要有利于发展学生的"潜在水平",又要与学生的"现有水平"相衔接。

(2) 教学容量合适。既要避免容量过大,完不成教学任务,又要力戒容量小、密度疏,学生因吃不饱而"开小差"。

(3) 教学内容重点突出,难点有突破措施。对多数学生熟悉、理解的内容,教师只做提示和点拨,引导学生调动自身认知结构中的有关知识即可;对重点内容则采取多种形式和方法调动学生的注意力,充分理解教材;对难点内容应分析其产生的原因,提出针对性的解决措施。

(4) 教学内容的组织、排列、呈现方式要恰当,练习的配置、方式方法要精心设计。

(5) 在注意知识传授的同时,要充分挖掘教材中蕴含的智力因素和情感意志因素,培养学生的能力和非智力品质。

四、教学方法的设计

在教学设计中，确定了教学目标、选择了教学内容之后，就要重点考虑教学方法的设计。教学方法的设计是影响教学成败、决定教学目标能否实现的一个关键因素。教学方法之所以重要，是因为它是引导和调节教学活动的最重要的手段之一，同时它在教学内容的完成、教学目标的达成之间起着中介、联结的作用。

(一)主要的教学方法

1. 讲授法

讲授法是教师通过简明、生动的口头语言向学生传授知识、发展学生智力的方法。它是通过叙述、描绘、解释、推论来传递信息，传授知识，阐明概念，论证定律和公式，引导学生分析和认识问题。运用讲授法的基本要求是：讲授既要重视内容的科学性和思想性，同时又可能与学生的认知基础发生联系；讲授应注意培养学生的学科思维；语言要生动形象、富有启发性；讲授要讲究语言清晰、准确、简练、条理清楚、通俗易懂，尽可能保持适中的音量、语速，语调要抑扬顿挫，适应学生的心理节奏。

讲授法的优点是教师容易控制教学进程，能够使学生在较短时间内获得大量、系统的科学知识。但如果运用不好，学生学习的主动性、积极性不易发挥，就会出现教师满堂灌、学生被动听的局面。

2. 直观演示法

直观演示法是教师在课堂上通过展示各种实物、直观教具或进行示范性实验，让学生通过观察获得感性认识的教学方法。它是一种辅助性教学方法，要和讲授法、讨论法等教学方法结合使用。

运用演示法的基本要求是：①符合教学的需要和学生的实际情况，有明确的目的，使学生都能清晰地感知到演示的对象；②在演示的过程中，教师要引导学生进行观察，把学生的注意力集中于对象的主要特征、主要方面或事物的发展过程；③要重视演示的适时性；④结合演示进行讲解和谈话，使演示的事物与书本知识的学习密切结合。

3. 讨论法

讨论法是在教师的指导下，学生以全班或小组为单位，围绕教材的中心问题，各抒己见，通过讨论或辩论活动，获得知识或巩固知识的一种教学方法。

教师运用讨论法必须注意以下几个问题：①在小组讨论时，教师要充分考虑到每个学生的能力和个性，保证每个学生都能够积极参加讨论；②教师在整个讨论中要密切关注讨论的进展，控制无意义的话题，及时把讨论引入正轨；③教师要把讨论限制在一定的范围内，否则漫无边际的讨论无法达到应有的深度、得出应有的结论；④合作学习要与个别辅导相结合，要特别关注并鼓励表达能力不强的学生大胆地发表自己的看法，必要时可以进行提示和指导，使他们能够清楚、扼要地表达自己的观点；⑤在总结和归纳结论时，教师要引导学生用科学、准确的语言来表述自己的观点，避免概念模糊不清。

教师在进行小组讨论的活动设计时，必须要注意儿童的年龄特点，明确不同教学内容、不同年龄段学生的教学目标。对于低年级的学生来说，讨论法主要是培养学生发表自己看法的能力；对于中、高年级学生来说，不但要培养学生正确表达自己观点的能力，还要培养对观点的辨析、判断能力。

讨论法的优点在于，由于全体学生都参加活动，可以培养合作精神，激发学生的学习兴趣，同时也能使学生学会听取他人意见并进行分析和判断，这样的教学形式能充分发挥学生的积极性与主动性，也有利于培养学生的独立性和创造性。

4. 课堂问答

课堂问答是教师根据学生的知识基础向学生提出问题，并引导他们经过思考做出回答，从而获得知识、发展智力的一种教学形式。这种教学形式的特点是信息是双向交流的，教师提出要求学生回答的问题，并对学生的回答做出评价或指导；学生在教师指导下进行思考，运用已有知识经验，通过判断、推理回答问题，获得或巩固一定的知识，并发展智力。在这个过程中，师生双方都可以得到反馈信息、相互交流，从而改善教与学的活动。这种教学形式要求教师具有丰富的课程知识和较高的教学艺术，同时也要求学生具有一定的知识基础。

在这种形式的教学过程中，教师对于提出的问题、对象、引导、提示等要做好充分的准备。提出的问题要难易适度，太易或太难都达不到应有的教学效果。向学生提出问题后，要给学生思考的时间，对学生的回答要适当地反馈，给予评价或鼓励。另外，提问不要局限于极少数学生，要照顾到大多数，这样才有利于调动全班学生的积极性；向学生提出的问题也要多种多样，有知识性的、理解的、应用的、分析综合的和评价的等。

5. 课堂自习

课堂自习是以学生为主的学习活动，主要是学生在教师指导下进行课程的预习、复习和练习，有时学生要自学一些有关课程的内容等。

练习是课堂自习的主要形式，它是学生在教师指导下巩固和运用知识、掌握技能和技巧的重要教学形式和方法。课堂自习教学法要使学生明确练习的目的与要求。同时，练习难易要适中，过难过易都达不到练习的目的，练习要循序渐进、由易到难、由浅入深逐步提高。练习的方式要多种多样，可以个人进行，也可以集体进行，学生出现错误要及时纠正。最后要做好练习总结，在全班进行讲解，这样有利于保持练习的积极性，提高练习的效果。

6. 发现法

发现法是指教师不直接把现成的知识传授给学生，而是引导学生根据教师和教科书提供的课题与材料，积极主动思考，独立地发现相应的问题和法则的一种教学方法。

发现法一般包括以下过程：①提出问题引出课题，让学生明确探究的目标、意义、途径和方法，激发学生的学习兴趣，做好探究的准备；②学生自行提出问题的假设和猜想；③指导学生分组观察、实验，独立进行实验操作，获得发现知识的实验基础；④组织学生进行讨论和交流，得出探究的结论；⑤归纳总结，将发现的规律应用于实践，并进行反思，生成新的探究主题。这种方法概括起来即"意、疑、探、议、获"。

发现法虽有一定的优点，但必须同其他方法结合在一起使用，才能取得良好效果。由于发现法需要向学生揭示他们必须学习的有关内容，耗时太多，是不经济的；发现法适合于那些能引出多种假设、原理，能明确展开的数理学科，并不是对所有学科都是有效的；由于发现法需要学生具有相当的知识经验和一定的思维发展水平，并不是对儿童发展的任何阶段都适用的。

(二)教学方法的选择

教学方法的选择主要受四个方面因素的制约。

1. 教学目标的要求

现代教学论认为，根据不同的教学目标选用不同的教学方法是走向教学优化的重要一步。因此，围绕目标的实现来选择方法要符合正确的原则。根据教学目标来选择方法要考虑以下几个方面。

(1) 特定的目标往往要求特定的方法去实现。

对认知领域的目标而言，通常要求达到识记、了解层次的，可选用讲授法、介绍法和阅读法等；要求达到理解、领会层次的，可选用讲授法、发现法和启发式谈话法等；要求达到应用层次的，则应选用课堂问答、讨论等；而对于高层次的目标，如分析、综合、评价，则应选用比较法、系统整理法、解决问题法和讨论法等。

(2) 各种教学方法有机结合，发挥最佳功效。

由于教学目标的多层次化、教学环节的多样性，必然要求教学方法的多样化。特定的方法只能有效地实现某一或某几方面的目标，完成某一或某几个环节的任务，要保证教学目标的全面实现，教学中往往要求选用几种方法，并把它们有机结合起来。

(3) 扬长避短地选用各种方法。

每一种教学方法都有其优势和不足。比如讲授法，它可使学生在较短的时间内获得大量的知识，便于教师主导作用的发挥，而且在其他教学方法的运用中，它又是不可缺少的辅助方法；但这种方法容易造成满堂灌的教学，不利于发挥学生的主动性、独立性和创造性。

2. 教学内容的特点

目前学校教育的内容主要包括健康、科学、社会、语言和艺术等领域。由于这些领域的课程内容各有其特殊的性质和类型，因此，它们所需的教的方法与学的方法必然有所不同。适合科学内容的教学方法不一定适合艺术内容，也就是说，课程内容的特点决定教学方法的选择。例如，科学领域的内容一般可采用发现法、问题解决法、实验法等；社会领域的内容比较适合采用游戏法、参观法、谈话法等；而艺术领域则更适合采用欣赏法和练习法。此外，选择教学方法除了考虑不同领域知识的差异外，还必须考虑同一领域内知识的具体差异。

3. 教师自身特点

任何一种教学方法，只有适应教师自身的条件，能为教师理解和驾驭，才能更好地发挥作用，取得好的教学效果。因此，教师在选择具体的教学方法时，应将自己的特长和优势纳入考虑范围，选择适合自身条件的教学方法。例如，有的教师语言表达能力较好，能用生动、简洁、有趣的语言吸引学生,则可适当多采用语言为主的方法;有的教师善于制作、运用直观教具,则可以充分发挥自己的想象力,多做一些教具,并结合观察、演示、示范等方法;擅长多媒体的教师可以通过使用教学软件,将现代化教学手段引入教学。

4. 学生的年龄特征和知识基础

教学活动的效果最终要在学生身上得到体现,因此,在选择教学方法时,教师必须考虑学生的自身情况,只有符合学生的年龄特征、兴趣、需要和学习基础的教学方法才能真正达到教学的高效率。例如,不同年龄阶段的学生其思维发展水平不同,教学方法的选用如果超出了学生思维发展的水平,就很可能达不到应有的教学效果。发现法和讨论法对于小学低年级学生或思维水平低下的学生,往往不能达到预期的教学目标,而角色扮演法对于低年级学生来说往往更有利于激发他们的学习动机和兴趣。如果学生认知结构中包含有与新知识相关联的若干观念或概念,教师就可以采用启发式的谈话法;反之,教师就不宜用谈话法。

综上所述,教学方法的选用必须以教学目标为中心,综合考虑各种因素的制约,只有这样才能发挥课堂教学的整体效应。

五、教学媒体的选择与运用

(一)教学媒体的含义

教学媒体也简称媒体,指教学过程中用以运载信息、传递经验的物质手段和工具,如课本、挂图、录音、录像带等。教学的目的在于使学生掌握一定知识、技能、策略、规范等,也就是信息。但信息本身是观念性的东西,看不见、摸不着,必须借助一定的教学媒体即信息载体才能传授教学的内容。在教学过程中,教师运用媒体把教学内容的信息传输给学生,学生则通过媒体接收教学内容的信息。

教学媒体可以从不同的角度进行分类。邵瑞珍依据教学媒体作用的感觉通道,将教学媒体分为四类:①非投影视觉辅助,如黑板、挂图、实物等;②投影视觉辅助,如幻灯机、投影仪及其辅助设备;③听觉辅助,如录音机、收音机等;④视听辅助,包括电影、电视和录像等。

不同的教学媒体有不同的特点。幻灯片、投影以静止的方式呈现事物,让学生详细地观察放大的清晰图像或事物的细节;电影、电视则以活动的画面、鲜艳的色彩、动听的旋律呈现出事物变化的过程;计算机辅助教学软件能模拟逼真的现场、事物发生的进程,且动静结合、表现力强。

(二)影响教学媒体选择的因素

在教学设计中,教学媒体的分析与选择是重要的一环,主要应考虑:针对一定的教学任务和教学目标,可使用哪些教学媒体?这些媒体能否引起学生的兴趣?这些媒体能否与学生已有的知识水平和未来的发展要求相符合?在技术质量方面,这些媒体是否令人满意?教师能否熟练驾驭这些媒体?等等。因此,在选择教学媒体时,应考虑以下几个方面。

1. 教学任务方面的因素

教学任务方面的因素有教学目标、教学内容、教学方式等。选择什么样的教学媒体来传递经验，首先要考虑教学目标。因为有些媒体可能更容易激发学生对所学知识的回忆，有些媒体可能更适合于演示需要学生掌握的技能，也就是说，有些媒体比其他媒体更适合于某种学习类型。其次，要考虑教学内容的特点、所要传递的经验本身的性质。如果要传递的是一种感性的具体经验，则必须在非言语系统中选择适用的媒体；如果所要传递的是一种理性的抽象经验，则除了要有必要的非言语系统的媒体相配合外，还必须选择用言语系统的媒体，否则就难以完成任务传递。教学方式不同，可供选用的媒体也往往不同，如采用直接交往方式来传递经验时，可用口语系统的媒体；而采用间接交往方式来传递经验时，一般用书面语言系统。所以，教学方式也是选择媒体的一个依据。

2. 学习者方面的因素

教学媒体对经验的传递作用，取决于经验接受者的信号接收及加工能力，如感知、接受能力、知识状态、智力水平、认知风格、先前的经验、兴趣爱好及年龄等。学生年龄不同，经验发展水平不同，其内在的编码系统也不同，对教学媒体的接受能力不同，采用的教学媒体也应有差别。就知识学习而言，低年级的小学生应尽可能通过直接观察事物的现象来进行学习，而年龄较大的学生则通过词语符号进行间接学习。在态度教育方面，上述年龄与媒体的关系是颠倒过来的，即年龄小的学生愿意通过接受自己尊敬的师长的口头讲解进行间接学习，但年龄较大的学生则往往接受事实，即要通过自己的亲身经验，才容易改变或形成态度。

3. 教学管理方面的因素

教学管理方面的因素有教学的地点和空间、是否分组或组的划分、对学生的反应要求、获取和控制教学媒体资源的程度等。例如，语音实验室是一种极其有效的外语教学媒体，但并非各个学校都具备、每节课都能用上，有时只能因陋就简地采用录音机代替。

4. 技术方面的因素

技术方面的因素有硬件的费用、软件开发费用、媒体维修的费用、教辅人员的培训费用等。此外，还要考虑媒体的质量、操作媒体的难易程度、媒体对环境的要求、媒体使用的灵活性和耐久性等。需要指出的是，教师在教学设计的媒体选择中，常常只考虑教学任务和学习者这两方面的因素，这是可以理解的，因为教师是教学过程的具体执行者和实施者，自然从"需要"的角度考虑多一点。但是，对教学媒体的管理和技术因素也应予以重视。因为教学媒体的选择，应该既考虑教学需要什么媒体，又要顾及现实可能为教学提供什么媒体。

(三)教学媒体使用中的心理学

1. 学习者的准备

心理学研究表明，学生能否从呈现的学习媒体中学到东西，在很大程度上依赖学习者对呈现媒体的特性及呈现材料的准备状态。所以，在选择教学媒体时，一方面要注意为学习者提供有利于教学内容学习的知识准备(如不熟悉的词汇、术语);另一方面也要注意为学习者提供有关使用教学媒体的必要知识,了解媒体呈现材料的独特方式,以便学习时抓住重点、抓住最佳时机进行观察。

2. 学生注意力的控制和引导

由于现代教学媒体展示的教学材料五花八门、丰富多彩,学生在感受这些材料时往往容易被一些新奇的但是次要的、无关的刺激干扰,而且由于现代教学媒体呈现的刺激往往比较强烈,时间长了学生容易感到疲劳。因此,当教师呈现教学媒体时,要注意对学生注意力的有效控制和引导。

3. 适当的媒体冗余度的保持

研究表明,学习者能否对信息进行整合,在很大程度上依赖媒体的冗余度是否适当。因为从个体认知规律来看,学习者要形成信息的整体印象,前后信息必须同时保持在大脑中,整合才能有效地进行。为此,在教学过程中,媒体传递信息的速度不能太快,应利用现代教学媒体可快可慢的优势来进行有效调节。

第三节 教学评价

一、教学评价概述

(一)教学评价的定义

教学设计者需要回答的最后一个问题是:预定的教学目标达到了没有?要回答这个问题,教师作为教学设计者必须学会开发测量与评价学生学习结果的工具。

教学评价是指根据教学目标,对学习者在教学活动中发生的变化进行测量,收集有关资料,并做出价值判断的过程。

(二)教学评价的作用

教学评价是教学活动不可缺少的一个基本环节,它在教学过程中发挥着多方面的作用,从整体上调节、控制着教学活动的进行,保证着教学活动向预定目标前进并最终达到该目标。具体看来,教学评价的作用主要表现在以下几方面。

1. 检验教学效果

测量并判定教学效果,是教学评价最重要的一项职能。教师的教学水平如何,学生是否掌握了预定的知识、技能,教学目标、教学任务是否得以实现,都必须通过教学评价加以验证。而检验和判定教学效果,是了解教学状况、提高教学质量的必由之路。

2. 诊断教学问题

诊断是教学评价的又一重要功能。通过教学评价,教师可以了解自己的教学目标确定得是否合理,教学方法、手段运用是否得当,教学的重点、难点是否讲清,也可以了解学生学习的状况和存在的问题,发现造成学生学习困难的原因,从而调整教学策略、改进教学措施，有针对性地解决教学中存在的各种问题。

3. 提供反馈信息

实践表明，教学评价的结果不仅为教师判定教学状况提供了大量反馈信息，而且也为学生了解自己的学习情况提供了直接的反馈信息。通过教学评价的结果，学生可以清楚地了解自己学习的好坏、优劣。一般来说，肯定的评价可以进一步激发学生的学习积极性，提高学习兴趣；否定的评价往往会使学生看到自己的差距，找到错误及其"症结"所在，以便在教师帮助下"对症下药"，及时矫正。另外，有关研究发现，否定的评价常会引起学生的焦虑，而适度的焦虑和紧张可以成为推进学生学习的动因。当然，教学评价提供给学生的否定反馈信息要适度，以免引起学生过度紧张和焦虑，给学生的身心发展和学习造成不良后果。

4. 引导教学方向

教学评价的导向作用，在实践中是显而易见的。学生学习的方向、学习的重点及学习时间的分配，常常要受评价内容和评价标准的影响。教师教学目标、教学重点的确定也要受到评价的制约。如果教学评价的标准和内容能全面反映教学计划和大纲的要求，能体现学生全面发展的方向，那么，教学评价发挥的导向作用就是积极的、有益的；否则，就有可能使教学偏离正确方向。

5. 调控教学进程

对教学活动基本进程的调控，是教学评价多种功能和作用的综合表现，它建立在对教学效果的验证、对教学问题的诊断和对多种反馈信息的获得等基础上，具体表现为对教学方向、目标的调整，对教学速度、节奏的改变，对教学方法、策略的更换，以及对教学内容、教学环境的调整等。实际上，客观地判定教学的效果，合理地调节、控制教学过程，使之向着预定的教学目标前进，也正是教学评价追求的基本目标。

(三)教学评价的类型

1. 根据评价在教学活动中发挥的作用分类

根据评价在教学活动中发挥作用的不同，可把教学评价分为诊断性评价、形成性评价和总结性评价三种类型。

1) 诊断性评价

诊断性评价也称教学前评价或前置评价，是指在教学活动开始前，对评价对象的学习准备程度做出鉴定，以便采取相应措施使教学计划顺利、有效实施而进行的测定性评价。通过诊断性评价，教师可以了解学生是否具备学习某种新科目所需要的基本知识或技能，也可以了解在新科目的教学目标中，有哪些知识与技能是学生已经掌握的。如果学生在知识和技能方面准备充足，可以对学生进行新知识的教学；如果学生在知识和技能方面准备不足，先实施必要的补救教学，然后再教新知识。诊断性评价的目的是设计出可以满足不同起点水平和不同学习风格的学生需求的教学方案，并分别将学生置于最有益的教学程序中。

2) 形成性评价

形成性评价是在教学过程中，为调节和完善教学活动，保证教学目标实现而进行的确定学生学习成果的评价。形成性评价的主要目的是改进、完善教学过程。形成性评价进行得比较频繁，如一个章节或一个单元后的小测验。形成性评价常采用非正式考试或单元测验来进行。测验的编制必须考虑单元教学中所有重要目标。通过形成性评价，教师可以随时了解学生在学习上的成败情况，获得教学过程中的连续反馈，作为教师随时调整教学计划、改进教学方法的参考。如果发现个别学生没有达到单元教学目标的要求，那么教师就要对学生进行及时的个别辅导。通过形成性评价，学生也可以了解自己的学习进步情形，获得学习上的反馈，借以肯定或修正自己的学习方式。

3) 总结性评价

总结性评价又称事后评价，是以预先设定的教学目标为基准，对评价对象达成目标的程度即教学效果做出评价。总结性评价注重考查学生掌握某门学科的整体程度，概括水平较高，测验内容范围较广，常在学期中或学期末进行，次数较少。例如，学期末或学年末各门学科的考核、考试，目的是验明学生的学业是否达到了各科教学目标的要求，从而判断教学效果的好坏，是否需要对教学做进一步的改进，以及为制订新的教学目标提供参考。通过总结性评价，可以对学生一个学期的学业成就做一个综合的评定，并将评定的结果反馈给学生家长。

2. 根据对教学评价资料的处理方式分类

根据对教学评价资料的处理方式不同，可以将教学评价分为常模参照评价与标准参照评价。

1) 常模参照评价

常模参照评价是以学生团体测验的平均成绩即常模为参照点，比较分析某一学生的学业成绩在团体中的相对位置或优劣。常模参照评价对学生学习成就的解释采用了相对的观点，着重于学生个人间的比较，主要用于选拔（如升学考试）或编组、编班。

2) 标准参照评价

标准参照评价是以根据教学目标确定的作业标准为依据，从学生在试卷上答对题目的多少来评定学生的学业成就。标准参照评价对学生学习成就的解释采用的是绝对标准，即学生是否达到了教学目标规定的学习标准以及达标的程度如何，而不是比较学生个人之间的差异。具体实施时，就是以考试分数为标准，100分代表着学生的学习已完全符合教学目标的要求，而60分代表着及格，是对学习的最低要求。不管其他学生的成绩如何，只要分数达到60分就是及格。同样，如果一个学生得50分，尽管这个分数是全班的最高成绩，该成绩仍然是不及格。当然，标准参照评价是否有意义，取决于教师在编制测验时试题的代表性与难度是否符合教学目标及教学内容的要求。如果能够做到这一点，那么，标准参照评价就能很好地诊断学生知识、技能的掌握情况。

3. 从评价时使用的测验来源分类

从评价时使用的测验的来源不同，可以将测验分为标准化成就测验和教师自编测验。

1) 标准化成就测验

标准化成就测验是指由学科专家和测验编制专家按照一定标准和程序编制的测验。该测验的目的是评价经某种教学或训练后学生的实际表现，具有客观性和可比性的突出优点，被视为评价学生学业成绩的重要工具之一。这种测验在国外使用比较普遍。比如，美国教育测验中心举办的托福考试(TOEFL)，考核非英语国家学生的英语水平，决定是否录取留学和授予奖学金。我国的汉语水平考试(HSK)也属于这类测验，外国学生通过四级考试才能进中国大学，通过六级考试可以读硕士学位。

2) 教师自编测验

教师自编测验是指教师根据教学需要自行设计与编制的、作为考查学生学习进步情况的测验。教师自编测验是在学校教学评价中应用最多，也是教师最愿意用的测验。这是因为，教师自编测验操作过程容易，教师可根据学科特点和教学检查的需要随时编制，并在本年级或本班的小范围内施测，颇为灵活方便。虽然教师自编测验未经标准化，但其编制也需遵循一定的方法和原则。我们将在以下内容中着重分析教师自编测验的方法、技术、原则、步骤等。

二、教学评价的方法与技术

作为测验工具的测验或量表是有好坏之分的。判断一个测验是否有效，主要依赖客观的标准来衡量，而不能只凭主观经验来判断。无论是心理测验还是教育测验，不管是标准化的测验还是教师自编的测验，都要考虑其效度、信度、难度、区分度等反映该测验质量特性的重要指标；否则，这一测验的代表性和可行性就会让人质疑，从而影响测验的效果。

(一)有效评价的必备条件

1. 效度

效度是指一个测验所能测量的准确程度，即测量结果能否准确表达测量的特征和功能。一个测验有效与否，关键在于它是否准确测量了其所能测量的内容。效度是学业成就评价的必备条件。值得注意的是，测验的效度是相对的。任何测验只有针对一定的目的而言才是有效的，而不存在对所有目的都有效的测验。因此，在测验中，测验的试题必须依据一定的教学目标而定，而且取材应具有典型性和代表性，能对学生的评价起到诊断和预测的作用。

2. 信度

信度是指一个测验的一致性程度，即测验的可靠性程度。它是表明评价工具质量的另一个重要指标。信度和效度是相互关联的。一个测验对于某个目的具有一定的信度，但它不一定是有效的；而一个测验对于某个目的是有效的，那么它一定是可信的。在学业成就的评价中，必须保持测验的准确性和可靠性。因此，在测验实施的整个过程中，必须使试题的编制和评分具有良好的可靠性。编制的试题必须符合学生现有的心理特点，而且试题的内容应在大纲要求的范围内取材。同时，对试题进行评分时，评分者应客观公正，持相同的评价尺度，尽可能地增强评价的信度。

3. 难度

难度是指试题的难易程度。测验中，试题应具有一定的难度，只有这样才能达到评价学生的目的。但是，难度也不应过大。难度值通常用答对或通过测验的人数比例来衡量。

确定项目难度的一个方法是计算学生正确回答一个项目的百分比。"好"的项目难度的标准是什么呢？对这个问题不能简单地做出回答，因为项目难度的适当性因教师使用测验的目的而变化。如果一个项目被正确回答的百分比是10%，那么该项目的难度为0.1，表明该项目是很难的；如果一个项目被正确选择的百分比是90%，那么该项目的难度为0.9，表明该项目是很容易的。在常模参照测验中，大多数测验项目的难度既不能太容易又不能太难，而应处于中等水平。在标准参照测验中，项目难度可以在较大范围内变化，某些测验项目几乎所有的学生都能正确回答，而某些项目几乎所有的学生都可能答错，然而，大多数的项目难度应在0.8或在0.8以上。

4. 区分度

区分度也叫鉴别力，它主要指测验将不同水平的学生区别开来的能力，反映了测验与学生实际水平的符合程度，而且它与难度紧密相关。测验的难度过大或过小，都不利于正确地评价学生，而且这时测验的鉴别力也毫无意义。

(二)教学评价设计的原则

无论是标准化测验还是教师自编测验，都侧重于书写测验，即纸笔测验，它们包含的试题类型也大致相同。为了更好地对学生的学业成就进行评价，提高评价的有效性和针对性，在采用纸笔测验时应明确以下设计原则。

(1) 试题的分布必须依据双向细目表，而且题目陈述的内容要有一定的代表性。

对于测验编制者而言，细目表就像是"蓝图"，它详细说明了测验试题的数目、内容和性质，可以作为编制试题的指导。因此，在试题的编制过程中，试题的分布必须符合双向细目表的要求，而且试题陈述的内容也要具有一定的代表性，这样才能编制出一份很好的测验。

(2) 试题的陈述应清晰、明了，避免使用含混不清的表达。

在测验中，试题的陈述要清楚、明了，而不能含糊其辞，致使学生总是停留在理解题意上而不能做出正确的回答，影响对学生学业成就的正确评价，达不到评价的最终目的。

(3) 试题题目的陈述要简明、扼要，突出重点。

试题中，题目的遣词造句要明确，问题叙述要完整且突出重点，这样有利于学生的正确作答，提高作答的效率；否则学生在解题上会花费过多的时间。

(4) 试题使用的材料应切合教学目标且符合学生现有的身心特征。

试题中涉及的知识内容应符合学生身心发展的特征，并切合教学的目标。另外，所使用的指导语、试题的类型、作答方式等都应符合学生的现有程度，不要让学生因看不懂题目而不会作答。

(5) 明确指导语，表述应清楚，便于学生作答。

指导语包含对测验目的的说明和如何作答、如何施测的指示。因此，测验中，试题的指导语应清晰、明确地指出对学生作答的要求、时间的限制等，让学生明确具体的要求，而不至于盲目作答，这样有利于提高测验的效率，达到正确评价学生学业成就的目的。

(6) 答案必须是公认的正确答案，应避免有争议答案的存在。

试题编制应严密，保证答案的唯一性和公认性，而不应是有歧义或争议的内容，至少在一定程度上符合既定的规则。

(7) 各类试题应是相互独立的，在内容上不应有重叠。

在测验中，各试题类型间是相互独立的，而且兼顾教学目标的具体要求，在内容上也不应有重叠，这样编制的试题才能从整体上和局部上反映出所要评价的学生各方面的层次，从而能对其学业成就的评价提供正确的依据。

(8) 试题陈述中避免提供暗示性的语句。

测验中，试题应清楚、确切，题目中不能潜藏着答题的线索，特别是在描述中应避免使用具有暗示性的特殊字词。这些暗示性的字词很容易被学生当作线索来猜题，从而使学生的作答受到影响，影响对学生的正确评价。

(9) 试题应具有良好的鉴别力，利于教师正确评价学生。

试题应具有良好的鉴别力，能够很好地达到评价者的目的，能具有分辨、筛选、诊断和评鉴的功能，达到正确评价学生学业成就的目的。

(三)教学评价设计与实施的过程

教师自编测验用于教学评价是一个复杂的过程。从测验的准备到测验的实施要经历一系列的阶段或步骤。

1. 确定测验目的

测验准备的第一个阶段就是确定测验的目的。教师要考虑测验的内容是什么？测验要评价学生的何种操作？测验与教学目标的关系密切程度如何？是形成性测验还是总结性测验？是常模参照测验还是标准参照测验？

2. 测验题的选择和准备

用何种类型的测验题来测量期望的知识与技能呢？用于指导测验题的选择与准备的一个蓝图是双向细目表。

3. 测验的实施

将设计好的题目印成试卷后就进入测验的实施阶段了。在测验实施过程中，要排除可能会对学生答题造成干扰的一些分心因素。比如，在考场的门外挂一块警示牌，上面写着"正在考试，闲人勿扰"。确保学生了解测验的要求，包括每题的分数、答题的时间、记录答案的方式、是否可以用字典或计算器等。

4. 考卷的评分

考试后，教师对所有的试卷进行评分。在评分时，教师一定要努力做到客观(公正而无偏见)和可信(前后一致)。对于客观测验题，做到这一点比较容易，对于论文式测验题，要做到评分客观和可信。评分时不看学生的姓名，可以避免因看到姓名而导致的评分偏差，尽管这种偏差可能是无意的。比如，对于平时学习成绩好的学生或自己喜欢的学生，教师可能会在评分时给出比其应得的分数要高的分数；相反，对于平时学习成绩不好的学生或自己不太喜欢的学生，教师可能会在评分时给出比其应得分数更低的分数。因此，为保证评分的客观、公正，教师评分时应将学生试卷上的姓名封上后进行。

5. 结果的反馈

评分后，要将结果反馈给学生，对于常模参照测验，让学生了解自己的分数在班级分布的位置；对于标准参照测验，要让学生知道合格或优秀的标准以及自己的成绩在多大程度上符合这个标准。对于学生未答对的题目，要进行讨论和讲解，引起学生重视，加强复习，使考试成为经验的一部分。

6. 测题的修正

每次测验实施后都要对测题进行修正。测题修正的主要方法是项目分析。另外，也可以参考学生的评论意见。

本 章 小 结

教学设计是以实现教学最优化为目的，以心理学、传播学、学习理论为基础，用系统技术分析教学中的问题和需求，确定教学目标，建立解决教学问题，实现教学目标的策略方案，并评价、检验、修改策略方案的基本理论和操作程序。教学设计的核心是用系统技术优化教学策略，促进学生的最佳发展。所谓系统技术指的是运用系统理论的观点和方法，研究和处理各种复杂的系统问题所形成的技术方法。它强调按照事物本身的系统性把对象放在系统的形式中加以考察，侧重于系统的整体性分析，从组成系统的各要素间的联系和互动中发现系统的规律性，寻求解决复杂问题的步骤和方法。教学设计通过系统分析技术进行教学需要、教学内容以及学生的发展水平、发展特点、发展倾向的分析，确定教学目标，再通过策略优化技术建立策略方案，最后通过评价调控技术检验和修改方案，从而使解决复杂教学问题的最优方案逐步形成。

思 考 与 练 习

1. 什么是教学设计？
2. 教学设计的主要内容是什么？
3. 教学目标如何设定？
4. 如何分析教学对象？
5. 如何进行教学内容的设计？

推 荐 阅 读

[1] 袁书卷. 教育心理学[M]. 北京：北京师范大学出版社，2015.
[2] 包兴敏，白冬青，王晓茜. 教师教育心理学[M]. 北京：清华大学出版社，2018.
[3] 陈琦，刘儒德. 教育心理学[M]. 北京：高等教育出版社，2005.
[4] 刘国权. 小学教育心理学[M]. 北京：人民教育出版社，2015.

第十章 教师心理

本章学习目标

- 理解教师职业的概念及教师角色的多重性。
- 理解教师的心理特征。
- 掌握教师成长阶段理论。
- 明确教师职业倦怠及干预。

核心概念

教师角色(teacher role)　教师成长(teacher growth)　教师发展(teacher developement)　职业倦怠(job burnout)

王老师是2000年分配到某学校工作的，算算也是有十多年教龄的"青年老教师"了。随着娶妻生子、买房置业，正当别人都对王老师拥有一个稳定的工作、幸福的家庭羡慕不已时，他却有一种"干不下去"的感觉："每次走进教室，每当我想到今后的20多年自己还要这样重复地生活下去的时候，我就有一种想要逃跑的感觉。最初登上讲台时的那种神圣感，现在已经变为一种负累，工作、生活日复一日，单调无味。除了要上课之外，还要应对各种日常的琐事：备课、批作业、学校领导的检查、家长的来访、不得不评的职称、形式大于内容的论文发表……太累了！"按说他还处在年轻力壮的阶段，正是奋发有为的时候，可是，好长一段时间以来，王老师一直提不起精神来，工作没有激情，生活懒懒散散的，做事有气无力，感觉工作乏味，感觉自己生活在社会的夹缝之中，困惑无法解决，激情难以燃烧，身心疲惫，慢慢变得漠然了、得过且过了。

案例分析

人们都说"教师是人类灵魂的工程师""教师是太阳底下最光辉的职业"，可是有越来越多的教师像案例中的王老师一样，在多重压力下出现不同程度的"职业倦怠"。

"教育大计，教师为本。有好的教师，才有好的教育。"作为教育之本的教师，其心理状态的优劣，不仅影响其个人职业生涯，也是影响教育教学效果的重要因素。本章将从教师的多重角色入手，介绍教师的职业心理、专业成长路径以及教师心理健康的维护。

学习指导

本章的重点是教师的职业心理，难点是教师的心理品质、教师的职业倦怠。

第一节 教师的职业心理

莎士比亚曾把世界比作一个大舞台，每个人都只不过是舞台上的一名演员，在其一生中要扮演多个角色。人们常说："人生如戏，戏如人生。"的确，在社会的相互作用下，每个人都在表演着自己的角色。今天在这纷繁复杂的人生舞台上，多数人都在同时扮演着多种多样的角色，而这些"角色"，可以说是社会团体期许于某一特定类别的人所应表现的行为模式。那么教师都扮演了哪些角色呢？

一、教师的角色心理

(一)教师的多重角色

角色(role)原为戏剧用语，主要指演员在戏剧舞台上依据剧本所扮演的某一特定人物。在社会心理学中，角色被看作个体在社会生活中特定的身份和行为模式。教师角色是指教师按照其特定的社会地位承担起相应的社会角色，并表现出符合社会期望的行为模式。在传统教学中，教师的角色是比较单一的。教师在教学中处于中心地位，直接以文化权威的身份出现，在知识、技能和道德等方面具有不可动摇的权威性。教师的基本职责主要限于阐明事理与监督学生，师生之间是直接的传递和接受关系，师生关系的单一性与教师角色的单一性之间是一致的。信息技术的飞速发展和社会的急剧变革促使教育目标、教育内容和教育方法等都发生巨大变化，师生之间已不再是单一的授受关系，还可能是同伴关系、组织者与参与者的关系，以及帮助者与被帮助者的关系等，教师的角色也相应地从传递者转变为多重角色。当代教师主要扮演以下重要角色。

1. 家长代理人

在许多学生和家长的眼里，教师是父母的化身。学生入学后常常自然地把许多父母具有的特征，把与父母相处的经验、体会，推及自己与教师的交往中。所以教师在课堂上、学习上是老师，在生活上是长者和父母。

2. 学生的楷模

在学生心目中，教师是知识的源泉，是智慧的替身与行为的典范，教师所有的言行举止都无疑成为学生模仿和学习的表率，在学生心灵上打下深深的烙印。教师对学生的影响是巨大的，因而教育中强调言传身教，教师要通过自己的榜样、模范、表率作用去感染每个学生，教育每个学生，对学生施以潜移默化的影响。

3. 知识传授者

知识传授者是教师职业的中心角色。教师角色的主要功能是传授知识，指导学生学会学习，培养学生的各种能力，促进他们的智力发展，教师的这一角色主要是通过教学活动来实现的。教师的这一角色特征决定了教师不仅要有广博的基础知识、精深的专业知识以及邻近各个领域的知识，还要了解科学研究的新成果，并且还要对自己所教学科充满热情，善于调动学生学习积极性，鼓励学生自觉学习。

4. 组织管理者

学生在学校都是通过班级集体的方式来进行学习活动和教育活动的。教师不但担负着教书育人的角色，还要从事大量的班级事务工作和学生管理工作。因此，在学校的工作中，教师还要充当行政管理的角色，主要包括学生集体的领导者和课堂纪律的管理者。

5. 心理辅导者

心理辅导者这个角色是帮助学生适应更有效的生活方式；掌握心理疏导技术，减轻、消除学生的心理压力和矛盾，帮助学生学会主动调节自己的情绪，以保持积极向上的精神状态；对较差的学生给予较多的关怀，消除其压抑感；了解学生常见的心理异常症状，及时发现问题；尊重学生的个别差异，帮助学生形成健康人格等。

6. 朋友与知己

在日常生活中，教师有时还需要淡化他的地位角色，成为值得学生信赖的朋友和知己，对待学生热情、友好、平等、民主，与其保持良好的师生关系。

随着教育改革的不断发展，教师所承担的角色也在发生着变化。在新课程改革背景下，教师在引发和促进学生的学习活动中发挥着越来越重要的作用，而教师作为信息源和知识源等辅助性的外围作用逐渐被各种媒体技术所替代。教师的主要作用不在于给学生提供多少信息和资源，而在于合理调动及组合各种信息和资源，培养学生独立获取信息和更新知识的能力以及综合处理信息的能力，以实现最优化的教学。这些角色给教师提出了前所未有的挑战，对教师创造性教学提出了更高的要求。

(二)教师角色的形成阶段

1. 角色认知

角色认知是指角色扮演者对某一角色行为规范的认知和了解，知道哪些行为是合适的，哪些行为是不合适的。对教师职业角色的认知，就是教师对教育事业的深刻理解过程，包括教育工作是怎样的职业，它所承担的社会职责是什么，它在历史和现实中处于怎样的地位等。

2. 角色认同

教师角色的认同指个体亲身体验教师角色所承担的社会职责，并用来控制和衡量自己的行为。对教师角色的认同不仅表现为在认知上了解到教师角色的行为规范、社会价值和评价，并经常用优秀教师的标准来衡量自己的心理和言行，自觉地评价与调节自己的行为。同时表现出较强的职业情感，如热爱教育事业、热爱学生等。

3. 角色信念

信念是个体确信并愿意以之作为自己行为指南的认识。信念表现在教师职业中就是为教育事业献身的精神。在此阶段中，教师角色中的社会要求转化为个体需要，形成了教师职业特有的自尊心和荣誉感。教师意识和教师特有的情感，使他们自觉地奉献出毕生的精力。

(三)教师的角色意识

1. 角色认识

角色认识是指角色扮演者对角色的社会地位、作用及行为规范的认识和对与社会的其他角色的关系的认识。对于教师来说，只有具有清晰的角色认知才能在各种社会情境中恰当地行事，达到良好的社会适应。教师角色认知的实现是教师通过学习、职业训练、社会交往等，了解社会对教师角色的期望和要求。

2. 角色体验

角色体验是指个体在扮演一定角色的过程中，由于受到各方面的评价与期待而产生的清晰体验。一般来说，这种体验因主体行为是否符合角色规范并因此受到不同评价而有积极与消极之分，如责任感、自尊感或自卑感都是教师在角色扮演过程中产生的情绪体验。

3. 角色期待

角色期待是指角色扮演者对自己和别人应表现出什么样的行为的看法和期望。它是因具体人和情境的不同而变化的。教师的角色期待是教师自己和他人对其行为的期望。角色期待包括两方面：一是自我形象，即个人对自己的行为期望；二是公众形象，指他人对某一特殊角色的期望。这两者是相互作用和相互影响的。教师只有对教师角色的社会期待不断地认同与内化才能尽快地把社会期望转化为自我期待，从而减少角色混淆与角色冲突。

二、教师期望

教师在理解每个学生的基础上，会对每个学生未来发展的潜力有所推测，这被称为教师对学生的期望或期待。教师对不同的学生会有不同的期望，这会影响到学生的发展。1968年，美国哈佛大学心理学家罗森塔尔和雅各布森(Rosenthal&Jacobson)进行了教师期望效应研究。

拓展阅读

皮格马利翁效应

有关的理论和研究表明，教师对学生的期望与教师自己的行为以及学生的成绩有关。罗森塔尔和雅各布森(Rosenthal&Jacobson，1968)最早对教师期望进行了研究。他们在开学初对小学生进行了一个非言语智力测验，并告诉教师这个测验能预测学生的智力发展。研究者随机选取20%的学生，然后将学生名单告诉教师，并称这些学生是有发展潜力的。当然，教师并不知道该测验并不能预测智力的发展潜力，也不知道所选取的学生与测验分数无关。然后让教师进行正常教学，并在一学期后、一年后和两年后分别对学生进行重测。在前两次测试中，学生所在班级的教师有研究者提供的学生名单；在后一次测试中，学生被安排到教师没有名单的新班中，这些年幼学生之间的差异逐渐减小，但是高年级学生之间的差异增大，被指定为有发展潜力的学生表现得最为优秀，并且这种差异在成绩中等的学生之间表现得比较明显，在各年级的阅读教学中也发现了相似的结果。

　　罗森塔尔和雅各布森认为，教师的期望是一种自我实现的预言，因为学生的成绩最终反映了这种期望。他们还认为，这种预期效应在年幼儿童身上比较明显，因为儿童与教师有直接的接触；年龄大的学生在换了一个新教师后，可能表现得更好些。

　　罗森塔尔等将这一实验中的现象称为教师期望效应。这一效应也被称为罗森塔尔效应或皮格马利翁效应(Pygmalion effect)，指人们基于某种情境的知觉而形成的期望或预言，会使该情境产生适应这一期望或预言的效应。教师如果根据对某一学生的了解而形成一定的期望，就会使该学生的学习成绩和行为表现发生符合这一期望或预言的变化。皮格马利翁是古希腊神话中的一个主人公的名字。相传他是塞浦路斯的国王，善雕刻。他对自己用象牙雕刻的少女产生了爱恋之情，由于他热诚的期望竟使这座少女雕像变成了真人而与他结为伴侣。

(资料来源：陈琦，刘儒德.当代教育心理学[M].北京：北京师范大学出版社，2007: 87.)

　　教师期望效应在教学活动中起着非常重要的作用，是影响学生的一个重要途径。它不仅影响学生的信心和学习成绩，它的性质和如何传递期望也是影响师生关系的一个重要因素。首先，教师期望对学生的影响表现在影响学生的自信心上，受到低期待的学生会感到自己能力或品行不好，产生无力感。其次，教师期望还会影响学生的各种行为与学习成绩，受到低期待的学生会放弃努力或继续表现出一些不良行为，导致学习成绩下降。最后，教师期望的影响还表现在师生关系上，受到低期待的学生与教师的关系逐渐疏远。可见，受到教师高期待的学生会得到充分发展，而受到教师低期待的学生则不能够充分地发展所具备的潜力。

三、师生互动

(一)师生互动的重要性

　　教学要通过师生间的相互影响来促进学生的发展和教师水平的提高，近年来，对师生之间相互作用的研究成为教育心理学研究的一个重要课题。

　　多米诺(Domino，1971)研究了相互作用的不同风格对学生成就动机的不同影响，他给900个心理系学生一个评定他们遵从性和独立性的测验，把具有最极端分数的100名学生挑出来分成25人一组，共4组。其中学生的性别和能力倾向测验分数都是对应可比的。由同一教师用不同方法进行教学。其中两组用要求遵从的方法，另外两组则用要求独立的方法。结果表明，在教学方式和学生要达到的动机之间有明显的交互作用，关于学习方法的教学对于增强独立思维倾向没有效果，具有独立倾向的学生被指定到一个独立方式的组时，学生们会更满意；而喜欢服从的学生被分配到一个服从风格的组时，他们会取得更好的成绩，感到更满意，对教师评定也更高。此外，与学生相互作用方式的适合性，也随学生年龄不同而变化。例如，中学生与小学生的需要和偏好是不同的。在小学里，为了促进对学习内容的掌握，指导式的风格可能更有效；到了中学，随着自主和独立的需要的增长，可以给学生更多的自由，这样比指导性教学更有效。

弗兰德斯(N.A Flanders)从1970年开始，用系统观察的方法研究课堂教学过程中师生的交互作用，提出了相互作用分析的模式。他的研究发现，间接的教学行为常常是与好的成绩、动机和对部分学生的态度配合在一起的。虽然这种配合不意味着间接的教学必然会提高成绩，但是这种方法可以确定教师是否过多地重视直接影响而忽视了间接影响。当然这种方法不是强迫教师改变他们的教学方法、限制教师的创造，只有在教师对自己的教学方式有较多的了解，需要改进并已能自如地去探索时，这种相互作用的分析才是有用的。

(二)良好师生关系的建立

1. 树立正确的学生观

教师要正确地理解学生就要建立起科学的学生观。防止与矫正学生观上的偏差，关键在于教师要了解学生的身心发展规律，并使之形成按照这些规律去教育学生的严谨态度。因此，教师需要认真学习心理学和教育学的知识，特别是在积累了一些教育经验之后，再系统学习有关的知识有利于形成科学的学生观。开展教育科学研究是改变和调整教师学生观的重要途径。

2. 了解和研究学生

教师必须把学生作为具有潜力、需要和志向的人去认可、发现和了解他们的特性。教师要了解学生的知识基础、智力水平、技能状态；要了解学生会怎样接受教材，会产生什么样的联想，学生会思考什么问题，他们能认识什么，不能认识什么；特别要在教学过程中，通过学生回答问题、做练习，通过学生的行为举止，去掌握学生的思考力、理解力；教师要了解学生的同龄共鸣现象及人际关系，了解和研究他们的生理特点和心理倾向。此外，教师还要了解学生的过去，预测学生的未来。只有这样，教师才能在学生的原有基础上，有的放矢地施教，以起到事半功倍的效果。

3. 运用正确的教育方式

这里的教育方式主要是指教师如何组织管理、开展班级工作。李皮特(R.Lippit)和怀特(R.K.White)对教师的领导方式进行了一项经典研究。让10岁的儿童在两种领导方式(专断独行和民主开放)下为俱乐部制作戏剧面具。一段时间后，要求被试回答两个问题：是否愿意继续工作？如何处理做好的面具？结果是，专制方式领导下的儿童不愿意再工作下去，还要求把面具据为己有；民主方式领导下的儿童则希望继续工作，也愿意把部分作品交给集体或拿出来展览。后来，这个研究将领导方式扩大为四种类型，即专制仁慈、专制强硬、放任和民主。研究结果表明，民主组在完成工作量、集体道德以及领导的关系等方面均优于其他各组。这个结论在以后的研究中也得到证实。总之，教师采取正确的领导方式，能营造良好的班级心理气氛，建立良好的师生关系。

4. 有效地处理师生冲突

1) 师生冲突的类型及特点

在教育实践中，师生冲突是一种常见的现象。从师生冲突的表现结果来看，有良性冲突和恶性冲突。

(1) 良性冲突及其特点。良性冲突是指双方目标一致，因而认识、方法、手段不同而产生的冲突。它具有以下特点。

① 师生双方对实现教学目标都很关心。师生关系发生在教学过程中，教师是这个过程的主体，学生则是客体，二者是教育和被教育的关系。师生在实现教学目标的过程中，存在认识上的差异，如教师的教学方法与学生接受程度的差异、教师知识结构的优化程度与学生对知识的需要之间的差异等。这种差异表现出来的冲突具有积极作用，可以刺激师生双方探索，为获得良好的结局提供良策。如教师不断改进教学方法，优化自己的知识结构，而学生在教师的引导下改进学习方法。

② 彼此愿意加深了解和听取对方的意见和观点，并且有达成一致的愿望。师生之间不仅是一种知识传授关系，而且是一种情感交往关系，并在很大程度上，知识传授只有借助情感交往才更有效。师生冲突使那些隐藏的又可能解决的问题暴露出来，如此，师生冲突起化学作用，形成解决问题的活跃的催化剂。

③ 师生都以争论的问题为中心，取长补短，互相交流信息。

(2) 恶性冲突及其特点。恶性冲突是指因师生双方目标的根本对立而造成的冲突。这类冲突的行为具有以下特点：师生双方对自己的观点都十分自信，不愿意听取对方的意见和观点；对问题争论进而转化为师生的相互攻击和对立；师生互动情况减少甚至完全停止。作为一种师生双方不能共存的观点，是一种潜在的威胁，每一次冲突都可能带来破坏性的后果。作为不可调和的矛盾，表现出来的是学生对教师的不满、怨恨等情绪的变化，严重的会导致行为上的反抗，而教师也会对学生实施训斥、辱骂、讽刺甚至是体罚等对学生自尊心和自信心有严重伤害的行为。爱因斯坦认为，对学校来说，最坏的事，是主要靠恐吓、暴力和人为的权威来进行工作，这种做法摧残学生的健康的感情、诚实和自信。因此，对这类冲突，应努力避免它的发生或扩大，达到防患于未然的目的。

2) 师生冲突的有效处理

有效地处理师生冲突，教师是关键性因素。教师的行为方式、观念、态度的转变对于减少、减轻师生冲突至关重要。

首先，教师要树立"以人为本"的学生观。教师要认识到学生是有血有肉的人，有其思想感情，应该民主地对待学生，尊重学生的自我和人格。其次教师要将制度权力和自身威望结合起来。教师不能过多地利用外在权力而不去提高自身的素质和吸引力；否则他很难赢得学生发自内心的真正的欢迎和佩服，他的教导也就很难让人接受。长此以往，就会不时地与学生发生冲突，甚至造成严重的敌对情形。再次，教师要正视冲突，建立各种规章制度。通过设置意见本、开会、辩论、磋商等，保证学生有一个理性地发泄内心不满的"安全阀"。在"协调—冲突"相互转换的平衡机制下，在"对抗—接纳"的教育过程中，师生关系就会自始至终地保持良性的互动状态。

第二节　教师的心理品质

一、教师心理特征的含义

心理特征是指一个人在心理过程和个性心理两个方面所表现出来的本质特征。心理过程包括认识过程、情感过程和意志过程；个性心理包括个性倾向性和个性心理特征。由于人们从事不同的实践活动，使得人们在认识过程、情感过程、意志过程、个性心理等方面表现出不同的心理特点。教师的心理特征是指教师在长期的教育教学实践活动中扮演的各种不同的角色，使其逐渐形成的特有的心理品质。这些心理品质是从事教师这一职业的人所共有的特征。它主要表现在认识过程、情感过程、意志过程及个性心理等方面。

教师的心理特征包括教师的一般心理特征和教师角色心理特征。教师的一般心理特征主要表现在心理过程和个性心理方面；教师的角色心理特征表现在教师担当着学生的"家长代理人""学生楷模""知识传授者""组织管理者""朋友与知己""心理辅导者"等角色。

在教育过程中，教师的心理特征对学生起着潜移默化的影响，中小学特别是低年级的学生，由于他们的模仿能力和"向师性"较强，而思维能力较差，教师的心理特征对他们起着更大的直接影响。因此，教师应该不断培养和发展自己有利于教育教学工作的良好心理品质。

二、教师应具备的心理特征

教师的心理品质是教师搞好教育工作的重要条件，是培养学生成才的可靠保证。教师在教育教学中长期扮演的角色，使其逐步形成特有的心理品质。这些心理品质主要包括教师的教育机智、教师的教育能力和教师的人格特点。

(一)教师的教育机智

教育机智，是指教师对学生活动的敏感性及能根据新的意外的情况快速地做出反应，果断地采取恰当教育措施的一种独特的心理特征。它是观察的敏锐性、思维的灵活性以及意志的果断性的独特结合。教师的教育机智并非天生的，而是教师在学习教育理论、总结教育经验、努力参加教育实践过程中逐步形成和发展起来的。

一方面，教育的对象是活生生的、有自我意识的学生，尤其青少年学生正处在身心快速发展的时期；另一方面，教育情境又常是错综复杂、瞬息万变的。这就要求教师具有教育机智，对新情况甚至意外情况能迅速做出反应并果断采取措施，予以妥善处理。如果教师缺乏这种心理素质就无法胜任教育工作，至少是不能成为一个优秀的教师。

教师的教育机智主要表现在以下四个方面。

1. 循循善诱，因势利导

教师能根据学生的要求和愿望，循循善诱地对学生进行思想教育，培养他们的优良品德；教师还应把学生的兴趣爱好引向正确的道路，引向学习活动或对集体有益的活动中去。

2. 灵活果断，随机应变

教师能根据错综复杂的教育情境，灵活果断地处理突发事件，及时地调节和消除矛盾行为，从而有效地组织教学活动。

3. 方式多样，对症下药

教师能正确分析学生中发生问题的起因，考虑学生的个性特点，采取灵活多样的方式和方法,有的放矢地进行教育。

4. 实事求是,掌握分寸

教师能讲究教育工作中的科学性,在教育学生和处理问题时实事求是、说话有度、分析中肯、判断得当、结论合理、要求恰当、方式适宜,以最小的代价取得最佳的教育效果。

(二)教师的教育能力

教育能力是教师在长期教育实践中形成、发展和完善起来的。它是教师完成培育新一代所必备的心理条件。

教师的教育能力具有全面性、创造性、应变性等基本特征。

1. 教育能力的全面性

教师的教育能力比其他任何职业的能力全面得多。教师的教育能力,是由许多具有不同特性的能力综合而成。简言之,教师教育能力是知、情、意、行方面能力的全面综合体。但是,各种能力在其中所处的地位是不同的。教师教育能力,占主导地位的是对教育活动的观察力、思维能力、对专任学科的专业能力(也包括全面掌握和善于运用教材的能力)、语言表达能力、教学组织能力、注意分配能力等,属于辅助的是与专任学科有联系的专业能力、教育理论的掌握和运用的能力、情绪体验和感染力、处理偶发事件的机智等。因此,教师的教育能力就是精通所教的专业知识,全面掌握教材,运用教育学、心理学、教学法的知识,根据学生的接受能力,分析教材的重点,加工改组,使之系统化,便于学生深入理解。教师教育能力是由教师的职业劳动特点所决定的,是出色完成培育新一代的任务所必需的。没有全面性的教育能力的人是不宜当教师的。

2. 教育能力的创造性

教师教育能力的创造性,主要表现为不因循守旧,能因人、因时、因地制宜,实行因材施教,取得理想教育效果。教师教育能力的创造性在许多优秀教师的经验中已充分表现出来。教师被誉为"人类灵魂的工程师"或"手执金钥匙的人",也意味着教师是具有创造性教育能力的智者。这种教育能力的特性是由教师职业劳动的复杂性、创造性特点所决定的。教育条件不可能毫无差异地重复出现,也不会有两个完全相同的教育对象。即使是同一个学生,在不同时间、不同年龄,也不会停留在同一水平、同一身心状态,所以教育工作就不是千篇一律的,就需要创造性地开展工作,创造性教育能力也就随之形成和发展起来;反过来,它又是提高教育工作效率和水平的必要心理条件。

3. 教育能力的应变性

教师教育能力的应变性,是同教育能力的创造性相联系的特点。教育能力的应变性在于在教育的一些条件发生变化了的情况下,教师能够很快适应并满足教育工作上的需要,赢得良好的育人效果。据对优秀教师的工作经验的研究表明,教育能力的应变性是优秀教师能力的突出特点。教育能力的应变性特点也是由教师的职业劳动特点所决定的。教育能力的应变性是保证教师能够应付教育条件变化,并继续有效从教的必要心理因素。

(三)教师的人格特点

教师的人格是教师心理素质的重要组成部分,国内外的大量研究表明,教师的人格是影响教育教学的重要因素。在教师的人格特征中,有两个重要特征对教学效果有显著影响:一是教师的热心和同情心;二是教师富于激励和想象的倾向性。

施穆克(R.Schmuck,1966)的研究表明,当学生把他们的教师看作富有同情心时,课堂内的学生之间更能充满喜爱和感情。科根(M.L.Cogan)发现,教师的热情与学生完成的工作量、对学科的兴趣、行为的有效性均有重要的关系。瑞安斯(D.G.Ryans,1960)的研究表明,有激励作用、生动活泼、富于想象并热心于自己学科的教师,他们的教学工作较为成功。在教师的激励下,学生的行为更富有建设性。西尔斯(D.Sears,1963)也得出了相似的看法:当教师热情鼓励的时候,学生更富有创造性。罗森幸(B.Rosenshine,1971)的研究指出,教师对学生思想的认可与课堂成绩有正相关的趋势,尽管教师的表扬次数与学生的成绩之间未发现明确的关系,但教师的批评或不赞成,与学生的成绩之间却存在着负相关。

1. 广泛而浓厚的兴趣

广泛而浓厚的求知兴趣,是教师的重要心理品质之一,如教师对文艺、体育、观察、收集活动等多方面的爱好。教师兴趣的广泛性是由事物的发展和学生兴趣的广泛等因素所决定的。新事物层出不穷,特别是当代科学技术的迅速发展、信息传媒的普及,学生兴趣范围自然越来越广,所提的问题也越来越多且深。这就要求教师不能孤陋寡闻,必须有更加广泛的求知兴趣和爱好。这样,教师才能孜孜不倦地学习。拥有丰富的知识和新的见解,满足学生对解决问题和求新知的渴求,才能获得学生的尊敬和爱戴,进而密切师生关系,增加教育影响的机会。

2. 丰富而稳定的情感

教师具有丰富而稳定的情感不仅是推动自己积极工作,在教育事业中有所创造、有所成就的动力,而且对学生能起到直接的感染作用,影响着教育的有效性。

教师对教育工作和学生的热爱是教师情感表现的重要方面。一个忠诚教育事业的教师,能认识到自己工作的重大意义和自己肩负的责任,愿意把自己的一生献给培养下一代的崇高事业,满腔热忱、踏踏实实地对待工作,把自己的爱无私地奉献给学生。心理学研究证实,一个充满爱的热情的教师,更容易把自己的观点传授给学生,学生也更愿意把教师的价值观同化为自己的观念。

3. 坚强的意志

意志是人为了达到确定的目的,自觉地支配自己的行动,并坚持克服困难的心理过程。坚强的意志是教师完成教育任务的内在动力。它能驱使教师克服教育工作中的各种困难,增强教师的独立性,并为学生树立意志的榜样。教师的意志具有自觉性、坚持性和自制性等特点。

1) 自觉性

自觉性是教师对自己的工作目的能够有正确、深刻的认识,明确自己工作的社会意义,动员自己全部力量以克服工作中的困难,自觉地去探索、去创造,力求善始善终完成培育新一代的任务。具有自觉性的教师,在任何情况下都能矢志不渝地坚守教育岗位。

2) 坚持性

坚持性是影响教师工作成败的意志品质。在长期的教育工作中，始终一贯地付出辛勤的劳动，克服一个又一个困难，最终取得良好的教育成果，这是教师坚持性的表现。

3) 自制性

教师的沉着、自制、耐心等是有效影响学生的重要品质。教师自制性表现在很善于控制自己的情感，抑制无益的激情和冲动。如果教师不能控制自己，以粗暴态度对待不好好学习或违纪的学生，就可能造成不良后果。因此，要求教师必须具有较强的自制力，即意志的自制性。

4. 良好的性格

良好的性格是教师最重要的人格特点，它能影响其他因素。教师良好的性格主要包括以下特征。

1) 公正无私

教师必须公平地对待每一个学生，关心爱护全体学生，特别是对那些学习有困难、品行较差的学生更应如此。教师应保证不让一个学生掉队。

2) 谦虚诚实

教师一方面要正确地分析自己，老老实实地做学问，对自己身上的缺点和错误勇于改正；另一方面，教师又应虚心地向别人求教，甚至"不耻下问"向学生学习。

3) 活泼开朗

教师应保持乐观开朗的态度，以积极饱满的热情去从事教育教学工作。教师活泼开朗的性格会感染学生，收到潜移默化之效。

4) 独立的性格

教师在教育工作中应做到不偏听偏信、不人云亦云，独立地发现问题和解决问题，即使在困难甚至紧急的情况下也能如此。这是教师进行创造性劳动必须具备的品质。

(四)教师的认知特征

探究者认为教师工作是一种复杂的脑力劳动，为了使教师工作有效进行，教师必须具备最低限度的智力水平。智力超过某一关键水平后，它不再起显著作用，而其他认知因素或人格特征就起着更大的决定作用。许多研究表明，教师的观察力、注意力、记忆力、表达能力、组织能力、诊断学生学习困难的能力以及思维的条理性、系统性、合理性与教学效果有较高的相关。这些研究启示我们，教师专业需要某些特殊能力。历史上有些学者强调这些特殊能力的天赋一面，有些则认为好教师是后天训练出来的。强调前者的人认为教学是一门艺术；强调后者的人认为教学是一门科学。现在站在两个极端的人极少，大多数人持折中观点。

(五)教师的教学效能感

教师的教学效能感在理论上来源于班杜拉(A.Bandura，1977)的自我效能感(self-efficacy)概念。班杜拉认为，所谓自我效能，是指个人对自己在特定情境中，是否有能力去完成某个行为的期望。它包括两个部分，即结果预期(outcome expection)和效能预期(efficacy expection)，其中，结果预期是指个体对自己的某种行为可能导致什么样的结果的推测；效能预期是指个体对自己实施某种行为的能力的主观判断。教师的教学效能感，是指教师对自己影响学生学习行为和学习成绩的能力主观判断。这种判断，会影响教师对学生的期待、对学生的指导等行为，从而影响教师的工作效率。教师的教学效能感分为个人教学效能感和一般教育效能感两个方面。个人教学效能感指教师认为自己能够有效地指导学生，相信自己具有教好学生的能力。教师的教学效能感是解释教师动机的关键因素，它影响着教师对教育工作的积极性，影响教师对教学工作的努力程度，以及在碰到困难时他们克服困难的坚持程度。一般教育效能感指教师对教育在学生发展中的作用等问题的一般看法与判断，即教师是否相信教育能够克服社会、家庭及学生本身素质对学生的消极影响，有效地促进学生的发展，这与班杜拉理论中的结果预测相一致。

(六) 教师威信

1. 教师威信的概念

教师的威信，就是教师在学生心目中的威望和信誉，是一种可以使教师对学生施加影响产生积极效果的感召力和震撼力，它是教师的人格、能力、学识及教育艺术在学生心理上引起的信服而又崇拜的态度。教师威信实质上反映了一种良好的师生关系，是教师成功地扮演教育者的角色、顺利完成教育使命的重要条件。从心理学的观点来看，教师的威信是教师的整个表现在学生心目中所形成的心理效应。如果教师思想进步、品德高尚，知识渊博、专业造诣深，教育方法优化、循循善诱，富有启发性、学生易接受，要求严格而平等待人，尊重学生人格，了解、关怀和热爱学生等，他就是学生心目中的典范和榜样，就会具有很高的威信。显然，威信不是那种装腔作势的神圣不可侵犯的"威严"。

2. 建立教师威信的途径

1) 培养自身良好的道德品质

教师良好的道德品质体现在其对教育工作意义的认识及由此产生的对本职工作的高度负责精神。兢兢业业、不计名利，对自己所教学科有着浓厚兴趣和热情，出色地完成教学工作任务的教师会得到学生的尊敬；相反，如果教师不热爱教育工作，对教学毫无热情，敷衍了事，就会失去学生的尊敬。

2) 培养良好的认知能力和性格特征

教师必须勤奋刻苦，好学多思，拥有渊博知识和独到见解以及精湛教学技巧，能够给学生以深刻启迪并激发他们对问题的深入思考。教师还应努力磨炼自己的意志品质，增强挫折耐受力，养成热情开朗、坚毅稳定、宠辱不惊、积极进取的品格。

3) 教师要给学生留下良好的第一印象

教师给学生第一印象好，就会很快赢得学生的信赖，为树立威信打下基础；否则，对威信的建立不利。教师应当重视并尽力给学生以良好的第一印象。但是，第一印象是教师职业品质的外显表现，而教师的思想品质、教育机智、教育教学艺术的日益强化和优化，才是良好第一印象的关键，才是真正威信的牢固基础。

4) 注重良好仪表、风度和行为习惯的养成

教师的仪表、生活作风和行为习惯对威信的获得也有重要影响。许多研究表明，教师仪表大方、衣着朴素整洁，会引起学生的好感；生活懒散、衣冠不整、不讲卫生和做怪动作等不良习惯，有损于教师的形象。

第三节 教师的成长规律

教师的成长规律.mp4

20世纪90年代以来,有关教师专业化和教师成长的研究成为教师心理研究的重要课题。本节就教师成长的阶段、专家型教师与新手型教师的差异以及专家型教师培养的途径等方面进行探讨。

一、教师的成长阶段

福勒和布朗(Fuller&Brown,1975)根据教师的需要和不同时期所关注的焦点问题,把教师的成长划分为关注生存、关注情境和关注学生三个阶段。

(一)关注生存阶段

处于这一阶段的一般是新手型教师,他们非常关注自己的生存适应性问题,他们最担心的是:"学生喜欢我吗""同事们如何看我""领导是否觉得我干得不错"等问题。由于这种生存忧虑,部分教师可能会把大量的时间花在如何与学生搞好个人关系上,想方设法控制学生,而不是教授他们知识和技能并让他们获得学习上的进步。这也可能是由教师和学校的社会化过程所致。在学校,人们总希望教师把学生管教得老实听话,因此,教师总想成为一个好的课堂管理者。

(二)关注情境阶段

当教师感到自己完全能够生存时,便把关注的焦点投向了提高学生的成绩,即进入了关注情境阶段。在此阶段教师关心的是如何教好每一堂课的内容,考虑一些与教学情境本身有关的问题,如"这堂课我的材料准备是否充分得当""我应该如何呈现教学信息"等。一般来说,老教师比新手型教师更关注此阶段。

(三)关注学生阶段

能否自觉关注学生是衡量一个教师是否成长成熟的重要标志之一。当教师顺利适应了前两个阶段后,教师将考虑学生的个别差异和个体需求问题,并认识到学生先前知识的获得与学习能力是不同的。同样,一种教材可能适合于某些学生,但不一定适合于另外一些学生。对不同的学生要确定不同的学习目标、选择不同的学习内容、采用不同的教学方法。事实上,有些教师从来没有进入到这一阶段。

由此可见,新教师在成长过程中的每个阶段都有自己的需要,这些需要将影响他们的课堂行为和教学活动。福勒等把教师所关注的内容作为衡量发展水平的标志,教师发展的顺序,即从关注内容到教学任务,那么其后的关注就不会出现。因此,从新手型教师到专家型教师必须经历全部过程。

休伯曼(Huberman,1993)从职业生涯发展的角度,探讨了教师职业周期中每一时期的发展主题,并根据每位教师对各阶段主题解决程度的不同,区分出不同的发展路线(见图10-1)。

休伯曼的教师职业周期表明,所有的新手型教师不一定都能成为专家型教师。在经历了4~6年的稳定期之后,教师的发展路线开始表现出差异性。教师们随着教育知识的积累和巩固，开始寻找新的思想和调整，试图增加对课堂的影响，在教学材料、评价方法等方面开展不同的个性化实验。实验和变化期的改革愿望和实践，会让教师加深对阻碍改革因素的认识。在此过程中，教师的自我评价起到了非常重要的作用，不同的再评价会让教师走上不同的心路历程。许多教师经历了怀疑和危机之后开始平静下来，能较为轻松地完成课堂教学，也更有信心。随着职业预期目标的逐步实现，志向水平开始下降，对专业投入也较少，教师与学生的关系更加疏远，对学生行为和作业更加严格。与此同时，可能会有部分产生教师自我怀疑和愤世嫉俗，他们经常抱怨学生变得纪律性差、缺少动机，抱怨公众对教育的消极态度，抱怨年轻教师不够认真、投入。

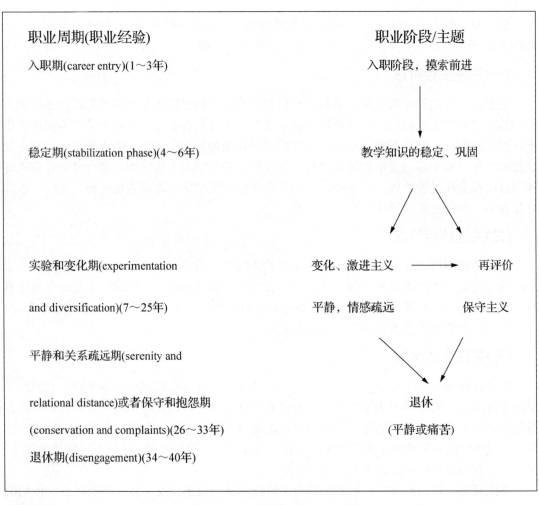

图 10-1　休伯曼的教师职业周期模式

二、专家型教师的培养途径

教师成长与培养的基本途径主要有两个方面：一方面是通过师范教育培养新手型教师作为教师队伍的补充；另一方面是通过实践训练提高在职教师的工作能力。在此，我们主要探讨后者。

(一)观摩和分析优秀教师的教学活动

对优秀教师的课堂教学活动进行观摩和分析,是一种有效的教师训练的方法。课堂教学观摩可分为组织化观摩和非组织化观摩。组织化观摩是有计划、有目的的观察,一般来说,为培养与提高新手型和教学经验欠缺的年轻教师宜进行组织化观摩;非组织化观摩要求观摩者有相当完备的理论知识和洞察力。一般来说,组织化观摩要比非组织化观摩效果好,除非观察者有相当完备的理论知识和洞察力。这种观摩可以是现场观摩,也可以是观看优秀教师的教学录像。

(二)开展微格教学

通过自己实际教学而获得丰富的经验,是提高教学水平的另一种重要途径。但是,一开始就以众多学生为对象,进行正规的一个课时的课堂教学,对于经验较少的实习生来说,是一件困难的事。在这种情况下,一般进行微格教学。微格教学指以少数的学生为对象,在较短的时间内(5~20分钟),尝试做小型的课堂教学,可以把这种教学过程拍摄成录像,课后再进行分析。这是训练新手型教师,提高其教学水平的一条重要途径。微格教学的效果在4个月后仍很明显。

(三)进行专门训练

有人在1979年进行了一项实验,将他们称之为"有效策略"的训练程序教给教师,其中的关键程序有:每天做一次回顾;有意义地呈现新材料;有效地指导课堂作业;布置家庭作业;每周、每月都进行回顾。用现代认知心理学的术语来说,上述程序中有的属于自动化的教学技能,有的属于教学策略。

(四)反思教学经验

对教学经验的反思,又称反思性实践(reflective practice)或反思性教学(reflective teaching),这是"一种思考教育问题的方式,要求教师具有做出理性选择承担责任的能力"。

波斯纳(G.J.Posner,1989)提出了一个教师成长公式:经验+反思=成长。他还指出,没有反思的经验是狭隘的经验,至多只能形成肤浅的知识。如果教师仅仅满足于获得经验而不对经验进行深入思考,那么他的发展将大受限制。既然反思对教师成长如此重要,那么教师应当怎样对自己的教学经验进行反思呢?布鲁巴(J.W.Brubacher)等提出了四种反思的方法,供教师参考。

(1) 写反思日记。在一天的教学工作结束后,要求教师写下他们的经验,并与其指导教师共同分析。

(2) 观摩与分析。教师相互观摩彼此的课并描述他们所观察到的情境,随后再与其他教师相互交换。

(3) 交流讨论。这是学校利用反思的方法支持、促进教师发展的一种方式。比如华盛顿州立大学把来自不同学校的教师聚在一起,让他们首先提出课堂上发现的问题,然后共同讨论解决办法。最终形成的解决办法被所有参加的教师及其所在学校共享。

(4) 行动研究。这是指教师对他们在课堂上所遇到的问题进行调查研究。

三、教师心理健康

随着教师专业化进程的加快，教师的压力越来越大，教师的心理健康问题日益受到教育决策者、学校和社会的广泛关注。2000年国家中小学心理健康教育课题组对辽宁14个城市、167所城乡中小学的2292名教师调查发现，51%的教师存在心理问题，其中，32%属于轻度心理障碍，16%属于中度心理障碍，将近2.5%的教师已经构成心理疾病(吴镇宇，2002)。就连美国教育协会(NEA)主席麦克古瑞(McGuire，1979)也曾感慨道："职业倦怠的感受正打击着无数具有爱心和理想、并且乐于奉献的教师，使他们逐渐放弃自己的专业工作，这个重大的疾病正在折磨着教学职业，如果不能及时有效地纠正，那么就会达到流行的程度。"(转引自李江霞，2003)。自从美国临床心理学家弗登伯格(Freudenberger)于1974年提出"职业倦怠"概念以来，相关研究已经延伸到了教学领域，并已成为教育和心理健康领域近20年来的一个热点问题。

(一)职业倦怠概述

1. 职业倦怠的界定

英文"burnout"，有烧光、燃尽、精疲力竭、消耗殆尽的含义，其相应的中文翻译有"心理枯竭""职业枯竭""职业倦怠"等多种译法(本书统一采用"职业倦怠")。职业倦怠是研究者们在研究职业压力时提出的一个概念，弗登伯格用"burnout"一词来描述那些助人行业(help professions)的人们因工作时间过长、工作量过大、工作强度过高所经历的一种疲惫不堪的状态。他认为，职业倦怠是工作强度过高并且无视个人需要所引起的疲惫不堪的状态。其后，研究者们纷纷投入到职业倦怠的研究中。皮特斯(Peters，1981)将职业倦怠定义为"燃尽或耗竭个人的心智、生理和情绪资源，其主要特征为：疲乏、冷漠、理想幻灭、沮丧，显示个人已耗尽其能源或适应的能量。"(转引自杨秀玉、杨秀梅，2002)近几年来，我国的研究者们也开始关注教师的职业倦怠现象，并对此进行界定。许燕等(2003)认为，职业倦怠是个体无法应付外界超出个人能量和资源的要求时所产生的生理、心理、情绪情感和行为等方面的身心耗竭状态。职业倦怠容易发生在医疗护理、教育等与人打交道的行业中，教师是职业倦怠的高发人群。教师职业倦怠是教师不能顺利应对工作压力时的一种极端反应，是他们在长期压力体验下所产生的生理、情绪、认知、行为等方面的耗竭状态。

2. 职业倦怠的特征

职业倦怠的典型症状是工作满意度降低、工作热情和兴趣的丧失以及情感的疏离和冷漠。教师在体验职业倦怠之后对学生失去耐心和爱心，对课程准备的充分性降低，对工作的控制感和成就感下降(Maslach，Schaufeli&Leiter，2001)。马勒斯(Maslach，1981)等运用量表的形式确定了职业倦怠的三个核心成分。

1) 耗竭感

耗竭感(exhaustion)指个体感到自己的能量和资源耗尽、用完。它主要表现在生理耗竭和情感耗竭两个方面。生理耗竭(physical exhaustion)是职业耗竭的临床指标，表现为极度的慢性疲劳、力不从心、疲乏虚弱、睡眠障碍(失眠/嗜睡)、头痛、食欲异常(厌食/贪食)等；情感衰竭(emotional exhaustion)是职业倦怠的核心维度，也是最明显的症状表现，特指丧失工作热情、情绪波动，容易迁怒他人，感到自己的感情处于极度疲劳状态。

2) 去人格化

去人格化(depersonalization)指刻意在自身和工作对象之间保持距离，对工作对象和环境采用冷漠和忽视的态度。去人格化的教师表现为减少接触或拒绝接纳学生；对待有些学生像对待没有生命的物体一样；用带有蔑视色彩的称谓称呼他们；用标签式语言来描述个体学生。此外，对同事也常常持多疑、妄想的态度，对他人过度反应，导致人际关系恶化。

3) 低个人成就感

低个人成就感(lack of personal accomplishment)指倾向于消极地评价自己、个人成就感低、自我效能感下降，对自己工作的意义和价值的评价下降，工作变得机械化且效率低下，缺乏适应性。低成就感的教师们开始感觉到在他们的工作中不再有什么事值得去做。当某些教师感觉他们无法给学生的生活带来更大变化，而他们的职业所带来的诸如金钱和社会认可等回报也少之又少时，他们就产生了较强的自卑感。当较低的成就感与前两种职业倦怠的感觉混合在一起时，他们就会大大减少教师工作的驱动力。这时失败就会成为一种生活方式，从而形成"学者型的无力感"。

(二)教师职业倦怠的原因

教师职业倦怠是在外界压力和自身心理素质的互动下形成的。按照应激的资源理论，当工作环境等外部因素对个体的要求(demands)持续超过个体具有的有效应对资源(resource)时，就会出现心理健康问题，产生职业枯竭。

1. 内部因素

马勒斯等(Maslach，Schaufeli & Leiter，2001)的研究发现，教师对工作的期望值高而成功的可能性低、低努力、低自信、外控、使用逃避的应对策略都将影响职业倦怠的产生。教师的压力信念将会影响职业倦怠，压力的产生总是以教师自身特征为中介，教师的自我概念、对于冲突的态度、解决冲突的策略以及他的一般个性特征对职业倦怠都有重要影响，一个教师对自己的角色有明确的概念，那他就会较少受他人期望的影响；一个教师能与他的同事愉快合作，他的紧张和压力感就会减少。此外，自尊和自信是影响教师职业倦怠的重要因素。大多数人对社会支持都有一种强烈的需要，任何感到遭受社会拒绝的事情都被认为是有压力的，因此，缺乏自信心的人会比其他人更容易感到威胁。

2. 外部因素

虽然人格特质对职业倦怠有一定的影响，但其影响力远不能和环境因素(工作特质、职业特征和组织特征)相比，因为职业倦怠更属于一个社会现象，而非个体现象(Maslach 等，2001)

1) 社会期望

职业倦怠不仅是个人的特征，也是社会心理面貌在个体心理特征上的一种反应。当社会条件不能提供一个有助于与人联系的情境时，要保持服务工作的投入是很困难的。世界上多数国家都对教育持有很高的期望，对教师有很高的要求。我国一直推崇尊师重教的文化，但现在人们往往只重视教师的教学质量，重视教师对社会的责任，忽视教师本身的需求,因而,教师们在肩负社会期望的同时也承受着层层压力。教师就像生活在一个鱼缸中,领导、家长、公众和学生都在审视着他们,时刻关注着他们的一言一行。当教育质量差、学生出现问题时,教师就首当其冲地成为替罪羊。这种不断地被监督和谴责会对教师产生难以忍受的压力,从而导致教师心理健康问题的产生。

2) 工作压力

教师的工作压力主要体现在教学工作、教育工作和科研进修三个方面(沈之菲,2001)。

① 教学工作方面。随着学校素质教育的实施,课程结构和内容的改革,现代教学方法手段的更新,对教师的教学能力有更高的要求。班级人数的膨胀、考试竞争、升学竞争,过多的测验与纸上工作也大大增加了教师的工作负荷,从而给他们带来倦怠感。许多教师感到,"周末休息已经是很遥远的过去了"。他们不断地将"考卷之山"从学校搬到家,又从家里搬回学校。这样的工作状态对于教师的生活、身体会有一定的影响。

② 教育工作方面。随着社会的变迁,学生的问题行为也日益严重,教师必须花费加倍的时间与精力来处理学生的问题。1979年美国教育协会(NEA)民意测验发现,接受调查的3/4的教师认为纪律对他们的教学效率有很大影响,管教学生的困难已成为教师压力及倦怠的主要原因。

③ 科研进修方面。随着中小学重视"以研促教"的思想,许多骨干教师除了日常教学外,还要承担各种各样的教育科研任务,由此给教师以沉重的压力。而今,教师学历本科化、研究生化已经成为一种趋势。大部分教师除了要参加各种岗位培训外,还要参加本科或研究生的考试。如果学历不达标或者没有达到规定的继续教育学习时数,不但影响职称职务评定,还有"下岗"的可能。

(三)教师职业倦怠的干预

职业倦怠会给教师个人带来生理及心理上的疾患,影响其与别人的人际关系,导致家庭危机和职业危机,与此同时,也会对学生健康心理的塑造带来消极的影响。因此,教师要学会合理地预防、应对职业倦怠,维护自己的心理健康状况。职业倦怠的干预主要有个体干预与组织干预两种途径。

1. 个体干预

个体干预的目的是通过改变个体自身的某些特点来增强适应工作环境的能力。个体干预的主要方式有放松训练、认知压力管理、时间管理、社交训练、压力管理和态度改变等。以下是个体预防职业倦怠的几种有效建议。

1) 观念的改变

要求个体更清楚自己的能力和机会,不会因为不恰当的努力失败产生职业倦怠。弗登伯格认为,职业倦怠主要源自对自己付出与回报的不一致感。当个体认为自己的付出没有得到回报时,就会产生职业倦怠。因此,教师要学会正确看待自己的工作,就像詹森在他的著作《美妙的教学》中所说:"教学远不是解释知识和等待下课的铃声,它远远超过这些。它是发现、是分享、是兴奋和爱。它不是负担,而是欢乐。它像强烈的、能给你带来温暖的阳光和激情迸发的篝火。"

2) 积极的应对策略和归因方式

在面对问题时采用更积极的应对手段,而不是逃避。努力使自己成为更加内控的人,把原因归结为个体可以控制的因素，如努力。当发现自己有职业倦怠的症状时，要勇于面对现实，反思自己的压力来源，主动寻求专业人士的帮助。

3) 合理的饮食和锻炼

生理方面的疾病既是教师的压力来源之一，又是职业倦怠的不良后果。因此，教师要进行合理的饮食和锻炼，尤其是锻炼，它是一种精神娱乐法，可以分散教师的注意力，从而让教师放松紧张的情感或身体。

2. 组织干预

目前，职业干预的重心从个体干预转向组织干预。职业倦怠是一种"职业病"，它同组织的特点、职业特点的关系更加密切。组织干预的思路是通过削减过度工作时间、降低工作负荷、明确工作任务、积极沟通与反馈、建立有效的社会支持系统来防止和缓解职业枯竭。

马勒斯等提出了职业倦怠的工作匹配理论，他们认为员工与工作的六个方面越不匹配，就越容易出职业倦怠：①工作负荷，指工作过量；②控制，指个体对工作中所需的资源没有足够的控制，或者指个体对使用他们认为最有效的工作方式没有足够的权威，它与职业倦怠中的无力感有关；③报酬，可以指经济报酬，更多的指生活报酬；④社交，指和工作场所中的其他人没有积极的联系，有可能由于工作把个体隔离或者没有社会联系，或者是与他人的冲突；⑤公平，由工作量与报酬的不一致所引起，即认为付出得不到回报；⑥价值，指价值观的冲突。因此，马勒斯等提倡对职业倦怠的干预训练项目应该放在对工作不匹配的转变上。这就不仅需要对员工个体进行训练，还需更强调管理上的训练。有人就在公平感维度上进行干预，他们让员工参加为期一周的小组训练，训练中用三种方法来减少员工感知到的工作中的不公平感：一是通过调整付出和收获来重新建立实际的公平感，目标是在培训结束后鼓励员工描述改变工作情境的方法；二是改变对投入和结果的认知；三是离开工作。和对照组相比较，实验组报告在随后的六个月和一年中情感衰竭有显著降低，公平感有显著上升。

📖 拓展阅读

习得性无助

美国心理学家塞林格曼(Seligman)在1967年研究动物时发现，他起初把狗关在笼子里，只要蜂音器一响，就给狗施加难以忍受的电击，使其在笼子里狂奔，惊恐哀叫。多次实验后，蜂音器一响，狗就趴在地上，惊恐哀叫，但并不狂奔。后来实验者在施加电击前，把笼门打开，此时狗不但不逃，而且不等电击出现，就倒地呻吟和颤抖。它本来可以主动逃避，却绝望地等待痛苦的来临，这就是习得性无助。为什么它们会这样，连"狂叫""惊恐哀叫"这些本能都没有了呢？因为它们已经知道，那些是无用的。这项研究显示，反复对动物施以无可逃避的强烈电击会造成其无助和绝望情绪。

在对人类的观察实验中，心理学家也得到了类似的结果。1975年塞林格曼以人作为受试者，结果发现人也产生了习得性无助。实验是在大学生身上进行的，他们把大学生分成三组：让第一组学生听一种噪音，这组学生无论如何也不能使噪音停止；第二组学生也听这种噪音，不过他们通过努力可以使噪音停止；第三组是对照，不给受试者听噪音。

当受试者在各自的条件下进行一段实验之后，即令受试者进行另外一种实验：实验装置是一只"手指穿梭箱"，当受试者把手指放在穿梭箱的一侧时，就会听到一种强烈的噪音，放在另一侧时，就听不到这种噪音。实验结果表明，在原理的实验中能通过努力使噪音停止的受试者，他们的手指仍然停留在原处，听任刺耳的噪音响下去，却不把手指移到箱子的另一边。

为了证明习得性无助对以后的学习有消极影响，塞林格曼又做了另外一项实验：他要求学生把下列的字母排成单词，比如 ISOEN/DERRO，分别排成 NOISE 和 ORDER。学生要想完成这一任务，必须掌握 53124 这种排列的规律。实验结果表明，原理实验中产生了无助感的受试者，很难完成这一任务。随后的很多实验也证明了这种习得性无助在人身上也会发生。

细心观察就会发现，正如实验中那条绝望的狗一样，如果一个人总是在一项工作上失败，他就会在这项工作上放弃努力，甚至还会因此对自身产生怀疑，觉得自己"这也不行，那也不行"，无可救药。而事实上，此时此刻的我们并不是"真的不行"，而是陷入了习得性无助的心理状态中，这种心理让人们自设樊篱，把失败的原因归结为自身不可改变的因素，放弃继续尝试的勇气和信心。比如，认为学习成绩差是因为自己智力不好、失恋是因为自己本身就令人讨厌等。

所以要想远离绝望，我们必须学会客观、理性地为我们的成功和失败找到正确的归因。

本 章 小 结

教育心理学研究教育情境中学生的学习以及如何促进学生的学习，既包括学生学的规律，也包括教师教的规律，即研究师生教和学的双边活动。教师是教育情境中的主体之一，教师心理自然是教育心理学的研究内容。教师心理的研究包括很多方面，本章着重探讨了教师的角色、教师威信、心理特征及教师心理健康。

教师的心理特征是指教师在长期的教育教学实践活动中逐渐形成的特有的心理品质。这些心理品质是从事教师这一职业的人所特有的特征，主要表现在认识过程、情感过程、意志过程及个性心理等方面。在教育活动中，教师的心理品质不仅表现为一种教育才能，直接影响着教师教育和教学的成效，而且作为一种巨大的教育力量，潜移默化地影响着学生的人格。因此，了解教师的心理品质，努力形成和发展良好的心理品质，对教师具有重要的意义。

思 考 与 练 习

1. 什么是教师的角色？
2. 简述教师角色的类型。
3. 阐述教师的成长理论。
4. 教师职业倦怠表现在哪些方面？
5. 阐述教师职业倦怠的干预途径。

推 荐 阅 读

[1] 袁书卷. 教育心理学[M]. 北京：北京师范大学出版社，2015.
[2] 包兴敏，白冬青，王晓茜. 教师教育心理学[M]. 北京：清华大学出版社，2018.
[3] 陈琦，刘儒德. 教育心理学[M]. 北京：高等教育出版社，2005.
[4] 刘国权. 小学教育心理学[M]. 北京：人民教育出版社，2015.
[5] 陈琦，刘儒德. 当代教育心理学[M]. 北京：北京师范大学出版社，2007.

人类的健康只有在身体健康和精神安宁的基础上,才能建立起来。

——欧文

第十一章　学校心理健康教育

本章学习目标

- 掌握心理健康、学校心理健康教育、心理辅导等概念。
- 理解心理健康教育的原则。
- 明确学校心理健康教育的内容。
- 掌握学校心理健康教育的方法和途径。

核心概念

心理健康(mental health)　心理健康教育(mental health education)　心理辅导(psychological counseling)　团体心理辅导(group psychological counseling)

引导案例

2019年4月17日,上海卢浦大桥上一辆白色轿车突然停在路中央,一个只有十几岁的孩子突然从后座冲出,径直奔向路边的栏杆,纵身一跃。面对近四层楼的高差,面对下面深不见底的黄浦江,他甚至连一秒钟的犹豫和畏惧都没有,视死如归。而让他跳桥的原因,却只是因和同学发生矛盾,在车上被妈妈批评。

2020年9月17日,湖北省武汉市江夏区一中初中部九年级(初三)14岁的男生小张,因在教室里与两名同学玩扑克,被班主任请家长到校配合管教。小张的母亲来到教学楼走廊,扇了正站在教室外的儿子两个耳光,嘴里也不停地训斥。随后,一位教师上前劝阻男孩,并将男孩的母亲带走。他在左顾右盼和神色不定的状态中持续近2分钟后,转身爬上围栏,从五楼跳了下去。

《中国教育蓝皮书》显示:青少年中学生有自杀意念的占比17.7%,有自杀计划的占比7.3%,自杀未遂的占比2.7%。也就是说,100个学生里,有过自杀想法的就有27个。这骇人听闻的数据和已经发生的事件把学生的脆弱演绎得淋漓尽致,再一次把学生的心理健康教育推到风口浪尖。

学习指导

本章的重点是学校心理健康教育的内容、方法与途径。在学习的过程中首先要仔细阅读教材，掌握相关的理论。其次，要结合自己的学习，理解学校心理健康教育的内容。最后，根据教学实践活动，掌握学校心理健康教育的方法。

第一节 学校心理健康教育概述

一、心理健康的概念及标准

(一)心理健康的概念

心理健康是20世纪中叶以来，由于现代科技的飞跃和社会文化的迅猛发展，迫使人们以一种崭新的、多元的视角全面看待健康的产物。随着现代医学的发展，诸多研究表明，心理的、社会的和文化的因素同生物学因素一样，与人的健康、疾病有着非常密切的关系。1947年，世界卫生组织(WHO)在成立宪章中指出："健康乃是一种身体的、心理的和社会适应的健全状态，而不只是没有疾病或虚弱现象。"1989年，该组织又在健康的定义中增加了道德健康的内容以使其更全面。自此，一种以人为本的、人与社会和谐统一的、全面的现代健康理念被建立起来了。实际上，社会适应和道德健康都属于心理健康的范畴，因此身体健康和心理健康是构成现代健康理念的两大基石。

关于心理健康的概念，处于不同时期、不同文化背景、不同学派的研究者都进行了界定和阐释。1929年，美国第三次健康及保健的白宫会议对心理健康的解释是："在个体的心理功能活动尚未显露出明显心理障碍中所常见的症状表现。"1948年，第三届国际心理卫生大会是这样定义心理健康的："心理健康是指在身体、智能以及情感上与他人心理不相矛盾的范围内，将个人的心境发展到最佳的状态。"行为主义学派把心理健康看作"适当的社会行为"。人本主义心理学派认为：真正的心理健康者，应该是内心世界极其丰富，精神生活无比充实，潜能得以充分发挥，人生价值能够完全体现的人。我国台湾学者钱苹(1980)认为：心理健康的人应有满意的心境、和谐的人际关系，人格完整，个人与社会协调，情绪稳定。大陆学者王极盛(1989)提出：心理健康指的是个人的一种良好心理状态，即以积极的反应形式去适应自身环境、自然环境与社会环境，充分发挥个人的身心潜力。张承芬(1997)认为：心理健康乃是指个体在各种环境中能保持一种良好的心理效能状态，并在与不断变化的外界环境的相互作用中，能不断调整自己的内部心理结构，达到与环境的平稳与协调，并在其中渐次提高心理发展水平，完善人格特质。冯忠良(2002)指出：心理健康是人类个体对其生存的社会环境的一种高级适应状态，而所谓适应，实质上是有机体对环境影响的调节功能。

综合国内外学者的观点，我们认为心理健康是指个体在社会生活中，生理、心理和社会性方面达到协调一致，保持一种良好的心理功能状态。表现为个人具有生命的活力、积极的内心体验和良好的社会适应，能够有效地发挥个人的身心潜力以及作为社会成员的积极社会功能。

(二)心理健康的标准

心理健康标准是心理健康概念的具体化和操作化，是评价心理健康的一系列准则。古今中外的众多研究者从不同角度对心理健康标准进行了纷繁复杂的讨论、阐述与界定。综合各方面所总结的心理健康标准的基本要点，结合学校开展心理健康教育工作的实践经验，我们认为，在目前的情况下，心理健康的标准可以从以下六个方面来把握。

1. 智力发展正常

智力正常是一个人学习、生活、工作最基本的心理条件，是人适应周围环境、谋求自我发展的心理保证，因而是心理健康的首要标准。无论是世界卫生组织提出的国际疾病分类体系(ICD-9)，还是美国精神病学会发表的《精神疾病诊断和统计手册》(DSM-IV)，抑或是中华医学会精神疾病分类，均把智力发育不全或阻滞视为一种心理障碍和异常行为。美国智力落后协会(AAMD)规定，智力落后系指在发展期就表现出来的、与适应行为缺陷并存的一般智力机能严重低常，并规定智商(IQ)低于70分为典型的智力落后。心理健康的人，智力发展水平虽然各有不同，但都能使个人的智慧在学习、工作和生活中得到充分表现，并对其中出现的各种问题、困难和矛盾都能力求有效地认识、克服和解决。

2. 情绪稳定乐观

情绪稳定乐观是心理健康的主要标志。心理健康的人积极情绪多于消极情绪，乐观情绪占主导地位。这是因为只有当一个人经常保持愉快乐观的情绪时，他才能善于从生活中寻找乐趣，对生活充满希望。诚然，一个人在其生活、学习及工作中难免因遭受挫折而心情不快。心理健康与不健康的主要区别，不在于是否产生消极情绪，而在于这种消极情绪持续时间的长短，以及它在人的整个情绪生活中所占的比重是否恰当。心理不健康者陷入消极情绪不能自拔，而心理健康者则能主动调控自己的不良情绪以适应外界环境，这就是情绪稳定性的表现。情绪的稳定性还表现在情绪的表现强度和持续时间上：心理健康者情绪反应与客观刺激相适应，"当喜则喜，当忧则忧"，且能做到适度表现、适可而止。

3. 意志品质健全

意志是一种有意识、有目的地行动并克服内外困难的心理过程。意志是人意识能动性的集中体现，是个性的重要精神支柱。心理健康者的意志品质具有以下特点。①行动目的明确，独立性强。即指善于按照自己合理的创见提出行动的目的、方法并实现之，对行为结果敢于负责。独立性以强烈的批判意识为主要特征，是与理智地分析和吸取他人的合理意见相联系的。②善于当机立断，果敢性强。即指在复杂的情况中能迅速、有效地作出决定，及时、勇敢地投入行动，而不是优柔寡断、草率鲁莽。③行动不屈不挠，坚毅性强。即一方面表现为坚定的意志，在任何时候、任何条件下都不动摇对既定目标的执着追求；另一方面表现为意志的毅力，即善于长期维持与目标相符合的行动，克服困难，坚持到底。④心理承受力强，自制力强。自制力强的人，一方面，能控制与实现目标不一致的思想情绪和外界诱因，保证执行已经作出的、有充分依据的决定；另一方面，为了崇高的目标，能够忍受各种痛苦和磨难，必要时甚至能做到视死如归。

4. 行为协调适度

一般来说，心理健康者的行为应有以下特点。①行为方式须与年龄特点相一致；②行为方式须与社会角色相一致；③行为反应强度须与刺激强度相一致；④行为保持一贯和统一。心理健康的学生，其行为方式应符合该年龄阶段特征，能以一定的社会规范约束自己的行为，使个人行为符合社会规范的要求，能够对刺激事件产生适度的反应，具有较为清晰的行为准则和相对稳定的行为方式。

5. 人际关系和谐

人际关系是人与人之间由于交往而产生的一种心理关系。和谐的人际关系既是心理健康不可或缺的条件，也是增进心理健康的重要途径。人际关系和谐的表现如下。①乐于与人交往，既有广泛而稳定的人际关系，又有知己的朋友；②在交往中能保持独立而完整的人格，知人知己，不卑不亢；③能客观地评价别人，取人之长，补己之短，严于律己，宽以待人；④在交往中能用尊重、信任、友爱、宽容和理解的态度与人友好相处，能接受和给予爱与友谊；⑤与集体能保持协调的关系，能与他人同心协力、合作共事，并乐于助人。

6. 人格完整独立

人格也称个性，它是一个人与另一个人区别开来的独特的心理特性。心理健康教育的最终目标是使人保持人格的独立完整性，培养健全的人格。人格健全的主要标志如下。①人格结构的各个要素都不存在明显缺陷与偏差；②具有正确的自我意识，能了解自己、接受自己、客观评价自己，既不妄自尊大做力不能及的工作，也不妄自菲薄放弃可能发展的机会，生活目标与理想切合实际，不产生自我同一性的混乱；③以积极进取的、符合社会进步方向的人生观、价值观作为人格的核心，具有高度的社会义务感和责任感，希望通过对自己身心潜能和创造力的开发来体现自身的价值并贡献于社会。

二、学校心理健康教育的概念与模式

(一)学校心理健康教育的概念

关于心理健康教育，从广义上来说，是指通过各种教育活动使人达到一种高效而满意的心理状态；狭义上，是指以培养学生心理健康素质和健全人格为目的的学校教育。我国学者叶一舵(2003)认为，学校心理健康教育是教育者在学校日常教学工作中，根据学生身心发展特点和客观规律，采用心理学、教育学及其相关学科的理论和技术，有计划、有目的地实施教育。一般采用开设心理健康课程、组织心理健康教育活动、心理咨询或辅导、学科渗透、优化教育环境等方法，最终促进全体学生提高心理素质水平。

学校心理健康教育不仅仅是为个别学生的心理问题进行辅导咨询服务，帮助学生解决成长过程中的心理问题，同时也是面对全体学生，培养良好心理品质，健全人格，发展自我。

学校心理健康教育的主要内容包括：心理健康概念及其基本知识；与心理异常的区别；正确地认识自我、接纳自我；提高抗挫能力和适应社会的能力；能运用科学有效的心理调适方法并能开发自身的潜能和创造力等。同时也可根据不同年级的学生进行侧重点不同的心理健康教育，如小学阶段主要以适应环境和良好学习行为的培养为主，中学阶段以人际关系、青春期教育和考试升学等方面为主。

(二)学校心理健康教育的模式

1. 课程模式

该模式是指将心理健康教育作为一门独立的学科，由专职心理健康教育者通过开设心理健康教育课程的方式向学生介绍心理健康、心理咨询和心理异常的知识，使学生了解一些基本的心理调节方法。另外，学校根据受教育者的特点、需求和学校领导者的教学工作要求而开设以某种主题为主的讲座形式。讲座内容多以学生平时较关心的问题为主。例如，考试前，学校会开展"考前心理辅导""如何克服焦虑"等讲座；学生毕业时，开展"人生职业规划"讲座；对青春期学生开展"男生女生"讲座等。

2. 咨询模式

重在探讨心理问题及其处置。咨询方式以个别咨询和团体辅导为主。个别咨询是学校开设心理咨询室，通过与学生一对一的沟通交流，直接帮助学生解决在学习与生活中所遇到的问题，对学生出现的心理问题进行诊断矫治，为学生排解心理困扰。团体辅导则是在一种团体情境中通过游戏活动为学生提供心理学帮助，促使个体在人际交往中认识自我，学会换位思考方式，改善人际关系，形成良好的助人及自助过程。

3. 医学模式

以心理异常者为主，从医学的角度来治疗。教师在日常工作中如发现班级某学生有心理与行为异常状况，通常会选择通知学生家长送往心理咨询中心或者医院进行严格的心理诊断和治疗。

4. 教育发展模式

把所有学生作为服务对象，以教育学、心理学为理论方法，不以消除异常心理和行为问题为主要任务，而是以学生自我成长、发展为己任，开发学生心理潜力，培养积极人格。

5. 德育模式

这是目前学校广泛运用的一种模式，主要由学校政教处或班主任担任此项工作。每个班级的班主任通过班会活动形式，对全体学生的心理健康负有责任，而对于有心理问题的学生通常以传统德育工作中训诫、说服、榜样示范等方式解决，以教学、班级纪律、学生道德发展、人生观、世界观和人身安全等内容为主。

三、学校心理健康教育的目标与任务

(一)学校心理健康教育的目标

2012年教育部出台的《中小学心理健康教育指导纲要》明确指出，心理健康教育的总目标是：提高全体学生的心理素质，培养他们积极乐观、健康向上的心理品质，充分开发他们的心理潜能，促进学生身心和谐、可持续发展，为他们健康成长和幸福生活奠定基础。

心理健康教育的具体目标是：使学生学会学习和生活，正确认识自我，提高自主自助和自我教育能力，增强调控情绪、承受挫折、适应环境的能力，培养学生健全的人格和良好的个性心理品质；对有心理困扰或心理问题的学生，进行科学有效的心理辅导，及时给予必要的危机干预，提高其心理健康水平。

(二)学校心理健康教育的任务

中小学心理健康教育的任务可概括为发展性任务和补救性任务两大方面。

1. 发展性任务

面向全体学生，开展预防性和发展性的心理健康教育。要使学生不断正确认识自我，增强调控自我、承受挫折、适应环境的能力；培养学生健全的人格和良好的个性心理品质，努力提高全体学生的心理素质和心理健康水平，开发学生的心理潜能。这是学校开展心理健康教育的工作重点，也可以说是主要任务。

2. 补救性任务

面向少数有心理困扰和心理问题的学生，开展补救性和矫治性的心理咨询与辅导。要使学生摆脱困扰，调节自我，提高心理健康水平，增强自我发展的能力。对于极少数有心理疾患的学生，能够尽早识别，及时转介到专业机构进行治疗，并密切配合，以尽快治愈疾患，帮助学生重返校园。

四、学校心理健康教育的原则

(一)系统性原则

系统性原则是指在学校心理健康教育过程中，教育者要运用系统论的观点指导教育工作，注意学生心理活动的有机联系，对学生的心理问题作全面考察和系统分析，防止和克服教育工作中的片面性。学校心理健康教育追求学生人格的全面发展，最终达到提高学生心理素质和整体素质的目的。从社会价值取向看，它重视学生德、智、体、美全面发展；从学生自我完善的需求看，它注重学生知、情、意、行等方面协调发展。从系统的观点出发，学校心理健康教育的对象是一个完整的活生生的人，而人的心理也是一个有机整体。所以，学校心理健康教育工作，绝不能"头痛医头、脚痛医脚"，就事论事，而应从个体心理的完整性和统一性、个体身心因素与外部环境的制约性及协调性等综合因素出发，全面把握和分析学生心理问题的成因，采用相应的教育与辅导对策。只有这样，才能使学校心理健康教育工作更富有成效、更有意义。

贯彻系统性原则要做到：树立学生全面发展的观点，教育活动时刻要关注学生人格整体的完整和身心素质的全面提高；对学生心理问题的分析，要从整体、全局、多方面的角度进行，把内外因、主客观、家庭、社会、学校和个人诸因素综合起来；对学生心理问题的教育与辅导要采用综合模式，不局限于某一种方法和技术。

(二)全体性原则

全体性原则是指心理健康教育要面向全校所有学生，全体学生都是心理健康教育的对象和参与者，学校的一切教育特别是心理健康教育的设施、计划、组织活动都要着眼于全体学生的发展，考虑到绝大多数学生的共同需要和普遍存在的问题，以绝大多数直至全体学生的心理健康水平和心理素质的提高为学校心理健康教育的基本立足点和最终目标。确立与强调面向全体学生的心理健康教育原则，是与当前学校心理健康教育的任务、客观条件和学生实际存在的问题及需要密切联系在一起的。学校心理健康教育的主要任务和工作重点，是努力提高全体学生的心理健康水平和心理素质，唯有以全体学生为服务对象，才能实现教育目标。如果只是面对个别学生，是无法实现这一目标的。即便是个别学生的心理问题得到了解决，但是由于绝大多数学生的心理发展需要得不到满足，心理健康维护受到忽视，结果新的问题仍然不断出现，从而导致捡了芝麻，丢了西瓜，得不偿失。另外，面向全体的原则还基于青少年学生中存在的心理问题带有普遍性，相应地，其心理需求也具有共同性，所以心理健康教育可用集体的方式进行。当然，面向全体并不意味着一定要忽视个别。实际工作中，还要考虑在实施这一原则时，具体问题具体对待，使心理健康教育发挥最大效益。

贯彻全体性原则时应注意：首先，教育者要了解和把握所有学生的共同需要，以及普遍存在的心理健康问题；其次，对学生要一视同仁创造条件，最大限度让尽可能多的学生参与其中的所有活动；另外，所有工作的出发点都要有利于促进全体学生的发展和成长。

(三)差异性原则

差异性原则是指学校心理健康教育要关注和重视学生的个别差异，根据不同学生的不同需要，开展形式多样的、针对性强的心理健康教育活动，以提高学生的心理健康水平。人是有差异的，青少年学生也不例外，他们具有自己的个性特点，拥有不同的社会背景、家庭环境、生活经验和价值观念。学校心理健康教育不是要消除这些特点与差异，相反是要使学生的差异性、独特性最合适而完美地展示出来，也可以说，这是学校心理健康教育的精髓所在。强调差异性，也就是要求心理健康教育同学校教育教学工作一样，因材施教，有的放矢，重视个别差异，根据学生心理发展特点和自身发展规律，有针对性地实施教育，使每个学生的心理健康水平得以提高，最终实现全体学生心理素质的提高。

贯彻差异性原则，首先是了解学生的个别差异，如年龄差异、性别差异、学习差异、思想差异和心理差异等；其次是区别对待不同学生，灵活采用不同方法、手段和技术，充分考虑学生的年龄特征和个性特征等，具体运用心理健康教育的原理和方法；再次是认真做好个案研究，积累资料，总结提炼，增强个别教育的实效。

(四)活动性原则

活动性原则是指学校心理健康教育要把学生作为活动的主体，重视通过活动来促进学生的发展。人的能力及各种心理素质都是在活动中培养出来的，学生才能在活动中表达自我、认识自我，实现自身的潜能和价值，活动顺应了青少年内在成长的基本需要。实践活动是青少年心理发生发展的基础，因此针对青少年学生各种心理问题的心理健康教育内容、形式和方法等不能只停留在一般知识的简单传授上，应让学生在各种模拟与实际情境中去讨论、体验和训练等，必要的时候，还要创造条件，使他们可以通过直接的实践活动来提高心理素质和心理健康水平，完善个性发展。通过活动可以促使学生参与教学过程，真正实现教育的目的。以活动为中心的原则，把学生推到了活动的中心，学生变被动为主动，他们不仅是教育对象，而且是积极参与其中的主体。在活动中，他们的整体素质得到全面提高。

贯彻活动性原则时要求做到：首先，要启发学生的主动性和自觉性，鼓励学生积极参与活动；其次，要精心组织和设计符合学生发展需要和兴趣爱好的活动；再次，要耐心指导学生实际操作，亲身体验。

(五)保密性原则

保密性原则是指在学校心理健康教育过程中，教育者有责任对学生的个人情况以及谈话内容等予以保密，学生的名誉和隐私权应受到道义上的维护和法律上的保障。保密性原则是学校心理健康教育极其重要的原则，是鼓励学生畅所欲言和建立相互信任的心理基础，同时也是对学生人格及隐私权的最大尊重。在心理健康教育过程中，尤其是个别教育与辅导过程中，学生会向教育者泄露很多个人的秘密、隐私、缺陷，以及由此而产生的心理和行为的困扰、矛盾、冲突等。教育者有责任、有义务对所有这些信息保密。此外，还不得对外公布求助学生的姓名，拒绝任何关于求助学生的调查，尊重求助学生的合理要求等，这些都是保密的范围。失密，对教育者来说就是失职，对教育机构来说就是威信和名誉的丧失，不仅要受到良心的折磨和舆论的谴责，而且要负法律责任。

贯彻保密性原则要做到：求助学生的所有资料和信息绝不应作为社交闲谈的话题；除了在训练的情况下，求助学生的个人身份能得到充分隐藏之外，个案的资料不应出现在教育者的公开演讲和谈话中；教育者应避免有意无意以个案举例，来炫耀自己的能力和经验；教育者所作的个人记录，不能视为公开的记录，不能随便让人查阅；教育者不应当随便将记录档案带离咨询与辅导机构；任何咨询与辅导机构都应设立健全的储存系统来确保当事人档案的保密性。当然，替来访者保密也不是绝对的，在某些特殊情况下，为了进行科学研究，为了求助学生或他人的利益免受伤害，可以进行正当泄密，但依然是不能损害求助学生的利益，要最大限度地保护求助学生。

第二节 学校心理健康教育的主要内容

关于心理健康教育的内容，《中小学心理健康教育指导纲要》有明确的描述，主要包括：普及心理健康知识，树立心理健康意识，了解心理调节方法，认识心理异常现象，掌握心理保健常识和技能。其重点是认识自我、学会学习、人际交往、情绪调适、升学择业以及生活和社会适应等方面的内容。有关学习策略方面的知识，前面已有详细介绍，此处不再赘述。结合中小学心理健康教育实践，本节重点从自我意识、人际交往、情绪调适、升学择业以及生活与社会适应等方面内容展开，介绍学校心理健康教育的内容。

一、自我意识的教育与辅导

(一)自我意识的概念

自我意识也称自我或自我概念，是个体对自己身心状态及与周围世界关系的认识、体验和愿望。美国心理学家詹姆斯(James，1891)认为，人的自我包括物质自我、社会自我和心理自我三个方面。物质自我是指与自我有关的物体、人或地点，包括自己身体的各个组成部分，以及自己的服装、家中的亲人、家庭环境等。社会自我是指我们被他人如何看待和承认，包括给周围人留下的印象、个人的名誉、地位，以及自己在所参加的社会群体中起到的作用等。社会自我在很大程度上取决于我们所扮演的社会角色，我们的自我会随着社会情境不同而转换和调整。心理自我是我们的内心自我，它由一切自身的心理因素构成，包括感知到的智慧、能力、态度、经验、情绪、兴趣、人格特征、动机等。

自我意识的发展存在一定的规律性和顺序性。3岁之前是物质自我发展的主要阶段；3～14岁是社会自我发展的主要阶段；心理自我的发展一般从青春期开始大约持续10年甚至更长的时间。自我的发展，特别是心理自我的发展在个体成长过程中可以促进健全人格的形成，同时促进人的自我实现。

(二)自我意识教育与辅导的内容

在学校心理健康教育中，关于自我意识的教育与辅导主要包括自我认识、自我接纳和自我完善三方面内容。

1. 自我认识

自我认识是自我意识中的认知成分，是指主体我对客体我的认识和评价，即自我认知和自我评价。在客观的自我认知基础上做出正确的自我评价，对于个人的心理生活、行为表现及个人在社会群体中人际关系的协调，都具有重大的影响作用。正确地认识自我，对自己有一个全面而客观的评价，是个体自我接纳、自我教育的基础和前提。帮助学生积极客观地认识自我，建立良好的自我同一性，促进学生自我的不断发展与完善，是实现学校心理健康教育目标的必经之路。

儿童自我认识的途径包括：①通过他人对自己的评价来认识自我；②通过与他人的比较来认识自我；③通过自我比较来认识自我；④通过自己的活动表现和成果来认识自我；⑤通过自我反思和自我批评来认识自我。

2. 自我接纳

自我接纳是指个体对自己以及自己所具有的特征所持的一种积极的态度，既能欣然接受自己现实中的状况，不因自身优点而骄傲，也不因自己的缺点而自卑。在现实生活中，能欣然接受自己，会极大地提高个体的生活质量，提升主观幸福感。

促进学生自我接纳的方式主要包括：①增加学生的成功体验，提高自我效能感；②赋予学生自我决定权，提高学生的自我控制感；③引导学生积极地评价自己，提升自我价值感。

3. 自我完善

所谓自我完善是指学生在实现自己的目标或理想的过程中，有意识地调控自己的心理和行为，充分发挥自己的主观能动性，努力使自己成为一个独特的、更好的自我的过程。自我完善是个体自我教育最重要的方式，它实际上是一个合理确立理想自我、努力提高现实自我的过程，也就是一个主动改变自我以达到理想自我的过程。

自我完善的策略包括：①确立合理的理想自我，设计符合社会发展需求的、客观而现实的理想自我；②加强自我监督与自我教育，缩小现实自我与理想自我的差距；③有效进行自我调节，科学实施自我管理。

二、人际关系的教育与辅导

人际关系是人与人之间由于交往而建立起来的一种心理关系，它反映了个人或群体寻求满足其社会需要的心理状态，表明了人们在相互交往的过程中关系的深度、亲密性、融洽性和协调性等心理方面联系的程度。它的变化和发展取决于双方之间需要满足的程度，只有双方在相互交往中都获得了各自的社会需要的满足，相互之间才能产生并保持接近的心理关系和友好的情感。

对学生的人际关系指导内容应包括以下六个方面。

(一)调整认知结构

认知是刺激与反应的中介(J.S. Bruner，1978)，对人际关系有一种积极、全面、正确的认知是优化人际关系的基础；反之，对人际关系持消极、片面、错误的看法，如"病从口入，祸从口出""口开神气散，舌动是非生"等，将成为一种定式思维而消极地影响人际交往。据何成银(1991)调查，发现有48.06%的大学生因此类错误认知而有人际关系敏感(interpersonal sensitivity)问题，并造成不同程度的交往障碍。因此，使学生充分认识人际交往的重要意义，调整其认知结构，增强其交往的主动性和积极性，乃是人际关系指导内容的第一要义。

(二)克服人际偏见

为了能与同学建立和谐的人际关系，当然首先要能正确地了解同学。而能否正确地了解同学，首先取决于能否有正确的人际知觉。人际知觉是人对人的知觉，是一种社会知觉，人际关系的建立均以人际知觉的结果为基础。但在现实生活中，由于受主客观条件的限制，人们往往不能全面地看问题，尤其是在看待别人时，往往受各种人际知觉偏见的影响，对别人的行为作出错误的归因判断。因此，让学生了解人际知觉过程中的种种人际偏见，以便正确地了解同学，与同学搞好关系，也是人际关系指导的重要内容。在人际知觉中，常易发生的人际偏见主要有：第一印象、晕轮效应、刻板印象、近因效应、自我投射。

(三)加强个性修养

要想建立良好的人际关系，就要有良好的个性品质，因为个性缺陷往往是导致人际交往心理障碍的背景因素，甚至是本质因素。一般来说，具有豁达大度、谦和热情、正直诚实等优良个性的人，人际关系较为融洽；而心胸狭隘、猜忌多疑、虚伪滑头的人，不容易搞好人际关系。因此，加强人际关系的个性修养，对于搞好人际关系也至关重要。在人际关系指导中，应该使学生养成以下有利于人际交往的个性品质，包括豁达大度、克制忍让、温和亲切、正直诚实和委婉含蓄。

(四)掌握有关知识

学生能否形成良好的人际关系与其对有关人际交往知识掌握的程度之间有极为密切的

关系。社会心理学的研究表明，良好人际关系的建立常需要具备一定的条件，因此，指导学生掌握这方面的知识，对搞好人际关系是有益的。建立良好的人际关系常与下列条件有关：①交往接触的密切程度；②客观条件的近似程度；③心理特点和倾向的类似程度；④观点、评价和态度的一致程度；⑤需要的互补程度；⑥情感的相悦程度。

(五)学习交往技能

处理人际关系既是一种能力，也是一种技术。一个人的交际能力和技术是相辅相成的，它们都是形成良好人际关系不可或缺的因素，并且是可以通过学习和训练来培养和提高的。当然，这里所说的交际能力和技术不是指阿谀献媚、投机取巧、口蜜腹剑以及"台上握手、台下踢脚"等，而是指高超的语言技巧、善于体察人意、及时抓住契机、注意随机应变等。为此，可指导学生做到：①增加交往频率；②真诚关心同学；③学会宽容待人；④讲究褒贬手段；⑤保持人格完整；⑥掌握交往技巧(其一是聆听的技巧，包括耐心聆听、虚心聆听、会心聆听；其二是谈话的技巧，包括选择话题、讲究对话、转移话题、注意"小"事；其三是非言语交往技巧，包括服饰技巧、目光技巧、体势技巧、声调技巧、距离技巧)。

(六)掌握调适策略

在学校心理健康教育工作中，为了能达到增进学生人际关系的目的，除了要对学生进行优化人际关系策略的指导外，还必须使学生对人际交往过程中产生的种种心理问题学会调适。根据我们多年来从事学校心理健康教育工作的经验，学生易产生的人际交往心理问题主要有恐惧心理、自卑心理、孤僻心理、封闭心理、自傲心理、嫉妒心理、逆反心理、猜疑心理、敌意心理、干涉心理、怕羞心理等。此外，对如何消除同学间的误会、如何正确对待同学背后议论、如何对待同学的嫉妒、如何与同学和好等问题，不少人也茫然不知所措，这些都可以作为人际关系指导的内容。

三、情绪调适

情绪是人对于客观事物是否符合自己的需要而产生的态度体验。当客观事物或环境符合主观的需要和愿望时，就能引起积极的肯定的情绪，如满意、愉快、自豪、幸福等；相反，当客观事物或环境不符合主观需要和愿望时，就会产生消极否定的情绪，如愤怒、恐惧、悲伤、忧郁等。情绪情感是人类重要的心理活动形式，他们不仅对个体其他的心理和行为活动起着重要的调节作用，对社会交往和适应具有信号和协调功能，而且对于个体的身心健康具有重要的意义。研究表明，良好的情绪是心理健康的重要标志之一，同时也有利于提高学习和工作效率。

中小学生的情绪教育与辅导主要可以从情绪认知、情绪表达和情绪调控三个方面展开。

学校心理健康教育-情绪调适.mp4

(一)情绪认知

情绪认知就是能够根据情绪发生的情景进行正确的认知评价，能更好地觉察和认识自我情绪，继而正视和理解自己的情绪，敏锐地体察他人的情绪。

情绪认知的教育和辅导主要是要让学生认识到：每个人都有情绪；情绪的产生是有原因的；正常的情绪反应，无论是积极的还是消极的，只要适度，都是有益的；过度的情绪反应和长期的消极情绪是有害的；情绪可以传递一个人的感受；情绪的表达方式是多样的；别人的情绪表达可能跟我不一样；我可以做一些事情来改变自己或别人的感受。

拓展阅读

情绪认知技术

1. 情感辨析技术

情感辨析技术就是帮助学生辨别与分析其内在情绪情感的复合状态，是他们明晓其中所涵盖的各种情绪的性质、程度和比例，使其情绪情感状态在意识层面上从"混沌"趋向有序。情感辨析技术主要包括运用情感性质甄别表、情感强度指示器和情感比例百分图等三项技术。

1) 情感性质甄别表

第一步，准备情感性质甄别表。列出能够表达不同情绪的词汇。

第二步，指导学生做纸笔练习。指导学生根据一周以来的心情，选出表中相应的词汇。

第三步，进行情感语词归类。教师将学生所选出的情感语词依据其性质进行归类，把那些只是程度不同、角度不同但基本属于同一性质的语词归为一类，如"恼火""不满""愤慨"等可归为愤怒一类；"不安""紧张""害怕"归为恐惧一类。

第四步，教师解释练习结果，即对学生的练习结果进行归纳总结，同时承上启下，导入下一个练习。

2) 情感强度指示器

情感强度指示器可用来直观地呈现某些情绪的强度，它往往以图形的不同大小来进行表达。

第一步，准备情感强度指示器(见图11-1)。

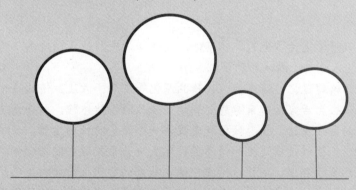

图 11-1 情感强度指示器

第二步，指导学生做纸笔练习。教师指导学生根据不同的强度把各种情绪填在不同大小的圆圈里(可以根据实际情况调整圆圈的大小，或用自己喜欢的形状来绘制)。

第三步，教师解释练习结果。

3) 情感比例百分图

情感比例百分图用来测定一天或一周当事人被各种情感缠绕的时间分配比例，它以百分数形式分割成的比例图表示。

情感比例百分图的操作过程如下。

第一步，准备情感比例百分图。这里，干预者需准备两张百分图：一张是已被分割的情感比例示范图(见图 11-2)；另一张是待分割的情感比例作业图(见图 11-3)。

图 11-2　情感比例示范图

图 11-3　情感比例作业图

第二步，指导学生做纸笔练习。指导学生根据自己一天或一周内的情绪所占的时间比例完成图 11-3。

第三步，教师解释练习结果。

2. 情境体验法

情境体验法就是通过一定的设计，让学生进入模拟的情境、实际的情景或想象的情景去体验思考，分析了解自己的心理反应，获得情绪情感的体验。对他人情绪的及时、正确的觉察和评估是具有良好人际关系的根本，可以通过以下两种方法训练学生对他人情绪的良好感知能力。

1) 移情法

移情训练是指教育学生关心他人，体察他人的情绪，理解他人的情感，为他人着想，富有同情心，站在他人立场上看问题的训练方法。

移情训练法包括情绪追忆、情感换位、作品深化等三个子方法。情绪追忆是运用语言指示，唤醒学生在过去生活经历中亲身感受到的最强烈的情绪体验，加强情绪体验与特定社会情景之间建立的连接情绪；情感换位就是提供一个假定的社会情景，让学生换位到他人的位置去体验情景。通过情绪追忆和情感换位学生更易于把过去的情绪体验迁移到相应的社会情景，使自己置于其中，加强对情境中他人状态的替代性情绪和情感反应。作品深化则是对上述活动的引申，让学生用书面语言记录自己的真实情感，使他们不再拘泥于具体情景，而是掌握抽象的普遍性的情绪、情感规律，学生描述自己的情感后，教师应提供反馈信息，强化学生作品中情绪、情感的正确反映。

2) 情绪表演法

情绪表演主要包括两种方法。一种是哑剧表演，顾名思义，就是教师设定一个场景或主题，要求学生不用语言，只用面部表情和肢体语言来表达情绪情感，运用哑剧表演方法，可以提高学生表达情绪和识别他人情绪的能力。另一种就是空椅子对话技术，这种技术与哑剧表演不同，是一个人进行的，面对面摆放两只空椅子，然后要求一个学生扮演两个角色，学生首先坐在一个椅子上，大声说出自己的一个观点，然后到对面椅子上站在对方立场上来对话，利用这个方法可以令学生更好地识别他人的情绪。

(二)情绪表达

对于消极情绪往往有两种态度：一种态度是认为消极情绪是不好的，如认为自己不应该生气、发火，于是情绪被长期压抑，久而久之，形成生理疾病或心理问题；另一种态度是认为有情绪就要发出来，不用看他人脸色。但是，压抑情绪伤的是自己，宣泄情绪伤的是他人。因此，只有合理地表达情绪才能"心平""气和"，既不伤人又不伤己。

1. 觉察自己的情绪

教师要教会学生整理复杂的情绪。心理学家泰伯(E.Tyber)认为有两种常见的情绪组型："生气-受伤-羞耻"与"悲伤-生气-罪恶"，我们因为受伤而生气，还是因为生气而显得悲伤？只有先觉察自己的各种情绪，才能精确地表达出自己的感受。

2. 选择讨论感受的时机

有时候人们为了保留隐私或担心表达情绪会使别人受伤，就选择不表达。当你决定表达情绪的时候，一定要注意两点，一是在极端情绪状态时，为避免说出日后后悔的话，就暂停情绪表达；二是选择讨论感受的时机，有些人喜欢在人多的时候或仗着权势来表达情绪，事实上，这并不好，应该选择彼此能够专注、没有压力和不疲倦的情况下讨论。

3. 进入自己的内在语言并学会调整

当人们陷入某种情绪的时候，可能会用"气死我了""我恨死他了"这样一些极端的情绪语言，这个时候要教会学生注意自己的内在情绪语言并进行调整，如"气死我了"调整为"我对他的这种行为很生气"，"我恨死他了"调整为"他的行为令我感到愤怒和失望"。

4. 使用"我讯息"表达自己的情绪

例如，有人多次以不友善、不尊重的语气和你说话，此刻的你可使用"我讯息"，说"我不喜欢你用这种口气来对我说话"，来代替对他大吼"你给我闭嘴"，前者在传达自己的情绪，后者在大声制止对方的行为。

(三)情绪调控

虽然每一种情绪都有一定的合理性，但如果长期陷入消极情绪而不能自拔，则会危害个体的身心健康。因此，教师应教会学生一些调节情绪的方法和技巧，增强他们对消极情绪的调控能力。下面介绍几种常见的情绪调控方法。

1. 合理宣泄

(1) 说出来。找到自己信任的亲人和朋友，谈谈自己的苦恼和愁闷，倾吐心中的不平和愤怒。

(2) 哭出来。哭泣能消除紧张，缓解压力，使你恢复平静。

(3) 写出来。给惹你生气的人写一封只给自己看的信，把心中的闷气尽情地倾倒出来。

(4) 吼出来。可以在无人的地方大声喊叫，或者在KTV、唱吧尽情地施展歌喉。

　　(5) 打出来。击打沙袋、人偶、球类、被子、枕头，待打得精疲力尽时，你会觉得心里轻松许多。

　　(6) 吃出来。香蕉、巧克力等食物含有一种可以减少不良激素分泌的成分，使人安静、快乐，不易形成烦躁情绪、冲动行为。

　　(7) 呼出来。当自己觉得很不开心的时候，闭上眼睛，深吸气，然后把气慢慢全呼出来；再深吸气……如此几个循环，你会发现自己呼吸变得平稳，整个人也平静下来了。

2. 转移注意力

　　改变心情不容易，但改变行动是可以做到的。有许多时候，当情绪陷入低谷时，一时很难从中摆脱出来。这时不要把注意力始终集中在情绪上，可以尝试着去做一些平时自己喜欢的事情，如听听音乐、跑跑步、打打球、做瑜伽、逛逛街，可能会收到意想不到的效果。

3. 更换环境

　　人的情绪往往会受到环境的影响。有时换换环境，心情就会有所改变。比如，到大自然中去赏花草、观山水、沐浴阳光，青山绿水、鸟语花香，美好的环境能够激活人的快乐情绪，消除烦躁、释放紧张和压力。同时环境的变化也更容易让人把注意力转移到新鲜的刺激上而暂时忘却烦恼。

4. 改变认知

　　美国心理学家艾利斯(A.Ellis)的合理情绪疗法认为，人的不合理情绪是由不合理的信念引起的，因此，利用理性的途径消除不合理的想法，可以改变情绪。他用一个ABC模型来概括这种理论和方法：A代表诱发事件；B代表信念，是指人们对A的信念、认知、评价或看法；C代表结果。艾利斯认为，并非诱发事件A直接引起结果C，A与C之间还有中介因素在起作用。这个中介因素是人对A的信念、认知、评价或看法，即信念B。简言之，个人对刺激情境的信念和认知是引起情绪反应的直接原因。

　　这里用一个小故事来说明ABC模型。一个小女孩花费了很多心思做了一只漂亮的纸船，早上她高高兴兴地拿着纸船准备参加学校的展览，路上被一个男人撞掉在地上，还踩了一脚，小女孩因为他的鲁莽感到非常气愤，刚想发火，突然发现那个男人是个盲人，她觉得盲人出门在外很不容易，顿生怜悯之心，不但没有责怪他，还扶他过马路。这里面的诱发事件A，是小女孩的纸船被男人撞掉并踩了一脚，但却先后有两种不同的结果：C1"气愤，想发火"和C2"怜悯，扶他过马路"。为什么同一个事件会产生两个不同的结果呢？主要是因为中介因素信念B不同。最初女孩认为男人很鲁莽，即B1，所以她感到"气愤，想发火"，即C1；后来发现男人是盲人，觉得"盲人出门在外不容易"，即B2，所以"顿生怜悯之心，还扶他过马路"，即C2。

　　当学生被负面情绪包围不能自拔时，教师可以引导学生通过改变信念来调整情绪。

四、升学与择业

(一)升学辅导

升学辅导是指运用心理健康教育的相关理论和技术,帮助学生做好升学前的心理疏导和调节,引导学生正确认识自己,多渠道了解相关志愿填报信息,使学生能够科学填报升学志愿,减少志愿选择的盲目性和随意性,最终促进学生良好发展的一种教育活动。

1. 做好升学前的心理调适,缓解升学压力

面对即将升学这样一个新的严肃的人生课题时,学生的心情是极其复杂的,而且每个人的心情也是不一样的。有的学生因为家庭经济宽裕,即使考试成绩不好,也可以自费进入一所好的学校,或进入一所一般的学校也未尝不可,因而他们没有很大的升学压力;而有的学生则担心不能进入自己理想中的学校,不知以后的路该怎么走,被忧愁、烦恼、恐惧困扰着。对于大多数学生而言,面临升学,感知到的压力比以往任何时候都要大。因此,引导学生通过正常渠道释放压力,轻装上阵,以平常心对待升学问题,是升学辅导的一项重要内容。

为缓解升学压力,教师可以从以下几个方面入手:一是引导学生自己做好情绪调节和心理疏导;二是鼓励学生搞好人际关系,力争获得家长、同学、教师等多方面的情感支持;三是鼓励学生从实际出发,及时调整自己的人生目标,防止出现过大的心理落差。

2. 引导学生科学填报升学志愿

填报升学志愿是青少年特别是高中生第一次面临的重大抉择。在填报志愿时,一方面,各种专业名目繁多,各学校各专业的实力、教学水平和社会知名度也各不相同;另一方面,青少年涉世未深,阅历尚浅,辨别力还不高;再加上父母、亲友对填报志愿的意见不统一,这些都使得青少年在填报志愿时感到烦恼、不安和无所适从。然而,这是青少年在面临选择时很正常的一种心理现象。因为这是他们人生中的一件大事,是关系到他们一生发展的关键一步。

为了让学生理智而大胆地作出选择,教师在进行升学辅导时应做好以下三方面工作。

(1) 引导学生正确认识自己。包括自己的兴趣爱好、性格、气质、能力、目前的状况(如学习成绩、排名)等,做到在填报志愿时心中有数。

(2) 帮助学生多渠道了解与填报志愿相关的信息。比如某个专业需要学生哪些方面的能力、课程设置有哪些、以后的就业方向、学校的录取分数线、学校的优势专业、以往的就业情况等。

(3) 引导学生摆正自己的心态。如果在充分认识自己的同时又考虑到一些自身之外的现实因素,那么即使做出的选择结果并不完全如愿,学生也不必痛苦难受,更不必自责。应该做的是考虑如何发挥自己的潜能,让自己的选择变得更为圆满,更接近预定目标。

(二)择业辅导

职业是指人们在社会中所从事的作为主要生活来源的工作种类。择业辅导则是指教育工作者运用心理健康教育的相关理论和技术,引导学生树立正确的职业价值观念,在比较现实的基础上，主动根据自己的生理和心理特点选择恰当的职业或专业的一种教育活动。这里的价值观念带有决策性的核心内容；强调现实性主要是为了克服青少年择业过程中过多的理想主义色彩和忽视客观实际的倾向；主动择业则是为了突出学生的择业意识。

1. 帮助学生了解自己及职业心理

学生生理和心理两方面的特点对职业生涯的选择和发展有重大的影响。身体方面如身高、体重、身材、容貌等，心理特征方面如学生的兴趣、能力、气质、抱负、职业价值观等。其中，能力、兴趣、职业价值观往往影响学生对职业生涯的选择和方向。因此，择业辅导要帮助学生认识自我，不仅要了解自己的职业兴趣、职业能力、职业气质等，还要认识自己的职业价值观、职业生涯规划等。

2. 帮助学生正确认识职业特点，获取就职信息

学生职业生涯的选择和发展除了受自身因素影响外，对职业本身和工作特点的了解以及对就业机会的认识也十分重要。为此，择业辅导要帮助学生了解职业的类别、认识不同职业的特点，认识工作内容、物质环境、聘用条件，以及对人员在知识、技能和其他特性方面的要求等，帮助学生多渠道获得就业信息。

3. 帮助学生掌握必要的择业技巧

(1) 要让学生做到"三个"了解。即了解自己、了解职业和了解社会。了解自己包括了解自己所受教育程度、求职意愿、能力倾向、个性、健康状况、动力等；了解职业包括了解职业的内容、报酬、要求及合作共事者的特点等；了解社会包括了解社会需求量、竞争系数及社会的发展趋势等。

(2) 要让学生把握"四个"准则。即择己之所爱、择己之所长、择己之所需、择己之所利。但在实际择业过程中会出现许多矛盾，这就要分清主次，进行科学决策。在对能力、兴趣与满足需要三者考虑的权重上，应以能力是否胜任为前提；在能力与兴趣一致的情况下，职业价值应与社会现实统筹考虑，应从可能谋求的职业中选择那些能满足心理需要的职业。

4. 帮助学生调节择业过程中的心理问题

面对日益严峻的就业形势，学生的就业压力也在无形中逐渐加大。焦虑是学生择业过程中经常出现的心理问题。有的学生认为自己的成绩不好、家境不好，也没有很好的社会关系，因而自己很难找到满意的工作，由此产生自卑心理。也有的学生很自负，认为自己所学的专业很热门，不愁找不到好工作，在求职的过程中眼光过高，以至于屡受挫折。这些不良的择业心理会对学生的择业产生很大的影响。因此，择业辅导要帮助学生调节好择业期间的心理状态，使他们的择业目标尽可能实现。如可采取个别咨询和团体辅导相结合的方式，对于学生在择业过程中遇到的一些共性心理问题，采取团体辅导的方式进行干预；而对一些特殊的择业心理或严重的择业心理障碍，则可采取个别咨询的形式来帮助他们。

五、生活适应

生活适应的教育与辅导，是教育者运用心理健康教育的原理和技术，

学校心理健康教育-生活适应.mp4

培养学生健康的生活情趣、良好的生活习惯、乐观的生活态度和较强的生存能力的教育过程。生活适应的教育与辅导主要包括挫折教育与辅导、休闲教育与辅导、消费教育与辅导和性心理辅导。

(一)挫折教育

挫折就是指人们在有目的的活动中遇到了无法克服或自以为无法克服的障碍和干扰,使其需要不能获得满足时所产生的消极的情绪反应,如焦躁、失望、担心和痛苦。挫折在人的生活中经常遇到,积极面对可以把挫折变成激励自己奋发向上的力量,促进个体心理成熟和个人成长,但若消极面对则容易使人处于负面情绪中不能自拔,损害心理健康,引发心理疾患。

有研究者基于 2013—2014 学年中国教育追踪调查(CEPS)数据分析发现,我国 11~18 岁青少年心理不健康的比例为 6%[①]。根据中国第六次人口普查数据和中国人民大学赵玉峰《中国青年人的自杀现状和变动趋势(2003—2015)》的研究结果推算,我国 15~19 岁青少年每年至少有 1300 人因心理问题而自杀。专家表示,部分青少年面对挫折的承受能力较差,是造成心理问题的主要原因。

青少年往往不能正确认识和面对挫折,他们对挫折的不合理认知主要表现在三个方面:一是认为挫折不应发生在自己身上;二是因某方面的挫折而否定整个自我;三是把某一次挫折的后果想象得非常可怕。对挫折的错误认知会导致过度的情绪反应和极端的行为,因此,加强中小学生的挫折教育,增强他们的心理承受力,对维护中小学生的心理健康有着重要的意义。

中小学生挫折教育的内容主要包括以下四个方面。

1. 挫折观的教育

要教育学生正确地认识挫折,认识到挫折存在的客观性和不可避免性。教育学生面对挫折,分析造成挫折的原因,寻求解决的策略。同时还要使学生认识到挫折与世界上任何事物一样,具有双重性,既可能是个人成功的阻碍,也可能是个人奋斗的动力。辩证地看待挫折,以积极的态度对待挫折,可以使挫折由坏事变好事,成为磨炼个人意志、使人奋发向上的动力。

2. 挫折应对方式的教育

个体在挫折出现后采取的应对方式,可以分为积极的和消极的两种,积极的应对方式,如冷静分析、正确归因、朝积极方向思考、效仿英雄榜样、调整目标、增强努力、寻求他人的帮助、合理的情绪宣泄等,对维护个人心理健康是有益的。而消极的应对方式,如攻击、退缩、冷淡、固执、压抑、否认、退化等,虽然在一定程度上可以减少挫折带来的焦虑,但是长期的使用则会引起个体人格的变形,损害个体的心理健康。教师在挫折教育中应当认识到各种积极的、消极的应对方式及其影响,教会学生正确应对挫折的方式。

3. 挫折承受力的训练与培养

随着我国社会经济的发展,有很多青少年家庭条件比较优越,父母过度保护,使得他

[①] 孙小云. 我国青少年心理健康现状及影响因素分析. 辽宁大学硕士学位论文,2017.

们缺少必要的磨炼，因而缺乏勇敢面对挫折的能力和战胜挫折的经验，一旦遇到困难和挫折，他们便感到无所适从，甚至一蹶不振，养成了懒惰、怯弱、自私、缺乏责任感等性格弱点。针对这一情况，教师可适当为学生创造一些挫折情境，在实践中培养学生坚强乐观的意志品质，训练他们在挫折面前运用积极的应对方式，增强他们的挫折承受能力。

4. 挫折应对不良学生的个别心理辅导

由于中小学生社会阅历浅、心理不够成熟，他们应对挫折的能力是有限的，当生活和学习中遇到重大挫折时，个别学生可能会出现应对不良的状况，学校的心理辅导教师要对他们进行个别心理辅导，避免学生因挫折感长期得不到排解而导致心理失调甚至心理疾病。

(二)休闲教育

休闲是指个人在完成学习、工作和生活自理后，在剩余的由自己自由支配的时间里进行的活动，它也是一种自由支配时间的状态。休闲生活是每个人生活中必不可少的重要组成部分。休闲对人发展的价值主要体现在松弛身心、满足个人需要和兴趣、扩展知识和生活经验以及增进个人身心发展等方面。休闲教育是指运用心理健康教育的相关理论和技术，帮助学生确立正确的休闲观念和态度，获得必备的休闲知识和技能，以及学会选择安排有益的休闲活动方式，从而使自己获得充实而丰富的休闲生活，更好地发展自己的才能与个性的一种教育活动。

1. 休闲教育的内容

1) 帮助学生确立正确的休闲观念和态度

正确的休闲观念和态度包括：①要意识到休闲是生活的重要组成部分，明确个人休闲的意义、权利和责任；②理解休闲与学习的辩证关系；③了解自己休闲方面的爱好、志趣或偏向，认识到自己有权力、有能力和有机会去支配、利用自己的闲暇时间。①

2) 帮助学生掌握必备的休闲知识和技能

必备的休闲知识和技能包括：①了解社会上各种休闲活动的方式、过程和发展趋势等，能欣赏、评判休闲生活的不同模式；②掌握休闲生活所必备的各种基本知识与技能；③根据自己的休闲知识或技能，去设计、计划各类有意义的休闲活动。

在对学生进行休闲教育时有三个需要注意的问题：一是要帮助学生了解自己的休闲行为所产生的后果及对他人和社会所带来的影响；二是要引导学生注重个人需求与社会价值取向相一致；三是帮助学生从自己的兴趣、愿望和特长出发，选择具有独特个性或风格的休闲活动。

2. 休闲教育的实施途径

1) 开设休闲辅导课程

休闲教育作为生活适应教育的一部分，可纳入学生心理健康教育活动课程。通过辅导活动课，可以向学生讲授有关休闲的知识，认识休闲的功能，从而帮助学生确立正确的休闲观念和态度。休闲辅导活动课程的内容大致包括如何安排休闲活动、如何安排休闲时间、

---

① 陶侃. 中小学开展闲暇教育的几个问题. 中国教育学刊，1996(2).

如何走进大自然,以及如何娱乐和消遣等。

2) 组织学生休闲团体

休闲辅导是一种隐性教育,也是学生的自我教育。因此,应发挥学生正式团体(如班、团、少先队)的作用和非正式团体(如各种自发的兴趣小组)的作用,教师应积极组织学生休闲团体,使学生在这些团体中积极参加各种有益的休闲活动。

3) 积极开展课余休闲活动

学生在校除了课堂学习时间外,还有部分课余时间,如课间休息、午间休息等。在课余时间积极开展休闲活动,可以帮助学生消除身体疲劳,解除精神压力,调节情绪,恢复精力,从而提高课堂学习效率。课余时间可引导学生听广播、看新闻、阅读书报、上网查询资料、参加体育锻炼与游戏活动、欣赏音乐和美术、回归自然、参加科技活动和社会实践活动等。此外,学校应加大课余休闲活动设施和设备的建设和投入。

4) 建立社区休闲活动中心

社区内学校、街道、企业厂矿等单位可共同建立学生休闲活动中心。中心可分年龄、分科类设置活动区域,由教师指导,让学生自由选择时间和项目内容,开展各项休闲活动。

5) 开展家长休闲辅导

家长休闲辅导主要是为家长举办有关学生休闲辅导的讲座,提高他们的认识,并丰富他们的知识。还可为家长提供休闲活动咨询,引导家长参与学生休闲辅导,共同关心和指导学生的校外休闲活动。特别是随着科技的发展和生活水平的提高,上网已经成为中小学生的一种重要休闲活动,因此教师应引导家长加强对中小学生上网行为的关注和指导,防止网络成瘾的形成和蔓延。

6) 开辟休闲活动基地

除了建立社区休闲活动中心外,还应充分利用少年宫、科技站、文化站、图书馆等校外资源,进行共建活动,开辟学生休闲基地,拓展学生休闲活动的渠道。

(三)消费教育

消费教育是指运用心理健康教育的相关理论和技术,帮助学生确立正确的消费观念和意识,获得必备的消费学常识和理财技能,培养科学消费的良好习惯,促进学生形成健康的消费心理和消费行为,进而形成良好的人格品质的一种教育活动。

1. 中小学生消费教育的主要内容

(1) 了解消费的一般常识。一是帮助学生了解商品的种类、价格,学会如何识别和发现伪劣商品,发现商品有质量问题时如何处理,如何保护自己的消费权益等;二是帮助学生学会如何选购商品,尤其是与自己日常生活、学习密切相关的用品,如生活用品、文化用品等。

(2) 澄清个人的消费动机。消费动机直接支配个人的消费行为。消费动机具体可分为求实、求便、求廉和求名等。对于中小学生来说,合理的消费动机应该以求实、求便和求廉为主,不应强调求名牌,消费需求要根据自己和家庭的消费水平来确定,并且要克服盲目攀比的从众心理。

(3) 培养合理的消费行为。人的消费行为受到其消费观念的导向,消费动机的支配,并在消费活动中养成。因此,培养中小学生合理的消费行为,就必须帮助他们确立明确的消费观念、合理的消费动机，并在日常消费活动(如节日活动、双休日活动、生日活动等)中加以引导，以促进其养成健康合理的消费行为方式。①

2. 中小学生消费教育的实施途径

(1) 学校提供科学的消费教育。在中小学校推行消费教育与辅导，以心理健康教育为主要手段，在学科教育中进行渗透，开展消费知识讲座，注重消费实践教育，形成健康和谐的校园消费文化和校园环境，既可以培养中小学生正确的消费观念，又可以引导其消费行为、增长消费智慧。这不仅关系到学生的权益是否能够得到有效的保护，而且关系到学生的健康成长和全面发展，使学生们在轻松愉悦中陶冶情操，获得知识，接受教育。

(2) 家庭树立良好的消费榜样。家长应从自身做起，在日常消费中以身作则，为孩子树立一个良好的消费榜样。向孩子公开部分家庭收支状况，支持孩子自主管理自己的零用钱，从小养成良好的理财观念，具备一定的理财能力，避免乱消费。②

(3) 社会倡导健康的消费文化。大众媒体应弘扬艰苦朴素、勤俭节约的美德，减少拜金主义、享乐主义等影响，积极倡导健康的消费文化，在引领青少年的消费观念和消费教育时，应发挥更多的积极正面的导向作用，为中小学生的健康成长提供一个良好的消费大环境。

(四)性心理辅导

性心理是指个体对自己性生理变化、性别特征和异性交往等方面的认知和内心体验。儿童在青少年时期正值生长发育的高峰期，特别是第二性征的出现，对儿童的性心理发展是具有挑战意义的。

1. 性心理辅导的主要内容

学校性心理辅导主要包括性生理、性心理、性道德和性法制教育四个方面。

(1) 性生理教育主要是教给学生性生理和卫生知识，使学生正确了解生殖系统各器官的构造、生理功能和卫生保健常识，认识人类性发育的自然规律、两性生理差异及其发展的一般规律，克服在性问题上存在的神秘感和模糊观念，从而做到对自己体征的发展变化和由此引起的心理体验有心理准备，并养成良好的性卫生习惯。

(2) 性心理教育主要包括性心理发展常识和性心理卫生知识，要教育学生正确认识自身的性心理变化、性意识的各种不同表现，掌握性心理发展变化的特点和规律，从而正确地对待自己的性心理体验，培养自我控制、调节性心理的意识和能力，防止不良的性心理和性偏差行为的产生，养成良好的性心理和性行为习惯，进而增进性心理健康。

(3) 性道德教育内容主要包括性道德认识、性道德情感、性道德意志和性道德行为四个方面。要教育学生懂得性不仅是生理和心理现象，更是社会现象，还要受到社会历史条件和社会道德规范的制约，使学生自觉遵守社会的性道德和现代社会道德规范的要求。

(4) 性法制教育要引导学生划清正常的异性交往和性罪错的界限，增强学生在性问题上的守法观念，自觉鉴别和制止形形色色的性污染和性犯罪。

---

① 叶一舵. 中小学心理健康教育教程[M]. 福州：福建教育出版社，2015.
② 郑日昌. 中小学心理健康教育[M]. 武汉：武汉大学出版社，2010.

2. 性心理辅导的策略

(1) 根据年龄特点开展性教育。不同年龄阶段学生性生理成熟和性心理发展的水平不同，因而不同年龄段学生的性教育内容也应有所区别。青春前期(9~12岁)主要侧重于性生理方面，具体包括了解身体外形和男女区别，了解人体主要系统、器官和功能，了解身体发育过程，男女生殖器官的简单构造，青春发育期男孩遗精和女孩月经初潮以及第二性征等；青春中期(12~15岁)，在性生理教育的基础上增加性心理和性伦理教育的内容，主要包括性朦胧和性好奇，异性交往，自慰，性别角色认同，人类的性欲，预防性越轨和性犯罪等；青春后期(15~18岁)，侧重于性社会学方面的内容，具体包括恋爱与爱情、婚姻与家庭、生殖与妊娠、避孕与人工流产、性疾病的危害和防治、正确对待性信息等。

(2) 帮助学生掌握异性交往的原则和方法。主要把握好"自然"和"适度"两个原则，帮助学生掌握一定的异性交往策略，正确对待异性友谊，能把握好异性交往的尺度，区别友谊与爱情的界限。指导他们端正交往动机，培养健康的人际交往态度，一方面要防止对性的放纵态度，另一方面也要消除异性交往的守旧观念。同时也要帮助他们克服异性交往中的不良心理，发展健康和谐的异性关系，促进人格的健康发展。

(3) 增强青少年自我调适的能力。从道德规范、情感升华和行为自制等方面培养学生的自我调适能力。道德规范要求青少年以社会认同的性伦理观念来约束自己的行为，如现代的性伦理观强调两性关系的相互平等、尊重和独立等。青少年的情感升华就是要把两性的感情引向纯洁的友谊和崇高的爱情。而行为自制则要求青少年在感情和欲望冲动的时候，用理智和意志把握自己，防止性犯罪。

第三节　中小学生团体心理辅导

团体辅导是心理辅导的一种重要形式，是提高学生心理素质的一种重要方式。由于青少年成长中往往会面临一些具有共性、普遍性的问题和困扰，相对于个体心理辅导，团体心理辅导的效率较高，更容易获得团体成员的心理支持，如今，发展性团体辅导正在成为学校心理健康教育的重点。

一、中小学团体辅导的设计

(一)中小学团体辅导的原则

1. 发展性原则

中小学团体辅导的设计必须把全体学生的心理发展作为辅导的目标，注意开发学生的潜能，培养学生良好的心理品质，提高学生的心理健康水平。中小学生心理发展的顺序性在辅导内容和措施上不能同样对待。这就要求辅导者在辅导过程中对学生内在的潜能和发展条件要有准确的估计，对学生的发展目标要有恰如其分的把握，辅导的重点应放在学生的自我成长与自我完善上，这样才能达到发展性辅导的目的。

2. 系统性原则

中小学生身心的发展是一个长期的过程，中小学生团体辅导是一个系统工程。因此，中小学生团体辅导的工作要连续地、系统地、有组织地进行，并努力做好衔接工作，不同单元之间要从内容、形式和难易程度等方面体现系统性和循序渐进性。在实际工作中，不能只满足于解决眼前的问题或一时的问题，而应当看到问题的复杂性和反复性，并根据学生身心发展的不同特点，系统地安排有关活动，从根本上解决问题。

3. 体验性原则

中小学生团体辅导的目的在于让更多的学生懂得心理健康的意义和重要性，掌握自我心理保健的方法，提高广大学生的心理健康水平，积极预防和消除各种心理障碍或疾病。为了达到这个目的，团体心理辅导应围绕活动目标，尽可能开展形式多样的活动，以学生参与为主，充分体现参与性、成长性的思想，帮助学生适应活动教学的模式，使学生在参与活动的过程中获得体验，在体验中进行感悟，在感悟中健康成长。

(二) 中小学团体辅导的过程

1. 团体辅导方案的前期准备

在设计团体辅导方案之前，辅导教师应明确以下四个问题：一是这次团体辅导的对象是谁，他们共同的需求有哪些，方案的设计是否符合团体成员的个性特征、年龄特征及文化特征；二是这次团体辅导的目标是什么，是否清晰、明确、合理；三是这次团体辅导是否有相关文献可供参考，方案的理论依据是什么；四是这次团体辅导方案的设计是否可行，其操作性怎样，如何评估团体辅导方案的有效性等。

2. 团体辅导方案的制订

1) 团体辅导的名称与性质

团体辅导的名称要反映团体辅导目标，同时要积极向上，具有吸引力。切忌标签效应，如社交焦虑团体辅导的名称不要直接出现"社交焦虑"，而应尽量以"与朋友同行"等温馨含蓄的词语作为团体辅导名称。在团体辅导性质中，应该说明团体辅导是结构式的还是非结构式的，是发展性的还是治疗性的，是开放式的还是封闭式的。

2) 团体辅导的目标

团体辅导的设计和工作内容都是围绕着团体辅导目标进行的。团体辅导的目标包括团体辅导的最终目标和每一次团体辅导活动的阶段目标。最终目标是通过各种团体辅导活动，协助成员掌握自我心理保健的方法，提高心理健康水平，积极预防和消除各种心理困惑或疾病。团体辅导是个发展的过程，会经历若干阶段，每个阶段都有不同的目标。一般来说，在团体辅导初期阶段，主要是协助成员互相认识，了解团体辅导的目标，建立团体契约以保证团体辅导顺利进行；在团体辅导过渡阶段，主要是协助成员分享和感受经验，经过团体练习促进成员间的信任，并觉察自己以及他人的行为；在团体辅导工作阶段，协助成员认识自己的困扰、焦虑，学习如何解决问题，激发自我改变；在团体辅导结束阶段，处理成员的离别情绪，协助成员总结自己的改变，为将来制订计划。

3) 团体辅导的理论

团体辅导必须有理论基础，每个方案都是根据相应的理论依据进行设计的。团体辅导的理论依据可以是心理学的某个流派，也可以是某一特定的理论。理论基础不同，团体辅导的方案也就不同。即使是具有相同团体辅导目标的两个方案，也会因为其理论基础的不同而有不同的组织形式、干预处理原则和步骤。

4) 团体辅导对象

团体辅导方案要明确团体成员的类型、规模和甄选方式。成员的类型包括性别、年龄、年级、身份特征、问题性质等。团体的规模主要取决于团体辅导的类型。通常，治疗性团体的规模为6～10人；训练性团体的规模为10～12人；发展性团体的规模为12～20人。团体成员以主动报名、自愿参加为基本前提。为了使团体辅导能顺利地进行，在主动报名、自愿参加的基础上，还可以通过直接面谈、心理测验和书面报告等方式来甄选团体成员。班级也可作为一种特殊的团体。目前，在中小学普遍开展的心理辅导班会课是团体辅导的一种特殊形式，但与严格意义上的团体辅导相比，还有明显的区别。

5) 团体领导者

团体辅导方案要明确领导者的资历与经验，领导者的数量，领导者需要具备的素质、性格特征等。

6) 团体辅导的时间

一般认为，一个完整的团体辅导以8～15次较为适宜。在活动频率的安排方面，一般每周1～2次比较适宜。在每次活动持续的时间方面，根据不同年龄学生注意力发展的特点，对于低年级的学生而言，由于他们的注意稳定性较差，兴趣容易转移，因此团体辅导活动的次数可以多些，但每次持续的时间应短些，一般为每次30～60分钟为宜；对于高年级学生而言，由于他们的注意力维持时间较长，因此团体辅导的时间可适当长些，一般为每次90～120分钟为宜。

7) 团体辅导的地点及所需的设备

在活动场所的选择方面，理想的团体辅导活动场所应该整洁、舒适、安全、没有干扰、保护隐私并具有足够的活动空间。在活动设备方面，最好每人要有一张靠背扶手椅，最好不要用桌子。其他的设备则需要根据具体的活动而定，如是否需要音响设备等。

8) 团体辅导的主题及其包含的活动

主题是指团体心理辅导的主要内容或拟解决的主要问题。团体辅导的主题大致可以分为三类：发展性团体辅导；训练性团体辅导；矫治性团体辅导。在学校团体辅导中，团体辅导主题的确定须注意以下两点：一是应与学生成长密切相关；二是要选择学生关注的主题。确定了团体辅导活动的主题后，就应针对团体辅导活动的主题和目标，系统地、循序渐进地设计和安排相关的团体辅导活动。

9) 团体辅导活动效果的评估

在团体辅导方案的设计中，还需要明确该如何评估团体辅导活动的效果。在评估类别方面，包括如何进行过程性评估、总结性评估和追踪性评估。在评估内容方面，包括如何评估团队的凝聚力、团队的气氛和团体辅导的结果。在评估方法方面，是采用问卷法、测验法、会谈法还是观察法等。

10) 团体辅导活动的费用

在团体辅导方案的设计中，还需要明确团体辅导活动的费用，如本次团体辅导的经费预算如何、经费的来源怎样、成员参加本次团体辅导是免费的还是收费的等。目前学校团体辅导一般都是免费的。

> **拓展阅读**

团体辅导方案设计样例——"接受现实，迎接未来"团体辅导方案[①]

性质：结构化封闭式成长小组。

目标：通过转变个体的认知行为模式来增强学生的情绪管理能力，减少学生不良心理状态的发生；降低学习困难对学生情绪的负面影响，以改善他们的学习和生活质量。

理论依据：理性情绪疗法。

对象：高中一、二年级非病理性学习困难学生 8 人。

领导者：经过培训的心理咨询师或心理辅导教师。

活动的时间：每周 1 次，每次 120 分钟，共 8 次。

活动的场所：团体心理活动中心。

活动效果的评估方法：心理量表评估法，要使用的心理量表主要有抑郁自评量表(SDS)和焦虑自评量表(SAS)。

费用：免费。

方案结构

工作主题	工作内容	家庭作业
团体形成	团体形成；前测	放松练习；情绪觉察练习
情绪体验	情绪体验与宣泄	放松练习；情绪觉察练习
ABC 理论	情绪管理	放松练习；完成思想记录表；寻找自己的不合理信念并尝试自我挑战
认知建构与行为训练	不合理信念 PK 合理信念；人际支持	放松练习；完成思想记录表；每天对身边的 3 个人真诚地说出他们的优点
认知建构与行为训练	不合理信念 PK 合理信念；压力管理	放松练习；完成思想记录表；如果将来不能上大学，我会怎么样
认知建构与行为训练	不合理信念 PK 合理信念；挑战关于不能考上大学的不合理信念	放松练习；积极赋义清单；学习互助准备
学习的互助资源	学习互助资源的利用	制作礼物
结束	结束；后测	

团体心理辅导流程(略)。

二、中小学不同阶段团体辅导的主要任务

(一)小学阶段团体辅导的主要任务

1. 小学低年级阶段

这一阶段主要指小学一、二年级。一是帮助学生尽快完成从幼儿园到小学的转变与适

[①] 卢勤，周宏. 中小学团体心理辅导理论与实践[M]. 成都：四川大学出版社，2011.

应；二是在入学之初就注意培养他们良好的行为习惯、学习习惯和生活习惯，使他们能受益终身。

2. 小学中年级阶段

这一阶段主要指小学三、四年级。一是抓住学生"智力发展"的第二个高峰期，抓好学习辅导，努力促进孩子的智力，特别是思维能力和想象能力的发展；二是满足他们正在迅速扩大的交友和被同伴接受的社会性需求，协助他们处理好已经出现微妙变化的师生关系和亲子关系，使他们获得成长中必不可少的亲密感和安全感。

3. 小学高年级阶段

这一阶段主要指小学五、六年级。一是依据高年级学生在以往知识经验的积累、智力活动的锻炼和大脑功能的发展等方面的良好基础，进一步培养他们对事物本质属性和内部联系进行初步抽象概括和归类记忆的能力，以便为今后适应初中学习做好平稳过渡的准备；二是高度关注这个年龄段学生的性格发展，使他们在面临性格的发展关键期时，能够得到正确的引导和帮助，以促进他们的性格朝着积极的方向健康发展。

(二)初中阶段团体辅导的主要任务

1. 初一年级

一是入学的适应性辅导，帮助他们尽快完成从小学到中学的转变与适应；二是根据初一学生进入青春期后独立意识和成人感的迅速发展所带来的诸多心理冲突，开展自我意识辅导，帮助他们克服正处于高峰状态的"自我中心"意识，正确处理好亲子关系、师生关系和同伴关系。

2. 初二年级

一是根据初二年级学业难度加大，学生学习成绩出现"两极分化"趋势的严峻现实，大力开展学习心理的辅导和学习方法、学习策略的指导；二是根据初二性生理发育上已经基本达到成人水平以及在性心理上普遍出现的相关特征，突出青春期性心理辅导，特别是异性交往辅导。

3. 初三年级

一是开展抗挫折辅导，以帮助学生用更强的耐挫力和更切合实际的目标期望来面对人生发展道路上即将到来的第一次重大的考验；二是在整个学年中，围绕着"自我的统合与混乱"这一核心，有计划、分步骤地抓好考前心理辅导与报考志愿的指导。

(三)高中阶段团体辅导的主要任务

1. 高一年级

一是入学适应性辅导，主要是指自我定位的调整，使其"各适其性、各安其所"，包括进入重点高中就读的学生在"高手如林"的新的竞争环境中如何做出恰当的自我评估和自我期待，以适应新的学习环境对自己提出的挑战；二是引导学生在一个新的、充满竞争的人际环境中，学会与人合作、和谐共处的交往技巧，处理好因学习竞争、情感纠葛、自尊水平降低带来的种种矛盾等相关问题。

2. 高二年级

一是注意学习心理的调适和理性情绪的辅导，帮助学生矫正不合理认知，调整学习情绪，制订适度的学习目标，增强学习的计划性及自我控制能力，进一步发掘自己的学习潜能，努力实现自己的人生价值；二是对学生进行爱情、婚姻问题的价值引导，帮助他们树立正确的爱情观、择偶观和婚姻观。

3. 高三年级

一是面对日益临近的升学与就业的人生十字路口，协助学生能清楚地进行自我觉知，明确自己的特质、需求、背景与价值感，用整体的观念来做出自己生涯的选择，以确认何种层次的学校或何种方向的人生道路是真正适合自己并能实现自我的；二是抓好考前心理辅导，调整考前、考中、考后的心态，防止考试焦虑和其他负面情绪体验的产生。

三、中小学生团体辅导的实施

团体辅导方案实施的一般步骤即团体辅导的流程，要体现完整的初期阶段、过渡阶段、工作阶段和结束阶段的工作内容和特点。同时，每一次的团体活动也要体现出开始、中间和结束三个部分。每一次活动的开始阶段是为了打破僵局，促进成员进入团体而进行的，通常持续 5～15 分钟。中间阶段是这一次团体活动的主要阶段，是团体活动目标能否达到的关键，应按照团体活动的目标设计，采用游戏活动、角色扮演、小组讨论等形式展开。结束阶段，通常在活动结束前 10 分钟或 5 分钟进行，由领导者对本次活动进行总结，通过成员分享巩固辅导效果，同时预告下一次的活动主题，布置家庭作业等。

(一)初期阶段

团体辅导的初期阶段是一个定向和探索的时期，需要确定团体的结构，促进成员相互熟悉，建立和了解团体的规则，建立信任感，探讨成员的期望，形成团体的规范等。在这一阶段，成员们要了解该团体如何发挥作用，确定他们自己的目标，明确他们自己的期望，并寻找他们在团体中的位置。

在这一阶段，辅导者的任务主要是：协助成员彼此认识；澄清团体辅导目标，明确团体目标和个人目标；创造安全信任的气氛；引导团体成员制定团体规范，签知情同意书，明确成员的权利与责任；帮助成员充分参与到团体中，提供适度的指导，促进、鼓励和鞭策成员从团体中获得最大收益。

初期阶段常用的团体活动有"大风吹""你问我答""猜猜我是谁""有缘相识"和"抓手指"等。

> **拓展阅读**

猜猜我是谁[①]

活动目的：使初步认识的队员进一步彼此认识。

---

① 吴少怡. 大学生团体辅导与团体训练. 济南：山东大学出版社，2010：4.

道具：不透明的幕布一条。

操作程序如下。

(1) 参加的人员分两边站立，依次说出自己的姓名或希望别人如何称呼自己。

(2) 团体领导者请一位成员协助，手拿幕布隔开两边成员，分组蹲下。

(3) 第一阶段：两边成员各派一名代表至幕布前，隔着幕布面对面蹲下，训练员喊1、2、3，然后放下幕布，两位成员根据组内成员提示(不可说出姓名、绰号)，先说出对面成员姓名或绰号者为胜者，胜者可将对面成员俘虏至本组。

(4) 第二阶段：两边成员各派一名代表至幕布前，隔着幕布背对背蹲下，训练员喊1、2、3，然后放下幕布，两位成员根据组内成员提示(不可说出姓名、绰号)，先说出对方成员姓名或绰号者为胜者，胜者可将对方成员俘虏至本组。

注意事项如下。

(1) 选择的幕布必须不透明，以免预先看出伙伴而失去公平性及趣味性。

(2) 成员蹲在幕布前，避免踩在幕布上以防操作幕布时跌倒。

(3) 领导者应制止站立或至侧边偷窥的情况发生。

(4) 成员不可离团体领导者太近，以免操作幕布时产生撞击。

(5) 成员叫出名字的时间差有时很短，训练员须注意公平性。

(二)过渡阶段

团体辅导的过渡阶段也称为转化阶段或转换阶段。它是团体发展的关键期，此阶段进行得顺利与否，关系到整个团体任务是否能够实现。只有平稳度过了过渡阶段，团体才能够真正开始有效的工作。团体在过渡阶段时，成员的互动大多是表浅的，多数成员不会对当前的感受做出描述，而通常只会将过去的经历作为讲述的话题，话中也很少谈及团体中的成员。随着团体辅导的发展，成员之间开始越来越熟悉，团体氛围也越来越热烈，成员开始展示内心的自己。但这样的暴露往往会使团体成员产生矛盾和冲突，并带来一些焦虑和不安，从而使其产生抗拒和防卫心理。此时，领导者要主动介入，鼓励成员认识并表达他们的焦虑，帮助他们了解如何处理他们的问题。

在这一阶段，领导者的任务主要是：协助团体建立自我表达模式；鼓励成员暴露冲突和问题，正确认识焦虑、矛盾和心理挣扎；理解接纳成员的负向情绪，引导成员在理解、支持和接纳的氛围中，正确面对防卫性行为，并将之转化为建设性行为；应对挑战，引导成员对问题进行深层次的探讨。

过渡阶段常用的团体活动主要有"你说我画""你演我猜""盘根错节""我的三个宝贝"和"戴高帽"等。

📖 拓展阅读

戴高帽[①]

活动目的：让成员体验和接受别人的赞美，从他人的赞美中全面了解自我。

时间：40分钟。

---

① 吴少怡. 大学生团体辅导与团体训练[M]. 济南：山东大学出版社，2010.

道具：几个纸做的帽子。

操作程序如下。

(1) 请一位成员站或坐在团体中央，戴上高帽，其他人轮流说出他的优点及令人欣赏之处(如性格、相貌、处事等)。被称赞的成员说出哪些优点是自己以前察觉到的，哪些是不知道的。

(2) 全组成员说完一个人的优点后，换另一个人体验，直到全组成员轮流做完。

注意：在说他人优点时，态度要真诚，努力去发现他人的长处，不能毫无根据地吹捧。接受赞扬者要真诚地体验和接受赞扬，不要怀疑自己。

引导讨论：在听到别人对自己的赞扬，特别是自己没有想到的特点被赞扬时感受如何？真诚地赞扬别人时感觉如何？是否自己和他人都有许多可以肯定的地方？人与人之间是否可以在很多方面相互接纳？

(三)工作阶段

团体辅导的工作阶段也称凝聚力阶段，该阶段是团体四个发展阶段中工作过程最长的时期，也是解决团体问题最重要的阶段。此时，团体已经出现了有效沟通的模式。随着团体凝聚力的进一步增强，成员之间的信任度也不断得到增强，团体内气氛自由且安全，置身在这个阶段的团体中，成员能面对真实的自己和他人，打破伪装，坦率地自我暴露，成员的表达积极而坦诚，能够作深入的个人分享，成员之间的冲突能够很好地解决，并能就他人的问题提供自己的建议和帮助，会将各自从团体中获得的感悟转化为行为和人格的改变。在这个阶段，辅导者要善于通过鼓励、示范、面质、解释等技巧鼓励成员探索个人的态度、感受、价值与行为，帮助他们深化对自我的认识，协助他们解决问题，学习和实践新的行为。

在这一阶段，领导者的任务主要是：协助成员更深入地认识自己，重建认知模式；鼓励成员彼此尊重，相互帮助；善用鼓励、示范、面质和解释等技术；继续示范有效的行为；协助成员解决个人问题，并把领悟转化为行为，督促成员积极改变自己。

(四)结束阶段

团体辅导的结束阶段是团体辅导的最后阶段，是处理离别情绪、总结经验并将辅导效果进行维持和巩固的阶段。团体辅导的结束阶段是一个动态过程，而不完全是指最后一次聚会。实际上，团体成员能否深入掌握在团体内取得的经验，对团体留下美好的回忆，能否把团体辅导中的学习成果应用到日常生活中，达到真正的成长目标，很大程度上取决于团体辅导的结束阶段。

在这一阶段，领导者的任务主要是：引导全体成员回忆团体辅导历程，梳理自己的感悟和收获，使成员做好团体辅导结束的心理准备，处理成员的离愁别绪；鼓励成员在团体辅导结束后保持联系，但澄清团体内外的差异；引导团体成员对团体活动效果进行评估；鼓励成员在团体之外继续成长，保持新建立的认知和行为模式，维持并巩固团体辅导效果。

结束阶段常用的团体活动有"走出舒服圈""祝福花篮""神秘小礼物""我的收获"和"后背留言板"等。

拓展阅读

后背留言板

活动目的：处理离别情绪，给予彼此祝福。
时间：50分钟。
道具：每人一张粘着双面胶的白纸。
操作程序如下。
每人在背后粘上一张白纸，请团体成员每人写一句祝福的话或建议。写完后，大家都坐下，想一想别人会给自己写什么，自己期待别人写什么，然后拿下来仔细看，分享读后的感想，感谢成员的真诚。

本 章 小 结

　　心理健康是指个体在社会生活中，生理、心理和社会性方面达到协调一致，保持一种良好的心理功能状态。狭义上的学校心理健康教育是指以培养学生心理健康素质和健全人格为目的的学校教育。学校心理健康教育的模式有课程模式、咨询模式、医学模式、教育发展模式和德育模式。心理健康教育的任务可概括为发展性任务和补救性任务。应遵循系统性原则、全体性原则、差异性原则、活动性原则和保密性原则。

　　围绕心理健康教育的目标，心理健康教育重点包括认识自我、学会学习、人际交往、情绪调适、升学择业以及生活和社会适应等方面内容。自我意识的教育与辅导主要包括自我认识、自我接纳和自我完善三方面内容。对学生的人际关系指导包括调整认知结构、克服人际偏见、加强个性修养、掌握有关知识、学习交往技能、掌握调适策略六个方面。中小学生的情绪教育与辅导主要可以从情绪认知、情绪表达和情绪调控三个方面展开。升学辅导应帮助学生做好升学前的心理调适；引导学生科学填报升学志愿。择业辅导应帮助学生了解自己及职业心理；正确认识职业特点，获取就职信息；掌握必要的择业技巧；调节择业过程中的心理问题。生活适应的教育与辅导主要包括挫折教育与辅导、休闲教育与辅导、消费教育与辅导和性心理辅导。

　　团体心理辅导因其效率较高、更容易获得团体成员的心理支持，而成为心理辅导的一种重要形式。中小学团体辅导应遵循发展性原则、系统性原则、体验性原则。团体辅导的任务因学生年龄阶段的不同而有不同的侧重点。团体辅导方案实施的一般步骤要体现完整的初期阶段、过渡阶段、工作阶段和结束阶段的工作内容和特点。

思考与练习

1. 结合心理健康的标准，谈谈你对学校心理健康教育的理解和认识。
2. 学校心理健康教育应遵循哪些原则？
3. 请结合实际谈一谈怎样帮助学生接纳自我、完善自我。
4. 负面情绪要不要表达？应如何表达？又该怎样更好地调控情绪？

5. 请结合自己的理解谈一谈为什么要对学生进行挫折教育。
6. 请选择一个自己感兴趣的内容，设计一个团体心理辅导的方案。

推 荐 阅 读

[1] 叶一舵. 中小学心理健康教育教程[M]. 福州：福建教育出版社，2015.
[2] 李百珍. 中小学心理健康教育实务[M]. 北京：北京师范大学出版社，2015.
[3] 姚本先. 学校心理健康教育新论[M]. 北京：高等教育出版社，2010.
[4] 陈家麟. 学校心理健康教育：原理、操作与实务[M]. 北京：教育科学出版社，2010.
[5] 樊富珉，何瑾. 团体心理辅导[M]. 上海：华东师范大学出版社，2010.